중국해양대학교 한국연구소 총서 03

文明의 衝擊과 近代 東亞細亞의 轉換

Impact of Civilization and Change of Modern East Asia

中國海洋大學校 해외한국학 중핵대학 사업단

고려대학교 민족문화연구원 HK한국문화연구단 공편

主編 李海英·李翔宇

이 저서는 2009년 대한민국 정부(교육인적자원부)의 재원으로 한국학중앙연구원의 지원을 받아 수행된 연구임(AKS-2009-MB-2002).

중국해양대학교 한국연구소 총서 03

文明의 衝擊과 近代 東亞細亞의 轉換
Impact of Civilization and Change of Modern East Asia

1판 1쇄 인쇄_2012년 12월 20일
1판 1쇄 발행_2012년 12월 30일

엮은이_中國海洋大學校(중국해양대학교) 해외한국학 중핵대학 사업단
主 編_李海英(이해영)·李翔宇(리상우)
펴낸이_양 정 섭

펴낸곳_도서출판 경진
등 록_제2010-000004호
주 소_경기도 광명시 소하동 1272번지 우림필유 101-212
블로그_http://kyungjinmunhwa.tistory.com
이메일_mykorea01@naver.com

공급처_(주)글로벌콘텐츠출판그룹
대 표_홍정표
편 집_노경민
기획·마케팅_배정일 배소정
경영지원_안선영
주 소_서울특별시 강동구 길동 349-6 정일빌딩 401호
전 화_02-488-3280
팩 스_02-488-3281
홈페이지_http://www.gcbook.co.kr

값 18,000원
ISBN 978-89-5996-188-7 93910

중국해양대학교 한국연구소 총서 03

문명의 충격과 근대 동아시아의 전환

중국해양대학교 해외한국학 중핵대학 사업단/
고려대학교 민족문화연구원 HK한국문화연구단 공편
책임편집 이해영 · 리상우

도서출판 경진

책을 펴내며

이 책은 中國海洋大學校 韓國研究所 해외한국학 중핵대학 사업단 제3차년도(2011년) 국제학술회의 발표논문들을 집대성한 것이다. 제3차년도 국제학술회의는 中國海洋大學校 韓國研究所와 高麗大學校 民族文化研究院의 공동주최로 개최되었으며 '근대 제국주의 침탈과 동아시아의 전환'이라는 주제하에 근대 전환기에 제국주의와 문명으로 표상되는 서구 및 일본과의 충돌 속에서 동아시아 각국의 사상 문화적 대응과, 더불어 20세기 초 만주지역(중국 동북지역) 이주 조선인의 삶의 양상과 역사적 대응을 검토하기 위해 기획되었다.

'철학과 역사'라고 이름한 제1부에는 「중·일·한 근대화과정의 '동도수귀(同途殊歸)' 현상 및 원인에 대한 탐색」(宋成有), 「일제의 대륙침략과 조선의 對 '북방권'무역」(송규진), 「西洋科學의 東傳과 동아시아 전통과학의 終焉」(안대옥), 「20세기 초 동북의 정세변화와 한인자치운동」(趙春虎) 등 4편의 글이 수록되었다. 宋成有의 글에서는 "동도"(同途, 19세기 전반기 중일한 삼국이 공히 직면한 정세, 즉 내우외환(內憂外患))과 "수귀"(殊歸, 각각 다른 유형의 근대화 길에 들어선 것)를 키워드로 삼아 "동도"와 "수귀"는 어떻게 표현되고 그 원인은 어디에 있는가를 검토했다. 송규진의 글은 선행연구에서 크게 주목하지 않았던 한국병합 이후 일제가 서양 각국의 영향력을 배제하고 조선을 둘러싼 동북아 신국제질서를 구축하는 과정에서의 서양 각국의 거류지철폐 문제에 주목해, 거류지철폐가 이루어진 과정 및 그것이 식민지배구축을 위한 지방제도 개편과 어떤 관련이 있는지를 구체적으로 검토했다. 안대옥의 글은 중국을 중심으로 서학수용사를 간결하게 개관하고 수용의 패러다임을 유형화했으며, 어떤 이유로 아편전쟁이후 중화민국 성립에 이르는 시기에 이르러 이러한 수용의 패러다임이 적절하게 기능하지 못하게 되었는지, 그리고 결과적으로 과학의 영역에서 중국을 중심으로 한 동아시아 전통과학이 종언을 고하고 서양과학이 그 자리를 대체하여 갔는지를 사상사적으로 해명했다. 趙春虎의 글은 선행연구 성과를 바탕으로 20세기 초 중국의 복잡한 정세변화 속에서 동북에서 전개된 지방자치, 그리고 신해혁명을 전후한 시기 손중산의 삼민주의를 검토함으로써, 20세기 초반 동북지역 조선인 자치단체의 성격을 진일보 규명했다.

'언어, 문학과 번역'이라고 이름한 제2부에는 「근대 전환기 중한 양국의 서구문학 수용양상: 루쉰과 최남선의 경우를 중심으로」(李光在), 「중국 근대 매체와 지식으로서의 朝鮮」(문정진), 「李裕元의 乙亥燕行과 江華島條約」(鄭墡謨), 「만주국의 국가 성격과 안수길의 북향정신」(李海英·張丛丛), 「동아시아적 맥락에서 본 '만주국' 조선인 문학」(김재용), 「낭만: 한국 근대문학사의 은폐된 주체」(박헌호) 등 6편의 글이 수록되었다. 李光在의 글은 루쉰과 최남선에게 있어서의 번역이 중요한 이유, 번역의 대상(및 작가의 국적)과 방법, 경로, 그리고 번역행위에 대한 그들의 인식 및 그것이 창작에 준 영향 등에 고민을 두고 비교문학적 방법으로 근대 전환기 중한 양국의 서구문학 수용양상을 검토했다. 문정진의 글은 중국 근대 매체들을 통해 쏟아져 나온 근대적 지식 개념들 속에서 조선 관련 정보들이 어떻게 조선을 근대적 국가로 재구축하고 있는지, 그리고 그것이 중국 근대 매체 속 개념들과 어떠한 관계 속에서 지식화되고 있는지를 검토했다. 鄭墡謨의 글은 운양호사건이 일어나게 된 경위를 살펴보고, 강화도조약이 체결되는 과정에서 나타난 조선과 중국 지식인들, 특히 대외정책 전담자의 대응방안을 비교 고찰했다. 李海英·張丛丛의 글은 안수길의 북향정신에 대한 선행연구에서의 '친일/민족주의'라는 이분법적 분석틀의 문제점에서 출발해 안수길의 북향정신의 의미 내지 실질을 그가 본격적으로 작품활동을 하기 시작했던 청년기부터 귀국 전까지 보냈던 만주국과의 관계

속에서 즉 그 자신이 만주국 국민이자 '선계 일본인'으로 살았던 만주국이라는 국가의 성격과의 관계 속에서 검토했다. 김재용의 글은 '만주국' 조선인 문학에 대한 검토는 세계사적 상황으로부터 적지 않은 영향을 받은 동아시아 내부 상황 또는 그러한 역사적 문맥 속에서 진행되어야 함을 주장했다. 그 이유는 태평양 전쟁 시작을 전후로 중일 양국의 문인들의, 상대국 문학, 그리고 조선인 문학에 대한 수용태도가 변화를 보여주었기 때문이다. 박헌호의 글은 본격적인 '질문을 위한 준비'로서 문학사적 은폐에 대한 문제제기, 그리고 '20세기 한반도의 역사'를 '감성의 사회사'라는 측면에서 재구성하기 위한 하나의 경로로서 낭만주의가 수행했던 역할을 탐색해야 함을 제안했다.

이 총서가 가지는 의미는 두 가지 측면에서 살펴볼 수 있다. 그 하나는 적어도 우리에게는, 한·중 양 기관의 공동연구의 시작이자 기틀이 되었다는 점이다. 1년 전, 2011년 10월 27일·28일, 中國海洋大學校 韓國硏究所와 高麗大學校 民族文化硏究院이 학술교류협정을 맺고, 제1회 공동학술회의를 진행할 때, 우리는 내심 양 기관의 교류가 서류상의 문구로만 끝나지 말기를 바랐고, 또한 공동학술회의가 1회로 그치지 말기를 바랐다. 그러면서도 우리는 그동안의 많은 기관들과의 교류와 협력이 의례 그래왔듯이 이번 역시 몇 차례의 상호방문과 1회적인 공동학술회의로 그치고 말 것이라는 다소 회의적인 생각을 하고 있었다. 그러나 우리의 생각이 지나친 기우였음은 그로부터 1년이 지난 지금, 양 기관의 교류와 협력이 꾸준히 이어지고 있고, 또한 지난 2012년 11월, 양 기관의 제2회 공동학술회의가 성공적으로 개최되었고, 바야흐로 제1회 공동학술회의 연구성과가 양 기관의 공동출판으로 한, 중 두 가지 언어로 한국과 중국에서 출간된다는 가시적인 성과들이 반증하고 있다. 또한 더욱 특기할 사항은 中國海洋大學校 韓國硏究所와 高麗大學校 民族文化硏究院 양 기관의 공동주최 학술회의였음에도 우리는 양 기관의 학자들의 연구성과 발표에만 한정되지 않았고, 기획주제 영역에서 한국과 중국의 가장 우수한 학자들을 섭외함으로써, 공동학술회의가 양 기관의 교류의 장을 넘어 진지하고 학문적 우수성이 담보되는 한국학 담론의 장이 되도록 하였다. 중국 북경대학의 宋成有 교수님의 섭외가 그랬고, 한국 원광대학의 김재용 교수님께 원고를 의뢰한 것도 그러한 맥락에서이다.

물론 지난 1년 동안 우리는 규모, 전공영역, 연구인력 등 면에서 양 기관의 그야말로 큰 차이를 절감하지 않을 수 없었고, 그래서 함께 할 수 있을까에 대한 반문을 수차례 해보기도 하였다. 그러나 우리는 그 차이를 극복하기보다는 차이를 인정하고, 그리고 각자의 특색과 우세를 살리고, 그 위에서 공동작업을 시도하였다. 특히 한국학 연구 영역에서 민연의 오랜 전통과 역사와 규모, 인력에 비해 모든 것이 작고 부족했던 우리 중국해양대 한국연구소를 민연은 전통도, 역사도, 규모도, 인력도 아닌 특색과 우세, 중국 내 한국학의 거점기관으로의 성장 가능성이라는 발전적인 잣대로 바라보는 탁월한 안목과 지혜가 있었다. 중국의 한국학은 그래서 한국의 한국학과는 다르고, 또한 스스로의 특색과 가능성을 갖고 있음을 민연은 인정해 주었다. 그래서 우리는 2회 공동학술회의가 원만하게 마무리되던 날 내년의 3회에 대한 논의를 자연스럽게 이어갈 수 있었다. 3은 계속 이어지는 무한성을 보여주는 숫자라고 했던가? 차이를 인정해주고 역사와 전통과 규모라는 전통적인 시각을 벗어나 우리 중국해양대 한국연구소의 우세와 가능성을 충분히 긍정해주신 민연의 최용철 원장님의 혜안에 감사를 드린다. 또한 1회 공동학술회의를 빈틈없이 진행함으로써 2회와 3회의 가능성을 열어준 민연의 심태식 교수님, 그리고 1회 공동학술회의 이후, 지난 1년간 민연과 우리 중국해양대 한국연구소와의 교류와 협력의 실질적인 진행을 책임지고 노심초사하셨고, 양 기관의 교류와 협력의 기틀을 구축해주신 민연의 강상순 교수님께 진심으로 감사드린다.

이 총서가 가지는 다른 하나의 중대한 의미는 이 책이 중국의 한국학계에 학문적 화두를 던지기 위한 것을 목표로 하고 있음이다. 그래서 우리는 많은 예산과 번거로움을 필요로 하는 번역의 노고를 감수하면서도 이 총서를 한국어와 중국어로 한국과 중국에서 출간하게 되었다. 그동안 중국의 한국학은 많은 노력을 해왔음에도 불구하고 중국의 주류학계로의 진입에는 성공하지 못했고 중국에서 학적 시민권을 획득하는데 성공하지 못했다. 해마다 해외의 다른 지역에 비해 압도적으로 많은 수의 대학원생들이 한국학 전공과정에 입학하고 졸업하지만, 중국의 한국학은 여전히 자신감이 결여되어있다. 무엇이 문제인가? 한국어 가능자가 거의 전무했던 1930년대, 한국학 전공 자체가 생소했던 그 시대, 중국 현대문단의 대표적인 문예이론가이자 시인, 문학번역가였던 胡風, 周作人 등이 한국문학작품을 번역하고 그 역서가 중국 현대문학의 거장 巴金이 당시 관여했던 "上海文化生活出版社"에서 출간되었다는 사실은 무엇을 의미하는가? 한국어 해독이 불가능했던 胡風은 한국작품의 일본어판을 중역하는 노고를 쾌히 감수해가면서 한국문학작품을 번역하였다. 그런데 현재 전국 각 대학에 개설된 한국어과의 숫자가 100개를 넘어가고 있다는 현재, 중국의 한국학은 왜 중국 주류학계의 외면 속에 있는가? 중국에서의 한국학이란 과연 무엇인가? 모두가 진지하게 고민하고 반성해야 할 때이다. 어쩌면 지금까지 우리가 해왔던 한국학교육 자체의 틀이 문제일 수도 있다. 우리는 어쩌면 너무나 '선 언어, 후 학문연구'라는 순차적 교육의 틀 속에 갇혀있지 않았는지? 한번쯤은 둘의 병행 내지 역관계도 생각해볼 시점이다. 그 지점에 번역이 해야 할 중대한 역할도 함께 고민해볼 수 있을 것이다. 이 총서는 이러한 우리들의 고민 속에서, 고민을 담고 있다.

우리가 이러한 고민을 담아 "中國海洋大學校 韓國研究所 叢書 03"을 발간하기까지 한국학진흥사업단과 中國海洋大學校 본부의 지원은 아무리 강조해도 지나침이 없을 것이다. 특히 中國海洋大學校 吳德星총장님의 학문에 대한 남달리 넓은 포용력은 한국학이 中國海洋

大學校에서 학문적 화두의 하나로 그 존재기반을 다질 수 있도록 했으며, 그것은 中國海洋大學校가 "海納百川 取則行遠"이라는 校訓을 직접 실천해나가는 과정이기도 했다. 中國海洋大學校 韓國硏究所 소장이기도 한 본교 國際交流合作處 戴華 처장님의 지원 또한 우리에게는 큰 힘이 되었다. 지난 2012년 7월, 본교 캠퍼스에서 성황리에 개최되었던 해외한국학중핵대학 단장협의회 첫 해외 회의에서 우리는 吳德星총장님을 비롯한 中國海洋大學校 본부의 한국학에 대한 학문적 인정과 확고한 지지를 감격스럽게 확인할 수 있었다.

끝으로 지난 3년간 우리 사업단의 학문적 성장과 발전을 내심 기뻐해주고 '황해권 한인공동체의 재구축'이라는 우리의 학문적 화두에 관심을 갖고 함께 해주신 도서출판 경진의 양정섭 사장님과 직원들께 진심으로 감사드린다.

2012년 12월

중국해양대학교 해외한국학 중핵대학 사업단

단장 이해영 삼가 씀

목 차

제2부 언어, 문학과 번역

제1부 철학과 역사

중·일·한 근대화과정의 '동도수귀(同途殊归)' 현상 및 원인에 대한 탐색

宋成有
(北京大學)

'동도수귀'는 성어 '수도동귀(殊途同归)'에 대한 활용이다. 소위 '동도'라는 것은19세기 전반기 중·일·한 삼국이 외부는 유럽열강의 무력적 위협을 받고 내부는 각종 첨예한 모순이 존재하는 상황하에 삼국 구정권이 하는 수 없이 대규모의 개혁고조를 일으켜 근대화에 대한 탐색을 시작한 것을 말한다. 소위 '수귀'라는 것은 중·일·한 삼국이 근대화과정에서 경쟁을 벌린 결과이다. 즉 일본이 메이지유신과 침략전쟁의 승리를 통하여 무력적 수단으로 제국주의 강국으로 일떠섰고 중국 청조말기 구정권은 여러 차례 개혁을 진행하였지만 1912년 청정부는 멸망하였고 중국은 반식민지로 전락되었으며 한국 말기 구정권도 지속적인 개혁을 진행하였지만 일본에게 병탄되었고 식민지로 전락되었다. 중·일·한 삼국은 한동안 '동도' 후 각기 다른 유형의 근대화 길에 들어섰으며 그 역사적 영향은 심각하고 거대하였다. '동도'와 '수귀'는 어떻게 표현되고 그 원인은 어디에 있는가 등 문제는 본고에서 검토할 문제이다.

1. 동도: 중·일·한 삼국 구정권의 제1차 개혁고조

19세기 전반기 대포와 군함을 앞세우고 세계자본주의시장을 조직 건설하는 유럽 열강의 충격파가 끝내 동북아에 도달하게 되었다. 1840년 영국과 1856년 영국, 프랑스는 선후하여 두 차례 아편전쟁을 발동하였고 '남경조약', '천진조약', '북경조약', '원훈조약' 등 여러 불평등조약을 청정부와 강제로 체결하였고 중국에서 개항하였다. 1853년, 1854년 미국은 일본에 함대를 두 차례나 파견하여 에도성(江户城)을 충격하였다. 1866년 영국, 미국, 프랑스, 네덜란드 네 개국의 함대는 세도(濑户)내해로 순항하였으며 유럽열강은 강제로 바꾸후정부와 '화친조약', '수호통상조약', '개세협정' 등을 체결하였고 일본에서 개항하였다. 1866년, 1871년 프랑스와 미국의 함대는 한국으로 원정하여 한국 해안의 포대를 포격하고 강화부(江华府)의 재물을 약탈하였지만 개항하고 조약을 체결하는 목적을 이루지 못했다.

세계자본주의 추진에 관심을 두고 있던 마르크스는 "자본주의사회의 진정한 임무는 세계시장을(적어도 하나의 윤곽)을 수립하는 것과 이런 시장을 기반으로 한 생산이다. 지구는 둥글기 때문에 중국과 일본의 문호개방과 더불어 이 과정을 이미 완수하였다."고 평논하였다.[1] 식민주의가 무력정복을 실행한 목적은 중국과 일본을 세계시장에 끌어들여 종국적으로 전 지구적 세계무역체계를 완성하는 것이다. 유럽열강의 침입으로 중·일·한 삼국은 근대화 과정을 시작하였으며 이것은 중·일·한 삼국 '동도'의 제일 큰 국제배경으로 되었다.

개항은 대가를 치러야 하였으며 치외법권과 해외세무권을 잃어버렸고 금은 등 귀금속이 유실되어 유럽국가의 판매시장과 원료지로 된다는 것을 의미한다. 민족모순은 국내 계급모순을 격화하였으며 농민을 주체로 하는 인민들의 반항투쟁이 광범위하게 일어났다.

---

1) 『마르크스엥겔스전집』 제29권, 인민출판사, 1962, 348쪽.

중국에서는 태평천국농민전쟁과 의화단운동이 폭발하였고 일본에서는 "요나오 시이기(世直一揆)", 시민폭동이 일어났으며 한국에서는 남삼도(南三道) "민란"과 갑오농민전쟁이 일어났다. 발전수준, 파급범위, 참가수, 지속시간 등 방면으로 볼 때 일본과 한국의 농민반항운동은 중국의 태평천국농민운동과 같이 논할 바가 못 되지만 봉건압박에 반항하고 구정권 통치기초를 흔들어 놓는 방면에서 삼국의 반항운동은 대체로 비슷하였다. 이런 역사현상도 "동귀"의 범위에 속한다.

"외환"과 "내우", 도전과 기회는 동시에 들이닥쳐 동북아 삼국의 구정권이 제일차 개혁고조를 일으키게 하였고 삼국 근대화 발전과정의 "동도"현상이 나타나게 되었다. 도전과 응전의 일반적인 반응에 따라 제일 먼저 유럽열강의 무력위협을 받은 중국이 제일 먼저 그에 대응한 개혁을 진행해야 하였지만 사실을 그렇지 않았다. 실제 정황은 아편전쟁의 영향을 별로 받지 않은 일본 바꾸후정부가 제일 먼저 개혁을 진행하고 그 다음으로 중국의 개명한 관료들이 위수로 개혁을 진행하였으며 한국 대원군이 뒤이어 개혁을 진행하였다.

1) 일본의 바꾸후말기 개혁

제1차 아편전쟁기간 일본 바꾸후정부는 중국 사변의 충격을 충분히 이용하여 개혁을 진행하였다. 상좌 노중(老中) 스이야 쥬바(水野忠邦)은 강 건너 불 보듯 해서는 안 되며 경각성을 높여야 한다고 강조하면서 1841년(천보 12년)부터 천보개혁을 진행하였다. 바꾸후정부는 년 공물수입을 늘이기 위해 '반향령(返乡令)'을 반포하여 도시에 밀려든 농민들을 강제로 고향에 돌아가게 하고 농사를 짓도록 하였다. 유통영역을 독점한 주중간(柱仲间)을 해산하고 정부가 직접 생산을 공제하고 뚝을 막아 바다의 모랫불을 개간하여 곡식을 심었으며 쌀값을 억제하였다. '상지령(上知令)'을 내려 에도와 오사카 주변 80리 이

내의 오메이(大名)와 하나모도(旗本)가 소유했던 비지(飞地)를 일률로 바꾸후정부에게 귀속시키고 해안 방어 조치를 통일적으로 계획하였다. 1843년 스이야쥬바는 해임되고 개혁은 실패로 끝났다. 바꾸후정부 개혁기간 장주(长州), 싸모(萨摩), 도사(土佐) 등 서남부의 여러 번(藩)도 일제히 개혁에 순응하여 인재를 등용하고 공상업을 발전시키는 등 시대발전에 순응한 부국강병의 번정(藩政)개혁을 실시하였다. 그리하여 서남부의 여러 번은 실력이 신속히 강대해졌고 바꾸후정부 및 조정과 대립되는 태세를 보였으며 발언권이 점차적으로 커졌다.

1853년 미국함대의 침입과 1856년 갑자기 폭발한 제2차 아편전쟁은 개항 후 바꾸후정부가 안세이(1854~1859)년간, 분규(1861~1863)년간, 게이오우(1865~1867)년간 연거푸 개혁을 실시한 촉매제로 되었다. 바꾸후정부는 청정부가 전패하여 조약을 체결한 교훈을 섭취하고 전쟁을 피하여 조약을 체결하는 대외방침을 취하고 존왕양이파의 방애를 무릅쓰고 대외개방을 견지하였다. 바꾸후말기 3차 개혁기간 바꾸후정부는 나가사끼 개해군전습소(长崎开海军传习所) 등 군사학교를 세워 하나모도의 제자와 여러 번(藩)의 무사 자제를 받아들였으며 해군인재를 양성하였다. 유럽식 육군을 모방하여 유관 제도를 세우고 근대의 보병, 포병, 기병, 치중병을 설치하였다. 요고수가(横须贺)제철소 등 병기공장을 세우고 외국식 총과 대포를 제조하였다. 동시에 유학생과 사절단을 파견하고 “각국의 강약허실과 수육군 정황, 기계의 이둔(利钝)을 조사한다”것과 “국내 인민에게 유익한 일”을 개발하는 것을 취지로 하여2) 서양학에 관한 기구를 완비하게 하고 외교문건와 서양 서적을 번역하고 외국어인재와 외교인재를 양성하였다. 싸모, 장주, 좌학 등 웅번(雄藩)의 오메이들도 잇달아 병기공장을 세우고 서양의 선박, 총, 대포를 모방하여 제조하였으며 군대설비를 가강하였으며 점차적으로 바꾸정부말기 정치국면의 발

2) 동경대학 편, 『동경대학백년사』, 동경대학, 1984, 11쪽; 동경대학 편, 『통사』 1, 동경대학, 1984, 13쪽.

전을 좌우지할 수 있는 강대한 역량이 되였다.

2) 중국의 양무운동

1860년 12월 '북경조약'의 체결에 참여한 공친왕 혁흔(奕䜣)과 태학사 계량(桂良), 호부좌시랑(户部左侍郎) 문상(文祥) 등은 "념군은 남북에서 크게 발전하였지만 봉급이 없어지고 군대가 피로하였으며 외국놈들은 우리가 주의하지 않는 틈을 타서 쳐들어 왔다."라는 내용을 연명 상주하여 청정부에게 양무운동의 실시해야 할 원인을 설명하였다. 상주서에서는 또 "그 방법은 자강하는 것이며 자강의 방법은 병사를 훈련시키는 것이다."[3] 보다시피 북방의 념군을 대처하고 강남 태평천국의 "내부우환"과 기회를 타서 쳐들어온 "외국인"의 "외환"은 양무운동이 흥기한 두 가지 원인이다. 군관과 병사를 훈련시키고 기계를 제조하고 무기업을 창설하는 등은 모두 내우외환을 극복하는 것과 관계된다. 혁흔 등 양무파 관료의 제안에 의해 '규약 6조'에 따라 총리각국사무아문(总理各国事务衙门)를 설치하여 외교사무를 관리하게 하고 남양대신과 북양대신을 각각 설치하여 양무운동을 조절하였으며 각 성의 독무(督抚)가 그대로 하도록 하였다. 증국번, 이홍장, 좌종당 등 지방세력파 관료들은 복건 선정국, 강남 제조국, 북양학당 등 기구를 세워 "서양의 기술을 배운다"는 방식으로 나라가 강대하고 부유해지길 바랐다.

군관과 병사를 훈련시킴에 있어서 청정부는 근대 육군을 편성하는 데 편중하였다. 1861년 1월 삼구통상대신 숭후(崇厚)가 총사령관으로 취명되고 북경 화기영(火器营), 건세영(健税营)에 주둔하고 원명원과 팔기 등을 지키는 세 영의 병사 120명을 뽑고 병관 장경(章京) 등 6명을 데리고 천진으로 가서 그 지방 620명 주둔군이 영국 군관

3) 중국사학회 편, 『양무운동』 1, 상해인민출판사, 1959, 5쪽.

단의 지도를 받게 하였으며 근대 보병 부대와 근대 포병 부대를 훈련시켰다. 그 해 5월 숭후는 또 상주하여 만족 인원(满员)이 군대를 거느리도록 하고 북당에 주둔한 신병 1,300명, 경영 팔기의 한병 376명을 훈련시켰으며 그 훈련을 가속화하고 규모를 확대하였다.[4)]1864년 10월 512명 신기영(神机营) 정부군이 천지에 와서 서양 마대(马队)를 훈련하였으며 유럽식 기병부대를 편성하였다.

이에 비해 해군건설은 뒤졌다. 1870년 7월 직예총독 증국번은 해군을 계획건설하고 주변 강과 바다를 방비를 가강할 데 관한 내용을 상주하여 청정부의 큰 중시를 받았고 하남, 산동, 강소, 복건, 절강, 오문 등 연해 각 성 독무(督抚)에게 밀령을 내려 "와신장담해야 한다", "전반국면을 통합해야 한다", "일체를 신중하게 처리해야 한다", "성심성의로 직무를 다해야 한다"고 하였으며 새로 만든 기선을 이용하여 "장군을 선택하여 외국에 가서 훈련해야 한다"[5)]고 하였다. 총체적으로 1874년 일본 군대가 대만을 침범하기 전에 청정부의 해안 방어는 말만 앞섰고 구체적인 실시는 따라가지 못했다. 그 후 연속 해군건설을 진행하였고 1888년 아시아 제일이라는 북양해군이 정식으로 편성되었다. 해권의식과 원양전략의 결핍으로 원양함대는 근해 방위에 사용되고 육군을 수송하고 엄호하는 보조적 역할을 하였다. 온 60년대 청정부의 군주와 신하는 비교적 신속히 양무운동의 기본정책을 결정하고 비교적 빨리 실시하였고 근대 육해군을 초보적으로 세웠고 신식 병기공장을 창설하였으며 번역인재와 외교 인원을 양성하기 시작했다. 70년대 이후에 이르러 점차적으로 철도, 방직, 광산업 등으로 확대되고 정부감독하의 민영상업 혹은 관료와 상인이 공동으로 경영한 근대기업이 중국 각지에 나타났으며 개혁이 일시에 아주 활발히 진행되었다.

---

4) 중국사학회 편, 『양무운동』 3, 상해인민출판사, 1959, 451쪽.

5) 위의 책, 276쪽.

3) 한국의 대원군 개혁

개혁기간 대원군은 왕권의 위신과 민심, 사기를 높이기 위해 인력과 물력을 투입하여 임진왜란 때 불타서 무너져버렸던 경복궁을 재건설하였고 서원을 감소하고 선비가 국가의 정치를 마음대로 의논하는지 못하도록 하였다. 그리고 통치계급의 내부모순을 완화하고 인재를 등용하였으며 고려의 왕족후대, 남인당과 북인당의 수재를 정권에 받아들였다. 어떤 방법으로 프랑스와 미국의 "서양 교란"을 격퇴하고 국방을 강화하는가가 대원군 정권이 직면한 긴급한 문제로 되였고 개혁에서 군사에 관한 것을 중시하였다. 여기에는 외국선박을 공격하는 수뢰포를 연구제조하고 마번(马藩)에 사람을 파견하여 화기를 구입한다 등과 같은 내용이 포함된다. 동시에 대원군은 조상의 제도를 고수하여 쇄국정책을 고집하였다. 프랑스와 미국의 함대가 쳐들어 와서 조선의 군주와 신하는 국제교류를 진행하였지만 그 국제적관념은 쇄국시대의 한족과 동방종족의 수준에만 머물러 있었다. 1866년 9월 대원군은 "자고로 다른 나라도 야만족의 침범을 받았는데 지금까지 수백 년이래 이놈들은 감히 우쭐렁거리지 못하였다. 전에 중국이 야만족과 화해한 후 그 놈들은 더 제멋대로 날뛰었고 그 심보를 더욱 알 수 없었고 이르는 곳마다 사납게 굴었기에 모두 그들의 해를 입었다. 유독 우리나라에게 그런 짓을 하지 못하였는데 실은 기성(箕圣)의 음덕이다. 그리고 우리나라는 예의를 지켰으며 믿고 따르는 백성들이 하나로 단결되어 힘이 강하였기 때문이다."고 하였다.[6] 대원군은 유럽열강이 "제멋대로 날뛰고", "못되고 사납게 구는", "야만족"에 불과하고 조선이 프랑스의 원양함대를 격퇴할 수 있은 것은 성인 기자(箕子)의 보호가 있었고 자신이 예의를 지키는 나라이며 군민이 마음을 같이 한 것 즉 성인의 도리를

---

6) 『고종실록』 제3권, 고종 3년 9월 11일조.

발휘한 결과라고 생각하였다. 1871년 미국함대의 침범을 격퇴하고 대원군은 루비적(镂斐迪)에게 편지를 써서 "우리나라는 외국과 래왕하지 않는다. 이것은 오백 년이래 조상이 제정한 국가법률이다"고 강조하면서[7] 계속 쇄국정책을 실시하였다. 프랑스와 미국의 함대를 격퇴한 후 대원군은 각지에 "척화비(斥和碑)"를 세우고 엄밀한 진을 치고 준비하도록 명령하였다.

중·일·한 삼국 근대화의 전반 과정을 볼 때 구정권을 주체로 한 제일차 개혁은 범위와 심도에서 차이가 있었지만 모두 근대화 초기의 탐색이었다. 그 가장 중요한 특징은 군사의 근대화를 개혁의 핵심으로 하고 기계의 제조와 건설에 몰두한 것이다. 이홍장은 "기계를 제조하는 것은 당면 외래의 침략을 막는 기본이며 자강의 근본이다"고 하였고 "각종 군사무기는 외국을 본따서 만든다"고 강조하였다.[8] 싸마 번주(藩主) 마쯔나리 아기라(岛律齐彬)은 "방어에서 중요한 것은 무기 즉 대포, 군함 등이다"라고 하면서 바꾸후정부에게 군기 제조소와 해군을 건설하는 것이 급무라고 제안하였다.[9]

4) 구정권 개혁정책의 공통점과 차이점 비교

중·일·한 삼국 구정권이 직면한 문제가 유사하였기에 곤경에서 벗어나는 개혁조치도 약간의 공통점이 존재하였다.

(1) "가천하"와 세습정권의 기존 이익을 강조하였다.

중·일·한 삼국의 봉건정권은 정권을 장악한 가족독단정권이 군주와 신하의 깊은 도리를 유대로 개국공신 및 그 후대와 결합하여 "가천하"의 과두정치를 실시하였다. 19세기에 이르러 중·일·한 삼국

7) 『고종실록』 제8권, 고종 8년 4월 17일조.

8) 『중국통사참고자료·근대부분』 상, 343쪽.

9) 신후세이산로우(信夫清三郎), 『일본정치사』 제1권, 상해역문출판사, 1982, 225쪽, 249쪽.

구정권은 이미 쇠패시기에 들어갔으며 내우외환이 부단히 출현하여 애신각라, 도꾸가와, 이씨 등 가족정권은 심하게 흔들기 시작하였다. 내외모순에 직면하여 삼국의 군주 혹은 장군은 자신의 통치에 위협이 된 내란을 가라앉히는 데 더욱 몰두하였으며 가족 세습통치권과 기존 이익을 수호하는 데 전력하였다. 이 과정에서 가족이익의 수호가 민족이익을 초월하는 현상을 흔히 볼 수 있다. 이 공통점은 삼국의 가족정치의 제한성이다.

(2) 군사제도 개혁을 돌출히 하고 군사역량을 가강하였다.

어느 시대나 정권의 유지는 무력을 떠날 수 없다. 때문에 삼국 개혁 중의 "강병"에는 유럽식 근대 육해군을 편성하고 선진적인 무기를 연구 제조하는 등 중요한 조치가 포함되었다. 바꾸후말기 3차례 개혁은 의식적으로 방대한 육해군 확대계획을 제정하고 보병, 기병, 포병 세 가지 병종의 편성에 크게 투자하였다. 양무운동에서 천진양창대(洋枪队), 북경위원대(威远队), 직예연군(直隶练军) 등은 청정부 군대에서 솔선적으로 서양의 총과 대포를 사용한 군대로 되었다. 대원군 개혁기간 프랑스와 미국의 원양함대에 저항하기 위해 이하응(李昰应)은 민심과 사기를 이용하였을 뿐만 아니라 외래 군함을 공격하는 수뢰포의 제조에 유의하고 마번에 사람을 파견하여 화기를 구매하였다. 이와 같이 삼국의 개혁은 정도부동하게 군사 색채를 띠었다.

(3) 영재정치와 위에서 아래로 되는 개혁을 실시하였다.

내우외환에 휩싸인 엄중한 형세는 봉건통치집단의 일부 집행자로 하여금 부득불 "자구하고", "자강하고", "보천(补天)"에 전력하도록 하였다. 혁흔, 증국번, 이홍장, 좌종당, 이하응, 아베 마사히로(阿部正弘), 안도우 신세이(安腾信正), 도꾸가와 요시노부(德川庆喜) 등 통치계급내부의 성과를 내려는 인물들은 각국 개혁의 화제인물로 되었다. 그들은 의정왕, 봉강 지방장관, 대원군, 상좌 노중(老中) 혹은 바꾸후정부의 장군 등이었으며 모두 그 당시 삼국 정권을 틀어쥔 인물이기에 개혁의 제안자이고 개혁의 실시자였다. 그리하여 우에서 아래로 되는 개혁을 실시하고 개혁에 관한 규정은 지켜야 하고 개혁의 금지사항은 행하지 말아야 한다고 하였다. 이것은 중·일·한 삼국 구정권 개혁의 공동특징이다.

중·일·한 삼국의 국정과 정세가 다르기에 삼국 개혁의 유관 정책은 부동점이 존재하였다. 그 주요한 표현은 다음과 같다.

① 파급된 범위가 다르다

일본 안세이 개혁, 분규 개혁, 게이오우 개혁은 파급된 범위가 가장 넓었다. 조정, 바꾸후, 번 삼자의 관계를 조화시키는 공무합체(公武合体)로부터 바꾸후정부 대외무역의 독점을 가강하기까지, 유럽식 육해군을 편성하는 것으로부터 유학생과 구라파 사절단을 파견하기까지, 양학의 관련 기관을 완벽하는 것으로부터 내정, 외교, 군사, 재정, 육재 등 수많은 새로운 권력기관을 설치하였다. 특히 게이오우 개혁기간 새로 설립한 해군 총재(总裁), 육군 총재, 국내사무 총재, 국외사무 총재, 회계 총재 등 다섯 개 총재제도는 전통적인 노중합의(老中合议)체재를 개변하였고 제도개혁 문제에 미쳤다. 중국 양무운동은 군대를 훈련시키고 기계와 인재양성을 중심으로 하였으며 서양의 총과 대포로 현존 체재 통치계급의 "자강"운동을 강화하였으나 정치체재의 개변에 대해서는 언급하지 않았다. 병사를 훈련시킴에 있어서 육군에 편중하였고 해군건설은 뒤졌기에 갑오전쟁이 시작하자마자 청군은 제해권을 상실하고 피동에 빠졌으며 종국적으로 양무운동의 실패를 초래하였다. 대원군 개혁의 발생 원인은 외부에 있는 것이 아니라 내부에 있고 개혁조치는 각 이익집단의 상호관계를 조절하는 데 편중하고 왕권을 강화하는 것이었다. 단지 프랑스와 미국의 원양함대가 쳐들어와서 부득불 해안 방어를 공고히 하고 군사장비를 강화하였을 뿐이다. 총적으로 개혁정책이 파급된 범위로 볼 때 일본이 첫째이고 한국이 그 다음이며 중국이 마지막이었다.

② 자주정도가 부동하다

일본 아베, 안도우 정권 때 안세이 개혁과 분규 개혁은 자주성이 비교적 강했다. 그러나 요시노부 정권 때 바꾸후정부는 오래지 않아 붕괴되었으며 고급관료는 프랑스 공사 나휴(罗休)를 구원자로 여기고 그가 개혁에 대해 이래라 저래라 하는 것을 허용하였으며 대량의 프랑스 무기, 자금, 설비, 교관, 기술자들이 일본에 들어왔으며 두 나라는 합자회사를 세웠다. 1867년 6월 평정의 책임자인 구리모도 조운(栗本锄云)이 프랑스를 방문하였고 프랑스의 대출을 받기 위해 부까이도의 개발권을 순순히 넘겨주기까지 하였다. 프랑스에 대한 바꾸후정부의 의뢰성이 전면적으로 가강됨에 따라 게이오우 개혁의 매판성은 날로 심해졌다. 청정부는 당시 양무운동을 자주적으로 장악할 수 있었고 요청에 응한 외국의 고용 인원과 교관 그리고 해관 총세무사를 맡은 영국사람 혁덕(赫德) 등을 "객경(客卿)"으로 취급하였다. 실제상 혁흔 등 고관료들은 여전히 유럽에 일정한 경각성을 두었는데 이것은 아마 양무운동이 기계설비를 구입하는데 몰두한 심리적원인의 하나일 것이다. 대원군 개혁은 한국 근대사에서 완전히 자주적인 개혁이었으며 청정부는 아무런 간섭도 하지 않았다. 1865년 『조선이홍민원함(朝鲜国李兴敏原函)』에 의하면 "今我国王仁孝睿智, 方域承德, 讲学日就, 励精治理。大院君即国王亲爷, 而国王承统后, 国典例崇为大院君矣。方协赞机务而隽伟光明, 威德并著, 典章制度灿然毕举; 料事如神, 画筹中窾"; 称赞 "环海入域之内, 如风行草偃, 农桑不扰, 民生乐业, 此诚东方无疆之会也。" 공친왕 혁흔은 읽은 후 보고를 써서 황제에게 올렸으며 황제는 읽은 후 "알았다"고 답복하였으며 원함을 남기고 거기에 따라 마음대로 실행하도록 하였다.[10)]

③ 영향의 정도가 부동하다

양무운동은 기계설비의 근대화에 치우쳐 정치체재의 변혁을 회피하였기에 최종의 실패를 면할 수 없었지만 관독(官督)이 관청에서 경영한 공장은

---

10) 『조선국이홍민원함(朝鲜国李兴敏原函)』, 『주판이무시말(筹办夷务始末)』 동치조, 45권.

점차 청정부 감독하의 민영상업으로 나아가고 지어는 민영기업의 새로운 길로 나아갔다. 그리고 개혁의 기풍이 점차적으로 섰고 양무운동의 사조가 점차 퍼졌으며 이후 변혁을 위하여 사상준비를 하였다. 대원군 개혁은 전통적 '덕정'틀의 속박에서 벗어날 수 없었으며 근대화 색채가 상대적으로 열었다. 그러나 수많은 폐단이 존재하고 있는 봉건 구체제에 대해 일부 조절을 진행하였고 왕권을 강화하였고 통치기초를 확대하였고 국방을 공고히 하였고 사회풍기를 개변하였으며 그 후 한국 근대화 개혁을 위하여 모종 사로를 제공해 주었다. 바꾸후말기 삼차개혁 특히 게이오우 개혁은 약간의 유산을 남겨주었다. 근대 젊은 유식인사들이 개혁과정에서 집단을 형성하였고 메이지가 정권을 세울 때 유신 관료로 돌변하였다. 나라 전체가 일치하고 공무합체의 관념은 메이지유신의 새 강령 '오조세문(五条誓文)'의 제정에 참고가 되었다. 총재체재는 메이지초기 '삼직제'정권의 수립에 게시를 주었다. 그 외 군사제도를 개혁하고 유학생을 파견하고 대외개방하고 식산흥업(殖产兴业) 등 개혁조치는 메이지유신 때도 그대로 사용되었다. "매판성"이 제일 강한 게이오우 개혁은 영향이 제일 컸으며 역사는 마치 한차례 농담을 한 것과 같았다.

2. 수귀: 제2차 개혁 충격의 결과

메이지유신, 무술유신, 청조말기신정, 갑신개혁, 광무개혁 등은 한차례 새로운 개혁고조를 구성하였다. 일본은 제2차개혁에서 남다른 발전을 가져왔고 솔선적으로 정권의 신구교체를 진행하였고 전심전력으로 유신 변혁을 진행하였으며 역전할 수 없이 먼저 자본주의 길로 나아갔다. 1889년 반포한 '대일본제국헌법'은 국가 법률의 각도에서 유신의 성과를 공고히 하였다. 일본은 1895년 중국을 전승하고 1905년 러시아를 전승하여 중국과 한국에 큰 충격을 주었다. 신흥강국으로 된 일본은 점차 재앙을 이웃나라에 뒤집어씌우는 식으로 발전하였기에 중국과 한국 두 나라 구정권의 개혁에 영향을 주기 시작하였다.

1) 메이지유신은 일본이 무력으로 일떠서는 기반을 마련하였다

(1) 유럽화단계(1868~1881)

1868년 1월 바꾼 후 타도파는 교토(京都) 소어소(小御所)에 모여 '왕정복구대호령(王政复古大号令)'을 반포하고 바꾸후정부를 폐지한다고 선고하고 삼직제(三职制) 메이지정부를 건립하였다. 그리고 "여태까지의 교만과 게으름 등 루습을 깡그리 없애버린다"[11]고 하고 메이지유신을 시작하였다. 이 일본사회를 전변하게 하는 근대화 개혁은 기존의 참고할만한 경험이 갖추어지지 않았기에 곡절을 겪는 것을 면할 수 없었다. 20여년의 메이지유신 과정을 보면 1881년 '메이지 14년 정변'을 한계로 유럽화에 몰두한 시기와 민족화 시기 두 시기로 나눌 수 있다.

1868~1881년의 첫 번째 시기 메이지유신의 각종 개혁조치는 모두 유럽 모식을 원본으로 하여 전반적으로 모방하였기에 이 시기의 유신변혁에 유럽화의 낙인을 찍어놓았다. 1868년 '정체서(政体书)'는 유럽의의회제도와 삼권분립 원칙을 참고하고 모방하였고 일본의 국력과 국정을 고려하지 않고 유럽의 공업기술과 농업기술을 인입하였으며 규모가 큰 공장과 농장을 건설하였다. 그리고 근대화 군대를 편성함에 있어서 프랑스의 육군과 영국의 해군을 본보기로 하였으며 학교 교육체재는 프랑스의 학구제(学区制)를 참고하고 하루속히 교육의 현대화를 실현하려고 하였다. 또 유럽인 의식주행의 습관을 일상생활의 모델로 하였고 서양을 숭배하는 반면에 무서워하였으며 자신을 왜소화하는 등 사회심리가 성행하였다.

---

11) 「왕정복구대호령」, 역사학연구회 편, 『일본사사료』 4: 근대, 岩波書店, 2002, 79쪽.

메이지유신 첫 번째 시기에는 상술한 여러 가지 문제가 존재하였지만 메이지정부는 정치, 경제, 군사, 교육, 사회 등 여러 방면에서 봉건제도의 낡은 것을 없애버리는 급진적인 개혁을 진행하였으며 "여러 나라와 대치한다"는 것을 국가의 전략목표로 하였으며 "부국강병"을 중심으로 하고 "식산흥업"과 "문명개화"를 보조로 하는 기본국책을 형성하였으며 전면적으로 자본주의제도 건설을 진행하였으며 결정적으로 자본주의 길로 나아갔다. 어떤 개혁이나 순탄하지 않으며 일정한 대가를 치러야 했다. 전면적 유럽화기간 일본 국내에는 새로운 모순과 충돌이 부단히 나타났다. 그중 방대한 항목 지출과 국가재정수입의 모순 그리고 유럽화 방침과 전통문화사이의 모순은 특별히 돌출하였다. 그 결과 국고가 비였고 통화팽창하였고 민중의 불만이 커졌고 농민폭동이 일어나고 불평을 가진 사족(士族)들이 반란하였고 자유민권운동이 세차게 일어나는 등을 빚어냈으며 국내정세가 불안정하였다.

(2) 민족화단계(1881~1889)

1881년 "메이지14년 정변"을 계기로 개혁의 사상과 조치는 크게만 탐내고 서양을 따르는 것으로부터 온건하게 실제적인 것으로 전변하였으며 전통적 인의와 도덕을 지닌 "흥한학(兴汉学)"을 회복하는 것을 제안하였으며 유럽을 따름에 있어서의 선택성을 강조하였고 군사제도와 헌법에서 "독일을 따라 배운다"는 새로운 방침을 제기하였다. 개혁조치는 일본 국정과 결합하여 "립"을 첫째로 하였으며 메이지유신은 민족화의 새로운 단계에 들어갔다. 식산흥업과정에서 나타난 모순과 문제에 견주어 근대화에 관한 정책을 대폭적으로 조절하였다. 그 주요한 내용은 다음과 같다.

(1)산업정책은 정부가 도맡아 경영한 시범적 공장과 농장을 중시하는 것으로부터 민간의 사영기업을 대대적으로 지지하고 보호하는

것으로 전변하였다. 1880년 정부는 '공장 처리에 관한 개략적 규칙'을 공포하고 국영 시범적 공장을 처리하기 시작하였다. 1884년 조건을 늦추어 국영 공장의 처리를 확대하였다. 미쯔이(三井), 미쯔비시(三菱), 스미도모(住友) 등은 상업자본이 공상업자본으로 신속히 전환하였다. 동시에 국영기업이 무기, 전신, 철도 등 주요부문을 지배하고 민영기업이 방직, 제당, 채광, 유리, 시멘트 등 경공업부문과 중공업부문을 나누어 맡는 분공합작체재를 형성하였다. 정부는 도맡은 시범적 공장과 농장의 재정압력을 경감하기 위하여 군비전쟁을 전면적으로 확대하였다. (2)기술 인입에 관한 정책은 국정을 홀시하고 그대로 옮겨오는 것으로부터 실제와 결합하여 선택성있게 외국 기술을 인입하는 것으로 전변하였으며 국외 기술과 민족산업사이의 결합점을 찾는데 힘썼다. 1884년 정부의 '흥업의견(兴业意见)'이 그 전형적인 예증이다. (3)재정정책을 통화팽창으로부터 재정긴축으로 조절하였다. 1881년 대장상(大藏相) 마즈가다 마사요시(松方正义)은 재정을 긴축하고 통화팽창을 억제하는 방침을 실시하고 태환할 수 없는 지폐를 회수하였다. 1882년 국가의 중앙은행인 일본은행을 창설하고 액면이 확실한 일본 엔을 발행하였으며 유통영역의 금융질서를 회복하였다. (4)식산흥업정책은 부문이 다원화로부터 일원화로 전변하도록 하였다. 1881년 농상무성(农商务省)을 설치하여 식산흥업에 관한 사무를 전문적으로 관리하도록 하였으며 령출다문(令出多门)을 방지하기 위해 집중적 지도를 강화하였다. 상술한 조절을 통하여 물가가 떨어졌으며 통화팽창이 억제되고 국고의 화폐저축이 증가되고 국력이 증강하였으며 경제발전이 정상적인 궤도에 들어섰다. 동시에 정부의 신뢰성이 제고되고 사회질서가 온정되었다. 그 외에 정부체재, 교육제도, 군대편제 등에 대해서도 선택성 있는 정책조절을 진행하였으며 자본주의제도가 일본에서 뿌리를 내렸다.

상술한 메이지유신의 두 단계 "유럽화"와 "민족화"는 실제상 "파"

와 "립"이 유기적으로 맞물리고 자본주의식 "내공(内功)"을 열심히 훈련한 과정이다. 유럽 근대화의 정신문명인 "문명개화"를 제창하고 유럽 근대 기술의 표식인 "식산흥업"을 도입하는 것을 통하여 일본의 전통적 가치관, 사상의식, 생활습관 등에 강렬한 충격을 주었으며 단기일에 일본이 낙후한 국면을 개변하는데 물질기초를 닦아놓았다. 1889년 일본은 제국헌법을 반포하고 솔선적으로 천황이 나라의 주권을 장악한 군주입헌제를 수립하였으며 그에 상응한 제도도 점차적으로 다 구비해졌다. 이런 의미에서 메이지유신은 순리롭게 진행되었다.

군주입헌제도의 우세는 대외로 많이 표현되었다. 그 표현으로는 유신변법의 관료제는 "아시아를 벗어나 구라파로 들어간다"는 방향으로 나아갔으며 "국내를 안정하고 국외와 경쟁한다", "전국이 일치한다"라고 하였으며 "주권선(主权线)"을 지키고 "이익선"을 확장하는 것을 목표로 하는 "대륙정책"이 형성되었다. 열심히 다룬 "내공"으로 누적된 국력, "충군애국"의 새로운 사무도 정신에 격발된 호전적 사기 및 장비가 뛰어난 육해군은 일본이 청군과 러시아 군대를 연이어 패배시키고 무력으로 동북아지구 군사강국으로 일떠서게 하였다. 무력으로 일떠선 일본은 중국과 한국 두 나라 개혁 진척에 영향을 끼쳤다. 동시에 재앙을 이웃나라에 뒤집어씌우는 식으로 일본은 끝없는 침략확장을 진행하였는데 이것은 최종적인 전패에 복선을 묻어두었다.

2) 청정부는 개혁과정에서 멸망되었다

(1) 무술유신

1894년 7월 전쟁이 폭발하였다. 국제여론과 중국 자신의 예측과 달리 청조 육군은 먼저 아산(牙山)과 평양에서 전패하고 이어 료동과 경기(京畿)에서 전패하였으며 북양수사는 황해해전에서 큰 타격을 받았고 위해위유공도기지(威海卫刘公岛基地)에서 전멸되었다. 청조 육해군은 참패하고 30여 년 고심히 운영해왔던 양무운동은 파산되었다. 1895년 4월 '마관조약'이 체결되고 땅을 갈라주고 배상하는 선례가 되였으며 이것은 인민을 더욱 분노하게 하였다. 북경에서 응시하고 있었던 강유위 등 천여 명 수험생은 연명으로 광서황제에게 글을 올려 "화의를 거절한다", "수도를 옮긴다", "변법을 실시한다" 등을 요구하였다. 1895년 강유위, 양계초 등은 북경에서 강학회를 조직하고 변법으로 자강할 것을 주장하였다. 1896~1897년 상해 ≪시무보(时务报)≫, 천진 ≪국문보(国闻报)≫가 선후하여 창간되고 개혁을 호소하였다. 1898년2월 담사동 등은 호남에서 강학회를 성립하고 ≪상보(湘报)≫를 창간하였다. 중국에게 심한 타격을 준 일본은 중국의 유식지사를 각성하여 변법으로 강국을 실현하도록 하는 역할을 하였다. 유신을 옹호하는 지식인사들은 일본을 괄목상대하면서 메이지유신으로부터 변법의 방법을 찾으려고 애썼다.

1889년 초 강유위는 러시아, 일본, 터키, 프랑스, 폴란드 등 여러 나라 흥망성쇄의 역사를 편집하여 상주하였다. 그중 3월에 『일본메이지 변정고』 정문 12권, 『개요(撮要)』와 『정표(政表)』 각각 1권을 올렸고 편년체를 사용하여 1868~1890년 메이지유신의 각 조치를 평가하였으며 그 서술이 아주 상세하였다. 강유위는 "중국 변법의 순서는 이 책을 빌어 설명한다. 변법에 관한 내용이 다 갖추어 지고 상세하였으며 내용이 풍부하였다. 一卷甫成, 即进上, 上复催, 又进一卷。변법은 일본에서 비교적 순리롭게 진행되었기에 이에 관한 책을 보고 아주 기뻐하였다. 관제, 재정, 헌법, 해육군, 경영신강(经营新疆), 만족과 한족이 합하고 남녀를 모두 가르치고 년호를 바꾸고 수도를 옮기고 농공상광(农工商矿) 등 여러 가지를 논하였는데 그 심도가 깊었다."[12)]

12) 강유위, 『강남해자편년보(康南海自编年谱)』 1898년조, 중화서국, 1992.

1898년 6월 11일 광서황제는 '명정국시조(明定国是诏)'를 반포하였고 변법을 실시하기 시작하였다. 유신변법기간 강유위(상육품함, 총리관청 장경), 양계초(상육품함), 담사동(사품경함) 등 지식인사들은 집단을 무어 황제의 명령에 의탁하여 변법을 실시하고 매일 변법의 여러 가지 조서와 유령(谕令)을 반포하였고 급속히 중국식 메이지유신을 실시하려고 하였다. 그 주요한 조치는 다음과 같다. 농공상국과 도로 광산총국을 설립하고 실업을 꾸릴 것을 제창하였으며 철길을 놓고 광장(矿藏)을 채굴하고 상회(商会)를 조직하고 재정을 개혁하였다. 관제개혁을 진행하고 통정사(通政使), 첨사(詹事), 대리사경(大理寺卿), 광록사(光禄寺), 태부사(太仆寺) 등 기관을 철퇴하였으며 기관을 간소하고 오랜 것을 폐지하였다. 언론을 자유롭게 할 수 있고 서민이 상서하는 것을 허락하였으며 녹영을 철퇴하고 신군을 편성하였다. 팔고(八股)를 폐지하고 학당을 세웠으며 경사대학당을 창설하였다. 역서국(译书局)을 설립하고 학생을 외국에 파견하였으며 과학저작과 발명을 장려하였다.

강유위 등 유식지사들은 당시 형세를 너무 낙관적으로 평가하였기에 변법에 대한 준비가 부족하였으며 실권을 장악한 후당에게 반격 당하였다. 1898년 9월 중국의 변법을 지지한다고 공개적으로 말하던 이도우 바구분(伊藤博文)이 중국에 온 것은 후당이 정변을 발동하는 데 구실을 제공해 주었다. 9월 21일 이도우 바구분이 광서황제를 방문하는 이튿날 정변은 갑작스레 폭발하였고 광서황제는 영대(瀛台)에 연금되고 강유위와 양계초는 일본으로 망명하였으며 담사동 등 육군자는 채시구에서 피살당하였으며 백일유신은 실패하고 말았다. 변법의 성과는 경사대학당이 유일하게 남았으며 기타 변법조치는 후당의 복구로 모두 실시되지 못하였으며 청조는 낡은 것을 버리고 새로운 것을 도모하는 기회를 놓쳤다.

(2) 청조 말기의 신정

무술유신이 실패한 후 후당은 벼슬할 준비를 하였고 서로들 승리를 축하하였다. 1900년 8월 경자(庚子)년에 갑자기 전쟁이 폭발하였고 일본군을 주력으로 하는 팔국연합군이 북경에 쳐들어오자 외국을 완고하게 배척하던 후당은 우두머리가 망하면 그를 추종하던 놈도 도망치는 격으로 몽땅 달아나버렸다. 서안으로 도망간 서태후는 고통 속에서 교훈을 찾고 저도 모르는 사이에 무술유신의 집행자로 되었다. 1901년 1월 청정부는 칙령을 내려 독무(督抚)이상의 봉강대리(封疆大吏)가 글을 올려 위험한 국세를 돌려세우는 방법을 내도록 하였다. 그해 4월 경친왕 혁광(奕劻)을 위수로 하는 독반정무처(督办政务处)를 설립하고 이홍장, 녹용(荣禄) 등을 독반정무대신으로 임명하고 유신일(刘坤一), 장지동, 원세개 등은 참여정무대신(参予政务大臣)으로 하였으며 신정에 관한 사무를 계획하고 준비하게 하였다. 청조 말기 신정의 주요내용을 개괄하면 아래와 같다.

①관제를 개혁한다. 청조 말기 군주와 신하는 "변법을 실시하려면 반드시 관제를 개혁해야 한다"[13]고 하면서 기관을 축소하고 합치며 신설하는 것을 동시에 진행하였다. 1901년 7월 총리각국사무아문(즉 총리아문)을 철회하고 외무부로 고치고 육부의 첫자리로 하였으며 속히 평화담판을 하여 조약을 맺도록 하였다. 1903년 9월 상부(商部)를 설치하고 1905년 10월 순경부(巡警部)를 설치하였다. 1906년 11월 중앙기관을 대폭적으로 조절하였고 농공상부(农工商部), 민정부, 도지부(度支部), 육군부, 법부, 우선부(邮传部), 이번부(理藩部) 등 기관을 새로 설치하였으며 태상(太常), 광녹(光禄), 홍노(鸿胪) 등 삼사를 합병하여 예부에 귀속시켰고 이전의 리부(吏部)도 상서(尚书) 한

13) 고궁박물원명청서류부 편, 『청말주비입헌서류사료(清末筹备立宪档案史料)』 상, 중화서국, 1979, 383쪽.

사람만 두었으며 한족이나 만족을 가리지 않고 임용하였다. 1910년 12월 해군부를 새로 설치하였고 1911년 7월 전예원(典礼院)을 설치하고 예부를 대체하였다. 일본에 가서 관제를 시찰하는 것은 1906년 중앙기구를 대폭적으로 조절한 계기로 되었다.

②신군을 편성하고 훈련시켰다. 1901년 8월 무거시험(武举考试)을 중지하고 9월 무비학당(武备学堂)을 건설할 것을 계획하였으며 구식 군대를 축소하고 상비군을 편성하고 훈련시켰다. 1906년 11월 병부(兵部)를 육군부로 고쳤으며 1907년 8월 전국적으로 신군 36진을 편성하고 훈련시키는 방대한 계획을 세웠으며 이 계획은 청조가 멸망할 때 절반밖에 완수하지 못했다. 신군을 편성하고 훈련시키는 것은 일본의 모식을 따랐고 군대편재, 무기배치에서 훈련, 군복, 군사용어 등에 이르기까지 대부분 일본군을 모방하였다.

③국력을 가강하기 위해 공상업을 발전시켰고 관료와 상인이 공상기업소를 세우는 것을 제창하였고 '흠정대청상법(钦定大清商法)', '상회규약(商会章程)', '철도에 관한 간명한 규약(铁路简明章程)', '중국상인 회사를 장려할 때 관한 규약(奖励华商公司章程)', '광물에 관한 규약(矿物章程)', '회사등록에 관한 규약(公司注册章程)', '은행을 시험적으로 운영할 데 관한 규약(试办银行章程)' 등 규칙제도를 반포하고 철도, 채광, 회사, 은행 등을 일떠세우는 것을 장려하였으며 메이지유신 식산흥업정책의 상투적 수단을 다시 사용하였다.

④과거제도를 폐지하고 학당을 꾸렸으며 유학하게 하였다. 1901년 9월 각 성의 서원을 모두 대학당으로 개변하였으며 각 부에 중학당(中学堂)을 설립하고 각 현에 소학당(小学堂)을 설립하였다. 1902년 8월 '학당의 흠정에 관한 규약'을 반포하고 그 이듬해에 각 급 학당의 설립이 전국에 보급하였다. 동시에 사범학당과 실업학당을 세웠다. 1905년 9월 과거시험을 정지하라는 명령을 내리고 수조이래의 과거제도를 폐지하였다. 그해 12월 학부를 설립하라는 명령을 내려 전국 학당에 관한 일을 관리하도록 하였다. 그리고 각 성에서

학생을 선발하여 유학하라는 명령을 내렸으며 일본을 첫째로 되는 유학국으로 하였다.

"예비입헌"은 만청정부가 일본을 모방한 또 한 가지 조치이다. 1905년 12월 부국공(辅国公) 재택(载泽), 민절(闽浙) 총독 단방(端方), 예부상서(礼部尚书) 대홍자(戴鸿慈), 산동 부정사(布政使) 상기홍(尚其亨), 순천부(顺天府) 승상 이성탁(李盛铎) 등 다섯 명의 대신들은 유럽 각국을 널리 방문하였으며 일본을 중점적인 시찰대상으로 고찰하였다. 1906년 1월 재택 등이 동경에 도착한 후 일본 군주와 신하의 환영을 받았으며 천황과 이도우 바구분, 오오구마 시케노브(大隈重信) 등 원로를 방문하였고 "여유있게 의논하면서 입법의 방법을 얻으려고 하였으며 개혁의 성과와 손실에 관한 문제를 토론하였다". 그리고 의원, 학교, 병영, 공장, 경찰, 법원, 우체국 등 기관을 시찰하였는데"아주 자세히 관람하였다"14)

1906년 8월 다섯 명의 대신들은 잇달아 귀국하였으며『열국정요(列国政要)』, 『유럽정치요의(欧美政治要义)』 등 여러 권의 고찰보고를 편집하여 조정에 올려보냈다. 대홍자와 단방은 '입헌예비절(立宪预备折)'에서 각 국 가운데는 "입법의 본보기로 될 수 있는 것은 유럽이라기보다 일본이며 매사에서 일본을 따라야 한다."고 강조하였으며 "중국은 개혁을 진행하여야 하고 개혁 형세는 당시 일본의 정황과 비슷하다. 개혁함에 있어서 일본을 거울로 삼아야 하고 개혁 성과에만 그칠 것이 아니라 실패를 교훈으로 삼아야 하며 그 경험에 근거하면 실시의 효과가 높고 선명할 것이다."15) 1906년 9월 청정부는 '선시예비입헌유(宣示预备立宪谕)'를 반포하고 "각국 기존의 법을 참고하여 입헌실행의 시간을 의논한 후 천하에 선포한다"16)고 하였으며 예비입헌준비를 하였다. "각국 기존의 법을 참고한다"고 하였지

14) 위의 책, 5~6쪽.

15) 위의 책, 386쪽.

16) 위의 책, 44쪽.

만 실제상 일본의 입헌에 관한 내용을 제일 중요시하였다. 1907년 11월 헌정(宪政)대신 달수(达寿)는 일본에서 반년 남짓이 시찰하였다. 그의 「일본 헌정 형세에 관한 고찰」의 결론은 "一曰政体之急宜立宪也, 一曰宪法之亟当钦定也。政体取于立宪, 则国本固而皇室安。宪法由于钦定, 则国体存而主权固。此皆有百利而无一害之事。"[17] 1908년 8월 청정부는 공시문을 반포하여 9년 후의 예비입헌 실시를 허락하였다. 이것은 분명히1881년 메이지 천황이 자유민권운동의 압력에 의해 '국회를 설치할 때 관한 칙령에 관하여'를 반포하고 9년 후의 국회 설치를 승낙한 데 대한 의식적인 모방이었다.

민권운동을 압제하여 세운 메이지정부의 군주 입헌제도와 달리 만청정부는 전반 국세에 대한 공제력을 잃고 국면을 돌려 세울 수 없었기에 예비입헌 실시에 무력하였다. 신정 개혁과정에서 민영자본은 날로 장성하였으며 상신(商绅)은 점차적으로 관신(官绅)을 압도하였고 거세차게 일어나는 보로(保路)운동에서 자신의 힘을 과시하였다. 1911년 5월부터 6월 사이 천월상악(川粤湘鄂)의 민중들은 보로운동을 일으켰고 황족내각이 천한(川汉)철로와 월한(粤汉)철로를 마음대로 "국유"한다고 선포하고 이어 외국에 팔아먹은 것에 항의하였다. 그 해 9월 사천 신임총독 조이풍(赵尔丰)은 "성도유혈사건"을 제조하였으며 그 당시 국면은 잠시 온정되었으나 보로동지회(保路同志会)의 무장봉기는 사천에서 료원의 불길처럼 타번졌다. 그해 10월 청정부는 급히 사천 주변 여러 성의 군대를 이동집결하여 무장봉기를 진압하였으며 혁명지사들은 그 기회를 타서 무창봉기를 일으켰다. 신해혁명이 폭발한 후 예비입헌 때 설립된 각 성의 자의국(咨议局)은 잇달아 독립을 선포하였으며 청정부는 멸망하고 말았다. 청조 말기 신정은 유력한 정치인물인 서태후가 발기하였으며 이 절대적인 권위인물이 죽자 청정부는 신정과 함께 공포 속에서 붕괴되고 말았다.

17) 위의 책, 같은 쪽.

3) 한국은 연속적인 개혁과정에서 점차 일본의 식민지로 전락되었다

(1) 갑신개혁(1881~1884)

1876년 '일정수호조약(日程修好条规)'이 체결된 후 한국은 개항하였다. 일본 여당과 야당은 한국의 군주와 신하가 하루속히 빈약과 낙후에서 벗어나고 자립자강하려는 것을 이용하여 수신사(修信使)와 신사유람단을 초청하여 일본을 방문하도록 하였다. 일본은 높은 차원으로 한국의 내방자를 대접하였고 홍영식(洪英植), 김옥균(金玉均), 박영효(朴泳孝) 등 친일 개화파를 육성하였으며 이로서 한국말기 개혁의 진도에 영향을 주었다. 친일 개화파는 민씨집단과의 투쟁가운데서 어렵게 개혁을 실시하였다. 개혁의 주요한 조치는 다음과 같은 것이 포함된다. 1881년 일본식 신군 "별기군(别技军)"을 세웠고 장교를 오사카에 파견하여 제조기술을 배우게 하였고 학생을 천진에 파견하여 기계제조 기술을 배우도록 하였다. 1882년 통리군국사무(统理军国事务)와 통리교섭통상아문(统理交涉通商事务衙门)을 설립하고 각각 내정사무와 외교사무를 관리하도록 하였다. 1883년 경찰제도를 개혁하고 순경부를 설립하고 근대 첫 간행물인 ≪서울순보(汉城旬报)≫을 발행하였고 태극기를 국기로 결정하였으며 기계국(机器局)과 인쇄공장 박문국(博文局)을 설립하였다. 1884년 우정총국은 개업하고 시범 농장을 세웠다. 한국 주재 일본공사(竹添进一郎)의 회책하에 1884년 2월 4일 개화파는 갑신전쟁을 발동하여 보수파 대신을 살해하였고 '혁신책(革新策)'을 선포하였다. 그리고 조공허례(朝贡虚礼)를 폐지하고 문벌을 없애고 민중의 권리를 평등하게 하고 지조법(地租法)을 개혁하고 국가재정을 정돈하는 등 진보적인 조치를 취하였다. 조선 주재 청군은 보수파 대신의 초청에 응하여 군대를 파견하였지만 정변을 파탄시켰다. 그리하여 메이지유신을 원본으로 하는 갑신개혁은 중단되고 말았다.

(2) 갑오전쟁(1894~1895)

1894년 3월 갑오농민전쟁이 폭발하였고 6월 중국 군대과 일본 군대가 조선반도에 들어오자 사태는 신속히 평정되었다. 중국은 일본에게 철군할 것을 건의하였지만 일본은 조선이 반드시 내정개혁을 진행하여야 한다는 것을 핑계로 삼으면서 철군을 거절하였다. 그 후부터 일본은 무력을 뒷받침으로 한국말기 개혁을 간섭하였으며 이것은 개혁가운데서 일본이 영향을 발휘하는 주요한 수단으로 되였다. 1894년 7월27일 중일 갑오전쟁이 폭발한 후 당군국기무처(党军国机务处; 후에 중추원(中枢院)으로 개칭하였음)를 새로 설립하고 6월 일본내각이 조선 주재 일본공사 오오도리 게이스게(大鸟圭介)에 보낸 지령에 따라 정부와 궁정이 분리하는 관제(官制)를 조절하고 육조(六曹)를 취소하고 내무, 외무, 도지(度支), 공무(工务), 문부(文部), 법부, 군부 등 여덟 개 관청을 새로 설립하였으며 일본 고문을 초빙하였다. 그리고 청조 년호를 버리고 과거제도를 폐지하고 세수입을 화폐화하였으며 일본의 도량형제도를 채용하였다. 또 봉건등급제도를 취소하고 낡은 풍속과 습관을 고치게 하고 복식을 간화하는 등 신정개혁을 진행하였다. 그해 11월 일본 외교대신 이노우에 가루(井上馨)가 한국 주재 공사로 임명되었으며 20가지 개혁요점을 제기하였다. 일본의 압력하에 1895년 1월 고종은 여러 대신을 거느리고 종묘(宗庙)에 가서 '홍범14조(洪范十四条)'를 반포하였고 청조와의 종속관계를 단절한다고 선포하였으며 독립자주를 실현하였다. 또 왕실의 시범을 제정하였고 왕실사무와 국정사무를 분리하였고 의정부(议政府)와 각 관청의 권한을 명확히 하였고 민법과 형법을 제정하였으며 문벌에 구애없이 광범위하게 인재를 선발하였다.

(3) 을미개혁(1895)

1895년 4월 중일 '마관조약'이 체결되고 한국을 독립자주적인 국가로 인정하였으며 을미개혁이 시작되었다. 종주국 중국의 표식인

지표건물 "영은문(迎恩门)"을 허물어버렸고 관제개혁을 진행하였다. 개혁의 주요한 조치는 다음과 같은 것이 포함된다.

'내각관제(内阁官制)', '중추원관제 및 사무규약(中枢院官制及事务章程)', 그리고 외무, 법무, 학부, 농상공부, 도지부, 군부 등 각 부와 법원의 관제를 반포하였고 또 관원의 봉급, 봉사규율, 관원의 징계 등에 관한 정부의 명령을 반포하였다.18) 개혁은 조선 군주와 신하의 신심을 북돋아주었다. 러시아가 성공적으로 발동한 "삼국이 간섭하여 요동반도를 되돌리게 한다"는 거동은 민씨로 하여금 "러시아는 세계강국이고 일본은 비길 바가 못 된다. 만약 러시아가 군주정치를 보호할 의향이 있다면 러시아에 의탁할 수 있다"는 것을 깊이 느끼게 하였다.19) 친러시아파와 친일파의 투쟁은 점차 가열해졌다. 10월 8일 조선 주재 일본공사 미우라 코로우(三浦梧楼)가 획책한 '을미사변'이 갑자기 폭발하고 민씨는 피살되었으며 개혁은 정지되었다.

(4) 건양(建阳)개혁(1896~1897)

1895년12월30일 고종은 년호를 바꾸고 새 년호를 사용한다는 칙령을 내려 양력으로 바꾼다고 선포하였으며 고종 32년 11월15일을 건양 원년 1월 1일로 한다고 하였다. 1896년 새해부터 친일파 김홍집(金宏集)내각은 '단발령(断发令)'을 반포하여 남자는 상투를 자르고 양복을 입어야 한다는 명령을 내렸고 사회풍기를 새롭게 바꾸는 것을 중심으로 하는 건양개혁을 실시하였다. 그해 2월 고종은 일본의 박해를 피하기 위해 "러시아 공사관으로 도망쳐 갔다". 고종은 그 즉시로 러시아 공사관에서 친러시아파 내각을 설립하였으며 김홍집 등 친일파 대신은 피살되었다. ≪독립신문≫이 창간되고 '애국가'가 널리 불리우고 독립협회가 설립되고 "독립문"이 세워짐에 따라 한

---

18) 국사편집위원회, 『고종시대사』 제3권, 탐구당, 1969, 750~785쪽.

19) 누마다 시로우(沼田市郎), 『일본과 러시아의 외교사』, 오사카서점, 1943, 127쪽.

국 국내의 독립을 부르짖는 군중의 목소리가 날로 높아져 갔다. 관립 초등학교, 서울은행, 가로등, 한글전보 등 신생사물이 끊임없이 나타나 개혁에 새로운 내용을 첨가해 주었다.

(5) 광무개혁(1897~1907)

1897년 8월 15일 고종은 칙령을 내렸으며 건양년호의 사용을 중지하였으며 년호를 광무로 정하였다. 10월 12일 고종은 경운궁(庆运宫) 원구단(圜丘坛)에서 신에게 제사를 지내면서 국호를 대한제국으로 개변한다고 선포하고 즉위하였다. 10월 13일 광무황제는 태극전에서 뭇 신하의 조회 축하를 받았으며 즉위의 칙령을 내렸으며 "낡은 것을 버리고 새로운 것을 도모하며 덕성으로 감화시키고 풍속을 아름답게 해야 한다."[20] 이로부터 한국말기의 마지막 개혁이라고 부르는 광무개혁이 시작되었다. 귀납하면 일본과 러시아전쟁이 폭발하기 전까지 광무개혁은 아래와 같은 주요한 내용이 포함된다.

① 군주의 권력을 돌출히 하였다

1899년8월 '대한국국체'를 반포하였으며 "대한국 황제는 무한한 군권을 가지고 있다"고 규정하였으며 입법권, 행정권, 사법권 등 권력은 모두 황제가 장악한다고 하였다.[21] '대한국국체'는 국회 설치에 관한 문제를 언급하지 않았으며 중추원(中枢院), 의정부(议政府) 등 국무기관은 모두 황제의 명령에 따라 권력을 행사하며 명령지시를 엄격히 집행하도록 하였다. 황제는 "무한한 군권"을 가지고 있었으며 유아독족의 지위는 대한제국 권력의 정상에 도달하였다.

20) 『일성록(日省录)』, 광무 원년 9월 18일조.

21) 강만길(姜万吉), 『한국근대사』, 동방출판사, 1993, 204쪽.

② 군제를 개혁하고 황권을 수호하였다

1899년1월 이미 근위대(近卫队)를 설립한 기초에서 지방 진위대(镇卫队)를 설립하여 지방세력을 눌러 가라앉히고 변경을 지키도록 하였다.[22] 그해 6월 원수부(元帅府)를 설립하였다. 고종은 자신을 대원수로 임명하고 군권을 몽땅 틀어쥐고 해육군을 통솔하고 황태자를 원수로 하여 총지휘에 참여하도록 하였다. 원수부 아래에 군무(军务) 등 네 부문을 설치하였으며 전략전술을 세우고 군령을 반포하였으며 육해군 대학을 관리하였다.[23] 그해 무관학교를 창설하였고 사관생(士官生)을 양성하였다. 1902년10월 근위대를 두 연대로 확대편성하였으며 시위대(侍卫队) 두 연대를 세웠으며[24] 근대화 무기를 갖추었다. 1903년 증병제(征兵制)를 실시하였고 나라의 군사역량을 세웠다.

③ 인구통계와 토지측량을 진행하여 세무래원을 확보하였다

1897년12월16일 처음으로 그 해의 전국 인구수를 공개하였으며 그 후 해마다 전국 인구수를 공개하였다. 1899년4월 '각 도량무 감리(各道量务监理)'를 반포하였으며 6월부터 "광무양전(光武量田)"을 실시하기 시작하였다. 광무 5년(1901)에 이르기까지 논밭 6만 6,901결 52부를 조사해냈으며 그 가치가 61만 7,138만원 47전 8리 되었으며 그 외 또 세대 18만 8,832대를 조사해냈으며 이로 하여 국가의 세금수입이 늘어났다.[25] 그와 동시에 사회구제를 실시하고 사회의료사업을 발전시켰다. 1901년 12월 고종은 서울에 혜민총사를 설립하고 각 군(郡)에 혜민 분사를 설립하여 구제 활동을 전개하라는 명령을 내렸다. 황실은 앞장서 혜민사에 2만원을 기부하였고 명령을 내려 칙임관(敕任官)

---

22) 『고종실록』, 광무 3년 1월 15일조.

23) 『고종시대사』 4권, 905쪽.

24) 송병기(宋炳基), 「광무개혁 연구: 그 성격을 중심으로」, 『사학지』 제10집, 단국대학출판부, 1976, 89쪽.

25) 『고종시대사』 제5권, 446쪽.

이 반년 년봉의 1/3을 기부하고 봉임관(奉任官)이 반년 년봉의 1/5을 기부하도록 하였으며[26] 왕의 인정의 형상을 전국에 보여주었다.

④ 근대적 재정, 통신, 산업관리체재 등을 조직 건설하였으며 경제를 개발하였다

1900년 1월 의정부는 처음으로 광무4년도 국가예산을 공포하였으며 총지출이 616만 2,796원이고 경상적 총수입이 555만 8,872원이며 임시적 세출이 4만 7,216원이고 예비금이 50만원이라고 하였다. 그 후 의정부가 해마다 그 해 예산을 공포하였다.[27] 그해 3월 통신원을 세우고 우편, 전신, 선박, 해원 등 일체 사무를 책임지고 관리하도록 하였다. 그해4월 철도원을 설치하고 "철도원은 황실이 소유한 철도를 관할하고 경인철도와 경부철도 두 철도를 직접 관할하며 그에 관한 일체 사무를 처리한다."[28] 1901년 2월 '화폐조례'를 반포하고 화폐의 제조권과 발행권은 정부에 있고 금본위(金本位) 제도를 실시하고 화폐를 규범한다고 규정하였다.[29]

⑤ 한국 민간자본을 부식하고 국제 경쟁을 벌렸다

그 개혁조치는 주로 다음과 같은 것이 포함된다. 첫째, 중앙상회를 통제하였다. 1898년 여름 서울의 상인들은 황국중앙총상회(皇国中央总商会)를 세우고 정부가 조치를 취하여 서울에 있는 일본상인과 중국상인을 몰아내고 상권(商权)의 자주성을 회복할 것을 요구하였다.[30] 총상회는 또 독립협회와 연합하여 상권수호운동을 발기하였다. 광무정권은 이에 대해 조건적인 지지를 주었다. 둘째, 전번적으

26) 『고종실록』, 광무 5년 12월 4일조.

27) 『고종실록』, 광무 4년 1월 19일조.

28) 『고종실록』, 광무 4년 4월 6일조.

29) 『고종실록』, 광무 5년 2월 12일조.

30) 梶村秀树, 『근대조선사회경제론』, 명석서점, 1993, 144쪽.

로 볼 때 식산흥업정책은 한국 민족자본의 국제경쟁력을 증강하였다. 1899년 6월 의정부는 한국 상인과 민중이 자금을 모아 경성(京城)~의주(义州) 구간의 철길을 놓을 때 관한 신청을 승낙하였고 대한철도회사가 5년을 작업기일로 길을 닦는 공사를 실시하도록 하였다. 광무년간 대조선저마제사(苎麻制丝)회사(1897), 직조권업장(织造劝业场)(1898), 종로직조사(锺路织造社)(1900), 서울제직회사(1901), 중곡염직공소(中谷染织工所) 등 열여개 방직공장이 선후하여 설립되였으며 외국 상인과 경쟁을 벌였다.[31] 민족자본은 또 대한협동우선회사(大韩协同邮船会社)(1900), 인천우선회사(仁川邮船会社)(1900), 인한기선주식회사(仁汉轮船株式会社)(1900) 등 해운회사와 이운사(利运社)(1899), 통운사(通运社)(1900), 경부철도역부회사(京釜铁道役夫会社)(1901) 등 육운(陆运)회사를 창설하였다. 금융방면에서 1896년 중앙은행인 조선은행을 설립하였고 1897년 민간자본은 서울은행, 천일은행(天一银行) 등을 창설하였다.[32] 대한제국 창립초기 관리와 민중은 결합하여 경제를 개발하고 자립 자강을 목적으로 하는 식산흥업의 고조를 일으켰다. 일본과 러시아의 전쟁이 폭발하기 전에 한국의 민족자본은 비교적 빠른 발전을 가져왔다.

⑥ 사상, 교육 방면의 주요한 개혁 조치는 다음과 같다.

첫째, 1899년4월 '중학관제(中学官制)'를 반포하고 교장이 봉임관을 맡고 근대 중등교육을 중점적으로 발전시켰다. 둘째, 유학의 전통관념을 더욱 발전시켰다. 1899년 4월 27일 고종은 유학을 진흥시킨다는 조서를 내렸고 "나와 황태자는 유학의 종주를 맡을 것이고 기자와 공자의 도리를 발휘할 것이며 조상의 의지를 따를 것이다. 모든 관료들은 전심전력으로 유학의 정신을 발양하여야 하며 성인의 정

---

31) 위의 책, 149쪽.

32) 강만길(姜万吉), 앞의 책, 279쪽.

신을 우러러 받들이고 관료 자체가 저절로 실천하여야 하고 귀감이 되어야 하고 예의를 숭상하고 풍속을 화목하게 해야 하고 높은 예의를 지켜야 하며 실용적인 것에 주의하여야 한다"라고 하였다.[33] 셋째, 단군을 숭상하였다. 1901년 7월 중추원의관 김영후(金瑩厚)는 상주하여 기자(箕子)와 동명릉묘를 봉하고 단군릉묘도 봉하여야 하며 고종이 정부에게 책임지고 완성시키게 했다."[34]

일본과 러시아의 전쟁이 폭발한 후 일본은 러시아와 작전하는 동시에 "한국경영"을 시작하였고 즉 여러 가지 불평등조약을 통하여 한국의 주권을 침범하였다. 1905년 11월 제2차 '일한협약'을 체결하고 일본은 한국을 자기의 보호국으로 만들었으며 광무개혁은 큰 좌절을 당하였다. 1907년 7월 일본은 무력으로 광무황제를 핍박하여 퇴위하게 하였으며 개혁의 성과는 얼마 남지 못했다. 1910년 8월 한국은 일본에게 병탄되였으며 식민지로 전락되었다.

3. '수귀'현상 조성의 원인 분석

1) 정권교체는 발전기회를 붙잡을 수 있는가를 결정하였다

19세기 후반기부터 20세기 초기는 자유자본주의가 독점자본주의로 과도하는 중요한 단계이다. 산업혁명을 거친 유럽 국가는 국제국면의 조직건설을 지배하는 역량으로 되였고 자본주의세계 시장을 확장하는 과정에 연합행동도 있었고 이익 충돌도 있었다. 열강의 연합적인 억압으로 중국, 일본, 한국 삼국의 생존환경은 위태로웠다. 열강들 사이의 이익쟁탈과 모순대립은 동북아 국가가 자주발전을

33) 『고종실록』, 광무 3년 4월 27일조.

34) 『고종실록』, 광무 5년 7월 31일조.

쟁취할 수 있는 공간을 남겨주었다. 인차 지나가 버리는 역사적 기회를 붙잡는 전제조건은 시대와 발전을 같이하고 현실에 민감하고 과감히 행동하는 혁신역량이 정권을 장악하여 근대화적 기본정책을 제정하고 발전기회를 붙잡는 것이다. 때문에 구정권과 신정권의 교체의 속도는 한 나라 흥망승쇄의 결정적 요소로 되었다.

일본 바꾸후 구정권은 지속적인 개혁을 진행하였지만 시대에 뒤떨어진 구체재를 수호하는 것을 개혁의 목적으로 하였고 요시노부의 가족이익과 권위가 침범받지 않는 것을 최저한도로 하였다. 협애한 집단이익의 고려에 의해 안세이 개혁, 분규 개혁, 게이오우 개혁으로 하여금 날로 개명성과 전반성을 상실하였으며 정권을 장악한 대신이 당동벌이(党同伐异)하면서 바꾸후정권을 배척하였기에 바꾸후 정권은 날로 따돌림되고 고립화되였기에 급속히 전복되는 운명을 피할 수 없었다. 메이지정부는 창립되고 나이 젊고 혈기왕성하고 전심전력으로 개혁하려는 바꾸후 타도파가 정권을 장악하였다. 이들은 중하층 무사출신이었으며 이용할 가문의 밑천이 없었다. 이들은 정치적 출발선이 같았기에 "공동한 주인" 천황을 옹호하고 "전국이 일치한다", "충군애국" 등 국가의식이 형성되고 발전하였다. 그들은 유신 관료였는데 탈락율이 높고 경쟁이 치열한 정계에서 끝까지 버티여 승리자로 되려면 유신의 공적에 의거해야 만 하였으며 공훈을 세우고 위업을 완성해야만 상대방을 압도할 수 있었다. 유신의 승패와 개인의 명예치욕은 하나로 합쳐져 야심이 가득차고 활력이 넘치는 유신 관료와 보수적이고 온건한 바꾸후정부 로대신은 차이가 선명했다. 바꾸후를 뒤엎는 복잡한 유신운동의 경력은 정치적 경험을 쌓게 하였으며 유신관료로 하여금 세계적 시야, 관념의 갱신, 국제정치의 약육강식의 진리파악 등 방면에서 중국과 한국의 관료보다 진보하였다. 일본의 유신 관료가 "아시아를 벗어나 유럽으로 들어가다"는 발전방향을 택하고 '만국공법(万国公法)'의 규칙을 잘 알고 침략성을 띤 "대륙정책"을 제정하고 실시한 비밀이 바로 여기에 있다. 상술한 바와 같이 직책에 힘 다하고 국가관념과 국제관념 등 방면에서 돌변을 가져온 것은 정권이 비교적 짧은 시간내에 교체된 것과 밀접한 관계가 있었다. 때문에 유신 관료가 정권을 장악한 후 세계역사의 전환점에서 일본은 행운스럽게 자본주의 발전의 막차를 타는 것이 순조롭게 실현되었다. 이웃나라의 쇠퇴몰락을 대가로 일본의 근대화는 "수귀"의 발전 기회를 얻었다.

정권이 신속히 교체되는 일본에 비해 구체재 지배하의 중국과 한국은 권력집행이 애신각라나 이씨가족의 핵심이익을 수호하는 궤도에서 벗어나지 못하였고 이미 이익을 얻은 보수세력이 권력을 장악하였으며 집권자의 갱신환대를 실현하지 못했으며 "개변하였지만 새롭지 못했고" 혹은 "개혁할 의도는 있었으나 실시하는 힘이 부족하였기에" 허송세월속에서 나라의 근대화 발전은 가망이 없었다. 총적으로 비교적 짧은 시간에 정권 교체를 실현한 것은 일본이 두각을 나타내고 중국, 한국과 잠시적 "동도" 후 신속히 "수귀"한 전제조건으로 되었다. 중국과 한국의 구정권은 장기적으로 존재하였으며 보귀한 발전시기를 놓쳐버리게 하였다.

2) 개항 후 일본은 신속히 신구 권력의 교체를 실현하였다.

신구정권이 신속히 교체된 원인은 다방면이다. 그중 개항후 일본역사의 발전상황에 관심을 줄 필요가 있다. 부동한 세력이 형성한 충격력은 바꾸후 반대운동의 매 단계에서 교차되고 호응하면서 역사적으로 복선식 발전형식을 취하였다. 일정한 시기의 부동한 세력이 형성한 충격력은 사면팔방에서 회합하여 강대한 합력으로 되였으며 바꾸후정부 멸망을 가속화하였으며 전반적으로 역사의 발전을 가속화하였다.

개항초기 반체재운동은 준비시기에 처했었다. 1853~1859년 조약의 칙령에 관한 문제를 둘러싸고 침략자를 쳐부시자는 조정과 개국 바꾸후정부는 대립되었으며 효명천황은 바꾸후정부와 유럽의 조약체결을 거절하였다. 제14대장군의 계승문제는 웅번(雄藩)의 오메이와 바꾸후정부의 충돌을 빚어냈고 중하층 무사들은 교토에 운결하여 시정에 대해 기탄없이 의논하였으며 하층민중은 반항투쟁을 일으켰다. 부동한 역량의 상호충돌은 바꾸후 정부를 막다른 경지에 빠지게 하였으며 유력한 인물인 이이 나오수게(井伊直弼)는 스스로 조약을 체결하고 도꾸가와 요시도미(德川庆福)을 제14대장군으로 임명하였으며 반대파를 호되게 진압하는 "안세이 대감옥"사건을 제조웠다. 그 기간 진압을 받고 연루된 공경(公卿), 오메이, 막꾸리(幕吏), 처사(处士) 등은 100여 명에 달하였으며 요시다 쇼인(吉田松荫) 등 8명을 사형에 처했다.

바꾸후정부는 류혈적인 탄압을 진행하였고 존왕양이(尊王攘夷)파 무사의 맹렬한 반격을 받았다. 1860년 이이(井伊)는 앵전(樱田)문 밖에서 암살되였으며 반체재운동은 포악한 것으로 포악한 것을 바꾸어놓는 공포적 습격시기에 들어섰다. 1862년 존왕양이파 무사는 공무합체(公武合体)파 바꾸후 노중(老中) 안도우 신세이(安腾信正)를 찔러놓았으며 외국사람을 습격하는 배타운동이 전국을 휩쓸었다. 일시에 열강의 군사복수, 공무합체운동, 존왕양이운동은 옥신각신하면서 분화가 심해졌다. 각종 불길한 사건이 지속적으로 돌발하고 인물운명의 개변이 끊임없이 발생하였으며 온 일본 열도는 벌둥지를 쑤셔놓은 것과 같았다.

바꾸후정부는 도꾸가와의 가족정권을 유지하기 위해 프랑스에게 홋카이도를 담보로 하거나 큐슈를 떼여준다고 공공연히 주장하였으며 이것으로 서양의 총, 대포, 군함을 바꾸었고 무력으로 "조정을 없애고 제후를 붕괴시키고 군현제(郡县制)를 실시한다"고 하였다.[35] 이 매국적인 계획은 모든 사람들의 멸시를 받았으며 바꾸후정부는

35) 이에나카 사브로우, 이노우에 기요시(家永三郎, 井上清), 『근대 일본의 논쟁점』 상, 매일신문사, 1967, 98쪽.

저절로 멸망의 길에 들어섰다. 1866년 존왕양이파에서 분화된 사모와 장주 두 번(藩)을 주력으로 하는 무력적 바꾸후 타도파는 공수동맹을 맺었다. 1867년 무력적 바꾸후 타도파는 교토에 군대를 출동하여 "바꾸후를 토벌하는 비밀 칙령"을 조작함과 동시에 돌격대를 파견하여 간도우(关东)와 에도를 습격하는 것을 동시에 진행하였으며 정치투쟁을 무력결전으로 이끌었다. 이때 마침 바꾸후정부의 중심지에서 농민과 시민의 폭동이 일어나 무력적 바꾸후 타도파의 군사행동를 엄호하였다. 공의정체파(公议政体派)는 조정, 바꾸후정부, 웅번(雄藩) 세 역량이 하나로 된 재판 막번(幕藩)체재를 세울 것을 획책하였는데 이것은 바꾸후 장군이 천황에게 정권을 되돌린 것이 무의식간에 천하를 좌우지 할수 있는 능력을 상실한 증거로 되었다. 민간의 영웅지사은 여기저기 활동을 벌였으며 규슈, (甲州) 등 지역에서 바꾸후정부의 지방 군사거점과 정권기관을 공격하였다. 열강들도 일본 내정에 개입하였고 영국은 무력적 바꾸후 타도파를 지지하였으며 프랑스는 바꾸후정부를 원조하였다. 총적으로 1866~1867년 극히 짧은 시간에 부동한 사회세력은 거의 동시에 바꾸후말기의 정권쟁탈의 무대에 비집고 들어섰다. 부동한 계층의 충격은 합류되어 바꾸후정부 통치에 투쟁의 예봉을 돌렸다. 그리하여 개국 15년후 바꾸후정부는 치명적인 재난을 당하였으며 역사적 흐름속으로 영원히 말려들어가고 말았다.

3) 응변능력과 돌변능력의 축적

바꾸후 타도시기 일본에서 복선식 발전방식이 나타나고 신속히 신구정권의 교체를 완수한 것은 바꾸후말기 정권이 중국과 일본의 뒤흔들리는 구정권보다 더욱 많은 응변능력과 돌변능력을 가지고 있었기 때문이다. 근대 중·일·한 삼국 "동도수귀"의 근본원인을 구명할 때 바꾸후말기 개혁 혹은 메이지유신에만 한하여 옳고 그름을 판단할 것이 아니라 시야를 개항 전 삼국의 정황을 연구할 필요가 있으며 개항 전 삼국이 근대화로 나아감에 있어서의 응변력과 돌변 능력의 차이를 비교하는 것은 진상을 밝혀내는 데에 유리하다.

(1) 18세기중기이후 상품화폐경제가 조성한 사회불안정 정도의 차이

병농분리제(兵农分离制), 석고제(石高制), 영주토지소유제(领主土地所有制), 사농공상신분제(士农工商身份等级制)등으로 구성된 일본 막번(幕藩)체재는 상품화폐경제가 발전하지 못한 정황에서 인위적인 행정수단을 통하여 강제로 세워진 통치체재이다. 각 부분의 상대적인 박약과 제도 전체의 불융통성은 막번체재가 상품화폐경제에 의해 일단 첫 구멍을 열리우기 시작하면 각 부분이 하나하나 연거퍼 파괴되는 도미노 현상의 발생을 피할수 없게 하였다. 상품화폐경제는 우선 막번 영주가 생존하는 자연경제 즉 백성체재를 와해하였다. 자작농은 심하게 분화되어 대량의 파산된 농민들이 도시로 밀려들었다. 쌀 공물의 생산자가 급격히 줄어들었으며 영주의 착취 래원이 없어졌다. 도시에 거주한 영주와 무사들은 호화스러운 생활을 추구하고 돈을 물 쓰듯하였기에 부득불 상품화폐경제의 주역인 에도, 오사카, 교토 삼도의 대상인으로부터 돈을 대량으로 꾸어댔다. 그리하여 원래 등급신분제의 최하층이었던 대상인 세력의 자부심은 날로 높아졌으며 무사를 향해 공개적으로 서슴없이 “너희들 허리춤의 칼 두 자루로는 쌀밥도 먹을 수 없다”고 비웃거나 “무슨 무사, 너무 보잘 것 없어”고 놀려댔다.[36] 전통적 사회등급관계는 혼란이 일어났으며 뒤이어 전통적 무사계급 내부의 충성심도 동요되였다. 하급 무사는 봉급에 따른 쌀이 감축되고 지어는 발급이 정지되였기에 경제적 원천을 상실하였으며 부득불 무사 신분을 버리고 상업에 종사하거나 노동하거나 글을 가르쳤으며 또 어떤 무사들은 부득불 무사의 특권

36) 北岛正元, 「막번체재의 고민」, 『일본역사』 제18권, 중앙공논사, 1966, 102쪽, 446쪽.

표식인 허리칼과 성씨를 전당잡히거나 팔아버렸으며 실제상 서민으로 전환되었다. 무사들은 농촌의 토지소유를 승인받지 못한 신흥세력인 호농호상과 결합하여 기존 체재에 대응하여 나타난 반대파와 바꾸후를 뒤엎는 유신운동의 핵심역량으로 되었다. 그 외에 상품화폐경제의 발전은 전국 도시와 농촌 시장의 형성, 해육 운수망의 발달, 신흥도시와 유통기구의 증가 등을 추동하였으며 파산된 농민들이 도시의 노동력시장을 가득 채워 자본주의 발전의 국내조건은 갈수록 성숙되었다.

18세기이후 중국의 상품화폐경제도 상당한 발전을 가져왔다. 강남은 제사업(制丝业)이 발달하였고 건륭가경시기 남경의 견직물 "기계는 삼만을 헤아렸고" 제품은 멀리 료심(辽沈), 진옹(秦雍), 파촉(巴蜀), 오령(五岭), 호상(湖湘) 등 전국 각지로 수출하였다. 경덕진은 "도자기를 굽는 가마가 이삼백개 있었고 제조호가 수천 호 되었으며 기술자가 몇 십만이 되었다". 옹정시기 소주는 "기호(机户)가 투자 경영하고 기장(机匠)이 노동에 따라 값을 받았으며" 자본주의 고용관계가 나타났다.[37] 그러나 청조 때 토지의 자유 판매를 허용하는 지주토지소유제가 존재하였기에 청정부는 중농억상(重农抑商)정책을 실시하고 "땅만 있으면 물불이 두렵지 않고 도적도 두렵지 않다"는 땅을 사서 재산을 보호한다는 관념이 깊이 뿌리박고 있었다.[38] 토지를 자유로 판매할 수 있는 통칙은 땅을 그 주인에게 장기적으로 소유되게 하였기에 새로운 지주계급이 부단히 나타났으며 지주계급은 자기의 역량을 끊임없이 보충하였기에 생명력이 증가되었다. 때문에 청조말기 중국 상품화폐경제의 발전수준은 바꾸후말기 일본에 비해 조금도 손색이 없었지만 극히 변통성 있고 안정된 봉건체재 앞에서는 무기력하였으며 일본처럼 심한 사회적 불안정을 가져오지 못했다. 때문에 일본 무

37) 정천정(郑天挺), 『명청사자료』 하, 천진인민출판사, 1983, 233쪽, 234쪽, 244쪽, 245쪽.

38) 이순(李洵), 설홍(薛虹) 총편집, 『명청리(明清吏)』, 료녕인민출판사, 1985, 396쪽.

사계층과 비슷한 지위에 있는 중국 사대부계층 혹은 팔기병에서 줄곧 일본의 중하층 무사와 같은 반대파 집단세력이 갈라져 나오지 못하였으며 새 시대의 개척자가 너무 결핍하였다.

한국의 정황도 중국과 유사하였다. 18세기 이후 농부업 생산의 회복과 상품화폐경제의 발전과 더불어 상품화폐경제는 자연경제의 와해를 가속화하였으며 토지겸병과 농민분화가 갈수록 엄중해졌다. 토지를 잃은 대량의 농민들이 도시로 몰려들었고 특히 채광업에 많이 몰려들었고 고용 노동자의 역할을 하였으며 자본주의 생산관계가 점차적으로 발전하였다. 19세기 초에 이르기까지 경기도, 충청도, 전라도, 황해도, 함경도 등 육도 "金脉渐盛, 潜采之类, 殆乎无处无之。守令虽严加惩禁, 而乍散旋聚, 莫之可遏云。大抵民之趋利, 如水就下, 大利所在, 虽日挞而禁之, 其势未由。"[39] 채동업, 채철업, 동기와 철기의 제조업에서도 자본주의 맹아가 나타났다. 비록 이러할지라고 사회생산가운데서 복잡하고 낙후하며 전통적인 봉건적 생산관계가 여전히 지배적 지위를 차지하였다. 토지의 상품화는 양반이 부단히 증가됨에 따라 통치계급 내부의 분쟁을 격화하였다. 전체 지주계급에 있어서 토지의 유동성은 아직 생존위기를 빚어내지 못하였고 상품화폐경재사회의 충격력은 제한적이었다.

(2) 삼국 지식계의 사상정황과 서학운명의 차이

에도 중후기 일본 지식계의 사상 정황은 상품화폐경제의 충격이 사상영력에 대한 반영이었으며 일본 지식계의 사상정황은 아주 활약적이었다. 구학설은 심하게 분화되었으며 신학설이 끊임없이 나타났다. 바꾸후정부의 관학인 주자학(朱子学)은 격렬한 사회변동가운데서 설복력을 잃었으며 유학인 고학(古学)파가 흥기하였고 공자, 맹자의 원작에서 직접 선왕의 예악형전지(礼乐刑典治)의 방법을 찾아야

39) 『비변사등록(备边司誊录)』 제197권, 순조(纯祖) 6년 병인(丙寅) 12월조; 박진석(朴真奭) 등, 『조선간사』, 연변대학출판사, 1997, 329쪽에서 인용.

한다고 주장하였으며 주자학의 지고무상한 지위를 부인하였다. 양명(阳明)학파는 생각이 곧 도리이다고 하고 "심귀태허(心归太虚)", "지행합일(知行合一)"등 주관유심론은 주자학의 이기이원론(理气二元论)[40]을 배척하였다. 후기 수호학(水户学)은 "바꾸후정부가 황실에 충성하면 제후도 바꾸후정부에 충성할 것이며 제후가 바꾸후정부에 충실하면 공경대부(公卿大夫)는 제후를 받들 것이다"라고 주장하고[41] 존왕(尊王)을 중심으로 하는 공무합체논(公武合体论)을 고취하였으며 이후 존왕양이 운동의 이론래원으로 되었다.

경세학(经世学), 국학 등 새로운 학설은 사승(师承)관계를 형성하였고 서로 경쟁하면서 저마다 자기의 의견을 피력하였다. (工藤平助), 하야시 시헤이(林子平), (海保陵青), 혼다 도시아끼(本多利明), 사도우 신엔(佐藤信渊) 등은 란학(兰学)의 합리주의와 유학의 경세사상을 종합하여 경세학파를 형성하였고 "나라를 다스림에 있어서 첫번째로 되는 것은 국력을 증강하는 것이다"고 주장하였다.[42] "나라를 발전시키고 큰 이익을 얻어려면 통상과 무역을 진행하여야 한다"고 하였고 연해 무역을 발전시켜야 한다고 하였다. 그리고 "외국과 합력하여 위업을 실현해야 한다"고 하였으며 국력이 강대해야 군대와 기계설비를 가강할 수 있고 "중국의 위신을 높이고 야만족을 정복하며 전 세계를 통일한다"[43] 상술한 주장은 메이지유신의 대외전략을 위한 준비가 되었다. 국학은 『만엽집(万叶集)』, 『고사기(古事记)』, 『일본서기(日本书纪)』 등 고전 저작을 경전으로 하였고 유학을 비판하고 불교를 배척하였다. 일본은 "고유한 신황지도(神皇之道)"을 제창하고 "천황을 우러러 모신다", "천황의 도리가 천하의 도리이다"는 것을

40) 北岛正元, 앞의 글, 앞의 책, 422쪽, 423쪽.

41) 笠原一男, 『일본역사상 가치관의 계보』, 평논사, 1973, 212쪽.

42) 信夫清三郎, 『일본정치사』 제1권, 상해역문출판사, 1982, 160쪽, 70쪽.

43) 유신사료 편집회 편, 『유신사』 제1권, 길천홍문관, 1983, 529쪽, 531쪽; 笠原一男, 『일본역사상 가치관의 계보』, 평논사, 1973, 218쪽.

정신적신조로 하였으며[44] "복고"를 부르짖었으며 즉 무사의 독재가 없는 고대 천황 정권시기로 되돌아가는 것이었으며 이것은 메이지 유신 "왕정복고(王政复古)"에 증거를 제공하였다. 총적으로 에도중후기 각종 신흥 학설 나아가서 종교까지 부단히 나타났으며 저마다의 의견을 내놓았다.

근대화는 동북아 여러 나라가 점차적으로 전환시기에 들어서게 하였으며 양학을 발전시키고 인재를 키울 수 있는가 하는 것이 장래에 큰 영향을 주었다. 중국은 양학을 서학이라고 하였고 일본은 란학(兰学)이라고 하였으며 한국은 북학위(北学为)라고 하였으며 이것들은 모두 진정한 의미에서의 신흥학설이었다. 1774년 흥기한 일본 란학은 서방의 의학, 병학, 자연과학을 위주로 하였으며 쇄국시기 일본 사람의 시야를 넓혀주었다. 란학이 점차적으로 전파됨에 따라 란학자는 현실을 비판하는 데로 기울어졌다. 시바 고간(司马江汉)은 "인간은 천지사이에서 나타난 동물이다"라고 하였고 천자나 거지 모두 사람이라고 하였으며 등급신분제도를 부정하였다.[45] 다가노 죠에이(高野长英)와 (渡边华山)는 서방은 "물리가 정확하다", "학교가 성행한다", "천하를 자기의 천하로 만들었다"고 칭찬을 아끼지 않았으며 그 계획은 "멀리 내다보고 깊이 타산하여야 한다"고 하였으며 "야만족을 경시하면 맹인이 코끼리를 더듬는 것과 같다"고 강조하였으며 쇄국의 제한성을 타파해야 하고 외국과 교류를 진행해야 한다고 주장하였다. 1852년에 이르기까지 일본에 외국 서적 역자가 117명이나 되었고 역서는 500부 되었으며 의학, 천문, 지리, 생물, 화학, 식물 등 각 학과를 언급하였다.[46] 후구자와 유기라(福泽谕吉)의 회억에 의하면 19세기 60년대 초 런던에서 어떤 중국 사람을 만나

44) 津田秀夫, 「천보개혁」, 『일본역사』 제22권, 소학관, 1975, 197쪽.

45) 유신사료 편집회 편, 『유신사』 제1권, 길천홍문관, 1983, 520쪽.

46) 후구자와 유기라(福泽谕吉), 「시사소맹(时事小盲)」, 『후구자와 유기라 전집』 제4권, 시사신보사, 1898, 130쪽.

쌍방은 필담으로 양학을 언급하게 되었다. 그 중국 사람은 중국에는 외국문을 조금 아는 사람이 18명밖에 안 된다고 하였다. 후구자와는 감탄하면서 "당시 일본은 란학이 성행하였고 영문 서적을 읽는 사람은 아주 적었지만 국내에는 외국말을 하고 서양에 관한 일에 종사하는 사람이 수천을 헤아렸다"[47]고 하였다. 모종 의미에서 18명과 수천을 헤아리는 인재의 차이는 중국과 일본 두 나라 근대화의 장래를 결정하였다고 할 수 있다.

청조 순천시기와 강희시기 서학은 상층범위에서 융성발전하였다. 옹정시기와 건륭시기에 그 발전상황이 점차 위축되여 황가원림의 이국정서를 표현하는 도구로 되었다. 가경시기이후 서학은 더욱 쇠약해졌으며 사람들의 시야에서 벗어나기 시작했다. 청조의 역대 황제는 모두 송유주자학(宋儒朱子学)을 정통적인 관학으로 하였고 새로운 학설의 전파를 금지하였다. 강희황제는 칙령을 내려 "송유주자만이 여러 경전을 해석할 수 있고 그 도리를 설명할수 있다", "모두 명백하고 정확하며 극히 공정하게 설명할 수 있다"고 하였으며 "성스러운 서적이 아니다", "소설은 음란한 말로 되어있다"는 것에 대하여 일률로 "그 발행을 엄격히 금지한다"고 하면서[48] 절판하고 그런 서적을 불살라 버렸다. 동시에 청조 역대 황제가 실시한 문자옥은 한족 지식인을 억압하는 잔인한 수단으로 되었다. 순천시기 모중탁(毛重倬) 등 "방각제예서(坊刻制艺序)"사건 등 두 차례 문자옥이 있었고 강희시기 심천보(沈天甫) 등 "시집(诗集)"사건 두 차례 문자옥이 있었고 옹정시기 사담정(查嗣庭) "시제(试题)"사건 등 네 차례 문자옥이 있었고 건륭시기에 제일 심하였으며 사제세(谢济世) "주태학(注大学)"사건 등 74차례나 되는 문자옥이 있었다. 건륭황제의 의심이 점점 중해짐에 따라 문자옥도 점점 심해졌다. 건륭 43년(1778)부터 48

47) 정천정(郑天挺), 『명청사자료』 하, 천진인민출판사, 1983, 427쪽.

48) 위의 책, 187~192쪽.

년(1783) 5년간 해마다 문자옥이 있었으며 적을 때는 4차례 되였고 많을 때는 10차례 되었다.[49] 청정부의 가혹한 억압에 의해 지식인들은 문자옥의 위세에 항복하거나 금방제명에 매혹되어 훈고의 고증에 몰두하였으며 유학 경전의 주석과 해석을 하는 가운데서 살길을 찾았다. 청조 대량의 지식인들은 이학의 좁은 공간에 쫓기여 들어갔으며 사상계는 잠잠하고 쓸쓸하였다.

한국 고려말기 정몽주(郑梦周)의 성리학(性理学)으로부터 조선시대에 이르기까지

이황(李滉)은 의리(义理)에 대해 상세히 설명하였고 이이(李珥)는 저서하여 일가 견해를 내놓고 제자 김상생(金长生)에게 그 뜻을 전하였고 송시열(宋时烈)은 또 김상생을 스승으로 모시고 학리(学理)를 연구하였다. 중국 명조와 청조가 교체할 때 송시열은 "义秉春秋, 崇节义, 辟邪說" 제자를 받아들이고 가르쳤으며 명조를 위하여 원쑤를 갚아야 한다는 "북벌론(北伐论)"을 선전하였다. 주자학은 경연(经筵), 서원, 향학(乡学) 등 여러 가지 경로를 통하여 조선사회에 깊숙히 뿌리박았으며 국가의 사회생활과 사회풍기에서 주도적 역할을 하였다. 한국은 중국 외에 주자학의 도리를 설명하는 중심지로 되였고 이이(李珥)가 말한 바와 같이 "惟我东方, 邈在海表, 虽若别为一区, 而九畴之教, 礼乐之俗不让华夏。"[50] 주자학이 독존하는 권위적 환경에서 다른 의견을 내놓는 자에게 종종 "사문난적(斯文乱贼)"이라는 감투를 들씌웠고 언론과 글로 무자비하게 타격하였으며 당내 경쟁이 치열하였다. 18세기 후기에 이르러 실학(实学)과 북학(北学)이 흥성하였으며 사상계에 학문은 반드시 국사에 유리해야 한다는 것과 눈뜨고 세계를 내다보는 새로운 기풍를 가져왔다. 홍대용(洪大容), 박지원(朴趾源), 박제가(朴齐家), 유덕공(柳德恭) 등 신인들이 사상계에서 활약하

49) 정천정(郑天挺), 앞의 책, 187~192쪽.

50) 율곡전서(栗谷全书) 2, 『습유(拾遗)』 4권.

고 저서입설하고 정약용(丁若镛)이 이것을 집대성하였다. 실학자의 공담을 하지 않는 기풍과 부국유민의 지향 및 북학이 텅 비고 사실에 맞지 않는 "북벌논"을 정지하고 청조 서학을 받아들일 때 관한 북학의 주장은 늘 정계와 사림(士林)의 반대를 받았으며 배척당하였다. 예하면 실학파인 북학논자 박지원은 선공감감역(缮工监监役), 서울부판관(汉城府判官), 안의현감(安义县监), 면천군수(沔川郡守), 양양부사(襄阳府使) 등 직무를 역임하였지만 후에는 보수파의 박해를 받았으며 정계를 떠나 은퇴하였다. 정약용은 1789년 문과 갑과에 급제하였고 검열(检阅), 홍문관사찬(弘文馆修撰), 경기도어사(京畿道御史), 경학부승지(经学副承旨), 병사참의(兵曹参议), 형조참의(刑曹参议) 등을 관직을 역임하였는데 1801년 천주교도 "신유사옥(辛酉邪狱)"을 진압할 때 그 형의 연루로 18년 유방당하였으며 저술에 전력하면서 정치에 별로 신경쓰지 않았다. 전통을 고수하고 관용이 결핍하며 당동벌이(党同伐异)는 사상계의 활약과 새로운 사상의 생존에 불리하였다.

(3) 근세 신흥 지식인의 생존환경 차이

①정치체재 대 환경의 차이

개괄하면 중국과 한국 대일통 전제집권체재와 일본의 이원정치체재는 근세 신흥한 지식인들의 생존발전에 완전히 다른 환경을 마련해주었다.

도꾸가와 시기 일본은 장군집권, 여러 번 오메이의 분권과 장군의 지강(至强), 천황의 지존(至尊)이 결부된 이원정치구조가 병존하였다. 바꾸후정부의 상당히 긴 시기에 이중이원정치구조는 조화를 유지하였고 도꾸가와 시기 200여 년의 국내평화를 가져왔다. 바꾸후말기에 이르러 이원정치구조는 엄중한 불균형과 충돌이 나타났으며 바꾸후통치가 흔들리기 시작하였다.

바꾸후정부는 장군이 집권하였는데 그 표현은 다음과 같다. 정치상 바꾸후정부 관료기구를 강화하고 법령을 반포하고 인신을 공제하고 차별하여 대하는 등 수단을 통하여 바꾸후정부는 오메이에 대한 엄격한 공제를 다그쳤다. 경제상 바꾸후정부 장군은 "습봉(袭封)"을 승인하고 "가봉(加封)", "전봉(转封)", "감봉(减封)" 지어 "개역(改易)" 등 영주지를 증가하거나 경감하고 빼앗거나 되돌리는 수단을 사용하여 오메이의 경제명맥을 조종하였다. 군사상 바꾸후정부의 장군은 조정이 수여한 천하의 병마를 통솔할 수 있는 권한 즉 최고의 군사지휘권을 가지고 있었다. 여러 번 오메이가 비길 수 없는 절대적 군사우세를 가지고 있었다. 외교상 바꾸후정부 장군은 나라를 대표하고 "일본국왕" 혹은 "대군주"의 명의로 대외교류를 전개하였다. 장군은 외교권을 혼자서 좌우지하였으며 오메이가 개입하지 못하도록 하였다. 총적으로 이상 몇 가지 방면의 효과적인 공제를 통하여 바꾸후정부 장군은 바꾸후정부, 여러 번의 이원정치구조의 강유력한 일원으로 되었다. 오메이의 분권은 아래와 같이 표현된다. 여러 번의 오메이는 바꾸후정부 장군에 순종하고 바꾸후정부의 법률을 준수하고 바꾸후정부의 조세와 부역을 고루 분담하는 것을 완수한 정황에서 상대적인 독립성을 가진다. 정치상 오메이는 각자의 권력기관을 가지고 있고 관리 임명을 결정할수 있으며 번 내에서 통용되는 법률법규를 자주적으로 반포할 수 있다. 경제상 오메이는 번 내에서 자주적으로 년공률(年贡率)을 결정할 수 있고 새 논밭을 개간할 수 있으며 번내에서 통용되는 화페 "번찰(藩扎)"을 발행할 수 있다. 군사상 번주는 본인에 충성하는 무사단을 가질수 있다.

바꾸후정부와 여러 번의 이중이원정치구조는 부동한 시기에 부동한 작용을 발휘하였다. 바꾸후정부의 통치가 강대할 때 바꾸후 장군과 오메이 등 봉건영주사이의 권력균형을 유지하였으며 국내평화의 실현에 유리하였다. 바꾸후말기 바꾸후정부의 권위가 완전히 없어졌을 때 "존왕양이"의 고조를 일으킨 중하층 무사를 주로 하는 바꾸후 타도파는 자기 번을 근거지로 교토에 집결하여 시정을 기탄없이 논의하였다. 일단 형세가 급변하면 자기 번으로 철수하고 시기를 타서 다시 세력을 회복하려고 시도하였다. 때문에 존왕양이파는 진압을 수차 당하였지만 자기 번의 생존공간을 이용하여 다시 힘을 모아 심지어 "대할거"책략을 실시하였으며 바꾸후 타도파 근거지를 세웠다. 그 원인은 여러 번이 지방을 통치할 수 있는 상대적 독립성이 있었기 때문이다.

바꾸후정부와 조정이 구성한 이원정치구조에서 바꾸후정부 장군은 "지강(至强)"의 일원이었다. 그 표현으로는 바꾸후정부가 강대한 경제실력과 군사실력을 뒷받침으로 나라를 통치하는 실제권력을 장악하였으며 천황에 대해 감시하고 공제하였다. 1600년 도꾸가와 이에수(德川家康)은 일본의 오메이를 감시하였는데 특히 천황을 감시하기 위해 "교토소사대(京都所司代)"를 특별히 설립하였다. 1615년 바꾸후정부는 17조 법률 '금중병공가주법도(禁中并公家诸法度)'를 반포하고 천황과 조정 공경(公卿)을 국가 정치에서 배제하였으며 천황을 폐지하거나 보류하는 등 권리는 완전히 바꾸후정부가 장악하였다. 천황은 "지존(至尊)"의 일원을 구성하였는데 그 표현은 다음과 같다. 건국신화, 신도신앙, 신국의식, "국체론(国体论)"에 근거하여 천황은 지고무상의 신격(神格)을 가지고 있으며 소위 "현인신(现人神)"이라는 것이다. 그리고 "왕토왕신(王土王臣)", "군존신비(君尊臣卑)" 등 전통 유학의 "대의명분논(大义名分论)"과 논리강상(伦理纲常)에 근거하여 천황은 군주와 신하 본분상 우세를 가지고 있으며 장군과 여러 번의 오메이는 모두 천황의 신하이다. 본분에서 볼 때 바꾸후정부 장군의 통치지위는 천황이 그에게 천하의 병마통솔권을 맡긴데서 온 것이며 천황은 바꾸후정부 장군이 합법적으로 집정하고 전국의 권력을 지배하는 권력원천으로 되었다.

바꾸후정부 장군의 지강과 교토 천황의 지존, 이 이원정치구조는 양면성을 가지고 있다. 바꾸후정부가 강대할 때 지강와 지존의 이원구조는 정치적으로부터 정신적까지 모두 균형상태에 처해있어 국내

정세의 장기적인 안정에 유리하였다. 바꾸후정부가 쇠약하였을 때 그 균형은 타파되고 정세는 흔들렸으며 신권의 외의를 입은 천황은 바꾸후정부 장군과 맞설 수 있는 새 권위로 되었다. "왕정복구(王政复古)"는 자연적 선택으로 되었으며 천황제는 당시의 선택모식으로 되었다. 바꾸어 말하면 장군과 천황은 각기 이원정치구조의 일원이었고 실제상 권력을 계승하고 지속하는 역할을 하였으며 일종 장기적인 잠재적 존재였다. 그러나 필요시 신속히 인계인수할 수 있는 전환기제였다. 이로부터 일본이 어떻게 천황의 권위를 빌어 유신변혁을 실시하였는가를 어렵잖게 이해할 수 있다. 그리고 유럽의 맹렬한 공격과 침략속에서도 일본이 공화국을 건립하지 않고 천황제를 택한 원인도 어렵잖게 이해할 수 있다.

이에 비하여 중국과 한국은 대일통의 중앙집권제이었기에 신흥역량이 박해를 피하고 다시 발전을 도모하려는 가능성을 말살해버렸다. "천하의 물과 토지에서 생활하는 사람은 모두 제왕의 백성이다" 왕의 명령에 의해 혁신을 하려는 지사들은 궁지에서 빠져나갈 방도를 찾지 못하였고 조정의 처치를 접수할 수밖에 없었으며 운명의 불공정한 배치를 접수해야만 했다. 무술변법이 실패한 후 일본에 망명한 량계초는 백일유신과 메이지유신의 승패득실을 비교한 후 일본의 이중이원체재에 대해 감개하면서 일본의 "사유소적(士有所籍)"은 바꾸후를 반대하는 유신운동의 중요한 전제이다. 그렇지만 중국에서는 바라 볼 수만 있을 뿐 실시할 수 없었다.51)

후구자와 유기시(福泽谕吉)은 이원정치구조에 대해 아래와 같이 평가하였다. 고도의 집권을 가진 중국의 황권은 "지존의 지위와 최고 권력이 하나로 된 것이다". 일본은 중고시기까지 무사가 집정하고 천황은 "지존이나 꼭 지강한 것은 아니다", 바꾸후정부 장군은 "지강하나 꼭 지존한 것은 아니다"는 것을 형성하였다. 그 결과 "자유

---

51) 양계초, 「오오구마 시게노부(大隈重信)에게 드리는 글」, 『일본외교문서』 제31권, 외무성, 1936, 689쪽.

의 기풍이 나타났다", "중국 사람의 전제군주를 절대적으로 떠받들고 군주가 지존지강이라는 통관념에 비해 일본은 완전히 다르다. 이 점에서 볼 때 중국 사람의 사상은 빈약하고 일본 사람의 사상은 풍부하며 중국 사람은 단순하였고 일본 사람은 복잡하였다. 사상이 복잡하고 풍부한 인간은 미신을 제거할 수 있다", "중국은 한 가지 요소밖에 없고 일본은 두 가지 요소를 가지고 있다. 만약 이 문제로 문명의 선후를 논한다면 중국은 한차례 변혁을 거치지 않는다면 일본의 정도에 도달하지 못한다. 서양 문명을 받아들이는 방면에서 일본은 중국보다 쉬웠다고 할 수 있다".[52]

②다음으로 과거제도의 작용

수조부터 중국은 과거로 관리를 뽑는 제도를 실시하였으며 중국에서1300여년이나 통용되였다. 당조 때 과거로 관리를 뽑는 제도는 견당사를 통하여 신라와 일본에 전해 들어갔다. 8~9세기 전반기 일본은 한동안 과거로 관리를 선발하는 제도를 실시하였고 9세기중후기에 이르러 부지하라씨(藤原氏)가 직권을 남용하였고 과거제도를 배척하였으며 과거제도는 폐지에 이르렀다. 무사계급이 정권을 세웠을 때 도검(刀劍)이 문필을 대체하였으며 과거제도는 중지되었다. 도꾸가와시기 통치계급인 무사가 군사와 문화를 독점하고 허리에 차는 칼과 성씨를 가지고 있었는데 "묘자대검(苗字帯刀)"과 "사람을 죽여도 그 죄를 묻지 않는다"라는 것이다. 즉 무사는 "절사어면(切舍御免)" 등 특권[53]을 가지고 있었으며 그 지위는 농공상 등 기타 사회등급을 훨씬 능가하였다. 무사계급내부는 또 수십개 등급으로 나뉘어졌으며 층층이 예속되었다. 매 무사계급의 등급은 세습되고 불변하였으며 마음대로 "퇴사(退仕)"하거나 "탈번(脫藩)"하지 못하며 무

52) 후구자와 유기시(福澤諭吉), 『문명논개략』, 중화서국, 1984, 16~18쪽.

53) 「메이지유신 기본문헌사료선택」, 『메이지유신의 재검토』(『세계역사』 증간), 중국사회과학출판사, 1981, 179쪽.

사는 군주와 주인에게 전심전력하고 다소 부등한 봉급 쌀을 받았다. 무사의 신분등급은 고정되었다. 한 방면으로 상대적으로 안정된 통치질서를 형성하였고 다른 한 방면으로 과거로 인재를 선발등용하는 유혹이 없었기에 무사가 새로운 학설에 농후한 흥취를 가질수 있었으며 그것을 학습하고 장악하였다. 이것은 바꾸후말기 란학자 다수가 무사출신인 것과 관계가 있다. 과거제도는 원래 가문이나 혈연관계를 벗어나 공정하고 공평하게 관리를 선발하였기에 유동성을 가지고 있었고 또 합리적인 인재 배양과정도 가지고 있었다. 일본 무사의 신분등급은 고정불변하고 혈연관계에 의해 선천적으로 정해졌으며 융통성 없고 무사의 일생을 고정적인 틀로 박아놓았다.

융통성없는 고정적인 격식은 새로운 학설 접수의 불가능한 전제로 되었다. 때문에 유동적인 인재의 형성 과정은 새로운 학설과 별로 관계가 없었다. 과거제도의 유무 여부로 인한 사회적 영향은 사람들이 생각지 못하던 것이었다.

과거로 관리를 선발하는 제도는 중국과 한국에서 통용되었다. "배운 후 힘이 자라면 벼슬을 한다"는 유자(儒者)의 배우는 도리의 참뜻을 말하였다. 주자학은 "각물(格物)", "지지(致知)", "정심(正心)", "성의(诚意)" 등 개인 내심의 자아수양을 강조한 것은 국가와 가정의 범위에서 "집을 다스린다", "나라를 다스린다", "평천하(平天下)"의 인생가치를 실현하기 위한 것이고 과거에 급제하여 벼슬하는 최종 목적을 위한 것이다. 명청시기에 이르러 팔고로 인재를 선발등용하는 방식은 과거제도의 합리성을 크게 낮추었다. 학생들이 서당에서 배우는 것은 인지범위가 『사서』, 『오경』의 범위에 국한되었을 뿐만 아니라 온 정력을 사단팔고의 고정된 격식을 연구하는데 몰두하였고 성현을 대체하여 입언하고 공담허론하고 새것이 없었다. 부현(府县)에서 성(省), 경성(京城)의 동시(童试), 향시(乡试), 회시(会试) 등 매급에 따른 시험에 이르기까지 마찬가지로 팔고문의 고정된 격식에 따라 규정된 수백자 편폭내에 기승전결(起承转合)의 등룡술(登龙术)을 전시하는 것이다. 팔고문을 배워 과거시험에 통과하면 벼슬을 할수 있었다. 아무런 실용가치가 없는 팔고문이 교육의 중심으로 되었으며 학생들의 정력과 재능이 십년 간고한 독서와 금방제명의 기대에 파묻혀 버렸다. 바꾸어 말하면 중국 학생들은 유경을전심전력으로 깊이 연구하고 팔고문의 구상에 힘다하였기에 다른 것은 미처 돌볼 겨를이 없었으며 특히 과거시험과 아무런 관계가 없는 서학에 전혀 관심이 없었다. 한국의 정황도 중국과 유사하였고 절대다수 지식인들은 유경이외의 서학을 관심하지 않았다. 이리하여 새로운 학설로 도리를 깨우치고 시야를 넓혀 신흥 지식인집단을 형성하는 것이 중국과 한국에서는 마치 천방야담과 같았다.

총적으로 란학 등 새로운 학설의 보급되고 근세 신흥 지식인 집단의 형성되었기에 일본 도꾸가와 중후기 이미 비교적 많은 응변력을 구비하였고 새 시대로 약진하는 거대한 에너지를 저축하였다. 때문에 일단 외부압력이 생기면 신속히 사회의 각종 모순을 격화시켰고 그 폭발성이 아주 강했으며 한번 야기하면 거대한 역량을 석방할수 있었다. 그리하여 바꾸후를 타도하는 유신운동의 속도를 가속화하였고 역사발전의 기회를 얻었으며 일본은 결정적으로 자본주의 발전 "수귀"의 길에 들어섰다.

4. 결론

1)자본주의세계시장이 전 지구를 하나로 연결하였을 때 유럽은 세계 근대사의 발전방향을 주동적으로 이끌어 나아갔으며 동북아의 국가와 민족은 세계조류에 순응할 수밖에 없었다. "내우"와 "외환"에 대응하여 구정권은 개혁을 진행하는 것을 통하여 곤경에서 벗어났고 피동으로부터 주동으로 변하였으며 기존의 통치체재를 수호하였다. 동북아 제일차 개혁의 고조시기 약간의 "동도"역사현상이 나타났다.

2)근대 일본은 메이지유신을 진행함으로 동북아 국가의 제이차 개혁고조 과정에서 두각을 나타냈다. 21년의 유신과정에서 "파"를 역사적 임무를 완수하는 첫 단계로 하였기에 전반적 "유럽화"의 굽은 길이 나타나는 것을 피면할 수 없었으며 지어는 필요한 것이었다. "입"을 위주로 하는 둘째단계에서 민족화를 통하여 유럽의 문명과 일본의 전통, 국정의 결합을 실현하였으며 일본은 결정적으로 자본주의 길로 나아갔다. 그리고 발전상 중국, 한국과 단계적인 거리를 떼여놓았다. 이웃나라의 쇠퇴와 몰락을 대가로 하여 메이지유신은 중·일·한 삼국 근대화발전의 분수령으로 되었다.

3)메이지유신이 성공한 원인은 메이지시대의 각종 요소의 분석을 떠날 수 없고 또 메이지유신 전기사회 역사환경의 분석을 떠날 수 없다. 어떠한 시대의 인물이던지 역사를 창조하려면 오로지 현실의 역사조건에 입각할 수밖에 없다. 근세 중·일·한 삼국의 상품경제, 지식인의 정신상태와 생존환경, 인재로 되는 과정에 대한 분석은 메이지유신이 성공한 원인을 연구토론하는데 유리할 뿐만아니라 중·일·한 삼국 근대화 과정 "동도수귀"의 근본원인을 분석하는 데도 유리하다.

4)중·일·한 삼국 근대화과정에서 "동도수귀"가 조성한 발전차이는 지금까지 여전히 현실생활 속에 생생하게 존재하고 있다. 이로부터 매 시대의 사람들은 각기 부동한 사회 역사환경에 직면해 있고 또 부동한 시기 각자의 사명과 책임이 있다. 공로과 과오는 당대에 있고 행복과 재난은 자손후대와 관계되기에 신중히 하여야 하고 노력하여야 한다.

일제의 대륙침략과 조선의 對 '북방권'무역*

송규진
(고려대학교)

1. 머리말

중일전쟁을 도발한 뒤 중국에서 민족주의 열풍이 강하게 일자 일본정부는 코노에 후미마로(近衛文麿) 내각 명의로 1938년 11월 3일 동아신질서 성명을 발표했다. 신질서를 구체화하기 위한 방안으로 '동아협동체론'이나 '동아연맹론'이 제기되었고 1940년 8월 1일 외상인 마쓰오카 요스케(松岡洋右)는 신문기자와의 회견에서 '대동아공영권'을 처음으로 언급했다.[1)] 태평양전쟁을 통해 일제의 군사적 침략이 동남아시아와 태평양지역으로 확장되면서 '대동아공영권론'이 강조되었고 동아신질서 성명으로 시작된 침략논리는 새로운 단계에 들어섰다.

---

* 이 글은 「조선의 '북방권'무역을 통한 경제협력 네트워크 강화과정」(『史叢』 76, 역사연구소, 2012.05)을 부분적으로 수정했지만 '동일' 논문임.

1) '대동아공영권론'은 1940년 8월 이후 등장한 것이지만 일본에서 근대화를 추진하던 초기부터 제기된 아시아연대론과 그 사상적 맥락이 닿아 있다. 이에 대해서는 김경일, 『제국의 시대와 동아시아 연대』, 창비, 2011 참조.

한편 중일전쟁 이후 일제는 조선에서 '대륙전진병참기지론'을 앞세워 조선을 물자공급기지로 자리매김했다. '대륙전진병참기지론'은 기존의 '선만일여론'과 맥을 같이 하는데 '대동아공영권론'이 제기되면서 '북방권'이라는 새로운 개념이 등장하게 되는 배경이 되었다.[2] 이런 상황에서 일제는 전쟁수행을 원활하게 지원할 수 있도록 조선사회를 재편했으며 물자공급을 위해 '북방권'무역을 활성화하고자 했다.

조선사회 재편은 전쟁에 필요한 노동력과 물자, 자금을 확보하기 위한 것으로 그 밑바탕에는 조선의 노동력과 물자, 자금의 엄청난 수탈이 전제되었다. 현재까지 강제성을 상징하는 노동력 동원문제가 집중적으로 연구되었고 자금 동원에 대한 연구도 진행되어 전체적인 윤곽이 드러나 있는 상태다.[3] 물자동원을 위한 물자통제정책에 대한 구체적인 연구도 진행되었다.[4] 또한 이 시기를 파시즘체제라고 규정하고 일제가 전쟁에 필요한 노동력과 물자, 자금을 확보하기 위해 동원한 이데올로기와 그에 대한 조선인의 인식과 대응, 또 그것이 조선인의 민중생활에 미친 영향 등을 종합적으로 다룬 연구

---

2) '대륙전진병참기지론'에 대해서는 鈴木武雄, 『朝鮮經濟の新構想』, 東洋經濟新報社, 1942, 71~122쪽 참조 당시 '북방권'은 조선과 만주국, 관동주, 중국을 의미했고 '남방권'은 태국, 佛領印度(현재 인도차이나 지역), 말레이시아, 필리핀, 蘭領印度(현재 인도네시아 지역) 등 일본과 정치경제적으로 밀접한 관계에 있던 동남아시아지역을 의미했다. 이하 '북방권'무역은 조선과 만주국·관동주·중국 간 무역을 의미하는 개념으로 사용한 것임을 밝혀둔다.

3) 대표적으로 朴慶植, 『朝鮮人强制連行の記錄』, 未來社, 1965; 김대상, 『일제하 강제인력수탈사』, 정음사, 1973; 허수열, 「조선인 노동력의 강제동원의 실태: 조선내에서의 강제동원정책의 전개를 중심으로」, 차기벽 편, 『일제의 한국 식민통치』, 정음사, 1985; 海野福壽, 「朝鮮の勞務動員」, 『近代日本と植民地』 5, 岩波書店, 1995; 곽건홍, 「일제의 노동정책과 조선노동자(1938~1945)」, 신서원, 2001; 안자코 유카, 「총동원체제하 조선인 노동력 '강제동원'정책의 전개」, 『韓國史學報』 14, 고려사학회, 2003; 이상의, 『일제하 조선의 노동정책 연구』, 혜안, 2006; 鄭泰憲, 『일제의 경제정책과 조선사회: 조세정책을 중심으로』, 역사비평사, 1996 참조.

4) 김인호, 『태평양전쟁기 조선공업연구』, 신서원, 1998; 허영란, 「전시체제기(1937~1945) 생활필수품 통제 연구」, 『國史館論叢』 88, 2000; 하원호, 「일제말 통제경제정책과 물가통제」, 『대동문화연구』 54, 2006; 송규진, 「일제말(1937~19450 통제경제정책과 실행과정-『매일신보』를 중심으로」, 『호남사학』 42, 2011 참조.

도 나와 있다.[5)]

그런데 기존연구는 일제가 전쟁수행을 위한 물자공급과 관련하여 조선의 '북방권'무역 활성화 과정에 대해서는 크게 주목하지 않았다.[6)] 조선무역협회가 조선무역을 엔블록과 제삼국[7)]으로 구분하여 비교하면서 조선무역이 계속 발전할 것이라고 낙관적으로 전망했지만 실제로는 엔블록의 경우 현상유지 수준에 머물렀고 제삼국무역이 태평양전쟁 이후 급감했다는 것을 밝힌 연구성과가 있을 뿐이다.[8)] 그러나 이 연구는 조선경제가 만주사변과 중일전쟁을 거치면서 종속적인 지위에서 해방되어 일본과 대등한 지위로 발전했다는 일본 식민사학자들의 견해를 비판하고자 하는 문제의식이 앞선 탓에 실제적으로 이루어진 '북방권'무역을 평가절하했다. 또한 '대동아공영권론'이 제기되는 상황에서 조선이 일본제국내에서 어떤 위치에 있었는지에 대해서도 상대적으로 관심을 두지 않았다.

이 논문에서는 먼저 '대륙전진진병참기지화론'이 제기되면서 '대동아공영권'과 '북방권'에서 조선의 지위가 어떠했는지를 살피고, 무역활성화를 위한 기반 시설 정비를 '대륙루트'를 중심으로 분석할 것이다. 다음으로는 일제가 무역활성화을 위해 어떻게 노력했는지, 또 조선과 '북방권'사이에 무역실상이 어떠했는지 구명할 것이다.

---

5) 방기중 편, 『일제 파시시즘 지배정책과 민중생활』, 혜안, 2004; 방기중 편, 『일제하 지식인의 파시즘체제 인식과 대응』, 혜안, 2005 참조.

6) 이 시기에는 본국(상공성, 군부)과 식민지(조선총독부), 만주와 조선 사이에 이해갈등도 존재했기 때문에 협력이라는 틀로만 파악할 수는 없다. 다만 필자는 갈등보다는 협력의 양상을 보다 구체적으로 밝히고자 하며 갈등의 양상을 밝히는 것은 다른 연구자들의 몫으로 돌리고자 한다. '선만일여'에 대해서도 협력과 갈등을 각각 강조한 연구들이 있다. 송규진, 「일제하 '선만관계'와 '선만일여론'」, 『한국사연구』 146, 한국사연구회, 2009; 임성모, 「중일전쟁 전야 만주국·조선 관계사의 소묘: '日滿一體'와 '鮮滿一如'의 갈등」, 『역사학보』 201, 2009 참조.

7) 엔블록을 제외한 국가를 의미하는 개념으로 사용되었다.

8) 송규진, 「중·일전쟁시기 조선무역협회의 조선무역에 대한 인식과 그 실상」, 『韓國史學報』 10, 고려사학회, 2001 참조.

2. '대륙전진병참기지화론'과 '대륙루트'의 정비

1) '대륙전진병참기지화론'의 제기

세계경제가 블록화 경향을 보이고 블록간의 경쟁이 심화되고 있던 상황에서 일제는 만주사변을 일으켜 만주국을 설립하고 1937년 7월에는 중일전쟁을 도발했다. 이에 대해 국제사회가 제재를 가하고 정치경제적 압박을 강화하자 이를 타개하기 위해 태평양전쟁을 도발했는데, '동아에서 미영세력을 구축'하고 '동아민족의 공존공영'을 도모한다며 '대동아공영권'을 표방했지만 전쟁의 직접적 동기는 남방자원을 획득하고자 한 것으로 동남아 침략전쟁은 일종의 '자원전'이라고 할 수 있다.

대동아공영권은 '북방권'과 '남방권'을 양 날개로 설정하고 일본본국이 양 경제권의 지도적 입장을 견지한다는 형태로 구상되었다.[9] '북방권'을 대륙경제권, '남방권'을 해양경제권이라고도 지칭했다. 대륙경제권은 동아시아에서 육상세력에 완벽을 기한다는 목적으로 이른바 대륙에서 경제상의 요새기능을 하는 것이었으며, 해양경제권은 해상기동세력을 근간으로 서남태평양 및 인도양을 제압하기 위한 경제적 기초를 확립하는 것을 특색으로 한다. 전진기지를 중심으로 한 일련의 경제구조를 국방에 필요한 역할에 의해 결정하려고 했던 일제의 입장에서 대륙경제권은 '생활권'이고 해양경제권은 '보급권'이었다. 요컨대 일본본국은 양 경제단위의 지도적 입장에 있고 '북방권'은 '남방권' 보다 '대동아공영권'에서 우위성이 있으

---

9) 김명섭은 일본은 자국을 중심으로 첫 번째는 內域 혹은 內圈인 일본과 조선, 만주를 비롯한 연해주, 그리고 양쯔강 유역의 武漢, 上海, 두 번째는 小東亞인 중국과 시베리아, 인도네시아, 인도차이나, 세 번째가 大東亞인 오스트레일리아와 인도, 그리고 태평양열도라고 세 개의 동심원적 지역권을 상정했다고 주장했다. 김명섭, 「동아시아 냉전질서의 탄생: '극동'의 부정과 '대동아'의 온존」, 『동아시아의 지역질서: 제국을 넘어 공동체로』, 창비, 2005, 276쪽. 그런데 당시에는 '대동아공영권'을 크게 '북방권'과 '남방권'으로 분류하는 것이 일반적이었다.

며 '남방권'은 보완적 지위에 있었다고 평가할 수 있다.10)

그런데 태평양전쟁이 전개되고 미국이 전쟁의 주역으로 나서면서 이른바 '공영권'의 중심이 대륙으로부터 해양으로, 다시 말하면 '북방권'으로부터 '남방권'으로 이행한 것처럼 비추어졌다. 해양권이 중요하게 부각되자 일본제국내에서 조선경시론이 등장했지만 '북방권'인 핵심인 조선이 차지하는 위상은 여전히 중요했다. 왜냐하면 중일전쟁이 계속되는 상황에서 전쟁을 원활하게 수행하기 위해 조선을 중심으로 '북방권'의 경제적 네트워크를 안정적으로 유지해야 했기 때문이다. 일본이 진주만습격을 하기 전에 이미 '미일간 최악의 사태가 발생하는 경우 대륙은 조선이 인수한다'는 말이 공식적으로 거론되었다.11)

여러 정황으로 볼 때 일본제국내에서 조선의 위치는 매우 중요했다. 관동군은 만주사변 이후 대륙침략의 거점으로 만주국의 지위를 확고하게 하고자 現地調辨主義라는 개념을 만들고 그 실행안으로 만주산업개발 5개년계획12)을 수립했다. 조선총독 미나미 지로(南次郞)는 만주국과 정치적·경제적 협력관계를 강화하기 위해 '선만일여론'을 제기했다. 특히 그는 중일전쟁 이후 '대륙전진병참기지화론'을 제기하며 대륙침략을 위해 조선과 대륙과의 협력관계를 보다 확고히 하고자 했다. 이는 만주국에서 제기된 現地調辨主義 논리를 뛰어 넘어 전쟁수행을 위한 고도의 전략이라고도 할 수 있다. 처음에는 이른바 '廣義國防'의 충족대책으로, 전시는 물론 평시에도 대륙에서 물자 수급을 원활히 할 수 있도록 구상되었다. 그런데 '전진'이라는 용어는 만주의 現地調辨과는 의미가 다르며 일본의 대륙침략을 위한 병참기지라는 점에서 조선의 위치를 일본과 만주국과 구별하면서 중요성을 부각시키려는 것으로 목적으로 더해진 것이다.13)

---

10) 全國經濟調査機關聯合會朝鮮支部 編, 『朝鮮經濟年報』, 改造社, 1941·1942, 308~309쪽.

11) 鈴木武雄, 『朝鮮の經濟』, 日本評論社, 1941, 298쪽.

12) 小林英夫, 『'大東亞共榮圈'の形成と崩壞』, 御茶の水書房, 1975, 66~78쪽.

조선 총독 미나미 지로는 1938년 5월 경성에서 개최된 로타리대회 및 日滿實業協會 총회에서 병참기지라는 용어를 공식적으로 처음 사용했다.[14] 그러나 당시 미나미는 병참기지라는 개념을 막연하게 언급했으며 왜 그런 용어를 사용했는가에 대한 이유는 구체적으로 밝히지 않았다. 그런데 그는 1938년 8월 각 도에 産業部가 설치되면서 개최된 제1회 産業部長會議에서 대륙전진병참기지로서 조선의 사명을 다음과 같이 명확하게 설명했다.[15]

> 제일은 제국의 대륙전진병참기지로서 조선의 사명을 명확하게 파악해야 한다는 것입니다. 중일전쟁에서 조선은 對중국 작전에서 식량, 잡화 등 상당량의 군수물자를 공출하는데 효과를 거두고 있습니다. 장래 사태가 더 진전되어 어느 시점에서 대륙작전 중에 일본으로부터 해상수송로가 차단될 경우에도 조선의 능력만으로 이를 보충할 정도로까지 조선산업 분야를 다각화하고 특히 군수공업의 육성에 만전을 기할 필요가 있습니다.

'선만일여론'이 제기되고 日滿不可分一體의 관계로 일만경제블록을 완성하여 종합적 계획경제를 실행할 것을 강조하는 상황에서 만주국이 작전군에 대해 병참기지로 더욱 적합할 수 있었다. 그런데도 병참기지론이 조선에서 강력하게 제기된 이유는 무엇일까? 병참기지는 경제적 요소만으로 그 적합성을 판단하기 어렵고 전쟁과 관련한 전략·전술상의 요소를 고려해야 했기 때문일 것이다. 전시수요물자의 공급을 평시에도 마련할 수 있는 시설 확보가 기본 전제 요소였다. 임시적 대책에 머물지 않는 항구적 시설이 필요했으며 전시에 필요로 하는 산업이 평시에서도 유지될 수 있어야 했다. 경제적

13) 全國經濟調査機關聯合會朝鮮支部 編, 『朝鮮經濟年報』, 改造社, 1939, 402쪽.

14) 당시 日滿實業協會 총회에서는 조선 내 각 철도운임을 3할 인하하는 문제가 주요 의제였다. 「日滿實業協會 京城에서 定總開催」, 『每日申報』, 1938.5.14.

15) 全國經濟調査機關聯合會朝鮮支部 編, 앞의 책, 403쪽.

채산을 고려하면서도 제반 사정을 참작하여 適地適産主義로 대륙의 산업배분을 결정하는 것이 병참기지를 규정하는 근본이 된다. 이는 조선·만주국·중국을 작전지역으로 분류하면서 산업입지의 관점에서 개별 산업을 세지역간에 어떻게 배분할 것인가의 문제와도 관련되는 것이다. 이렇게 볼 때 개념적으로 조선만을 병참기지라고 하는 것은 타당성을 결여할 수 있다.

그러나 미나미 지로는 '제국'의 대륙전진병참기지라고 언급할 때 조선만을 거론했다. 그러자 조선은 일본에 대해서만 특수한 지위를 강조하는 것에 지나지 않고 만주국 및 중국과의 관계에서 조선이 지닌 지도적 위치를 제대로 파악할 수 없다는 비판이 제기되었다.[16] 병참기지론은 대륙경제에서 조선·만주국·중국의 역학과 분담임무를 어떻게 규정할지를 결정해야 했다. 이미 1938년 5월 日本商工會議所 및 일만실업협회가 공동 개최한 日滿經濟提携座談會에서 조선군 경제담당 참모는 왜 조선인지에 대해 다음과 같이 주장했다.[17]

> 조선·만주·중국은 일체라고 하지만 각각 사정이 다르다. 군에 대한 보급면에서 보자면 작전군에 아주 가까운 배후지에 보급원을 확보하는 것이 요망되기 때문에 만주와 북중국이 적합하다는 것에 이론이 없을 것이다. 그러나 이곳에는 산업이 성립하지 않았다. 적지적업도 필요하고 경제적으로 충분히 발전가능성이 있어야 한다. (중략) 대륙에서 유일한 황국영토인 조선은 치안이 확보되고 인민은 황국에 열렬한 봉사를 하고 있다. 더욱이 조선은 경공업이 모두 순조롭게 발달하고 조선자체의 요구에 각종 중공업도 급속하게 발전하고 있다.

군수산업의 보급에서 조선·만주국·중국 지역 가운데 작전군의 거

16) 위의 책, 403쪽.

17) 위의 책, 405쪽.

리상 조선이 대륙에서 병참기지로서 절대적으로 유리한 것은 아니지만 물자의 보급원으로 조선이 지닌 경제력은 농업, 상업, 수산업, 공업 및 광업 등 여러 분야에 걸쳐있고 치안과 일본에 대한 협력이라는 측면에서도 조선이 유리하다는 것이다. 사실상 조선물자 가운데 중요한 것은 쌀을 비롯한 식량으로 중일전쟁 이후 중국과 만주국으로 수출하는 쌀의 수량이 급증했다. 중국의 天津에서 무역업자는 물론이고 일본총영사관, 조선은행, 天津銀行의 관계자를 위시하여 육군특무기관까지도 조선쌀 수입에 관해 협력했다. 이는 조선쌀이 군작전과도 밀접한 관련이 있었기 때문이다.[18]

스즈키 다케오(鈴木武雄)는 대륙전진병참기지로서 국방기초산업, 특히 중화학공업의 비약적 발전을 도모하고 여기에 중공업지대를 건설하는 것이 조선의 사명이라고 전제하고 이를 위해서는 중요 부존자원을 풍부하게 보유하고, 원료 공급지대 이상으로 자원공업의 우수한 입지조건을 뒷받침해야 하는데 조선북부지방이 공업화되면서 그러한 조건을 뒷받침했다고 주장했다. 그에 의하면 조선북부지방의 공업화는 대륙전진병참기지화를 목적으로 이루어진 것으로 조선과의 내적관련성은 취약한 구조였던 셈이다.[19] 그밖에도 그는 사상 및 치안의 상태, 산업발달의 정도, 동력 및 노동력뿐만 아니라 지리적으로 삼면이 바다로 되어 있고 항구가 많다는 점에서도 대륙작전군의 직접배후지인 북중국, 혹은 만주국보다 훨씬 유리한 조건을 지니고 있다고 생각했다.[20]

실제로 조선은 '북방권'으로 물자공급을 확대하면서 대륙전진병

18) 송규진, 「1930년대 이후 조선의 대중국무역」, 『東洋學』 39, 단국대학교 동양학연구소, 2006, 110쪽.

19) 鈴木武雄, 앞의 책(1941), 206쪽. 堀和生은 이런 입장을 '植民地工業飛地論'이라고 비판하고 1930년대 이후 공업화가 조선사회를 어떻게 변용시켰는지의 관점에서 연구했다. 崛和生「1930年代 社會的 分業의 再編成: 京畿道·京城府 의 分析을 통하여」, 『近代朝鮮工業化의 硏究』, 一潮閣, 1993 참조.

20) 鈴木武雄, 앞의 책(1941), 297쪽.

참기지로서 그 역할을 충분히 행할 수 있었다. '북방권'의 물자 교류를 조정하고 촉진하기 위하여 선만연락회의와 연계하여 대륙연락회의가 수시로 개최되었다. 대륙연락회의는 조선과 만주국을 결합하는 것으로부터 조선, 만주국, 중국과의 결합으로 확대된 것이다. 1942년 4월 大連에서 개최된 대륙연락회의는 대륙 여러 지역 간의 경제 연결을 긴밀히 하고, 특히 물자 교류를 적정하게 유지하면서 대륙 경제에 자주성을 부여하는 한편 일본에 대한 협력을 한층 강화하여 태평양전쟁 수행에 기여하고자 했다.[21]

2) '대륙루트'의 정비

일제는 '북방권' 개념이 등장하기 이전에 '선만일여론'을 현실적으로 실현할 수 있는 '북방권'과 무역활성화를 위한 제도적 기반시설을 추진했다. 이 가운데 가장 핵심적인 것이 이른바 '대륙루트'의 정비다.[22] 그런데 '대륙루트'로서 역할을 제대로 수행할 수 있으려면 철도시설이 가장 중요했다.[23] 조선총독부는 만주사변 이후 대륙 차원에서 철도체제를 정비하기 위해 철도성 및 남만주철도주식회사(이하 만철이라 약칭함)와 협조하여 교통 시간을 단축하고 新京으로 열차 운행을 연장하는 한편 차내 통관을 개시하는 등 직통 여객의 편리를 도모했다. 화물 운송에서도 부산, 安東 간에 급행열차를 운행하고 1937년 1월부터 선만화물운수업무 통제협의회를 개최하여 화물 연대 운송 간소·편리화를 도모했다. 또한 직통열차 증설, 속도 증가 등을 통해 일본~조선~만주국 사이의 화객을 대량으로 이동할

21) 川合彰武, 「鮮滿一如より大陸一如へ」, 『朝鮮行政』21-6, 朝鮮行政學會, 1942.6, 7쪽.

22) 대륙루트론에 대한 자세한 설명은 鈴木武雄, 앞의 책(1942), 125~279쪽 참조.

23) 정재정, 『일제침략과 한국철도(1892~1945년)』, 서울대학교출판부, 1999; 임채성, 『중일전쟁과 화북교통: 중국 화북에서 전개된 일본제국의 수송전과 그 역사적 의의』, 일조각, 2012 참조.

수 있도록 했다.[24] 1937년 4월에는 만철 총재를 초대하여 多獅島를 비롯한 북부조선을 시찰하게 하고 그를 설득하여 다사도 축항 계획에 만철을 끌어들였다. 또한 나진 축항과 북부조선의 개발을 위해 만철과 제휴했다.[25]

일제는 중일전쟁 이후 기존시설을 정비하면서 '대륙루트'를 몇 가지로 분류하여 정비했다.[26] 제1루트는 대한해협으로부터 부산을 거쳐, 경부, 경의, 안봉철도를 경유하여 만주국 奉天으로 연결하고 그로부터 만주국 각지를 연결하거나, 경봉선을 경유하여 화북까지 이어져 몽골, 화중에 이르는 코스다. 제2루트는 일명 북선루트라고도 하여 니가타(新潟), 쓰루가(敦賀)에 명령 항로를 개설하여 동해를 횡단하여 나진, 청진, 웅기, 성진의 북부조선 4항을 거쳐 길회선, 경도선을 경유하여 동북만주와 연락하는 코스이다. 제3루트는 이른바 황해루트로 중일전쟁 이후 일제는 華北을 점령한 일제는 황해가 세력권에 완전히 들어오자 이 지역으로 연결망을 크게 확충했다. 이러한 주요 교통로를 연결하기 위해 일제는 1941년 4월 1일 평원선(평양~원산)을 개통하여 경원선과 함께 황해와 동해를 잇는 철로를 완공했고 '대륙루트'로서 조선이 지닌 가치는 더욱 높아졌다.

이밖에도 만포선을 경유하여 압록강을 넘어 梅輯線에 이른 후 四平街로 나가고 그로부터 만주오지에 이르는 루트를 개발했다. 중일전쟁 이전부터 '선만일여'가 강조되는 분위기에서 1937년 1월에는 만포선을 만주까지 연장하여 운행하기로 만주국과 합의했다.[27] 만주에서는 동변도 종관 철도인 매집선이 준공되면서 조선의 만포선과 직접 연결되자 이 노선을 선만일여의 '제3국제선'으로 평가했다.[28] 8년여의 시간과 약 4천만 원의 거액을 투자하여 1939년 9월

---

24) 殖産局商工課, 「鮮滿一如の經濟的施設に付て」, 『朝鮮』 265, 1937.6, 172~173쪽.

25) 「鮮滿一如の說」, 『朝鮮及滿洲』354, 朝鮮及滿洲社, 1937.5, 12쪽.

26) 鈴木武雄, 앞의 책(1942), 125쪽

27) 「鐵道新線敷設에도 鮮滿一如精神高潮」, 『每日申報』, 1937.1.21.

에 만포선과 매집선을 완전 개통함으로써 만주와 조선을 연결하는 새로운 루트로 활용한 것이다.[29]

'대륙루트'를 정비하면서 일제는 물자교류를 더욱 원활하게 하기 위해 만주와 조선간의 세관사무를 간소화하고 점차 관세를 폐지하면서 '대륙루트'의 활용도를 높이는 방향으로 나갔다. 만주국이 재정상 관세수입에 의존하는 바가 컸기 때문에 관세인하를 단행하기가 쉽지는 않았지만 관세율 인하는 이미 예견되었다.[30] 실제 만주국의 관세율은 인하되었을 뿐만 아니라 일부 품목의 경우에는 관세 자체가 철폐되기도 했다. 이러한 만주국의 관세율 인하와 철폐에 대응하여 조선총독부도 '국경관세특례'를 확대하여 만주국물자에 대한 수입세를 일부 철폐했다.[31] 1943년 1월 1일부터 鮮滿 양 지역의 세관소재지 내에서는 수송품의 세관수속을 간소화하기로 결정했다.[32] 또한 1943년 3월 15일부터 '경제개발의 촉진'을 위해 국경하천시설의 수력발전 설비를 비롯한 건설공사용품에 대해서는 선만 국경을 통과할 때 관세법을 적용하지 않기로 결정했다.[33] 총독부는 1944년 5월 칙령 제321호「關稅定率法 제3조의 2 규정에 의한 수입세의 면제 등에 관한 건」[34]을 발포했다. 이 법령으로 만주국에서 생산된 모든 제품에 대해 수입세가 전면 면제되었다.

그렇다면 '대륙루트'의 현실은 어떠했는지 구체적으로 살펴보도록 하자. '대륙루트'의 핵심은 어디까지나 조선철도수송능력과 밀접하게 관련이 있다. 중일전쟁과 태평양전쟁 이후 조선철도의 수송량

---

28) 「第三鮮滿一如線開通」, 『在滿朝鮮人通信』71, 興亞協會, 1939, 49쪽.

29) 「鮮滿一如の紐帶'滿浦線'開通」, 『朝鮮』294, 1939.11, 86쪽.

30) 澁谷禮治, 「朝鮮貿易と近狀と其の助長發展策」, 『朝鮮貿易協會通報』34, 1939.1, 5쪽.

31) 송규진, 『日帝下의 朝鮮貿易 硏究』, 고려대학교 민족문화연구원, 2001, 172~174쪽 참조.

32) 「鮮滿直通列車に依り鮮滿兩地內稅關所在地向輸送物品の稅關寺務簡捷化」, 『朝鮮貿易』2, 朝鮮東亞貿易柱式會社 總務課, 1943.2, 13쪽.

33) 「國境地方に於ける輸出入特例」, 『朝鮮貿易』3, 1943.2, 23쪽.

34) 『朝鮮總督府官報』, 1944.5.19.

은 〈표1〉에서 알 수 있듯이 여객이나 화물 모두 크게 증가했다. 그런데 여기에서 주목할 것은 여객보다는 화물 수송량의 증가폭이 더 크다는 것이다. 인원의 증가보다도 연인원의 수송거리가 더 크다는 것은 대륙 깊숙이 왕래하는 인원이 증가했다는 것을 의미한다. 화물도 수송톤수의 증가보다 연 톤수의 수송거리가 더 크기 때문에 '북방권'의 물자공급기지로서 더 큰 영향력이 있다는 것을 증명하는 것이다.

〈표1〉 조선철도의 여객수송량과 화물수송량 추이(1936~1944)

	여객				화물			
	인원(명)	증가지수	연인Km	증가지수	톤수	증가지수	연톤Km	증가지수
1936	33,708,178	100	2,024,543,510	100	10,845,604	100	2,224,974,518	100
1941	82,088,740	244	5,440,529,805	269	20,449,978	189	4,611,774,966	207
1942	108,477,181	322	7,494,255,951	370	25,891,466	239	6,944,711,112	312
1943	128,468,931	381	8,885,508,569	439	27,541,259	254	9,290,012,891	418
1944	92,216,917	274	6,372,188,977	315	36,061,830	333	13,975,047,525	628

※ 출전:『朝鮮總督府 帝國議會說明資料』9, 不二出版, 1994, 292~293쪽.

*1944년는 계획 수치임.

특히 1942년 12월 중국·만주 중요물자수송이 육상수송으로 이전함에 따라 '대륙루트'로서 조선의 중요성은 더욱 강조되었고 현실적으로 수송량도 비약적으로 증가했다. 특히 만주국과 중국에서 중요물자의 육상 전가수송에 대한 비율은 1943년에는 일반화물에 대해 톤수에서 볼 때 6.5%, 연 톤수에서는 18%를 차지했는데, 1944년 계획에서는 59.7%를 차지함으로써 수송력의 37%를 만주국·중국과의 육상전가수송으로 예상했을 정도로 조선과 '북방권'의 교류가 더욱 활발해졌다.35)

일제는 1943년부터 물자수송을 확대하기 위해 가급적 여객열차를 줄이고자 했다. 그리하여 1942년 10월까지는 여객열차와 화물열차

35) 『朝鮮總督府 帝國議會說明資料』 9, 不二出版, 1994, 292~293쪽.

의 운행비중이 거의 비슷했지만 1943년 4월 이후에 여객열차 운행을 점차 축소하여 1944년 4월에는 여객열차가 전체의 16%에 지나지 않았다. 부족차량 일부는 만철 및 화북철도로부터 일시 보충을 받았다. 이와 같이 여객열차가 급격히 감소되자 운행열차 수 감소에 대처하기 위해 여객열차의 속도를 줄이는 대신 열차 당 연결차량수를 늘이는 한편 승차권발매는 엄격히 통제하여 긴급여행자의 수송을 확보하고자 했다. 또한 수송력 증강을 위해 경부선과 경의선 복선공사, 操車場 신설, 차량 증비, 차량수선공장 확장에 박차를 가했다. 하지만 자재와 노무 등의 관계로 빠른 기간 내에 현실화하기가 곤란하자 최대애로구간 공사를 우선적으로 시행하고 그 진천상황에 따라 현실적으로 수송력을 증가할 수 있도록 연구하여 시공하는데 힘썼다. 당시 경부, 경의선의 복선화를 추진하기 위해 만철로부터 소요 시설의 일부로 220Km 분량의 레일을 받기로 일본각의에서 결정했다.[36]

3. 무역활성화를 위한 노력과 '북방권'무역

1) 수출입기관의 협력체제 구축

중일전쟁 이후 1937년 10월에 조선총독부는 「'임시수출입허가규칙'」[37]을 공포하여 수출입을 강력히 통제하면서 특히 '북방권'수출을 제한했다. 그러자 조선무역협회 부회장이었던 히부야 레이지(澁谷禮治)는 '북방권'수출 제한을 비판했다. 그는 '북방권'수출 제한이

36) 위의 책, 295쪽.

37) 1937년 10월 조선총독부가 府令 제153호로 발포한 「輸出入品 등에 관한 臨時措置에 관한 법률 제1조에 의한 명령의 건」을 의미한다. 이후 부령 제153호는 무역통제가 강화되는 상황에서 여러 차례 개정되었고 다른 통제법령과 연계되었다. 宋圭振, 앞의 책, 180~188쪽 참조.

점차 발흥하는 조선공업을 좌절시키고 특히 '북방권'내의 소비를 대상으로 하는 경공업에 상당한 악영향을 미칠 것이라고 전제하고, 기업투자가 華北을 비롯하여 기타 외국으로 유치될 것이므로 '북방권' 수출 제한을 완화해야 한다고 주장했다. '북방권' 내에서 자원과 가공품 모두 有無相通을 기본으로 무역증진을 도모하면 각 지역의 장점을 활용할 수 있을 것이고 각각의 기능을 발휘할 수 있다고 제안했다.[38]

중일전쟁이 장기화되면서 '블록내의 자급자족'과 '원활한 물자교류'라는 이상은 서로 충돌했다. 이러한 모순을 해결할 수 없었기 때문에 결국 조선무역은 '북방권'무역으로만 국한되었다.[39] 일제는 '북방권'무역을 자신들의 목적에 맞게 운영하기 위해 수출제한 보다는 품목통제 등의 법으로 무역통제기구를 정비하면서 상품별유통조합을 설립했다. 조선선어협회, 조선섬유수출조합, 朝鮮罐詰輸出組合, 朝鮮煎鰮輸出組合, 朝鮮華商貿易組合, 朝鮮唐辛子輸入組合, 朝鮮蓽蓆輸入組合, 조선의약품수출조합, 朝鮮乾海苔輸出組合, 朝鮮寒天輸出組合 등 10개 조합이 그 시기에 설립되었다. 또한 朝鮮明太魚卵輸出組合, 朝鮮韓藥輸出入統制組合, 朝鮮果實協會, 朝鮮産業協會, 朝鮮産業協會, 朝鮮和布輸出組合 등 이미 설립한 조합도 점차 국책협력기관으로 개조되었다.[40]

조선과 '북방권'무역을 원활하게 할 수 있도록 만주국, 관동주와 중국에서도 무역통제기관이 계속 지정되었다. 만주국에서는 滿關重要日用品統制組合, 滿關雜貨統制組合, 滿關建材統制組合, 만주생활필수품주식회사, 만주농산공사, 日滿商社株式會社, 사단법인만주섬유연합회, 만주축산주식회사, 만주농기구수입조합, 만주펄프통제조합을 비롯한 60여개의 기구가 무역통제기관으로 지정되었다. 관동

38) 澁谷禮治, 「朝鮮貿易と近狀と其の助長發展策」, 『朝鮮貿易協會通報』34, 1939.1, 6쪽.

39) 이 논문의 〈표 2〉 참조.

40) 朝鮮貿易協會 編, 『朝鮮貿易史』, 1943, 194쪽.

주에서는 滿關貿易聯合會 산하의 통제기관으로 만주생활필수품주식회사, 滿關重要日用品統制組合, 滿關蓄音機統制組合, 滿關建材統制組合, 關東洲紙業統制協會, 滿關寫眞材料統制組合을 비롯하여 滿關一體統制團體와 滿關一體統制商社가 무역통제기관으로 지정되었다. 중국에도 北京에 화북섬유협회, 화북목재수입조합, 北支石油協會本部, 北支新聞用紙輸入配給組合, 北支펄프수입배급조합, 北支鋼材輸入組合, 華北鮮魚輸入配給組合, 華北亞鉛鐵板輸入商組合北京支部, 華北油料協會, 華北種苗協會, 華北生藥協會, 華北蓆子協會, 華北蛋業協會, 北支棉花協會를 비롯하여 天津, 山東, 濟南의 수출조합과 수입조합도 무역통제기관으로 지정되었다.[41]

히부야 레이지는 지역별로 무역회사가 우후죽순 생겨난다면 무역회사 사이에 마찰이 일어나 결국 만주국, 華北, 華中 지역을 경영하려는 일제의 계획에 차질이 생길 것이라고 우려했다. 이러한 사태를 방지하고 경영상의 수익을 고려하여 개별적인 무역회사들을 통합한 거대한 무역회사를 설립해야 된다고 주장했다.[42] 조선총독부는 히부야 레이지의 주장을 받아들여 대규모의 무역회사를 설립할 것을 결정했다. 그리하여 일단 '북방권'무역에 대해서는 조선·만주국·중국 상호간 수출입물자를 계획하여 수량 및 가격의 조정에 중점을 두어 통제하는 것을 원칙으로 하고 과도적으로 조선무역협회를 대행기관으로 삼았다.[43]

1941년 4월에는 조선동아무역주식회사를 설립하고 7월에 「'임시수출입허가규칙'」을 개정한 뒤 조선동아무역주식회사를 '북방권'무역의 조정기관으로 선정했다. 조선동아무역주식회사는 경성에 본점

---

41) 『朝鮮貿易』2, 1943.2, 36~50쪽. 이들 기구는 대부분 '북방권'무역을 통제하기 위해 설립한 것이다. 한 예로 1942년 12월에는 華北에서 돗자리의 일원적 수매배급수출 통제기관으로 華北蓆子協會를 설립하여 화북, 조선, 몽골, 만주 각지로 돗자리를 배급하도록 했다(같은 책, 15쪽).

42) 澁谷禮治, 「朝鮮貿易の新政勢と發展對策」, 『朝鮮貿易協會通報』46, 1940.1, 9쪽.

43) 對關·滿·支輸出入物資の價格調整に就いて」, 『朝鮮貿易協會通報』55, 1940.10, 2~3쪽.

을 두고 부산, 군산, 평양, 신의주, 청진, 원산 등에 지점을 둔 상법상의 주식회사였으나 실질적으로는 국책기관이었다. 주요 업무는 ① '북방권'수출품의 매수와 판매 및 수출, ② '북방권'으로부터 상품수입과 수입품의 매입 및 판매, ③ '북방권'수입물자의 가격조정, ④기타 상기 사무에 부대하는 업무 및 '북방권'무역상 필요한 사업 등이다.[44] 일제는 '북방권'무역의 통제기구로 조선동아무역주식회사를 설정하면서 그 밖의 '남방권'을 포함한 제3국 무역을 위한 무역통제기구로 조선무역진흥주식회사를 지정했다.[45]

일본에서 交易營團을 설립하고 일원적이고 통제적인 운영을 하게 되자 조선에서도 교역기구를 일원화하자는 주장이 제기되었다. '內外地行政一元化'가 진행되던 상황에서 교역도 일원적이고 종합적인 계획에 의해 이루어져야 한다며 조선의 교역기구를 일본에 맞춰 통일해야 한다고 주장한 것이다. 일본제국의회에서는 교역영단법이 심의될 때 정부위원으로부터 '장래 포괄할 것'이라는 답변이 있었다. 그런데 조선경제는 일본경제에 종속되어 있었지만 완전히 일체화한 단계까지는 이르지 못했다. 조선무역은 일본본국의 상공성의 지휘감독을 직접 받지 않는, 조선총독부의 행정관할이었으며 조선과 일본 양당국간 절충에 의해 이루어지고 있었기 때문이다.[46]

조선에서는 조선총독부 식산국 상공과의 감독하에 '북방권'무역은 조선동아무역주식회사가, '남방권'을 포함한 제3국 무역은 조선무역진흥주식회사가 관장하고 있었다. 교역을 일원적으로 운영해야 할 필요성이 계속 제기되면서 두 회사를 합병하여 하나의 기구로 일원화하여 통제적 운영을 함으로써 일본의 교역영단과 같은 기능을 해

44) 朝鮮貿易協會 編, 앞의 책, 192쪽.

45) 朝鮮貿易振興株式會社는 1941년 3월 창립한 상법상으로는 보통회사이지만 실질적으로는 국책 수행을 담당하는 특수회사였다. 輸出品用原材料를 확보하여 배급을 공정하게 하고, 수출자재의 국내유용을 방지하고 수출품의 품질을 개선할 뿐만 아니라 해외에 부당하게 저렴한 가격으로 수출하는 것을 교정하는 역할을 했다(위의 책, 201쪽).

46) 「朝鮮の交易機構整備」, 『朝鮮貿易』4, 1943.4, 19쪽.

야 한다는 요구가 있었다.47) 이런 요구를 받아들여 조선총독부는 1944년 2월 告示 제146호「무역통제령시행규칙에 의한 조정기관 지정」48)을 발포하여 조선동아무역주식회사가 조선무역진흥주식회사를 흡수, 합병하는 형식으로 조선교역주식회사를 설립했다. 그런데 이는 실질적으로 큰 의미가 있는 것은 아니었다. 왜냐하면 이시기 대외무역은 '북방권'무역으로 한정되어 있었기 때문에 실질적으로 조선동아무역주식회사가 전체 수출입을 관리하는 상황이었기 때문이다. 다만 '북방권'무역을 관장했던 조선동아무역주식회사가 실질적으로 조선무역진흥회사를 병합한 것이었기 때문에 '북방권'무역이 일제패망직전까지도 여전히 중요하게 작동되었음을 알 수 있다.

중일전쟁 이후 일제는 외화획득을 위해 엔블록인 '북방권'무역을 제한하고자 했다. 하지만 현실적으로 조선수출입의 대부분이 '북방권'으로 한정되자 일제는 무역통제기관을 통해 수입기관을 조정하는 한편 강력한 수출기관과 협력체계를 갖추도록 했다. 또한 조선동아무역주식회를 설립하여 '북방권'무역을 일원적으로 관리하도록 했으며 교역의 일원적 운영이 필요하다는 판단 아래 1944년 2월에 제3국 무역을 관장하던 조선교역주식회사를 병합하면서 조선교역주식회사로 그 명칭을 바꾸었다.

2) 무역간담회와 견본품전시회 개최

만주사변 이후 만주국과 중국과의 무역활성화를 위해 무역간담회 등이 여러 차례에 걸쳐 전개되는데 그 중심은 어디까지나 만주국이었다.49) 만주국이 무역에서 차지하는 비중이 컸기 때문에 당연한

47)「朝鮮の交易機構整備」,『朝鮮貿易』4, 1943.4, 19쪽.

48)『朝鮮總督府官報』, 1944.2.15.

49) 이에 대해서는 송규진,「일제하 조선과 만주국의 무역에 관한 연구」,『中國學報』52, 韓國中國學會, 2005 참조.

것일 수도 있다. 그런데 중일전쟁 이후 '조선이 대륙을 인수'하기 위해서는 중국과의 무역도 만주국에 못지않게 중시되었다. 이에 따라 중국무역을 위한 무역간담회와 견본품전시회가 여러차례에 걸쳐 이루어졌다.

조선무역협회는 天津에 사무소를 설치하여 무역상황을 조사하고 정보수집, 조선에 대한 선전, 조선상품의 소개·알선 등의 업무를 하도록 했다. 견본시를 개최한 뒤 견본시에 출장갔다가 돌아온 사람을 모아 좌담회를 개최하거나[50] 또 조선무역관계자들을 모아 화북무역 활성화를 위한 좌담회를 개최하기도 했다.[51] 1939년 11월에 조선총독부는 조선무역협회와 조선상공회의소의 알선으로 卽賣會를 개최했다. 즉매회는 상품을 벌여 놓고 전시하는 현장에서 곧바로 판매하는 것이다. 즉매회 개최의 목적은 중국 무역의 진흥, 선무공작의 협력, 현지 산업경제 조사, 조선에 대한 선전, 현지 일본군의 위문 등이 포함되어 있다. 견본시가 무역을 포함한 경제적인 목적 이외에 일본의 전쟁수행을 원활하게 하기 위한 목적으로 개최되었다는 것을 알 수 있다.[52]

조선무역협회는 중국 무역에 관한 조사연구회도 자주 개최했다. 1939년 3월의 경우 조선총독부, 중앙시험소, 상공장려관, 경성제국대학교, 경기도, 日滿實業協會, 조선은행, 三井物産, 조선우선회사 등을 대표한 무역관계자들이 출석했는데 중국과의 무역확대를 위해 조선상품을 진열하기 위해 노력하기로 했다.[53] '북방권'무역을 관장한 조선동아무역주식회사는 일본동아수출조합연합회와 화북의 무역조합연합회와 마찬가지로 무역통제를 행한다는 점에서 유사한 성격이었다. 그런데 조선동아무역주식회사 사장 요코세 모리오(橫瀨守

50) 「北支朝鮮物産出張者報告座談會」, 『朝鮮貿易協會通報』20, 1937.11, 43~57쪽.

51) 「在北支朝鮮關係者座談會」, 『朝鮮貿易協會通報』 24, 1938.3, 14~30쪽.

52) 『朝鮮貿易協會通報』44. 1939.11, 39~40쪽.

53) 「貿易調査研究會の開催」, 『朝鮮貿易協會通報』36, 1939.3, 52쪽.

雄)는 무역을 통제하고 있으나 화북무역이 주먹구구식으로 이루어지고 있다고 비판하고 화북 전체를 염두에 두고 할당 테두리내에서 거래가 이루어지길 희망했다.54)

태평양전쟁 이후에 화북 전체 무역을 통일적으로 관장하기 위해 1942년 11월에 조선과 芝罘의 무역관계자가 처음으로 경성에서 모여 회의를 개최했다. 이 회의가 山東輸出組合聯合會芝罘支部 및 山東輸入組合聯合會芝罘地方委員會幹部, 芝罘의 유력한 조선무역업자를 초빙하고 총독부관계자 및 경성내 유력 화북무역상사를 모집하여 개최한 朝鮮對芝罘貿易懇談會이다.55) 무역간담회를 개최한 표면적인 이유는 물자교류를 원활하게 하고 화북경제건설을 도모하면서 화북과 조선의 경제를 긴밀하게 연계한다는 것이었다. 그런데 보다 본질적인 이유는 회의 참가자들이 발언한 바와 같이 화북에 주둔하고 있는 일본군에게 편의를 제공하기 위한 것이었다. 태평양전쟁이 발발하면서 각 지역간 물자교류가 어려워지자 이를 해결하기 위해 지역마다 통제가 강화되었는데 山東의 경우 수출에서는 상품별수출조합이 결성되고 각 조합을 총괄하는 산동수출조합연합회가 설립되었다. 수입에서는 특히 조선을 전담하는 산동조선물산수입조합이 조직되었고 이를 산동수입조합연합회가 총괄했는데, 이 양 연합회를 총괄하는 단체로 산동수출입조합연합회가 설립되었다.

당시 애로사항으로 지적된 것 가운데 하나가 수송문제였다. 그런데 芝罘측 대표자들은 수송이 본질적인 문제가 아니라고 판단했다. 芝罘와 인천 간에 매주 정기선이 취항하고 있기 때문에 조선각지와 물자교류를 도모하기 위한 신규항로가 시급하지 않으며 기존 항로를 활용해도 수송문제를 해결할 수 있다는 것이다. 다만 조선물가와 芝罘물가의 차가 큰 것은 조정할 필요가 있다고 주장했다. 화북에

54) 「朝鮮對芝罘貿易懇談會」 1, 『朝鮮貿易』2, 1943.2, 51쪽.

55) 「朝鮮對芝罘貿易懇談會」 1·2, 『朝鮮貿易』2·3, 1943.2·3, 51~55쪽·37~42쪽 참조.

現地對朝鮮貿易振興組合(가칭)을 설립하고 현지에서 수입할 때는 시장가격에 순응하여 조정료를 징수해서 자금을 축적하고, 수출할 때에는 현지 가격이 조선의 공정가격이나 시장가격에 비해 차가 큰 탓에 수출이 불가능한 경우에는 보상금제도에 의해 적립금으로 보전하고 종합적 물물교환제를 적용하여 기술적으로 원활하게 운영해야 한다고 주장했다. 또한 화북이 농업지대이지만 전쟁으로 인해 식량이 부족하기 때문에 전쟁수행을 위해서는 식량이 적절하게 공급되어야 한다고 주장했다.[56] 芝罘측의 요구에 대해 조선동아무역주식회사 사장 요코세 모리오는 각 관계기관, 업자간의 연락을 더욱 밀접하게 하고 상대지역의 상세한 실정에 기반을 두고 양지역간 물자교류를 더욱 확충하여 경제발전을 이룰 수 있도록 적극적으로 협조하겠다는 뜻을 밝혔다.[57]

이밖에도 1943년 2월 15일부터 3월 8일까지 22일간 조선총독부는 '통상무역의 조정촉진 및 상호산업문화'의 제휴를 위해 大連, 青島, 濟南, 南京, 上海에서 무역경제간담회 및 조선물산견본품전시회를 개최했다. 해당지역에서 무역경제사정에 관해 현지 관계관민과 간담회를 개최하는 한편 조선물산견본전시회를 개최하여 조선상품을 소개하고 선전하여 조선과 해당지역의 물자교류를 개선하고자 했다. 물자부족과 계획협정무역의 경향이 만연한 상황에서 계획무역으로 인해 주로 발생하는 구체적 문제에 대해 서로 연락하고 조정하는 것에 중점을 두고, 조선 내 수급에 지장이 없는 물자 가운데 소량을 견본품으로 선택하여 조선동아무역주식회사가 출품자대표로 일괄 수합하여 출품했다.[58]

---

56) 「朝鮮對芝罘貿易懇談會」 1, 『朝鮮貿易』2, 1943.2, 51~52쪽.

57) 「朝鮮對芝罘貿易懇談會」 2, 『朝鮮貿易』3, 1943.3, 41쪽.

58) 이때 출석자는 조선동아무역주식회사, 조선총독부, 조선무역협회, 조선섬유수출조합, 東華産業, 조선과실협회 관계자등이었다. 「貿易經濟懇談會竝朝鮮物産見本品展示會」, 『朝鮮貿易』3, 1943.3, 125쪽. 당시 大連에서 개최된 대륙무역경제간담회에 대해서는 『朝鮮貿易』에서 자세하게 다루고 있다.

일제의 북방방위의 제일선지구라고 평가되는 몽골과 조선의 교역을 위한 회의도 지속적으로 이루어졌다. 1943년에는 물자교류계획 및 실시방책을 협의하기 위해 1943년 7월 7일과 8일 이틀 동안 조선총독부에서 蒙古聯合自治政府와 조선총독부 관계자 및 조선동아무역주식회사와 대흥무역주식회사[59] 관계자가 출석하여 第三回 鮮蒙交易打合會를 개최했다. 몽골측에서는 대일 기여물자 가운데 화북·만주국으로부터 수입하는 개발자재만으로는 부족하기 때문에 조선측의 협력이 필요하다고 주장했다. 몽골측의 수입요구와 조선측이 공급할 수 있는 물자 품목 및 공급방법에 대해 협의를 계속한 결과 대부분 몽골측의 요구를 승인했다.

원래 조선의 몽골수출은 무역계획상 화북수출에 포함되었고 화북당국의 지구배급계획은 중앙의 통지에 따라 몽골·北京·天津·山東지구의 배급량을 결정했는데 각 지구별 배분계획이 명확하게 결정되지는 않았다. 따라서 조선측에서 수출시에 몽골에 우선 배분하는 것은 곤란했지만 몽골의 당시 물자배급 상황에 따라 화북수출량 가운데 상당량을 가급적 몽골으로 出荷하도록 할 여지는 있었다. 몽골이 天津의 수입배급조합으로부터 수입승인을 얻으면 대체로 수출을 하도록 하되 조선측에서 현지시황에 따라 가격을 탄력적으로 결정하는 것이 곤란하므로 몽골측이 이를 책임지고 하기로 결정했다.[60]

3) '북방권'무역의 증가

일제의 무역활성화를 위한 노력은 실제 '북방권'무역에서는 어떻

59) 大興貿易株式會社는 몽골과의 수출입을 목적으로 1939년 10월 자본금 백만 엔으로 설립되었다. 中村資良 編, 1942, 『朝鮮銀行會社要錄』, 東亞經濟時報社, 497쪽. 이 회사는 단순한 알선기관으로 조선무역협회가 그 기능상 할 수 없는 사업에 진출하고 조선을 대표하는 무역기관으로 특수한 계약을 체결하는 것을 목적으로 설립되었다. 「對蒙疆貿易 新會社設立認可 大興貿易設立코 獨占」, 『東亞日報』, 1939.9.5.

60) 「第三回鮮蒙交易打合會開催」, 『朝鮮貿易』7, 1943.7, 14쪽.

게 현실화되었을까? 〈표2〉에 의하면 중일전쟁이 발발한 이후 조선의 '북방권'수출은 1939년까지 급증하다 이후 급증세가 멈추었지만 1937년과 비교할 때 1944년에는 92%나 증가했다. 이는 앞서 살핀 바와 같이 중일전쟁 이후 각종 수출제한령과 전쟁으로 인한 수송력 문제를 감안하면 상당한 실적을 거둔 것이라고 평가할 수 있다.

〈표2〉 '북방권'수출입 금액·비율·지수 (금액단위: 천 엔)

수출입		1937	1938	1939	1940	1941	1942	1943	1944
수출	금액	96,986	162,897	261,668	186,193	173,246	187,198	182,931	186,047
	비율	85.59%	96.33%	96.92%	90.14%	93.91%	97.28%	95.47%	97.53%
	지수	100	168	270	192	179	193	189	192
수입	금액	79,524	80,426	98,975	112,123	112,778	112,672	184,722	185,449
	비율	62.06%	59.76%	62.24%	50.88%	65.52%	90.00%	85.91%	99.32%
	지수	100	101	124	141	142	142	232	233

※ 출전 :『朝鮮貿易年表』 각년판; 『朝鮮經濟年報』, 朝鮮銀行調査課, 1948, Ⅲ-44~45쪽.
*비율은 전체 수출입액에서 차지하는 비율임.

1939년까지 수출이 증가한 이유는 의류품, 기계류, 목재, 시멘트 등 사업용품 및 철도객차 등의 수출급증과 관련이 있다.61) 만주산업개발5개년계획으로 인하여 건설자재의 수요가 급증하자 이들 물품의 가격이 앙등했기 때문에 수입을 하지 않을 수 없었는데, 이로 인해 수출이 증가한 상황을 조선공업화의 성과로 설명하기도 했다.62) 그런데 이들 품목에는 중계무역을 통해 수출된 일본산품의 비중이 높았던 점을 고려할 때 조선공업화의 성과는 제한적이었다고 보아야 할 것이다. 〈표3〉은 조선수출품의 산지별 추이를 보여준다. 이에 의하면 '엔블록수출제한령'이 발동되면서 일시적으로 수출이 줄어든 요인은 일본산품의 조선중계수출이 크게 감소했기 때문이었음을 알 수 있다.

61) 『朝鮮總督府 帝國議會說明資料』 9, 1994, 52쪽

62) 이에 대해서는 이승렬, 「1930년대 朝鮮의 수출증가와 朝鮮工業界의 동향」, 『金容燮敎授停年紀念 韓國史學論叢3 韓國近現代의 民族問題와 新國家建設』, 지식산업사, 1997 참조.

〈표3〉 '북방권 수출 산지별 금액·비율·지수(금액단위: 천 엔)

		1937	1938	1939	1940	1941	1942	1943
조선산	금액	55,504	96,057	125,963	124,063	143,864	154,201	130,919
	지수	100	173	227	224	259	278	236
	비율	57%	59%	48%	67%	83%	82%	77%
일본산	금액	39,618	64,735	132,365	57,346	25,780	29,843	33,649
	지수	100	163	334	145	65	75	85
	비율	41%	40%	51%	31%	15%	16%	20%
외국산	금액	1,863	2,103	3,339	4,784	3,630	3,153	4,705
	지수	100	113	179	257	195	169	253
	비율	2%	1%	1%	3%	2%	2%	3%
계		96,985	162,895	261,667	186,193	173,274	187,197	169,273

※ 출전:『朝鮮總督府 帝國議會說明資料』9, 52쪽.

*1943년 금액은 1월부터 11월까지의 합계임.

'엔블록수출제한령'에도 불구하고 조선무역이 유지될 수 있었던 원인은 조선의 수출품 가운데 조선산품이 차지하는 비율이 늘었기 때문이다. 이는 바로 대륙전진병참기지를 위한 전시공업화와 밀접한 관련을 갖는다. 〈표4〉는 1943년 대북방권 수출의 중요상품과 금액, 비율을 표기한 것이다. 이에 의하면 수산품이 차지하는 비중이 18.12%로 가장 컸고 다음으로는 폭약, 견직물, 연초, 가마니, 광석, 소, 쌀, 면직물, 기계류가 차지했다.

〈표4〉 1943년 북방권 수출 중요상품 금액·비율(금액단위: 천 엔)

순위	품목	금액	비율	순위	품목	금액	비율
1	수산품	30,680	18.12%	17	사과	2,306	1.36%
2	폭약	10,653	6.29%	18	카바이드	1,532	0.91%
3	견직물	7,417	4.38%	19	목재	1,399	0.83%
4	연초	6,938	4.10%	20	홍삼	1,148	0.68%
5	가마니	6,211	3.67%	21	시멘트	1,047	0.62%
6	광석	6,042	3.57%	22	어류통조림	804	0.47%
7	소	5,085	3.00%	23	비누	352	0.21%
8	쌀	4,462	2.64%	24	법랑철기	336	0.20%
9	면직물	4,232	2.50%	25	도자기	272	0.16%

10	기계류	3,868	2.29%	26	맥주	192	0.11%
11	석탄	3,388	2.00%	27	전구	192	0.11%
12	인견섬유	3,294	1.95%	28	내의	112	0.07%
13	밀감	2,975	1.76%	29	콜크 및 동제품	108	0.06%
14	철	2,852	1.68%	30	청주	47	0.03%
15	지류	2,546	1.50%	31	스프직물	26	0.02%
16	광유	2,424	1.43%				

※출전:『朝鮮總督府 帝國議會說明資料』9, 52~53쪽. *1월부터 11월까지의 합계임.

조선의 '북방권'수입은 해마다 증가했다. 그런데 주목할 것은 제3국과의 무역이 이루어질 당시에는 '북방권'수입이 수입총액의 50~60%정도를 차지했으나 제3국과의 무역이 두절된 1942년에는 '북방권'수입이 크게 증가하여 수입총액의 90%이상을 차지했고 1944년에는 거의 대부분을 차지했다는 것이다. 〈표5〉는 1943년 '북방권'에서 수입한 중요상품의 금액과 비율을 표기한 것이다. 이에 의하면 콩이 차지하는 비율이 32.51%로 가장 컸고 철, 석탄, 천일염, 좁쌀, 광석, 옥수수, 목재, 유안, 두박 등이 순위에 올랐다.

〈표5〉 1943년 북방권 수입 중요상품 금액·비율(금액단위: 천 엔)

순위	품목	금액	비율	순위	품목	금액	비율
1	콩	91,223	32.51	14	수수	1,136	0.40
2	철	82,790	29.50	15	팥	920	0.33
3	석탄	38,677	13.78	16	기타비료	632	0.23
4	천일염	28,512	10.16	17	녹두	288	0.10
5	좁쌀	10,230	3.65	18	유리판	208	0.07
6	광석	6,084	2.17	19	금속	177	0.06
7	옥수수	5,360	1.91	20	펄프	176	0.06
8	목재	3,192	1.14	21	작잠생사	148	0.05
9	유안	2,676	0.95	22	참깨	131	0.05
10	두박	2,418	0.86	23	고추	99	0.04
11	기타콩류	2,099	0.75	24	사료	66	0.02
12	메밀	1,772	0.63	25	작잠사	27	0.01
13	면직물	1,599	0.57				

※ 출전:『朝鮮總督府 帝國議會說明資料』9, 56쪽. *1월부터 11월까지의 합계임.

중일전쟁 이후 중국과의 무역을 활성하기 위한 각종 노력에도 불구하고 '북방권'무역에서 가장 중요했던 지역은 만주국이었는데 '북방권'무역을 지역별비율을 표기한 〈표 6〉에 의해 확인할 수 있다. 중일전쟁 이전부터 강조되었던 '선만일여'는 중일전쟁 발발이후 더욱 강조되었으며 이러한 상황이 무역에서도 드러난 것이다.

〈표 6〉 '북방권'수출입 지역별 비율(%)

수출					수입				
연도	관동주	만주국	중국	총합계	연도	관동주	만주국	중국	총합계
1937	21	74	5	100	1937	9	78	13	100
1938	12	75	14	100	1938	13	72	15	100
1939	9	78	13	100	1939	8	81	10	100
1940	11	68	21	100	1940	9	75	16	100
1941	16	60	24	100	1941	9	56	34	100
1942	15	63	23	100	1942	9	65	26	100
1943	11	63	26	100	1943	7	73	20	100
1944	0	81	19	100	1944	0	86	14	100

※출전: 『朝鮮貿易年表』 각년판; 『朝鮮經濟年報』, 朝鮮銀行調査課, 1948, Ⅲ-44~45쪽.

〈표 7〉 만주국 수출입 금액·지수(금액단위: 천 엔)

		1937	1938	1939	1940	1941	1942	1943	1944
수출	금액	71,527	122,004	205,149	126,892	103,829	117,002	115,374	151,027
	지수	100	171	287	177	145	164	161	211
수입	금액	62,228	58,051	80,459	84,284	63,602	73,777	134,577	158,894
	지수	100	93	129	135	102	119	216	255

※ 출전: 『朝鮮貿易年表』 각년판; 『朝鮮經濟年報』, 朝鮮銀行調査課, 1948, Ⅲ-44~45쪽.

〈표 7〉에 의하면 만주국 수출은 1939년까지 급증한 다음에 1941년까지 감소했지만 그 이후 다시 증가세로 돌아섰고, 수입도 1938년에는 감소했으나 1944년의 지수를 1937년과 비교하면 2.55배 증가했다. 이를 통해 북방권에서 만주의 입지가 계속 중요하게 유지되고 있었음을 알 수 있다. 조선과 만주국과의 무역 내용을 살펴보면 1942년까지도 수출에서는 해산물, 사과 등의 농수산물이 24%를 점하고 수입에서는 잡곡이 48%를 점하고 있어 여전히 농산물과 농산물의 교역체계를 이루고 있었다. 이러한 물자는 조선과 만주국 모두

다른 지역으로부터 공급받기가 곤란했기 때문에 상호의존적일 수밖에 없었다.[63]

이와 같이 만주국의 비율이 절대적이긴 했어도 중국이 차지하는 비율이 중일전쟁 이후 상승하는 경향을 보여주는데, 이는 중국무역을 활성화하기 위한 노력이 일정한 성과를 거두었다는 것을 의미한다. 〈표 8〉에 의하면 중국무역에서는 수출의 증가폭이 수입보다 훨씬 컸음을 알 수 있다.

〈표 8〉 중국수출입 금액·지수(금액단위: 천 엔)

		1937	1938	1939	1940	1941	1942	1943	1944
수출	금액	4,842	22,155	33,566	39,160	42,145	42,405	47,646	35,020
	지수	100	458	693	809	870	876	984	723
수입	금액	10,368	12,217	10,334	17,454	38,833	29,257	37,800	26,555
	지수	100	118	100	168	375	282	365	256

※ 출전: 『朝鮮貿易年表』 각년판; 『朝鮮經濟年報』, 朝鮮銀行調査課, 1948, Ⅲ-44~45쪽.

일제는 중일전쟁이 발발한 이후 중국내 점령지역의 치안을 확보하기 위해 노력했고 1938년 華北에서는 聯銀券에 대한 통화통제를 더욱 강화했다. 중국의 남북해관을 접수하자 일본인이주자가 증가했고, 군수품과 일본인이주자의 수요가 증가함으로써 조선은 중국무역에서 유리한 조건을 갖추게 되었다. 특히 중국을 지방별로 보면 중일전쟁이 발발한 직후 일본의 점령지역에 포함되지 않았던 산동성 및 호남성에 대한 수출은 줄어들었지만 점령지역인 華北지방에 대한 수출은 군용물자의 공급으로 인해 급격하게 증가했다.[64]

중국과의 무역상황이 호전되자 중일전쟁의 발발로 4억 인구를 지닌 시장이 새롭게 출현하여 만주국 이상으로 전망이 밝다는 낙관론이 팽배했다.[65] 그럼에도 三井物産 지점장인 오쓰카 토시오(大塚俊

63) 「鮮滿貿易經濟懇談會竝に朝鮮物産見本市の概況」, 『朝鮮貿易協會通報』80, 1942.11, 丸茂技師의 발언내용 참고.

64) 西本計三, 「時局と朝鮮の商工業」, 『朝鮮貿易』274, 1938.3, 23쪽.

雄)는 중국무역을 비관적으로 평가했다. 당시 華北과 비교하여 조선의 1인당 수입액이 4배에 이르고, 공업화가 진행되고 있지만 기본적으로 조선은 농업국이라고 평가하면서 농업국과 농업국의 무역을 증진시키는 것에는 많은 한계가 있다고 보았다. 그는 당시 조선무역협회가 華北과의 무역을 강조했지만 실제적으로 대단치 않으며, 조선산품은 軍과 관계된 품목에 한정되어 소량만 수출되고 있을 뿐이라고 평가절하했다. 또한 조선에서 수출하는 물품 가운데 중계무역품이 차지하는 비중이 상당히 크고, 조선산품이라도 순수한 조선산이 많지 않다고 지적했다. 예를 들면 레이온의 경우 70~80%가 일본산물로 조선에서는 단순히 염색만 한 것에 지나지 않은 경우가 많았다.[66] 그렇다 하더라도 중일전쟁으로 인하여 華中과 華北의 생산력이 파괴되어 필수품 및 건설부흥을 위한 수요가 급증하고 있는 상황에서 일본군에 대한 물자 공급이 필요했다. 조선의 중국무역은 발전할 것이라고 예견은 실제로 수출이 1937년과 비교할 때 7배 이상 증가한 것을 통해 볼 때 일정부분 현실화 되었다.

4. 맺음말

조선은 '대륙전진병참기지론'을 강조하면서 '대륙루트' 정비를 통해 제도적 기반시설을 확충했다. 또한 무역활성화를 위한 다각적인 노력을 했고 그 결과 '북방권'무역은 전쟁 중에도 지속적으로 증가했다.

'대동아공영권론'은 '남방권'과 '북방권'을 아우르는 개념으로 지도 국가는 일본이었다. 태평양전쟁이 발발한 이후 대외적으로 '남방

---

65) 澁谷禮治, 「朝鮮貿易の新政勢と發展對策」, 『朝鮮貿易協會通報』 46, 1940.1, 5쪽.

66) 「貿易調查研究座談會」, 『朝鮮貿易協會通報』 25, 1938.4, 21쪽.

권'이 중시되는 상황이었지만 중국과의 전쟁을 수행해야 했기 때문에 '북방권'은 여전히 중요한 전략 대상지역이었다. 일제는 중일전쟁에서 물자공급을 원활히 수행하기 위해서는 조선이 차지하는 위치가 중요하다고 판단하고 조선을 중심으로 '북방권' 협력 체제를 강화했다.

조선총독부는 동북아 광역 운송체계를 확충하기 위해 '대륙루트'를 설계했는데 일본본토와 조선, 대륙을 연결하는 간선루트로, 한반도와 그 동서의 연해인 동해와 황해를 포함하는 '북방권'의 중심에 놓인 한반도 내륙을 '대륙루트'의 근간으로 삼았다. 또 물자교류를 더욱 원활하게 하기 위해 만주와 조선간의 세관사무를 간소화하고 점차 관세를 폐지하면서 조선철도의 여객수송량과 화물량이 모두 크게 증가했는데 여객보다는 화물 수송량의 증가폭이 컸다. 기반시설을 제도적으로 정비하면서 '북방권'의 물자공급기지로서 조선의 역할이 더욱 커졌다.

중일전쟁 이후 일제는 외화획득을 위해 엔블록을 넘어선 무역을 장려하기 위해 엔블록인 '북방권'무역을 제한했다. 하지만 현실적으로 조선의 수출입이 대부분 '북방권'으로 한정되자 일제는 무역통제기관을 통해 수입기관을 조정하는 한편 보다 강화된 수출기관과 협력체계를 갖추도록 했다. 또한 조선동아무역주식회를 설립하여 '북방권'무역을 일원적으로 관리했다. 그런데 조선무역 전체를 일원적으로 운영하기 위해 1944년 2월에 제3국 무역을 관장하던 조선교역주식회사를 병합하면서 조선교역주식회사로 그 명칭을 바꾸었다. 이는 물자공급기지로서 조선의 역할을 공고히 하고자 협력 체제를 강화하는 일련의 과정으로 볼 수 있다.

중일전쟁이전에도 무역활성화를 위해 무역간담회 등이 여러 차례에 걸쳐 전개되는데 그 중심은 어디까지나 만주국이었다. 중일전쟁 이후에는 중국과의 무역을 위한 무역간담회와 견본품전시회가 여러 차례 이루어졌다. 또한 일제가 '북방방위의 제일선지구'라고 평가하는 몽골과 조선의 교역을 위한 회의도 지속적으로 이루어졌다. 일제가 경제협력 네트워크를 강화한 본질적인 이유는 각종 회의 참가자들이 발언한 바와 같이 대륙 주둔 일본군에게 편의를 제공하는 것이었다.

'북방권'무역 활성화를 노력은 현실화되어 '북방권'무역은 전쟁시기에도 지속적으로 증가했다. 이에 따라 '북방권'무역이 전체 수출입에서 차지하는 비중은 계속 증가했다. '북방권'무역이 호전될 수 있었던 근거는 산업의 발전과 같은 내적인 요인보다는 대륙전진병참기지로서 물자공급을 담당해야 했던 조선의 역할에 기인한다.

西洋科學의 東傳과 동아시아 전통과학의 終焉

안대옥
(고려대학교)

1. 머리말

근세 이래 동아시아와 유럽의 만남은, 대항해시대 포르투갈의 포교보호권(padroado)하에서 동인도 항로를 통한 동방선교가 개척된 이후, 1549년 가고시마에 상륙한 예수회 선교사 프란치스코 하비에르(francisco Xavier)에 의한 일본선교로부터 개시되었다.

그러나 과학교류에 한정해서 보자면 유럽의 과학서가 최초로 동아시아에 소개된 것은 일본 九州의 管區長이었던 페드로 고메스(Pedro Gomez)가 저술한 사크로보스코 『천구론(De Sphaera)』에 대한 주석서(1593)일 것이다. 그러나 이 주석서는 성직자를 지향하는 신학생에 대한 강의요강의 한 부분인 탓에 公刊되지 않았을 뿐만 아니라 코임브라(Coimbra)계가 예수회의 성격상 내용적으로도 과학서라기보다는 스콜라적 취향이 강한 저작이었다는 점에서 그 영향은 극히 제한적이었다.

본격적으로 유럽의 과학을 동아시아에 전한 인물은 1583년에 광동에 도착한 마테오 리치(Matteo Ricci, 利瑪竇)였다. 마테오 리치는 1601년 북경 永住를 전후하여, 예수회 순찰사 알레산드로 바리냐뇨(Alessandro Valignano)가 처음으로 시도한 적응주의 선교정책을 중국에 적용하여, 수학과 천문학을 중심으로 한 중세 유럽의 자유학예(liberal arts, 자유칠과)와 르네상스기 유럽의 필로소피아 제 학문을 폭넓게 번역, 소개하면서 이른바 徐光啓, 李之藻 등으로 대표되는 유교 사대부 중심의 '補儒易佛論'(이하 補儒論)을 주창하였다.

마테오 리치 이래로 과학선교는 예수회 중국선교의 중요한 방침의 하나로 정착되었다. 18세기 이전에 중국을 중심으로 동아시아에 서양과학이 전래한 것은 거의 전적으로 예수회 선교사에 의한 한역서학서를 통해서였다고 해도 무방할 정도이다. (한편 일본의 경우는 18세기 이후 서양과학 수용의 통로로 중국전래의 한역서학서을 통한 간접적 수용과 함께 蘭學을 통한 직접적 유입이라는 새로운 경로를 갖게 된다.)

중국을 중심으로 동아시아에서 전개된 서양과학의 전파와 수용은 크게 세 시기로 구별될 수 있다. 제1기는 1583년부터 1644년 명청교체까지, 제2기는 청의 입관에서 건륭제 전기까지, 제3기는 아편전쟁 이후 중화민국 성립에 이르는 시기이다. 본고는 중국을 중심으로 위의 세 시기의 서학수용사를 간결하게 개관하고, 각 시기의 수용의 패러다임을 유형화함으로써 어떤 이유로 제3기에 이르러 이러한 수용의 패러다임이 적절하게 기능하지 못하게 되었는가를 분석하고, 결과적으로 과학의 영역에서 중국을 중심으로 한 동아시아 전통과학[1]이 종언을 고하고 서양과학이 그 자리를 대체해 가는 역사적 전개를 사상사적으로 해명하는 것을 목적으로 한다.

---

1) 여기서 말하는 동아시아 전통과학이란 주로 천문역산학, 의학, 농학을 포함한다. 이 삼자를 흔히 중국의 삼대과학이라고 한다. 역사적으로 학문적 성취가 뛰어난 점뿐만 아니라 적어도 한대 이후로 독자적인 학문으로 인식되어 있었기 때문이다.

2. 補儒論과 보편학으로서의 西學[2)]

1) 중국에 전해진 유럽의 학문체계

중세 유럽의 교육체계를 중국어로 소개한 저작으로 1623년에 간행된 알레니(Giulio Aleni, 艾儒略)의 『西學凡』이 있다. 이 책에 따르자면 유럽의 교육은 대체로 六科로 대별된다. 각각 (1)文科 = 勒鐸理加(rhetorica), (2)理科 = 斐錄所費亞(philosophia), (3)醫科 = 默第濟納(medicina), (4)法科 = 勒義斯(leges), (5)教科 = 加諾搦斯(canones), (6)道科 = 陡祿日亞(theologia)로 나뉘어지는데,[3)] 현재의 용어로는 각각 수사학, 철학, 의학, 법학, 교회법학, 신학에 해당한다.

六科를 체계화시키면 문과→이과→의과, 법과, 교과, 도과중 택일이라는 삼단계 교과과정이다. 문과와 이과의 학문이 일반교육과정을 대표하며 그 이상은 전문과정으로 분류할 수 있다. 『서학범』에 따르면 理科는 더욱 세분화되어 (1)제1년 - 落日加(logica), (2)제2년 - 費西加(physica), (3)제3년 - 默達費西(metaphysica), (4)제4년 - 馬得馬第加(mathematica), (5)제4년 - 厄第加(ethica)로 나뉜다.

알레니는 나아가 馬得馬第加를 "形物의 分限을 審究하는" 학문으로, "物形의 度와 數를 전문적으로 탐구하여," "度數가 물체로부터 떨어져서 추상화되었을 때, 수를 다루는 것이 算法家(산술)이고 도를 다루는 것이 量法家(기하학)이며," "수를 和聲에 적용하면 律呂(음악)가 되고 도를 천체운동에 적용하면 曆法(천문학)이 된다"[4)]고 정의하였다. 馬得馬第加는 물론 현재의 '수학(mathematics)'에 해당하지만 구

2) 이 절의 논의는 기본적으로 안대옥, 「마테오 리치(利瑪竇)와 補儒論」, 『동양사학연구』 106집, 2009, 117~158쪽에 의존하였다.

3) 艾儒略, 『西學凡』, 1a-1b.

4) 艾儒略, 『西學凡』, 6b, "審究物形之分限者也. ……獨專究物形之度與數. …… 度與數或脫物體而空論之, 則數者立?法家, 度者立量法家. ……數者在音聲相濟爲和, 立律呂家, 度者在動天轉運爲時, 立曆法家."

체적으로 '幾何之學'이라고 분류되어, 그 안에 '算法', '量法', '律呂', '曆法'을 포함한다. 즉 도식화하면,

幾何의 學 = 算法(산술) + 量法(기하학) + 律呂(음악) + 曆法(천문학)

을 의미하며, 자유학예중의 4과(quadrivium)의 학문임을 알 수 있다. 따라서 幾何가 갖는 의미영역이 현재의 기하학에 한정되지 않고 폭넓게 사용되고 있음에 주의할 필요가 있다.

한편 알레니는 厄第加를 '修齊治平之學'이라고 번역하였다. 즉 수신, 제가, 치국, 평천하라는 유교적 규범이 곧 이 범주에 귀속된다. 필로소피아, 다시 말하면 현재의 철학에 해당하는 理科는 결국 알레니에 의하면 '義理의 大學'으로서 "사물에 포함된 理를 밝히는 格物窮理"가 주요한 추구대상이 된다고 한다.

<table>
<tr><td rowspan="4">문과
=
수사학</td><td rowspan="4">→</td><td rowspan="4">이과
=
격물궁리학</td><td rowspan="4">제1년: 논리학(logica)
제2년: 물리학(physica)
제3년: 형이상학(metaphysica)
제4년: (1) 수학(mathematica)
(산술, 기하학, 음악, 천문학)
(2) 윤리학(ethica)
(수신·제가·치국·평천하)</td><td rowspan="4">→
擇一</td><td>신학(도과)</td></tr>
<tr><td>의학</td></tr>
<tr><td>법학</td></tr>
<tr><td>교회법학</td></tr>
</table>

여기서 중요한 것은 왜 알레니가 이러한 유럽의 교육시스템을 굳이 중국어로 번역하여 소개하였는가라는 점에 있다. 이 점은 보유론의 구도를 이해하는 데 핵심적인 사항이다.

이과=격물궁리학=斐錄所費亞는 기본적으로 아리스토텔레스의 학문이 중심이 된다. 그런데 알레니에 따르면 아리스토텔레스의 필로소피아는 도과=陡祿日亞 즉 신학과 主補적 관계에 있다.[5] 다른 3과(醫, 法, 教)의 경우라면 비록 필로소피아의 학문이 그 기초임에 틀림없지만 그럼에도 불구하고 완벽한 이해 없이 어느정도 학습이 가능

5) 艾儒略, 『西學凡』, 17a, "若從陡祿日亞之學者, 則斷未有離斐錄而徑造焉者也."

함에 반해, 신학과 철학의 관계는 절대로 서로 분리되어서는 안된다는 것이 알레니의 주장이다.[6] 알레니의 기본 입장은 철학과 신학의 관계를 전일적으로 파악하는 것이며, 그가 아리스토텔레스 철학을 철저하게 흡수한 토미즘의 전통에 서 있음을 여실히 보여주고 있다.

알레니는 리치 사후에 중국에 온 선교사이다. 그러나 그가 리치와 같은 이탈리아 출신이고, 또 리치의 과학선교 방침에 적극적이었다는 사실은 잘 알려져 있다. 따라서 이 『서학범』에 나오는 수학=馬得馬第加에 대한 설명 부분은 주목할 가치가 있다. 왜냐하면 알레니의 견해는 일반적인 토미즘적 혹은 아리스토텔레스적 수학에 관한 견해와는 달리 클라비우스(Christoph Clavius)의 수학관과 흡사하기 때문이다. 알레니가 적어도 이부분에 한해서는 리치의 『기하원본』의 해설을 거의 원형 그대로 인용하였기 때문이지만, 결과적으로 리치에 의해 전해진 클라비우스의 수학관이 거의 그대로 반복되었다고 할 수 있다.[7]

2) 보유론의 논리구조

이상의 논의를 중심으로 과학선교를 규정지어 보면 다음과 같다. 우선 매우 중요한 사실은, 일반적 통념과 달리 과학선교가 중국의 지식인들이 서양의 과학을 선호하거나 요구한 사실에 대해 예수회 선교사인 리치가 단순히 선교를 위한 방편으로써 '적응주의'적으로, 혹은 수동적으로 대응한 결과가 아니라는 점에 있다.[8] 앞의 논리를

6) 艾儒略, 『西學凡』, 9a, "若從陡祿日亞之學者, 則斷未有離斐錄而徑造焉者也".

7) 利瑪竇, 「譯幾何原本引」, 1b, "幾何家者, 專察物之分限者也. 其分者若截以爲數, 則顯物幾何衆也. 若完以爲度, 則指物幾何大也. 其數與度, 或脫于物體而空論之, 則數者立算法家, 度者立量法家也. 或二者在物體而偕其物議之, 則議數者, 如在音相濟爲和, 而立律呂樂家. 議度者, 如在動天迭運爲時, 而立天文歷[曆]家也."; 艾儒略, 『西學凡』, 6a-6b, "幾何之道, 則王乎審究形物之分限者也. ……獨專究物形之度與數. 度其完者以 爲幾何大, 數其截者以爲幾何衆. 然度數或脫物體而空論之, 則數者立算法家, 度者立量法家. 或二者在 物體而偕其物論之, 則數者在音聲相濟爲和, 立律呂家. 度者在動天轉運爲時, 立曆法家."

따르는 한 오히려 철학과 신학이 일체화된 토미즘의 학적 완결성을 추구한 결과로 해석하지 않을 수 없다.9)

과학선교에 있어서 과학이란 서양의 자유학예의 4과—산술, 기하학, 음악, 천문학—가 중심인 필로소피아의 학, 즉 격물궁리의 학에 다름 아니다.10) 그런데 여기서 우리는 특히 리치에 의해 전해진 클라비우스의 수학관에 주목해야 한다. 클라비우스의 수학은 잘 알려진 것처럼 아리스토텔레스적인 수학이 아니다.11) 따라서 리치의 보유론적 틀이 기독교의 자기완결성 속에서 이해한 신학과 필로소피아의 유기적 결합을 특징으로 하고, 필로소피아 중에서도 클라비우스적인 연역과학, 특히 기하학을 중심으로 한 수학과 천문학서가 과학선교의 중심이 되었다고 할 수 있다.

이 점은 당시의 3대 천주교 신자의 한 명인 徐光啓에 의해서도 어느 정도 인식되어 있었다. 서광계는 『幾何原本』의 서문에서 리치의 학문을 다음과 같이 설명하고 있다.

> 생각해 보건대 [리치] 선생의 학문은 크게 보아 세 종류이다. 큰 것이 修身事天[신학]의 학이고, 작은 것이 격물궁리의 학이다. 그런데 物理의 一端에 따로 象數[수학]가 있어 하나하나 모든 것이 정밀하고 실질적이며 요체가 아닌 것이 없다.12)

---

8) 일반적으로 리치의 과학선교를 수동적인 정책으로 이해하는 사람들은 서광계가 『기하원본』을 끝까지 다 번역하자고 한 것에 대해 리치가 6권에서 끝낸 사실에 근거하는 경우가 많은데 사실상 유럽에서도 前4권, 前6권까지만 교육하는 것이 일반적이었으므로 이것이 소극성의 근거가 되기는 어렵다.

9) 이러한 해석은 川原秀城, 「梅文鼎與東亞」, 『宗教哲學』(臺灣), 2008, 109~123쪽에서 많은 시사를 받았다.

10) 이 점은 적어도 청대 강희제의 시대에까지 계속 이어져 그 흔적을 엿볼 수 있다. 『律曆淵源』의 간행이 그것인데 기본적으로 율력연원=數理精蘊(기하학+산술)+曆象考成(천문역법)+律呂正義(음악)이라는 자유학예의 4과의 구성을 그대로 따르고 있다.

11) 이 점에서 어떤 이는 클라비우스를 아리스토텔레스에 대한 해독제(antidote)라고 보기도 한다.

12) 徐光啓, 「刻幾何原本序」, 4a, "顧惟先生之學, 略有三種. 大者脩身事天, 小者格物窮理. 物理之一端, 別爲象數. 一一皆精實典要."

또 「泰西水法序」에서 말하기를

> 내가 예전에 그 가르침[천주교]으로 반드시 補儒易佛할 수 있을 것이라고 하였는데 그 緖餘에 더욱이 격물궁리의 학문이 있다. (중략)격물궁리의 학문에는 또 곁가지로 일종의 象數의 학이 있는데 큰 것이 역법이고 律呂이다. 기타 형질을 갖고 있는 것이나 度數를 갖고 있는 학문 중에서 이에 의지하지 않는 것이 없다.[13]

이것은 알레니의 분류와 기본적으로 일치한다. 실제로도 리치가 전한(혹은 그 뒤에 다른 선교사가 전한) 수학이란 모두 클라비우스의 저작을 한역한 것이고 『天學初函』의 器編에 들어있는 과학서는 『泰西水法』을 제외하면 모두 수학과 천문학 저작이다. 이러한 연역적 수학 중시라는 성격에 대해 우르시스(Sabbatino de Ursis, 熊三拔)[14]는 리치가 죽은 해인 1610년에 마스카레나스(Anthony Mascarenas)에게 보낸 편지에서 리치가 자신에게 "우리들은 반드시 두 손으로 일해야 한다. 오른손으로는 신의 업무를, 왼손으로는 이 [수학] 일을"이라고 말한적이 있다고 하였다.[15] 물론 우르시스가 수학이라고 말한 것은 광의의 수리과학을 의미하며 천문학을 포함한다. 이점을 보더라도 당시 리치의 선교방침이 한축으로는 『천주실의』와 같은 신학저작의 번역과 또 다른 한 축으로 자유학예의 4과중심의 과학저작의 번역이라는 중층구조로 이루어져 있었다는 것은 매우 명백하다.

---

13) 徐光啓, 「태서수법서」, 1b-2a, "余嘗謂其教必可以補儒易佛, 而其緖餘更有一種格物窮理之學, …… 格物窮理之中, 又復旁出一種象數之學. 象數之學, 大者爲曆法, 爲律呂. 至其他有形有質之物, 有度有數之學, 無不賴以爲用."

14) 우르시스는 원래 일본선교를 지원하였으나 과학지식이 뛰어난 탓에 리치에게 발탁되어 1607년부터 북경에서 리치의 마지막까지 그와 함께한 선교사이다. 리치는 우르시스의 품에서 사망하였다고 전해지는데 우르시스 역시 코레지오 로마노 출신의 이탈리아인이다. 리스본과 북경의 월식기록을 이용해 최초로 북경의 경도를 측정한 것으로 유명하다.

15) Pasquale D'Elia, *Galileo in China*, Cambridge: Harvard Univ. Press, 1960, p. 21.

3) 보편학으로서의 서학

그런데 여기서 한 가지 생각해 볼 문제가 있다. 『기하원본』과 같이 본질적으로 중국의 학문과 성격이 다른 경우, 즉 학적 분류에서 서양의 학문과 중국의 학문이 중복되지 않는 경우는 보유론의 의미를 이해하기 쉽다. 그런데 『同文算指』의 경우는 그렇지 않다. 왜냐하면 『同文算指』는 원래 클라비우스의 『실용산술개론(Epitome Arithmeticae Practicae)』의 번역인데 그 수학 형식에서 본다면 유럽적 필산과 중국적 籌算/珠算이라는 계산의 형식적 차이는 존재하지만 그 내용이 사칙연산을 비롯한 일반 산술서의 범위를 넘지 못하며 게다가 중국의 전통 수학서인 『구장산술』 이래 중국의 실용수학의 학적 내용과 밀접할 뿐만 아니라 그 수준에 있어서도 중국의 전통 수학을 넘어서지 못하기 때문이다.

그럼에도 불구하고 『同文算指』는 클라비우스의 번역서 중 유일하게 완역되었을 뿐만 아니라 오히려 중국 전통수학서에서 다양한 예문을 끌어와 원서보다 훨씬 풍부한 체제로 간행되었다. 리치 자신은 서문을 남기지 않았기 때문에 그의 정확한 의도를 밝히기는 어렵지만, 적어도 서광계, 이지조를 포함한 信西派의 경우, 중국의 학문과 서양의 학문이 학적 내용에서 차이가 존재하지 않거나 미미할 경우조차 서법을 통해 중법을 재구성하려는 의도가 있었음을 분명하게 드러내었다.[16] 예를 들면 서광계는 중국전통수학 십부산경이 散佚된 것에 대해서도 『동문산지』가 있으니 "닳아 떨어진 짚신을 버리는 것과 같다"[17]고 평가함으로써 서학을 통해 중학을 이해하려는 경향을 드러내었는데 이런 의미에서 보자면 서광계에게 서학은 보편학문으로서 기능하였다고 할 수 있다.[18]

---

16) 『사고전서총목제요』는 이 점을 "是書欲以西法易九章"이라고 분명하게 지적하였다.

17) 徐光啓, 「刻同文算指序」, 4a, "雖失十經, 如棄敝履矣." 서광계가 『맹자』에 나오는 표현을 이용한 것이다.

4) 補儒論과 서양 필로소피아의 번역

보유론의 또 다른 특징은 리치를 중심으로 과학적 소양을 갖춘 예수회 선교사들이 유럽의 학술에 대해 장기적인 번역계획을 세웠다는 점이다. 물론 예수회 선교사인 리치의 관점에서 볼 때 신학의 이해에 필로소피아의 이해는 필수적인 것이었고 따라서 초기 선교의 전략은 필로소피아의 번역사업이 중심이 될 수밖에 없었다.

이 계획은 리치 사후에 벨기에인 예수회 선교사 트리고(Nicolas Trigault, 金尼閣)를 유럽에 보내게 됨으로써 (1614년에 유럽에 도착) 일단 결실을 맺는다. 트리고는 그후 1618년 리스본을 출발해 마카오에 1620년에 도착하는데 이 때 트리고가 가져온 서적이 정확하게 어느 정도의 규모인지는 정확한 통계가 존재하지 않는다. 다만 서광계의 표현에 따르자면 7,000권의 유럽서적이 이때 중국에 들어왔다고 한다.[19)]

이 방대한 번역계획은 그러나 실질적으로는 1630년대 이후로 거의 좌절되었는데, 명말청초의 권력 교체와 중요한 인물의 사망, 사대부 중심에서 황실 중심으로 선교 환경이 변화한 것 등이 주요한 원인으로 거론된다.[20)]

실제로 번역이 이루어진 내용에 대해서 우선 필로소피아 즉 격물궁리의 학과 그에 따른 한역서의 존재만을 일부 정리해 보면 다음과 같다.

---

18) 이 문제를 여기서 깊게 논의하지는 않겠으나 이러한 유럽중심주의적 해석은 보편성의 추구일 수도 있지만 적어도 리치의 보유론을 거의 전면적인 서구화=유럽화와 동일시할 수 있는 여지를 제공함도 부정하기는 어렵다.

19) Nicolas Standaert, "The Transmission of Renaissance culture in seventeenth-century China", *Renaissance Studies*, Vol. 17, No. 3, 2003, p. 379. 물론 이러한 7,000권설(심지어는 10,000권설도 있다)은 수사적 표현으로 봐야할 것이고 현재 남아있는 서학서중 트리고 장서로 판단되는 것은 757종 629권 정도로 추정된다.

20) Ibid., p. 389.

필로소피아	번역서
(1) 논리학	名理探
(2) 물리학	寰有詮, 空際格致
(3) 형이상학	象數論, 靈言蠡勺, 性學觕述
(4) 수학= 마테마티카	幾何原本, 同文算指, 圜容較義, 測量法義, 測量異同, 句股義, 渾蓋通憲圖說, 簡平儀設說 天問略, 表度說(이상 天學初函 所收), 乾坤體義, 幾何要法
(5) 에티카	修身西學, 齊家西學

(1644년 이전 간행물)

일단 마테마티카 부분이 압도적으로 많다는 점과 비교적 이른 시기에 번역되었다는 점—우선순위가 다른 분야에 비해 앞선다고 볼 수 있다—에 주의할 필요가 있는데 알레니의 『幾何要法』, 디아즈(Emmanuel Diaz, 陽瑪諾)의 『天問略』, 우르시스의 『表度說』을 제외하면 거의 대부분이 리치와 직간접으로 관련이 있는 서적들이고 『기하요법』을 제외한 모든 저작이 또한 클라비우스와 직접 관련된 서적들이다. 이점은 리치의 과학선교의 입장이 마테마티카 부분을 우선한 사실을 분명하게 알 수 있게 한다.

한편 서양의 격물궁리학이 아리스토텔레스를 중심으로 하는 이상,[21] 아리스토텔레스 저작의 번역도 여러 차례 시도되었다. 대표적으로는 『名理探』, 『寰有詮』, 『靈言蠡勺』 등이 있다. 그중 『靈言蠡勺』의 경우는 이탈리아인 예수회 선교사 삼비아소(Francesco Sambiaso, 畢方濟)가 아리스토텔레스의 『영혼에 대해서』를 간략히 소개한 책자로 1624년에 간행되었으며 비교적 잘 알려져 있다. 그러나 『名理探』, 『寰有詮』의 경우는 포르투갈인 예수회 선교사 프루타도(Francisco Furtado, 傅汎際)에 의해 각각 『논리학』의 코임브라대학 주석본(Commentarii Collegii Coimbricensis &

21) 실제로 리치 사후인 1611년에는 1610년의 갈릴레오 사건으로 인해 로마 예수회 총회장인 아쿠아비바가 전 예수회 회원에게 어떤 댓가를 지불하더라도 아리스토텔레스를 사수할 것을 요구하게 된다(James Lattis, *Between Copernicus and Galileo: Christoph Clavius and the Collapse of Ptolemic Cosmology*, Chicago: University of Chicago Press, 1994, p. 6). 따라서 1611년 이후로 상대적으로 예수회의 분위기가 경직된 점이 오히려 아리스토텔레스 번역이 증가한 주요한 요인일 수도 있다.

Societate Iesu: In universam Dialecticam Aristotelis Stagiritae)과 『天에 대해서』의 코임브라대학 주석본(Commentarii Collegii Coimbricensis Societatis Iesu in quatuor libros de coelo Aristotelis Stagiritae)을 저본으로 하여 1636, 1639년에 간행된 것으로 명말의 어수선한 분위기속에서 간행된 탓인지 거의 알려지지 않았다. 또한 이탈리아인 바뇨네(Alfonso Vagnone, 高一志)도 주요한 아리스토텔레스의 번역자로 거론되는데 『空際格致』에 일부 『天에 대해서』의 내용이 들어있고 또 그가 번역한 『修身西學』이 『니코마코스 윤리학』의 번역으로 알려져 있다.22) 그러나 『수신서학』의 경우는 그 존재가 거의 알려져 있지 않다.

그런데 논리학의 존재는 예외적이지만 우리는 여기서 대부분의 필로소피아의 학적 구성이 그 내용적 차이를 무시할 경우, 놀랄 정도로 송학, 즉 주자학과 유사한 점에 주목하지 않을 수 없다.23) 또한 리치 이하 예수회 선교사들이 서양의 필로소피아를 주로 '격물치지', '격물궁리' 등 송학적 개념어로 번역한 점도 특기할 만 하다. 이점은 예수회가 왜 송학의 입장에 대해 비판적이었는지를 검토하는 데 있어 시사하는 점이 많다. 어떤 의미에서는 예수회 선교사들이 서양의 필로소피아=격물궁리학으로 무엇을 대체하려고 했는지가 분명해진다고도 보인다. 알레니는 이러한 자신들의 목적을 매우 분명하게 밝혔는데,

> 旅人이 구만리 먼 곳[유럽]에서 온 것은 앞에서 말한 諸論[필로소피아와 신학]을 同志들과 중국어로 번역하고자 하기 때문이며, 만일 10수년의 세월을 빌어 노력한다면 마땅이 순서대로 譯出할 수 있을 것이다. (중략)空疎하지 않은 견해[서학]을 배우고 새로 시작하면…24)

---

22) Standaert, *op. cit.*, p. 385.

23) 이 점에서 주자학과 토미즘의 형식적 유사성은 좀 더 검토될 필요가 있다.

24) 艾儒略, 『西學凡』, 17a, "旅人九萬里遠來, 願將以前諸論與同志繙以華言, 試假十數年之功, 當可次第譯出, ……習之始之, 以不空疎之見……."

라고 하여 은유적으로 유교적 (결국은 송학의) 격물궁리학의 '空疎함'을 비판하였다. 결국 보유론이란 한편에서 유교적 修己治人의 학문을 수기와 치인으로 분리하고, 수기, 즉 內聖을 천주교의 '修身事天'의 신앙으로 대체한 후, 치인, 즉 外王의 영역을 외재화된 정치윤리로서 古學과 결합시키는 방식으로 해석되지 않으면 안된다. 이런 의미에서 송학은 주자학적 보편성이란 측면에서 보유론의 최대의 적이었다고 해야 할 것이다.

3. 서양과학 수용의 주자학적 패러다임

1) 時憲曆의 반포와 西學

淸의 入關 이듬해인 順治2년부터 반력된 時憲曆이 서양의 수리천문학적 지식에 근거해 造曆된 사실은 西學=曆算學이 청의 관학으로 수용되었다는 사실을 상징하였다. 중국역법사상 전통 역법과 병행하여 외래 천문학의 계산법 등을 참조한 예는, 唐代에 전해진 인도 천문학 기원의 '九執曆'과 원대에 전해진 이슬람 천문학서인 '回回曆'의 경우를 들 수 있다.[25] 그러나 시헌력의 경우처럼 전적으로 서양 기원의 천문학 지식에 의거하고, 게다가 거의 대부분 유럽인 예수회 선교사에 의해 編曆된 역법은 그 예를 찾을 수 없다.

청이 입관후 곧바로 명의 대통력을 폐하고 개력을 행한 것은 물론 대통력이 오랫동안 行用되어 曆面과 적지않은 차이를 두고 있었다는 점에서 명의 成化년간 이래로 이미 자주 개력의 논의가 있어왔다는 사실과도 관련하지만, 그것보다는 오히려 易姓革命의 경우

25) 주목해야 할 점은 중국사에서 외래 천문학의 도입이 가능했던 제국이 淸을 포함해서 모두 異民族에 의해 건립되었다는 사실이다. 몽고의 元 제국은 말할 것도 없고 唐도 사실상 鮮卑族이 세운 제국이었다.

반드시 새 정권의 탄생을 알리는 '改正朔'의 행위를 중요한 정치의식으로 삼았던 '受命改制'의 이데올로기에 근거한 측면이 컸다.

시헌력은 물론 명말 서광계의 노력으로 성립한 西洋曆局(1629년 개국)에서 테렌츠(Johann Terenz, 鄧玉函), 로(Giacomo Rho, 羅雅谷), 아담 샬(Adam Schall, 湯若望) 등 예수회 선교사에 의해 완성된 서양천문학의 백과전서 『崇禎曆書』(전 135권)에 전적으로 근거한 역법이다. 『崇禎曆書』가 완성된 후에도 곧바로 頒曆되지 못한 이유는, 서광계 사망 이후 강력한 후원자를 상실한 서국이 서법에 의한 개력에 반대하는 魏文魁의 주도로 성립한 東局과의 경쟁에서 우왕좌왕하였고, 그런 와중에 정치적 혼란속에서 명이 멸망한 탓이었다. 아무튼 시헌력 반포는 청 제국 초기의 만주족이 한인과는 달리 배타적 화이론에 크게 물들지 않았었다는 점이 크게 작용하였을 것이다.[26)]

그런데 서법에 의한 개력은 구체적으로 무엇을 의미하며 또 어떠한 방식으로 진행되었을까?[27)] 우선 대통력이 상징하는 천체력으로서의 중국 전통 역법의 태음태양력 구조를 그대로 보전하면서, 그 형식과 틀에 부합하는 부분에 한정해서 서양의 천문역산학적 지식을 수용하는 것을 의미하였다. 구체적으로 보자면 이 말은 서법에 의한 개력이라고 해도 천체력의 성격을 갖는 중국천문역법 체계에서 최대의 관심사인 일월오성의 운행을 중심으로 한 천문학적 예측 精度의 향상에 주목적이 있었고, 또 이 문제를 지상과제로 삼는 한 서법이 갖는 기하학적 구성에 의한 구조론적 성격, 예를 들면 실재론적 영역에서의 천동설과 지동설의 대립과 같은 문제는 전적으로 도외시될 수밖에 없다. 따라서 오직 관측천문학적 예측 精度와 관련

---

26) 예를 들면『康熙帝傳』을 쓴 부베는 "강희제의 천성은 중국인의 천성, 풍습과 천리의 차가 있는 것은 의심할 여지가 없다. 한인은 예부터 지금까지 모든 외국인을 무시한다"라고 적고 있다. J. Bouvet, *Histoire de L'Empereur de la Chine*, La Haye, 1699, p. 30; 後藤末雄 譯, 『康熙帝傳』, 東京: 平凡社, 1970, 28쪽.

27) 이에 대한 보다 자세한 논의는 안대옥, 「청대 전기 서학 수용의 형식과 외연」, 『중국사연구』 제65집, 2010, 143~179쪽을 참조.

된 사항만이 수용자의 필터를 통과할 수 있었다는 것을 의미한다는 것이다. 이런 의미에서 본다면 예수회 선교사들이 티코 브라헤의 절충설을 도입한 것은 결과적으로 당시 서양 천문학의 현실 속에서 오히려 최적의 시스템을 도입한 것이라고 하지 않을 수 없다.[28)]

서법에 의한 개력에 관해 이러한 방침을 결정한 것은 바로 서광계였다. 그는 이러한 원칙을 다음과 같이 선언하였다.

> [서양을] 超勝하려면 반드시 會通해야하고, (중략) 그들[서양인]의 材質을 녹여서 大統의 型模에 넣어야 한다.[29)]

하나는, 서법이 중법보다 우월하다는 사실을 긍정하여 서법을 수용해야 한다는 중서회통의 논리를 보다 修辭的으로 표현한 것이며,[30)] 둘째는, 서양의 역법 체계를 중법의 틀에 맞추어 변용하여 수용해야 한다는 점이다.

이러한 원칙은 청대에 시헌력이 반포되면서 곧바로 청대 서학 수용의 패러다임으로 정착되었다. 강희제의 시기에는 梅文鼎에 의해

---

28) 일반적으로 예수회의 과학선교가 신학적 입장에서 보다 선진적인 코페르니쿠스의 혹은 케플러, 뉴턴의 지동설을 소개하지 않고, 낡고 시대에 뒤쳐진 천동설, 혹은 티코 브라헤의 절충설을 도입하여, 결과적으로 중국에 서양 근대과학이 전해지는 것을 방해하였다는 설이 있다. 예를 들면 Nathan Sivin의 경우도 그의 "Copernicus in China"(*Science in Ancient China*, Variorum, 1995 所收)에서 예수회에 의한 정보 독점을 비판하고 있다. 그러나 위의 관점에서 보자면 매우 비역사적인 해석이라고 하지 않을 수 없다. 이러한 속설에 대한 반박으로는 Roger Blondeau, "Did the Jesuits and Ferdinand Verbiest Import Outdated Science into China?", *Ferdinand Verbiest(1623~1688) Jesuit Missionary, Scientist, Engineer and Diplomat*, Nettetal: Steyler Verlag, 1994, pp. 47~54를 참조.

29) 徐光啓, 『治曆疏稿二』「曆書總目表」(1631), 『徐光啓集』, 臺北: 明文書店, 1986, 374~375쪽, "以爲欲求超勝, 必須會通. …… 鎔彼方之材質, 入大統之型模."

30) 중국의 전통적인 역법 체계는 기하학적 모델을 설정하지 않는다. 따라서 전적으로 천체의 운동의 주기성에 기초하여 이를 대수적으로 계측하는 방식, 즉 블랙박스 모델을 그 특징으로 한다. 그런데 이 경우, 일정한 精度에 도달하면 보정치의 수리적 연산에 필요한 변수가 기하급수적으로 늘게 되고 사실상 이론적으로 정체되기 마련이다. 授時曆 혹은 대통력이 맞닥뜨린 문제도 사실 이러한 문제였고, 어떤 의미에서는 서법에 의한 개력이야말로 중국 전통역법 패러다임의 한계를 상징한다고 할 수도 있다.

"서양의 巧算을 녹여서 大統의 型模에 넣는다"31)라고 재천명되었으며, 또한 "歐羅巴의 巧力을 다해서 蒲坂의 芳型에 잇는다"32)라고도 표현되었다. 한편 『曆象考成後編』에 이르면 한층 더 나아가 "西法의 算數를 녹여서 中法의 型模에 넣는다"33)라는 보편적인 원칙으로 전개된다.

이 원칙이 갖는 중요성은 여기에 그치지 않는다. 일본의 경우에도 막말 최대의 천문학자로 불리는 천문방 澁川景佑(1787~1856)가 일본의 서학 수용의 원칙으로 "서법의 數理를 바로 녹여 皇朝의 型模에 넣는다"34)라는 유사 논리를 주창하였다. 幕府의 八代將軍 德川吉宗의 禁書緩和令(1720)으로 중국의 한역 서학서가 나가사키를 통해 재수입되었고, 금서완화령 이후에 수입된 초기 서학서중에 두드러진 것이 梅文鼎의 『曆算全書』와 이에 대한 和算家 建部賢弘(1664~1739)의 和譯임을 감안하면 澁川景佑의 위의 선언도 필경 梅文鼎에 의한 영향으로 생각하는 것이 자연스러울 것이다.35)

한편 조선의 경우에도 뒤늦게 19세기 茶山학단의 주요 인물인 李晴의 『井觀編』 서문에서 "서양의 算을 녹여 中土의 型에 넣는다"36)라고 중국의 서학 수용 패러다임을 소개한 구절이 보인다. 따라서 서광계에 의해 천명된 이러한 원칙이 적어도 17~19세기의 동아시아 전역에서 서학 수용의 보편적인 패러다임으로 작동하였다고 보아도 무리는 아닐 것이다.

---

31) 梅文鼎, 『曆學疑問補二』 「再論恒氣定氣」, "鎔西洋之巧算, 入大統之型模."

32) 梅文鼎, 『雜著』 「擬璿璣玉衡賦」, "竭歐羅[巴]之巧力, 紹蒲坂之芳型."

33) 『曆象考成後編』, "鎔西法之算數, 入中法之型模."

34) 新法曆書續編 초고, 「校合中雜錄」 卷5, "此編直鎔西法之數理, 容諸皇朝之型模."

35) 禁書緩和令 이후 梅文鼎의 『曆算全書』의 수입에 관해서는 大庭脩, 『德川吉宗と康熙帝』, 東京: 大修館書店, 1999, 182~185쪽을 참조.

36) 李晴, 『井觀編』, 序文, "鎔西洋之算, 入中土之型."

2) 改曆과 西學 그리고 朱子學

앞에서 보았듯이 원래 서광계가 리치를 통해 구현하려고 했던 '補儒論'的 구도는 물론 이보다 훨씬 폭넓은 서학 수용 프로젝트였다. 그것은 르네상스적 인문학과 자연과학을 아우른 유럽 중세의 논리학, 물리학, 형이상학, 수학, 윤리학을 필로소피아의 학적 범주로 수용하여 宋學을 대체하려고 했던 사상운동이었으며, 따라서 기본적으로 개인의 良識에 의거한 종교적 신앙의 획득이 최종적인 목표였다고 할 수 있다.

반면 서법에 의한 개력은 달랐다. 서학이라고 해도 일단 개력이라는 공적 영역에 흡수되면 관학의 성격을 띠게 된다. 따라서 서학 수용의 패러다임이 서광계의 원래의 의도와는 다르게 진전된 배경에는 관학의 성격상 부득이한 측면을 배제할 수 없다.

주자학에서 보자면 천문역산학은 帝王授時學, 算學은 小學으로 禮學의 범주에 속한다. 따라서 서학=천문역산학에 의거한 시헌력의 반포는 적어도 천문역산학을 경학 분내의 일로 자임하던 상수학자들에게 양자택일을 강요하였다고 할 수 있다. 하나는, 화이론적 사유로서 전적으로 중법에만 의거하여 서법 전체를 폐기하는 것이고,[37] 또 다른 하나는 서학=역산학과 주자학적, 경학적 언설을 공존시킬 수 있는 '합리적' 방법을 강구하는 것이었다.

청대 서학사에서 梅文鼎이 중요한 이유가 바로 여기에 있다. 梅文鼎은 서학=역산학을 수용하면서도 동시에 서교=천주교를 배척함으로써 실질적으로 앞에서 언급한 서광계의 서학 수용 패러다임을 실천한 인물이다. 梅文鼎의 의도는 결국 주자학적 체계에 위배되는 종교, 즉 西教를 배제하고, 주자학의 약점인 역산학을 서학=역산학으로 보완하는 방법을 선택한 것이었다.

---

37) 李晴은『井觀編』서문에서 이러한 선택을 "盡廢西術, 專用中法"이라고 묘사하였는데, 구체적 예를 들자면 楊光先 曆獄이 대표적이다.

그러나 이러한 매문정의 轉回는 몇가지 점에서 명말의 서학 수용과 달리 새로운 사상 경향을 형성하였다. 매문정의 서학 수용의 목적은 서광계와 같이 中西會通을 통해 서양을 초월하는 것이었다. 이 점에서는 양자는 근본적인 차이를 갖지 않는다. 매문정은 "數 밖에 理가 없고, 理 밖에 數가 없다"[38]고 주장하여 격물치지의 근본이 수에 있다는 주장을 하였는데 이점에서도 명말 격물궁리학이 갖는 "由數達理"의 성격을 계승하고 있다. 그런데 서광계가 中西의 차이를 '法(기술적 능력)'에 두지 않고 '義(사상성)'에 둔 것에 반해 매문정은 결정적으로 중서의 차이를 '법'의 異同으로 전환함으로써 양자의 차이를 단순히 방법(능력)의 精粗巧拙로 환원시켰다. 이러한 이해는 양자의 학문의 본질적인 차이를 해소시킴으로써 중서의 대립을 단순히 고금의 대립으로 전환하는 의미를 가진다. 물론 이러한 轉回의 배경에는 매문정이 주자학적 理의 보편성(즉 보편학으로서의 주자학)을 통하여 서학을 이해하였다는 사실이 존재한다.[39]

梅文鼎의 轉回는 한편 후대의 경학자들로 하여금 서학에 대한 심리적 거부감을 낮추는 데는 크게 공헌하였다. 하지만 다른 한편 매문정 이후로 서학이 갖고 있던 사상성이 퇴행되어 서학이 주자학적 器數의 末端이라는 인식이 팽배해진 점을 거론하지 않을 수 없다. 『四庫全書總目提要』는 이러한 시점의 변화를 극명하게 보여준다.

> [서양의] 문과(修辭學)는 중국의 小學과 같고, 이과(필로소피아)는 중국의 대학과 같다. (중략) 도과(신학)은 저들의 학문속의 이른바 盡性至命의 극이라고 할 수 있다. 그들이 힘들이는 바도 역시 格物窮理를 근본으로 삼고 明

38) 梅文鼎, 『雜著』, 「學曆說」, 5a, "曆也者數也, 數外無理, 理外無數".

39) 梅文鼎의 理의 보편성에 대해서는 다음 두 문장이 참고가 될 수 있다. 梅文鼎, 『塹堵測量』 卷二, "且夫數者所以合理也, 曆者所以順天也. 法有可采, 何論東西. 理所當明, 何分新舊. 在善學者, 知其所以異, 又知其所以同. ……務集眾長以觀其會通, 勿拘名相而取其精華", 또는 梅文鼎, 『勿庵歷算書目』, 「中西算學通序例一卷」條, "自利氏以西算鳴, 於是有中西兩家之法. 派別枝分, 各有本末, 而理實同歸. ……夫理求其是, 事求實用而已, 中西何擇焉".

體達用을 功으로 삼는다. 유학과 次序가 유사하지만 단지 그 격물의 대상이 모두 器數의 말단이다.40)

역산학은 사실상 주자학에서 비교적 취약한 분야였다. 앞에서 언급했듯이 朱熹는 비록 역산학을 예학의 틀 속에서 흡수하려고 노력하였지만, 만년에 편찬한 『儀禮經典通解』만을 보더라도 역법도 그렇지만 산학의 경우는 書數篇이 아예 空白41)으로, 역산학 분야의 성과가 빈약하고 또 통일적 규범을 갖지 못한 것도 사실이다. 따라서 청대 고증학자들은 원래 相補的이고 또 경학적으로도 긴밀히 연결되어 있던 유학(漢學)과 역산학의 연결 고리가 송명대의 주자학(宋學)자들에 의해 끊어졌다고까지 생각하였다.42) 산학의 경우는, 예를 들면 중국의 대표적인 산학서 『九章算術』에 대한 『四庫全書總目提要』의 평가를 보더라도 극명히 드러나는데, "[구장의 術은] 당대에 밝혀지고, 송대에 어두워져, 명대에 없어졌다"43)고 단언할 정도였다. 물론 이러한 청대고증학자들의 평가는 지나친 점이 없지 않지만, 그렇다고 비난에만 그치지 않는 것도 사실이다. 실제로 명대는 송원 수학의 대표적인 성과인 '增乘開方法', '大衍術', '天元術' 등이 거의 失傳되었을 정도로 수학의 실용화 경향이 강하였다.44) 결국,

40) 『四庫全書總目提要』, 「西學凡條」, "文科如中國之小學, 理科則如中國之大學, ……道科則在彼法中所謂盡性至命之極也. 其致力亦以格物窮理爲本, 以明體達用爲功. 與儒學次序略似, 特所格之物皆器數之末."

41) 『儀禮經典通解』 卷15, 學藝9, 書數篇, "此一篇闕."

42) J. Henderson, *The Development and Decline of Chinese Cosmology*, N.Y.: Columbia University Press, 1984, p. 153; 문중양 역, 『중국의 우주론과 청대의 과학혁명』, 소명출판, 2004, 179쪽. 나아가 黃宗羲 같은 인물은 송대 주자학자들이 전문적인 역산학을 전혀 이해하지 못했다고 비판했다.

43) 『四庫全書總目提要』, 「天文曆算類二」, 九章算術條, "蓋顯於唐, 晦於宋, 亡於明."

44) 李光地의 『榕村續語錄』 권17에는 강희제가 한인들이 산학에 어둡다고 張英(康熙 6년 進士)이란 한인 고관에게 간단한 산수문제를 내어 놀리는 내용이 나온다. '사방 천리의 王畿에 사방 100리의 제후국이 몇인가'라는 물음에 張英이 평방의 개념을 이해하지 못해 '10개'라고 대답하여 황제의 웃음을 산 이야기이다. 강희제는 그에게 산학서를 보여주고 3일 후에 다시 물었는데 그는 여전히 10개라고 답했다고 한다. 『榕村語錄 榕村續語錄』,

비록 器數의 말단일지언정 청대의 경학자가 서학=역산학에 대한 硏鑽을 통해 천문역산학을 경학자의 탐구의 대상, 즉 경학자 분내의 일로 삼게 된 것, 나아가 역산학이 유림의 실학으로 인정한 것은 역시 梅文鼎 이후[45]의 일이라고 해야 할 것이다.[46]

또한 '西學中源說'의 유행을 거론하지 않을 수 없다. 서학중원설이란 西學=역산학이 원래 中國에 起源한다는 이론으로 사실상 명말에 이미 그 단초적인 형태가 출현하였다. 그러나 본격적인 유행은 강희제가 『御製三角形推論算法論』에서 서학중원설을 공식화시킨 이후의 일이다.[47] 서학중원설은 서학 수용의 방편으로 기능함과 동시에 화이론적 중화사상으로 경도될 수 있는 가능성 양자를 동시에 내포하고 있었다. 한편으로 戴震 이후로 청조 고증학이 경학적 상고주의에 경도되어 역산학의 연구도 과학적 연구의 대상이라기보다 철저하게 고증학적 연구대상화되어 가면서도 동시에 삼각법 연구 혹은 삼각함수의 무한소 분석과 같은 서학의 선진적인 요소를 끊임없이 흡수할 수 있었던 사상적 배경도 여기에 있었다.

北京: 中華書局, 1995, 818쪽.

45) 阮元, 『疇人傳』 卷38, "自徵君以來, 通數學者, 後先輩出, 師師相傳, 要皆本于梅氏."

46) 서광계 시기의 西學은 '補儒論'의 구도 속에서 방대한 양의 서학서, 일명 트리고 藏書를 번역할 계획을 갖고 있었다. 그러나 명청교체 이후, 서학의 함의는 필로소피아에서 역산학으로 축소되었고, 이렇듯 축소된 서학의 외연은 결과적으로 서학=역산학의 수용을 '器數의 말단'에 한정함으로써 후대의 체용론적 中西 인식—예를 들면 중체서용론, 동도서기론, 나아가 동양=정신문명, 서양=물질문명—의 端初로 기능하게 된 점도 이 시기 중요한 특징의 하나이다.

47) 渡邊純成, 「清代の西洋科學受容」, 『清朝と何か』, 東京: 藤原書店, 2009, 279쪽. 만주족인 강희제가 西學中源說을 주창한 이유로는 여러 가지 해석이 존재한다. 다만 내륙아시아의 大汗인 강희제가 화이론에 입각해서 서학중원설을 주장하였다고 보기에는 어딘가 석연치 않다.

4. 중체서용론의 등장과 유학과 과학의 분리[48)]

1) 西學의 再受容

강희제 말년의 전례논쟁을 거쳐 禁敎令의 반포로 서학 수용은 사실상 유명무실하게 萎縮되어 嘉慶년간 이후 실질적인 공백기를 갖는다. 乾嘉년간 이후로 중국이 재차 서학을 수용한 것은 아편전쟁의 패배 이후이다. 비록 금교령 이후에 서학과의 실질적인 단절이 있었다고는 해도 시헌력이 서법에 기초하여 반포된 이상 淸廷으로서도 欽天監을 중심으로 최소한의 문호는 열어두지 않을 수 없었다.[49)] 따라서 아편전쟁 이후로 상황이 급변하자 곧바로 재개된 것이 바로 역산학에 있어서의 서학의 재수용이었다. 비록 형식적인 측면에서 보자면 유사하였지만 적어도 서양의 '船堅砲利'의 위협아래서 救亡圖存의 위기의식 속에서 진행된[50)] 점은 이러한 재빠른 변화를 가능케한 주요한 요인이었다고 할 수 있다.[51)] 이 시기의 대표적인 성과로는 1856년에 李善蘭과 영국인 선교사 알렉산더 와일리(Alexander Wylie, 偉烈亞力)의 번역으로 완역된 유클리드의『幾何原本』과 1859년 역시 같은 이들에 의해 번역된『代數學』[52)]과『代微積拾級』[53)]을 들 수 있다.

---

48) 이 절의 논의는 기본적으로 안대옥,「格物窮理에서 '科學'으로」,『유교문화연구』 제19집, 2011, 5~42쪽에 의거하였다.

49) 명말 西局의 성립(1629)부터 기산한다면 마지막 유럽인 欽天監 監正인 L. Serra(漢名, 高受謙)가 1837년 병으로 귀국할 때까지 順治년간 양광선 역옥 기간을 제외하고 줄곧 유럽인 선교사가 欽天監의 실권을 쥐고 있었다.

50) 郭廷以,「近代科學與民主思想的輸入: 晚淸譯書與西學」,『近代中國的變局』, 台北: 聯經出版, 1987, 52쪽.

51) 적어도 이시기까지 조선이 처한 환경은 크게 달랐다. 최소한의 문호도 열어두지 않았고 실질적으로 큰 위기의식을 갖지 않았던 1860년대까지의 조선의 경우는 서학보다 東學이 우월하다는 인식이 일반적인 심리상태였다.

52) 원저는 De Morgan, *Elements of Algebra*, 1835.

53) 원저는 E. Loomis, *Analytical Geometry and Calculus*, 1850.

同治, 光緒년간의 서학 수용은 몇가지 경로를 통해 전개되었다. 첫째는 同文館과 같이 정부가 번역기구를 설립하거나, 둘째, 天津水師學堂, 江南製造局과 같은 군사학교 또는 병공장 부설 기관의 개설, 셋째, 幼童 유학생의 파견, 넷째, 墨海書院이나 格致書院 같은 선교사가 창설한 교육기구 혹은 번역관의 운용 등등이 그것이다. 그러나 여전히 대부분의 경우 한역 서학서의 간행을 통한 간접적인 접촉이 주류였다. 번역은 서양인의 口授, 중국인의 筆受라는 명말 마테오 리치 이래의 전통적인 방식으로 진행되었는데 후기로 가면서 嚴復과 같은 인물이 등장하여 중국인에 의한 직접적인 번역이 시도되었다.

양무운동 시기 서학서의 번역은 京師同文館과 上海 江南製造局 飜譯館이 가장 중요한 역할을 담당하였다. 동문관은 1862년(同治元年)에 설립되었는데 당초는 時務에 필요한 英法俄德文(영어, 불어, 러시아어, 독일어) 通士의 양성이 주목적이었지만 同治5년에는 "機器, 火器를 제조함에 반드시 천문산학을 講求해야"[54]한다는 취지로 天文算學館을 添設하였다. 이로써 원래 외국어와 漢文교육에 불과했던 課程에 算學, 天文學, 化學, 物理, 醫學, 生理學을 포함한 자연과학 교육이 추가되었다.[55]

同文館의 서학서 번역사업은 그러나 비록 天文, 算學, 化學, 生理 등 자연과학 방면의 漢譯書를 포함하지만 본래의 宗旨가 그러하듯 여전히 外交 政法 관련서가 주류였다. 게다가 자체 印書廠에서 간행한 譯書는 전적으로 관련 衙門에만 송부하였을 뿐 외부에 판매하지 않았던 탓에 서양과학서에 한정해서 보자면 江南製造局 飜譯館의 성과에는 크게 미치지 못했다.[56]

---

54) 楊家駱 主編, 『洋務運動文獻彙編』 二, 「同治五年十二月二十三日總理各國事務奕訢等摺」, 台北: 世界書局, 1963, 23~27쪽.

55) 杜石然 等, 『洋務運動與中國近代科技』, 瀋陽: 遼寧教育出版社, 1991, 361쪽.

56) 郭廷以, 「近代科學與民主思想的輸入: 晚清譯書與西學」, 『近代中國的變局』, 58쪽.

江南製造局은 1865년(同治4)에 성립된 중국 최초의 兵工廠이다. 江南製造局의 '創辦人'인 曾國藩은 제조국의 책임자인 화학자 徐壽로 하여금 "별도로 學堂을 세워 飜譯을 배우게 하"[57]였는데, "飜譯 업무는 제조의 근본과 관련되고 서양인의 機器 제작은 算學으로부터 나오는데, (중략) 彼此간에 文義의 맥락이 통하지 않아서 비록 날마다 그 器機를 익혀도 그 사용과 제작의 所以然을 알 수 없기 때문이"[58]라는 것이 설립의 이유였다. 결국 1867년에 飜譯館이 설립되고, 1869년에는 원래 馮桂芬의 건의로 李鴻章이 상해에 세운 번역 기구인 廣方言館을 병합[59]한 결과 洋務運動 全期에 걸쳐 서학 수용의 명실상부한 중심 기구로서 기능하였다.

江南製造局 飜譯館이 번역한 서학서는 대략 160종 이상으로 추정된다.[60] 그중 算學, 聲學, 光學, 化學, 電學, 工藝, 兵學, 天文, 醫學, 地學, 礦學, 農學 등등 당시의 서양과학중 대부분의 분야를 網羅하고 있지만 단 江南製造局이 원래 兵工廠인 관계로 兵學, 工藝, 兵制 방면의 역서가 다수를 점한다(대략 50종 이상). 한편 학문의 수준으로 본다면 江南製造局 飜譯館의 역서중에서는 화학에 관한 분야가 가장 충실하고 또 당시 유럽의 수준에 가장 근접했다고 할 수 있다.[61] 江南製造局이 화학을 중시한 이유는 한편에서는 화학과 병공업의 관계가 가장 밀접한 사실과 관련되며, 다른 한편에서는 당시 江南製

---

57) 같은 곳.

58) "另立學堂, 以習翻譯, 蓋翻譯一事, 係製造之本. 洋人製器, 出於算學, 其中奥妙皆有圖說可尋, 特以彼此文義扞格不通. 故雖日習其器, 就不明夫用器與製器之所以然"(魏允恭 編, 『江南製造局記』 卷二, 建置表, 三十一葉, 台北: 文海出版社, 影印本, 207쪽).

59) 연구자에 따라서는 廣方言館의 병합년도에 出入이 있지만 여기서는 『江南製造局記』에 따랐다. 『江南製造局記』 卷二, 建置表, 十四葉, 173쪽.

60) 江南製造局이 간행한 서학서 역서의 정확한 통계는 현재 연구자간의 정설이 없다. 현재 178種說, 186種說, 160種說, 195種說, 199種說 등이 알려져 있다. 이에 관해서는 熊月之, 『西學東漸與晚淸社會』, 上海: 上海人民出版社, 1994, 499쪽, 注1을 참조.

61) 예를 들면 영국인 선교사 프라이어(John Fryer) 口譯, 徐壽 筆述의 『化學鑑原』은 중국에서 원자론을 소개한 최초의 서적으로, 당시 알려진 64종의 화학원소를 기존의 한자로 대체되지 않는 원소를 일일이 한자로 新造한 것으로 유명하다.

造局을 총괄하던 徐壽, 徐建寅 父子가 모두 당시 중국을 대표하는 화학자였기 때문이기도 하다.[62)]

2) 格致學의 독립과 유학과 과학의 분리

洋務運動期의 이른바 '格致(學)', 혹은 '格物(學)'은 대체로 西學, 그 중에서도 서양의 과학기술을 의미하는 용어로 사용되었다. 이는 乾隆帝 시기까지 수용된 서학이 근대이행기 이전의 서양과학, 즉 자유학예 중의 4과 에 한정되었을 뿐만 아니라 일부 실용기술에 관련된 내용이라고 해봐야 거의 대부분 농업기술을 중심으로 한 근대 이전의 기술이었고, 또 미미하지만 약간의 의학, 해부학 지식이 전해진 것에 불과하였기 때문에 중국 전통의 학술 분류에 따라 각각 천문역산학, 律呂, 醫家(醫經, 經方), 農家로 범주화될 수 있었던 것과 사정을 달리한다.[63)]

그러나 양무운동기에 수용된 서학은 이미 과학혁명 이후의 근대과학기술이었다. 물론 아편전쟁의 굴욕적인 패배로 말미암아 '師夷之長技以制夷'를 구호로 서학의 재수용을 개시한 초기의 전개 과정에서 보자면 李善蘭, 華衡芳과 같은 전통적인 역산학자가 중심이 되어 주로 역산학 관련 내용의 수용—『幾何原本』을 우선적으로 재번역한 사실이 상징하듯—을 할 수밖에 없었던 상황에서 불가피한 현상이었다고 할 수 있다. 반면 양무운동기에 들어선 이후의 본격적인 수용기에 접한 서학은 聲學, 光學, 化學, 電學, 重學 등 기존의 주자학적 禮(曆法은 帝王授時學, 算學은 六藝중의 하나로서 소학)의 범주로는

---

62) 徐建寅은 근대적 화학 실험 중 조작 실패의 여파로 사망한 최초의 중국인 희생자이다.

63) 물론 이는 결과론적인 해석으로 정확하게 설명하자면 徐光啓에 의해 천명되어 梅文鼎을 통해 乾嘉학파에까지 이어진 "西法의 算數를 녹여 中法의 型模에 넣는다"(『曆象考成後編』)라는 수용의 패러다임에 전적으로 의존한 방식이었으므로 이 전통적 틀에 맞는 내용—여기서는 천문역산학과 律呂, 의가, 농가—만이 수용자의 필터를 통과할 수 있었다고 해야 할 것이다.

도저히 분류할 수 없는 분야가 대부분이었다.

格物致知 혹은 格物窮理가 갖는 범주적 유용성은 주자학적 修己治人의 의미와 단절시켜 단지 物을 氣의 運化로 이해함으로써 기철학적 '卽物以窮理'의 논리로 格物의 의미를 이해하여 "리가 기 속에 있고 리가 수에 있다"고 파악할 수 있게 해주는 점에서 논리적으로 서양의 자연과학을 개념적으로 통섭할 수 있는 가능성이 열려 있다는 사실에 있다.[64] 실제로 양무운동기를 주도한 中體西用論者들은 이러한 방식으로 격물치지를 이해함으로써 形而下的인 末端의 의미로 격치, 혹은 격물이라는 용어로 서학=서양과학을 규정하였다고 할 수 있다. 따라서 격치와 격물이 때로는 광의로 서양의 과학기술 전반을 의미하기도 하고 또 때로는 협의로 물리학만을 의미하기도 하고 또 절충적으로 聲光化電(물리화학)을 의미하기도 하지만[65] 그러한 외연의 차이와 무관하게 中體西用的이라는 측면에서 내적 논리적 동질성을 갖는다.

체용론은 중국철학사상 특히 송명리학의 중요한 개념 혹은 범주이다. 體用이란 세계를 실체와 효용, 본질과 현상의 통일로 해석하는 개념으로,[66] 혹은 '道器', '本末', '主輔'와 같은 의미로 사용되기도 하였다.[67] 梅文鼎의 경우는 적어도 體用可分의 입장에 가까왔다고 할 수 있다. 체용의 분리[68]를 통해 서학을 '用'으로서 수용하는

---

64) 張永堂, 『明末淸初理學與科學關係再論』, 254쪽.

65) 樊洪業, 「從「格致」到「科學」」, 『自然辯證法通訊』, 1988, 第3期, 44~45쪽.

66) 蒙培元, 『理學范疇系統』, 北京: 人民出版社, 1989, 148쪽.

67) 薛化元, 『晩淸「中體西用」思想論』, 台北: 稻鄕出版社, 1991, 11쪽.

68) 體用의 최초의 함의는 형체 혹은 체질과 그 작용의 관계를 의미하였지만 본체론적인 범주로 사용되면서 잠재적인 실체, 존재와 효능, 작용의 관계로 이해되었다. '체'를 보편적 실체적 존재, 스스로가 원인인 그 무엇으로 인식하고, 잠재적인 것의 현실화, 보편적인 것의 구현화, 절대적인 것의 상대화를 '용'의 문제로 삼는 점은 바로 성리학자들이 체용론을 사용하는 기본 출발점이라고 할 수 있다.

물론 체용론에 본질주의적 용법이 정해져 있다고 할 수는 없다. 왜냐하면 기본적으로 성리학자(혹은 도학자)가 체용론을 이용할 때 비판의 과녁이 되었던 것은 불교이고, 그것도 출세간적인 불교가 아니라 '入世'的인 禪宗, 즉 禪宗화된 유자, 혹은 유자화된 선승

방식은 사실상 이시기에 그 단초를 형성하였으며 '體用'의 함의는 점차로 '本末', '主輔'의 개념으로 사용되기 시작하였다.[69]

따라서 아편전쟁 이후의 중국에서 과학 개념의 변화를 추적하는 과정은 곧바로 中體西用論的 格致 관념의 형성과 변화의 과정과 정확하게 일치한다. 중체서용론이란 張之洞에 의해 주창된 "舊學爲體, 新學爲用"(勸學編), 鄭觀應의 "中學其本也, 西學其末也"(盛世危言), 陳熾의 "廣儲經籍, 延聘師儒. 以正人心, 以維風俗, (중략)並請洋師, 兼攻西學, 體用兼備"(庸書) 등의 주장을 개념화한 것으로, 비슷한 논리로 일본의 和魂洋才, 조선의 東道西器가 있다. 기본적으로는 '體用可分'의 입장을 취하며 격물 혹은 격치의 학문을 '用' 혹은 '器'의 층위에 위치지움으로써 技藝 혹은 器用에 한정하여 서학(製洋器의 학문)을 수용할 것을 정당화하는 이론이다.

따라서 이 이론에 따르자면 王韜의 말처럼 "西法을 행하지 않으면 중국이 富國强兵할 수 있는 방법이 없"[70]는 상황에서 "중국이 輪船, 機器 등등을 제조하는 법을 講求하고자 議論"하려면 반드시 '格物之學'을 배워야 하는데 왜냐하면 "서양인의 製器의 법이 度數

이 문제였기 때문이다. 성리학자에게 불교는 기본적으로 '有體無用'이므로 사실상 內聖外王 중의 外王이 없다고 할 수 있다. 그런데 선종화된 유자나 유자화된 선승의 경우는 내성은 선학, 외왕은 유교로 체용의 분리를 통해 유학과 경합하는 구도를 갖고 있었는데—왕안석의 경우도 비록 理의 보편성을 주장하여 유자의 內聖을 강조하였지만 선종적 요소를 강하게 내포하고 있었고 이러한 결합은 다소 '體用可分'적인 경향을 드러냈다—, 송대에 형성된 도학운동이란 어떤 의미에선 이러한 내성외왕의 분리를 배경으로 역으로 '體用不離'를 주장함으로써 유가적 순수성을 保衛하려는 운동이라고 할 수 있으며, 體用은 이 과정에서 도학의 중요 개념으로 정착한 감이 있다. 따라서 예를 들면 "體用不離"(柳宗元), "體中有用, 用中有體, 體卽用之體, 用卽體之用"(程顥), "體用一源"(朱熹, 王陽明) 등등 성리학자들에게는 '體用不分'적인 언설이 많다. 이는 本末의 경우도 동일하다. 적어도 역사적으로 형성된 體用論은 '體用不離'를 기조로 하여 형성되었다고 할 수 있다.

69) 엄격하게 말하면 이러한 체용론적인 특징은 명말청초에 이미 초보적인 형태로 등장하였었다. 예를 들면 方以智는『物理小識』, 「自序」에서 "萬曆年間, 遠西學入, 詳于質測而拙于言通幾"이라고 하여 서양이 개별과학인 質測에서는 앞서지만 전체를 관통하는 원리인 通幾에서는 중국이 앞선다는 입장을 표명하였다. 方以智, 『物理小識』, 台北: 商務印書館, 1978, 1쪽.

70) 王韜, "非行西法, 則無以强兵富國", 『弢園文新編』, 「杞憂生易言跋」, 香港: 三聯書店, 1998, 167쪽.

에서 나오지 않는 것이 없고," "算學, 重學, 視學, 光學, 化學은 모두 格物의 至理를 얻지 않은 것이 없"기 때문이다.71)

예를 들면 王韜는 西學의 문제를 처리하는 데 이 '道器'의 구별을 다음과 같이 분명하게 밝혔다.

> 形而上者는 중국이다. 道로써 뛰어나다. 形而下者는 서양인이다. 器로써 뛰어나다. 만일 단지 서양인을 칭송하여 자신이 지켜야 할 바를 깔본다면 爲治의 본원을 아직 보지 못한 자이다.72)

여기서 서학은 분명하게 形而下學의 범주로 귀속되어 있다. 서학의 격치, 격물을 취할 수 있는 이유는 그것이 분명하게 '用', '末', '器'의 층위에 존재하기 때문이다. 중국의 道는 바꿀 수 없는 '本原'이고 '道'와 '器'는 분리될 수 있기 때문에 '器'를 바꾸어도 '道'는 불변할 수 있다.

> 器라면 서양 諸國의 것을 취할 수 있다. 道는 스스로 마땅히 자신의 도를 갖추어야 한다. 대저 만세의 불변하는 것은 공자의 도이고, 儒道이고, 또한 人道이다.73)

따라서 '器'를 변화시켜도 '道'는 불변할 뿐만 아니라 한편에서는 서양의 '器'를 이용하여 중국의 '道'를 지키는 것 또한 논리적으로 가능하다. '師夷之長技'의 목적은 '以制夷'에 있기 때문이다.

> 대저 중국이 지켜야 할 바는 형이상의 도이다. 서양인이 오로지하는 바는

71) 馮桂芬, 『校邠廬抗議』, 「采西學議」, 67葉, 台北: 學海出版社, 1967, 影印本, 148쪽.

72) "形而上者中國也, 以道勝. 形而下者西人也, 以器勝. 如徒頌西人, 而貶己所守, 未窺爲治之本原者也", 王韜, 『弢園尺牘』 卷4, 光緖2年, 10葉, 台北: 文海出版社, 1983, 影印本, 156쪽.

73) "器則取諸西國, 道則備自當躬. 蓋萬歲不變者, 孔子之道也, 儒道也, 亦人道也", 王韜, 『弢園文新編』, 「杞憂生易言跋」, 香港: 三聯書店, 1998, 167쪽.

형이하의 器이다. 중국은 스스로 통한다고 하여 점차 이른바 器를 잃어버렸다. 서양인은 器에 힘을 다하다보니 때때로 道에 暗合하기도 한다. (중략)형이하의 器를 구하여 그로써 형이상의 道를 지키는 것이다.[74)]

이처럼 器用 층위의 과학으로서의 '格致' 혹은 '格物'은 중체서용론의 논리적 근거를 이룬다. 중체서용론이 일세를 풍미할 수 있었던 이유는 주로 위에서 보듯 '體用可分', '道器分離'에 근거하였다고 할 수 있다. 그런데 이러한 器用 과학관은 실질적으로는 體用의 분리를 통해 정신-물질, 心-物 이원론에 기초한 체계에서만 성립될 수 있는 측면을 갖는다.

이러한 성격의 의도치 않은 결과중의 하나가 바로 乾嘉학파에게서 남아있던 유림의 실학으로서의 천문역산학 전통—梁啓超가 강조하였듯 戴震이래로 경학자 열에 아홉이 曆算學을 兼治하였다—조차 체용론적 구도하에서 서학에 완전히 자리를 내주는 결과를 초래하였다는 점이다. 內聖外王이라는 유가적 예치 질서가 갖는 정합성을 유형의 예교적 질서로서의 외왕과 무형의 심성론적 內聖으로 분할하는 사유체계는 손쉽게 중국=정신문명, 서양=물질문명의 대립구도에 빠져들었고 그 결과 격치학은 유가체계에서 분리되어 서양 학문으로 독립되는 결과를 초래하였다.

양무운동이 전통교육 체계와는 다른 새로운 교육기구를 필요로 한 것은 바로 이런 의미에서 격치학의 독립과 무관하지 않다. 이 시기에 同文館, 廣方言館 이외에도 福建船政學堂, 天津水師學堂, 江南製造局 工藝學堂, 上海 格致書院 등의 격치학=서학 교육기관이 창설된 것은 이러한 사정을 잘 보여준다.

同文館에서 總教習을 담당했던 미국인 선교사 윌리엄 마틴(William

74) "蓋中國所守者, 形上之道. 西人所專者, 形下之器. 中國自以爲通, 而漸失其所謂器. 西人畢力於器, 而有時暗合於道. ……求形下之器, 以衛形上之道", 湯壽潛, 『危言』 卷1, 9葉, 王爾敏, 『晚清政治思想史論』, 台北: 台灣商務印書館, 1995, 56~57쪽에서 재인용.

Martin, 丁韙良)의 회상에 따르면 同文館의 운영은 거의 유명무실하였다고 한다.[75] 격치학이 갖는 器用 과학적 성격으로 인해 대부분의 유교적 교양인들로 하여금 결국 격치학을 배우는 것은 서양의 것을 배우는 것이고, 서양의 것을 배우는 것은 수치스러운 일[76]이라는 화이론적 구도속에서 서양의 격치학은 물론이고 결과적으로 전통과학으로부터도 멀어져가게 만든 탓이라고 하지 않을 수 없다.

결국 그들에게 있어 격치학=서학이 현실적으로 필요하면 할 수록 더욱더 자신의 목적 혹은 임무로부터 멀어져 간 것이다. 건가학파 이래로 청말의 유가 지식인중에서 천문역산학을 비롯해 과학의 영역을 研鑽한 인물은 예를 들면 顧觀光, 徐有任, 李善蘭, 華衡芳, 王曰禎 등이 중국과학사에 뚜렷한 족적을 남겼지만 유독 양무운동 시기 淸廷이 거국적으로 격치학=서양과학을 수용했음에도 불구하고 역으로 이렇다할 한 사람의 과학자도 배출하지 못한 사실은 이점에서 시사적이다.[77]

75) 丁韙良, 『丁韙良遺著選粹』, 台北: 台灣中華書局, 1981, 第五, 六章 同文館記(一), (二).

76) 이러한 언설은 흔히 발견되는데 예를 들면 楊家駱 主編, 『洋務運動文獻彙編』 二, 「同治五年十二月二十三日總理各國事務奕訢等摺」, 23~27쪽에는 同文館내에 天文算學館을 添設하는 문제로 생긴 논쟁이 일부 기록되어 있는데, 時務를 모르는 자들이 "중국인으로서 서양인에게 배우는 것을 수치스럽게 생각한다"는 구절이 보인다. "論者不察, 必有以臣等此擧爲不急之務者, 必有以捨中法而從西人爲非者, 甚且有以中國之人師法西人爲深可恥者, 此皆不識時務之論也."

77) 물론 예외적인 인물로 거론될 만한 사람으로 徐壽, 徐建寅 부자를 들 수 있다. 그런데 徐壽의 경우는 분명하게 예외적인 격치관을 갖고 있었다. "致知格物之學, 乃修齊治平之初級工夫. 朱子所謂推極吾之知識, 欲其所知無不盡, 窮知事物之理, 欲其極處無不到也. 蓋人心之靈, 莫不有知, 而天下之物, 莫不有理. 若不因其已知之理而求其未知之理, 循此而造乎其極, 則必於理有未窮, 而於知有不盡矣. 傅蘭雅先生, 英國之通儒也. 來游中國十餘來, 通曉中國語言文字, 特將西文格致諸書, 擇其有益於人者翻譯華文, 月出一卷問世. 蓋欲使吾華人探索底蘊, 盡知理之所以然, 而施諸實用. 吾華人固能由淺入深, 得其指歸, 則受益豈能量哉. 所謂格致之有益於人而可施諸實用者, 如天文, 地理, 算數, 幾何, 力藝, 製器, 化學, 金礦, 武備等, 此大宗也," 徐壽, 「格致彙編序」, 『格致彙編』 第一年, 第一卷. 게다가 그는 매우 실증주의적인 격치관의 소유자이기도 하였다. "毋談無稽之言, 毋談不經之語, 毋談星命風水, 毋談巫覡讖緯. 歧見諸行事也, 婚姻喪葬蓋不用陰陽擇日之法, 四時祭祀專奉先祖不祭外神. 治喪不用僧道忏醮以及樂工鼓吹. 營葬不用堪輿家言, 居恒與人談議. 所有五星生剋之說, 理氣膚淺之言, 絶口不道", 「徐雪村先生像序」, 『格致彙編』, 第二年(1877), 九月.

5. 동아시아 전통과학의 終焉

1) 중국 전통과학의 終焉

중요한 점은, 중국에서 명말청초를 거쳐 청말에 이르기까지 진행되어 온 서학 수용의 역사가 결론적으로 徐光啓가 주창하였듯이 '중서회통'의 논리에 의거하여 진행되지 않았다는 사실이다. 천문역산학을 비롯해 중국의 전통과학은 니덤의 주장과는 달리 서양과학의 세례를 받아 근대과학이라는 보편학문으로 내재적으로 발전하지 못하였다. 사실은 오히려 중국 전통과학을 스스로 방기함으로써 결과적으로 해당학문 자체와 그 학문의 담지자 양자 모두의 노쇠화와 終焉 그리고 기억의 저편으로 망각되어 갔다고 해야 할 것이다.

한편 주자학은 예학체계 속의 전통과학이라는 물질성을 포기함으로써 정신성의 영역을 保持할 수 있게 되었고 또 타자로서 서양과학을 체용론적으로 결합시킴으로써 정신문명/물질문명의 이분법적인 구도속에서 문화적, 정신적 전통으로 변화하였다. 주자학이 노신이 말한 '吃人의 禮教'라는 비난으로부터 상대적으로 자유로웠던 이유도 바로 주자학이 과학이라는 물질성을 방기하면서 정신성의 영역으로 승화한 덕이었다. 이점에서 보자면 주자학과 달리 한학적 예교 체계는 근대화주의자에게 철저하게 비판되었다는 점에서 대조적이다.

2) 중국무과학설

니덤의 덕에 중국의 과학에 대해 어느 정도 지식이 있는 현대인들과는 달리, 민국 초기의 중국 지식인들은 대체로 (전통) 중국에 과학이 없다는 명제를 사실로서 받아들였다. 서양=물질문명, 중국=정신문명이라는 이분법이 성립하려면 암묵적으로 유교문화에는 과학이 없다는 인식이 필요했던 것일지도 모른다.

이러한 언설을 '中國無科學說'이라고 할 수 있는데, 이는 비단 민국초 서구 유학에서 돌아온 과학자들만의 인식은 아니었다. 馮友蘭과 같은 철학자조차 미국유학 중이던 1922년, '중국에 왜 과학이 없는가'에 대한 사상사적 해답을 중국철학사에서 찾으려고 했었다.

물론 중국 문화 속에서 꽃 핀 '전통과학'이 서구적 근대과학을 자생적으로 탄생시키지 못했다는 점에서 이러한 '中國無科學說'이 완전히 근거가 없는 억지라고는 할 수 없다. 그러나 19세기까지 중국과 조선에서 유행했던 '西學中源說'을 상기해 볼 때 이러한 '중국무과학론'의 유행은 격세지감이 있다.

중국무과학론의 유행은 한편으로는 앞에서 본 것처럼 전통주의자들로 하여금 유가적 사유의 內聖外王 중에서 內聖=정신성만을 강조하여 外王의 범주에 속하는 과학을 비롯하여 일체의 문화가 갖는 물질성을 배척하게 만들었다는 사실과 관련된다.

그러나 오사시기의 과학파들의 경우에서 보듯이 근대과학의 단일성에 과도하게 집착한 나머지 근대과학이 갖는 방법론적 특성(귀납법)과 사상 문화로서의 실증주의에 매몰된 탓에, 중국 전통문화가 갖는 물질성과 그 하나의 외연으로서의 전통과학의 존재를 의도적이건 아니건 무시한 점도 이 '중국무과학론'의 유행과 무관하지 않다. 그들에게 근대 과학은 민주와 더불어 중국의 전통을 비판할 수 있는 근거였고, 중국이 과학을 갖지 못함이야말로 중국의 낙후함의 원천이었던 것이다.

근대 중국의 지식인들이 중국에 과학이 없다는 인식에 도달한 것은 아마도 위에서 말한 역사적 단절을 통해서였을 것이다. 중국=정신문명, 서양=물질문명이라는 이분법은 암묵적으로 유학에는 과학이 없다는 인식에 근거해 있었다. 과학은 이런 의미에서 본다면 니덤이 말한 것처럼 단일한 것이 아니라 다양한 형식의 과학들이 병존가능하다고 이해해야 할 것이다.

3) 최한기와 기학

물론 주자학적 예치 질서가 서양 근대과학 수용의 패러다임으로 기능하지 않았다는 역사적 사실에서 중체서용론적 수용만이 유일한 경로였다는 결론이 필연적으로 도출되는 것은 아니다. 왜냐하면 예외적인 시도가 역사적으로 존재하기 때문이다.

조선후기의 최한기는 중체서용론적, 기용과학관이 풍미했던 시기를 살았던 인물임에도 불구하고 주기론적 전통하에서 서양 근대과학을 기의 개별학문으로 적극 수용하여 기철학=기의 종합학으로 체계화하였다. 이는 체용론과는 전혀 無緣한 독자적인 체계를 형성하였을 뿐만 아니라 기학이 지향하는 일통학문의 이상과 자연과학의 실증성이 잘 결합할 수 있는 구도를 체현하였다는 점에서 많은 시사점을 준다.78)

최한기의 서학연구는 그가 55세에 출간한 『氣學』(1857)을 전후로 해서 그 성격이 크게 변하였다. 이점은 아편전쟁 이후에 중국에서 서학수용의 방식과 내용이 완전히 바뀌었다는 사실을 반영한다. 앞에서 거론한 주자학적 서학수용의 모델로는 더이상 다양화되고 전문화된 근대적 서양과학을 체계적으로 수용할 수 없기 때문이다.

최한기의 기철학은 삼등 운화의 구조를 가지고 있다. 한편에서는 大氣運化와 統民運化를 구별함으로써 자연과 인간의 관계를 규정하였고, 통민운화와 一身運化를 나눔으로써 사회와 개인의 관계를 정립하였다고 할 수 있다. 이를 현재적 학술체계로 설명하자면 기철학=인문과학의 총괄하에 대기운화=자연과학, 통민운화=사회과학, 일신운화=의학으로 구별되게 되는데, 서양의 근대 제 과학은 기의 개별 전문학으로 인식되어 그 수용의 정당성이 확보되었다.

---

78) 최한기의 기철학에 대해서는 이현구, 『최한기의 기철학과 서양과학』, 대동문화연구원, 2000과 안대옥, 「19세기 개항기 이전 과학의 성격과 동도서기론」, 『한국유학사상대계 XII: 과학기술사상편』, 한국국학진흥원, 2009, 288~296쪽을 참조.

이러한 기철학적 위계질서 속에서 서양과학의 수용이 가능한 논리적 근거는 일반적으로 기론자들이 청의 王夫之가 말한 것처럼 "卽物以窮理"를 표방함으로써 자연적으로 격물의 의미를 "리가 氣 속에 있고 리가 數 속에 있다"고 파악한 측면에서 서양과학과 타협할 수 있는 측면이 열려 있었기 때문이라고 할 수 있다. 최한기에 의하면 기란 '活動運化'를 속성으로 하는 유형의 물질이고 이를 運化氣라고 한다. 또한 최한기는 무형의 리에 대해서도 '기의 條理'로 규정하여 송학이 주장하는 "리가 사물의 뒤에 있고 물이 리보다 먼저 있다(理在物後, 物在理先)"는 논리와는 분명하게 대립하는 주기론, 혹은 唯氣論적 성격을 드러내었다.[79)]

그런데 최한기의 기학은 또한 실용성과 경험을 중시하며, 수량화와 검증을 중시한다. 이를 최한기는 '推測'과 '證驗' 내지 '변통'으로 부르는데, 추측이란 경험과 사색을 통한 외부세계에 대한 법칙성을 인식하는 것이고 증험과 변통을 통해 그 인식을 객관화하는 하면 바로 '推測之理'와 '運化之理'가 일치하여 정확한 결론=보편적 지식을 얻게 된다는 것이다. 최한기의 기학이 실학인 이유가 여기에 있으며 또한 방법론으로서 서양과학=자연과학을 수용, 연구하지 않으면 안되는 이유도 여기에 있다. 기학이 지향하는 '一統學問'의 이상에 자연과학의 실증성, 객관성이 필요하기 때문이었다.

최한기의 기철학은 비록 그가 출신이 한미하고 또한 동도서기론의 유행 속에서 잊혀졌다고는 해도 주자학적 체계와는 비교도 할 수 없을 만큼 폭넓은 서양과학 지식을 수용하는 것이 이론적으로 가능해졌다는 점에서 그 시대적 의의를 찾는 것이 가능하다. 이런 의미에서 최한기의 기철학은 이미 동도서기론을 본질적으로 극복하였다고도 할 수 있다.

---

79) 근대에 기철학에 대해 이러한 관점에서 새롭게 주목한 것은 사실 최한기만은 아니다. 청의 강유위도 서양 근대과학의 수용에 있어 리의 기에 대한 우선성을 부정하여 기철학적 입장을 드러낸 적이 있다.

6. 맺음말

17세기에 시작된 동서양 두 문화의 만남은 명말 마테오 리치와 徐光啓 등에 의해 補儒論이라는 구도를 통해 서구 필로소피아 체계를 보편학문으로서 수용하려는 지식운동을 탄생시켰다. 그러나 청대에 시헌력의 반행과 이에 따른 서학의 관학화는 매문정의 전회를 거쳐 주자학적 예학 구조 속에서 서양과학=역산학만을 器數의 末端으로 수용하는 패러다임으로 재편되었다.

이러한 수용의 패러다임은 역설적으로 주자학자들에 의해 경시된 유학의 자연과학적 지식 분야에 있어, 한편에서는 서학에서 새로운 자양분을 얻고, 또 다른 한편에서는 주자학적 '격물치지' 개념을 통해 이를 정당화하였다. 청대의 자연과학 연구는 경학 연구의 일환으로 진행되었기 때문에 늘 과거지향적이고 화이론적이어서 '서학중원설'로부터 본질적으로 자유로울 수 없었지만, 적어도 주자학적 내성주의에 의해 소홀히 다루어진 중국 전통과학을 경학의 틀 속에서 부활시킨 공로는 인정되어야 할 것이다.

아편전쟁 이후에 중국에서 서양과학을 수용하는 논리로는 '중체서용'론이 있었다. 비슷한 논리로 일본에는 '和魂洋才', 조선에는 '東道西器'론이 있었는데, 어쨌든 서구 근대과학을 더이상 주자학적 체계 속에서 정합적으로 담아내지 못하게 된 사정을 잘 반영하고 있다. 체용을 분리함으로써 역으로 서양과학의 수용의 정당성을 확보하려는 시도라는 점에서 긍정적으로 평가될 소지가 전혀 없는 것은 아니지만 사실상 이러한 체용론적 분리는 격치학을 유학적 예치 체계 외부에 귀속시킴으로써 결과적으로 徐光啓에 의해 선언되었던 '중서회통'의 대장정은 중국의 전통과학과 서양 과학을 회통하여 더 객관적이고 더 보편적인 과학을 산출하기 보다는 오히려 역으로 자신의 문화 속에서 자신의 전통과학을 방기하는 방식으로 종결되었다. 민국초에 유행한 '중국무과학설'은 이러한 역사적 단절을 통해 성립한 것이다.

동아시아의 과학은 이렇듯 근대 서양과학의 도입과 함께 역사의 무대에서 사라졌다. 그 결과 서양의 근대과학만이 '보편적' 과학으로 간주되었고, 전통과학은 후일 고고학적 취향을 통해 '전통과학'으로 재탄생하였다고 할 수 있다.

20세기 초 동북의 정세변화와 한인자치운동

趙春虎

(上海第2工業大學)

1. 머리말

현재 중국 경내에는 200만 명 내외의 조선족들이 살고 있다. 오늘날, 이들 대부분은 중국소수민족정책하에 동북에서 연변조선족자치주[1]와 장백조선족자치현 및 수십 개의 자치향을 성립하여 자치구역을 형성하고 민족자치권리를 행사하면서 살아가고 있다. 그들이 오늘날 중국 소수민족인 조선족으로 군림하기까지는, 중국공산당이 성립하여서부터 실시한 소수민족정책과도 연관되지만 더욱 중요한 것은 그들이 동북지역으로 이주하면서 장기적인 생산, 생활과정 및

1) 동북지역은 중국의 다른 지역과는 달리 성급의 자치구는 없다. 성급 아래인 지구급에서도 길림성의 연변조선족자치주가 유일하다. 전체적으로 보면, 총 1개의 자치주와 14개의 자치현이 있다. 이런 행정적 구분의 의미는 동북지역의 경우 정치적·행정적으로 사실상 조선족이 가장 중요한 위치를 차지하는 소수민족이라는 것을 말해준다. 또한 1952년에는 연변조선족자치구를 형성하였다가 1955년에는 연변조선족자치주로 개칭하였는데 여기에서 언급되는 자치구와 자치주는 별개의 의미이다. 중화인민공화국이 성립 초기, 자치구는 하나의 행정구역의 명칭으로서 모든 민족자치지방을 통칭하여 자치구라고 불렀다가, 1954년 중화인민공화국 헌법에 따라 자치구, 자치주와 주치현 등 3개 등급으로 구분되면서 1955년 연변지역은 연변조선족자치구로 규정되었다.

공동적인 혁명투쟁 속에서 한인 집거구를 형성하고 자치운동을 전개하면서 자신들의 신근한 노력으로 동북지역을 개척한 것을 간과할 수 없다.

한인들이 자치에 대한 노력은 그들의 이주와 함께 이루어졌다. 특히 한국에서 근대적 민족을 형성한 후, 19세기 후반부터 중국 동북지역으로 이주하기 시작한 한인들은 20세기 초반에 이르면 압록강, 두만강북안을 중심으로 한 동북 전역에서 한인사회를 형성하면서 전개되기 시작하였다.

한편, 20세기 초 청조는 자신이 처한 위기국면을 타개하기 위해 민주헌정사조의 영향하에 헌정과 지방자치를 실시하기 시작하였다. 동북에서도 이러한 사조에 힘입어 러시아 일본을 비롯한 열강들의 침략을 막고 국가주권을 수호하기 위한 노력들이 각지에서 지방자치단체의 설립을 시작으로 일기 시작하였다. 하지만 1911년 신해혁명이 성공하면서 청조의 군주전제제도는 뒤엎이고 1912년에는 민주공화제인 중화민국이 창건되는 대변혁이 일어났다. 그리고 1910년 조선이 일본의 식민지로 전락되면서 정치적, 경제적 원인으로 많은 한인농민들과 애국지사들은 해외로 이주하여 국가의 독립을 위한 노력을 벌이기 시작하였다. 이러한 내적 외적 요인의 작용하에 수많은 한인들이 중국 동북지역 즉 두만강과 압록강 대안을 중심으로 대량이주하기 시작하였다. 따라서 1910년 경술국치 후 두만강과 압록강 대안에는 한인 집거구가 형성되면서 그들은 일제의 민족말살정책에 항거하여 '자치'권을 쟁취하기 위한 불요불굴의 투쟁을 벌이기 시작하였다.[2)]

20세기 초, 동북지역 한인의 이주와 함께 시작된 자치권을 얻기 위한 노력에서 주목되는 것은 북간도 간민회의 자치와 남만의 경학사 자치이다. 이 시기의 자치는 초기 중국정부의 승인을 받아내기

2) 유병호, 「중국조선족이 민족의식을 보존할 수 있는 원인 및 현존문제」, 『민족발전연구』 제3집, 2000, 193쪽.

위한 것으로 주로 생활기득권과 생존을 위한 자치운동이었다. 지금까지의 연구 성과를 보면 주로 두 단체가 전개한 활동이나, 그들의 성격 및 해체원인에 초점을 맞춰 많이 이루어진[3] 반면, 단지 일제의 침략에 의한 해외독립기지의 건설이라는 측면에서 자치단체의 성립배경을 분석하였을 뿐, 중국의 정세변화에 따른 자치선행조직에 대한 연구는 미흡한 실정이다.[4] 또한 청말 지방자치의 영향으로 동북지역에 많은 자치소나 자치연구소가 설립되면서 한인들이 자치를 인식하고 나아가 자치단체를 설립하게 된 경위 등에 관해서는 좀 더 심도 있게 규명할 필요가 있다.

따라서 이 글에서는 기존의 연구 성과를 바탕으로 우선 당시 중국의 복잡한 정세변화 속에서 동북에서 전개된 지방자치를 살펴보고, 나아가 신해혁명을 전후한 시기, 손중산의 삼민주의를 면밀히 검토함으로써, 20세기 초반 간민회와 경학사를 포함한 자치단체의 성격을 진일보 규명하는데 역점을 두었다.

---

3) 金春善, 『'北間島'地域 韓人社會의 形成 硏究』, 국민대학교 박사논문, 1998; 姜龍範, 『近代中朝日三國對間島朝鮮人的政策硏究』, 흑룡강조선민족출판사, 2000; 손춘일, 「중국 조선족 민족과정과 간민회」, 『북간도 한인의 삶과 애환, 그리고 문화』, 독립기념관 주최 명동학교 100주년기념 국제학술대회, 2008; 김택 주필, 『길림조선족』, 연변인민출판사, 1995; 최봉룡, 「북간도 간민회의 조직과 활동 및 성격」, 『북간도 한인의 삶과 애환, 그리고 문화』(명동학교 100주년 기념 국제학술대회), 동북아역사재단, 2008; 尹炳奭, 『國外韓人社會와 民族運動』, 일조각, 1990, 32쪽; 宋友惠, 「北間島 大韓國民會의 組織 形態에 관한 硏究」, 『한국민족운동사연구』 1, 1986; 이명화, 「항일독립운동사상에서의 명동학교의 위상」, 『북간도 한인의 삶과 애환, 그리고 문화』, 독립기념관 주최 명동학교 100주년기념 국제학술대회, 2008; 朴永錫, 「日帝下 在滿韓人의 獨立運動과 民族意識: 耕學社의 設立經緯와 그 趣旨書를 중심으로」, 史學硏究 제33호, 한국사학회, 1981; 김명섭, 『자유를 위해 투쟁한 아나키스트 이회영』, 역사공간, 2008; 윤병석, 『국외항일운동1: 만주·러시아』, 한국독립운동사편찬위원회, 2009.

4) 여기에서 주목되는 것은 박걸순의 논문이다.
박걸순, 「북간도 간민회의 해산과 추이」, 『중앙사론』 30집, 중앙대학교 중앙사학연구소, 2009; 박걸순, 「北間島 墾民會 선행조직의 추이와 성격」, 『한국근현대사연구』 51집, 한국근현대사학회, 2009.

2. 20세기 초 동북지역 정세와 자치운동

1) 청말의 지방자치

청말의 지방자치는 서방사상의 유입과 청정부의 예비입헌활동에 따라 전국에 파급되면서 중국의 헌정역사상에서 중요한 영향을 일으켰다.[5] 중국이 근대에 들어선 후, 국세가 점차 쇠약해지고 서방사상의 유입에 따라 전통적 봉건론에 대한 쟁론은 서방의회이론과 지방자치사상의 출현을 유력하게 촉진시켰다. 근대지방자치사상은 최초, 서방전도사와 한 무리 서방문화를 처음 접촉한 지식분자들에 의해 중국에 들어왔다. 처음, 黃遵憲, 康有爲, 梁啓超 등 사람들은 오직 지방자치를 실시해야만 입헌군주제의 기초를 닦을 수 있고, 국가를 위험에서 구해낼 수 있다고 보았다. 특히, 1905년 전후, 일로전쟁의 영향하에, 언론계에서도 헌정과 지방자치를 주장하는 붐이 일었다. 통치계급 속의 일부 개명인사들도 헌정과 지방자치를 실시해야 될 필요성을 인식하였다. 이러한 상황하에, 청정부는 헌정을 실시하기로 결정하였다. 이는 통치계급내부에서 헌정에 대한 논의의 붐이 일기 시작했다. 청정부의 수많은 관료들은 서방의 헌정을 본받으려면, 우선 지방자치실시를 밑바탕으로 해야 한다고 보았다. 바로 이러한 국민들의 공동한 요구에 따라 지방자치사상은 광범하게 전파되면서, 하나의 사조를 이루었다.[6]

전국각지에서 지방자치를 실시해야 된다는 고함 소리 속에, 청정부는 지방자치를 입헌을 준비하는 중요사항으로 결정하였다. 1908년 12월, 청정부는 '城鎭鄕地方自治章程'을 반포하고 전국에서 지방자치를 실시하였다.[7] 또한, 지방자치운동을 전개하기 위해 1909년

---

5) 高旺, 「清末地方自治運動及其對近代中國政治發展的影響」, 『天津社會科學』 第3期, 2001年 참조.

6) 「地方自治政論」, 『東方雜誌』 제1년(1905), 第9期.

3월 16일에는 '自治研究會章程'을 반포하고, 각 성과 도회지, 및 府·縣에서 자치연구소를 설립하여 "자치장정을 강습하고 자치요원을 배양해낼 것"을 명령하였다.[8] 그 외, 또 "城·鎭·鄕에서는 자치에 관련된 기사를 만들어 간행물에 실어 선전하고 물자로 고무격려 해주었다." 이듬해에 또 '京師地方自治章程' 및 선거장정을 반포하여 자치정책이 더욱 완벽해지게 했다. 청정부의 지방자치정책 규정은 자방자치가 정부의 하나의 기본국책으로 되게 하였다. 따라서 전국적으로 지방자치의 열풍이 일기 시작했다. 동북도 이러한 열풍에 힘입어 지방자치를 전개하기 시작하였다.

20세기 전후, 서방의 제국주의 열강들은 중국에서 저들의 세력범위를 확장해 나가면서 상호 간의 모순과 갈등 속에서 쟁탈전을 벌렸다. 그 가운데서, 특히 중국 동북지역[9]은 주로 제정러시아와 일본이 군침을 흘리면서 차지하려고 싸우는 각축장이 되었다. 우선 제정러시아가 일본이 "마관조약"을 통해 요동반도를 차지한 것이 타당하지 않다고 여기면서 미·영과 연합하여 요동반도를 중국에 돌려줄 것을 압박하였다. 따라서 중국은 삼국의 도움으로 요동반도를 수복하였다. 하지만 제정러시아는 이를 빌미로 동북의 철도부설권을 탈

---

7) 청말의 지방자치는 2級으로 나뉘었다. 城鎭鄕級의 자치는 하급자치이고, 5년 사이에 초보적인 규모를 갖추어야 한다. 府庭州縣級의 자치는 상급자치로서, 7년 사이에 모두 이루어야 한다. 그리고 우선 城구역에서 자치실험을 진행하도록 규정하고, 그 다음 다시 향진에 보급한다. 하지만 각지 상황의 불일치로, 조금씩은 임기응변으로 처리할 수도 있다.

8) 故宮博物院明淸档案部 編, 『淸末籌備立憲档案史料』 下冊, 中華書局, 1979, 747쪽.

9) 중국 동북지역은 예로부터 각 종족들이 잡거하는 지역으로서 중국의 본토의 국가의 강역적인 관념보다는 부속지로서의 변방으로 지배되어 왔다. 청조통치 이후, 초반에는 역시, 정치조직 면에서는 중국내륙과는 달리, 將軍을 두어 관리하다가, 1907년에 와서 처음으로 중국내지와 같은 정치조직을 실행하게 되었다. 즉 동북을 奉天省, 吉林省, 黑龍江省으로 구역을 나누고 각각 순무를 두었다. 따라서 동북지역은 경제적, 정치적, 사회적으로 중국본토와 같은 체제를 갖추면서 새롭게 생성되었다. 1911년 신해혁명 이후, 청정부가 멸망되고, 새로운 중화민국이 설립되면서, 행정조직 면에서도 수차례의 개혁을 거듭하였다. 즉 이 시기에는 주로 민국정부의 東北政務委員會제도를 도입하였다. 1929년에는 奉天省을 遼寧省으로 개칭하고, 1930년에는 동북정부위원회를 동북지역의 최고행정기관으로 하고 三省의 기초하에 熱河省을 추가하였으며, 道制를 폐하고 縣制를 실행하여 성정부에 직속케 하였다.

취하였다. 그 후 중국에서 의화단사건이 발생하자 그들은 '동북철도를 보호'한다는 명의로 동북을 저들의 세력범위에 넣었다. 이는 일본의 불만을 일으켰다. 따라서 동북지역에 대한 러·일의 쟁탈전이 점점 심해지기 시작했다. 1904년 중외를 진감한 러일전쟁을 통해 러·일 두 나라는 무력으로 동북을 분할하였다. 일본은 장춘 이남의 남만철도를 획득하였고 러시아는 장춘 이북의 중동철도를 강점하였다. 그들은 철도연선에 광산을 개업하고 삼림을 채벌하며 공장을 꾸려 농·림·광·산 자원을 미친 듯이 약탈하고 상품을 덤핑하였으며 자본을 수출하였다. 더욱이 경찰서를 설치하며 세금을 받으면서 자신들의 강력한 힘을 믿고 악행을 부렸는바 철도 연선은 엄연히 그들의 '國中之土'가 되었다. 일본의 침략활동은 더욱 제멋대로였다. 장춘과 길림성 수부 등 지역에 대량의 이민을 파견하여 서약을 팔았고 기생집을 열었으며 간첩활동에 종사했다.10) 하지만 부패한 청정부는 중국의 주권이 엄중한 침해를 받음에도 불구하고 제국주이 열강들의 압박하에 중립을 지켰다. 따라서 수십만의 일본군이 벌떼처럼 동북에 밀려들어 오면서 동북은 사실상 일제와 제정러시아의 식민지나 다름없었다.

20세기 초, 민족위기에 빠진 동북을 구제하기 위해 張榕·丁開嶂 등 애국지식분자들은 자발적으로 조직하여 제정러시아와 일제와 투쟁하였다. 이 시기 지방자치와 입헌사상을 초보적으로 구비한 동북지역의 상인과 지식인들은 동북지역 인민들의 생명과 재산을 보위하기 위해 봉천에 자위군을 조직하여 정부대신 주권을 행사하려고 하였다. 1904년 7월 張榕 등은 자위군역량을 집결하여 興京과 海龍에서 주위 8개현의 자위단을 집결한 東三省保衛公所11)를 설립하였

10) 길림성당안관·길림사회과학원역사소, 『청대길림당안사료선편(選編)·신해혁명』, 내부발행, 1981, 82쪽.

11) 東三省保衛公所는 표면상에서 볼 때, 단순한 군사조직이지만, 실제상에서는 완전히 서방지방자치형태를 모방하여 건립한 자산계급의 지방정권이다. 예컨대, 기구의 조직형태를 볼 때, 그는 행정, 입법, 사법 등 3권을 분립하여 상호 제약하면서 균형을 이루는 것을

다. 구체적인 활동을 보면, 공소는 향의 단원을 조직하고 훈련시켜 외적을 저항하고 주권을 보호하는 외에, 독립적으로 호구조사, 경제발전, 학교건립, 토비숙청, 재난구조 등 사무를 담당하였다. 또한 이러한 활동에 대해 청정부의 지방관헌이 묻지도 말고 방애하지도 말 것을 바랐다.[12] 1904년에 성립된 동삼성보위공소는 반제반봉건적인 자방자치단체로서 전국에서 처음으로 되는 정치단체였다. 따라서 삽시에 전국각지 입헌을 주장하는 정치세력들의 이목을 끌었다. 1904년 8월 3일 ≪중외일보≫에 게재된 "論東三省自治"라는 문장에서는 동삼성보위공소가 성립한 소식을 열정적으로 찬양하는 한편, 동북에서 오직 자치제도를 실시하고 인민들이 "自謀自保"해야만 위기에서 벗어날 수 있다고 보도하였다. 그 외, ≪東方雜誌≫에서도 "東三省權策"이라는 사설을 발표하여 청정부에서 개명한 정책을 펴서 동삼성의 지방자치운동을 협조해줄 것을 요구하였다. 사회의 여론과 압력하에 청정부에서는 1905년 7월 동북에서 지방자치실시를 공식적으로 허락하였다. 청정부의 조직과 제창하에, 동북지방의 자치운동은 1905년 겨울부터 활기를 띠면서 확대되기 시작하였다. 1905년 말부터 1907년 초까지 동북지역에는 奉天保衛公所, 奉天省自治局, 遼陽自治期成會, 吉林地方自治會, 黑龍江全省自治會[13] 등 지방자치단체들이 설립되었지만, 포함된 내용과 활동은 일치하였다. 예컨대, 길림자치회와 요양자치기성회는 일부 지방 자산계급 입헌파들이 발기하고 정부당국의 허가를 얻어 설립된 것이지만, 봉천

원칙으로 하고, 공소의 總董 아래, 會議, 裁判, 交涉, 財收, 武備 등 부문을 두었다. 그 가운데서 회의부문은 "議法의 機構"로서 단체적인 선거로서 한사람의 의장으로 선거하고, 공소의 내외사무는 章程을 세우고, 조약을 정하여 모두 회의에서 단체 결정한다. 재판부문은 執法하는 기관으로서, 지방재산, 詞訟 등 사무를 전원을 파견하여 중재하고 판결한다(「東三省自治之公布」, 『新民叢報』 5號).

12) 曲晓璠·马岚, 「淸末東三省地方自治運動述評」, 『遼寧大學學報』 第4期, 1994, 79쪽.

13) 「奉天保衛公所實行章程」, 『東方雜誌』 3卷 1期; 徐世昌, 「東三省政略」, 『民政·吉林』, 臺灣文海出版社, 影印本 4296쪽; 曲晓璠·马岚, 「淸末東三省地方自治運動述評」, 『遼寧大學學報』 第4期, 1994, 80쪽.

자치국과 흑룡강자치회는 정부당국에서 기획하고 사람을 파견하여 설립한 것이다. 그 내용을 보면 모두 지방공익사업을 조사·건립하고 지방자치지식에 대한 보급을 중심임무에 놓았다.

1907년 3월부터는 정부의 통일적인 지도하에 동북의 관제개혁을 진행하면서 동북지역의 모든 자치활동을 정부와 지방의 협동관리에서 자산계급을 대표한 지방의 단독관리로 넘어가면서 농촌에 보급되기 시작하였다. 따라서 이 시기에 오면 한인의 집거지역인 북간도나 남만지역의 각 현에까지 지방자치사상이 전파되기 시작했다.

이 시기 활동을 살펴보면 다음과 같다.

(1) 선전활동을 통해 인민들이 자치에 대한 이해를 증강시킨다. 그들은 자치회나 조사원양성소를 설립하여 각 府, 州, 縣에서 선발되어 온 사람들에게 地方自治論, 戶籍法, 統計學 등 지식을 계통적으로 가르쳐 준다. 근대과학지식을 배운 사람들이 다시 봉건통치사상의 뿌리가 가장 깊은 농촌에 이 사상을 전파하여 많은 인민들이 자치를 이해하고 지방자치의 길로 들어서게 하였다. 또한 宣講所를 설치하거나 혹은 신문을 창간하여 자치사상을 선전하기도 하였다.

아래에 지방자치사상을 선전하기 위해 창간한 신문을 열거해보면 다음과 같다.[14]

신문명	창간일	창간기관 혹은 단체	비고
自治白話報	1907년 4월	奉天自治局	
民報(自治報)	1907년	吉林自治會	1908년에는 명칭을 ≪公民日報≫로 바꾸었다.
吉林白話報	1907년	길림자치회와 정부가 공동 창간.	
길림자치일보	1909년	길림지방 자치조달처	
장춘일보	1909년	동맹회	

14) 曲晓璠·马岚, 앞의 논문, 81쪽.

민보 같은 경우는 길림의 松毓이 성 수부의 몇 명의 개명신사 및 일본 유학생들과 손잡아 '길림성자치회'를 성립하면서 만든 자치신문이다. 이 신문은『自治報告書』라는 명칭이 붙이고 "무릇 사람과 사물은 생존하는 도리가 있고 어우러져 진화될 기회가 있으며 자치의 규칙이 있다. 매일 행하는 문서는 분명하게 등재되지 않는 것이 없다."고 적었다. 한편 1907년 11월부터 매 주에 한부씩 출간되었는데 "그 의미는 우매를 깨우치는데 있었고 한 푼의 돈도 받지 않았다."[15) 1908년 8월, 이 신문은『吉林公民日報』로 이름을 고치고 그해 10월 길림 각계 대표 200여명이 성 수부에서 집회를 열고 스스로 자금을 모아 길장철도를 건설하겠다는 요구를 제출하면서 송육을 保路會 회장으로 공동 추천하여 保路운동을 폭넓게 전개하였다.[16)

1909년 길림지방 자치 조달처에서는『吉林自治日報』를 개설하였는데 이 신문은 문언문과 백화문이 섞여있고 우아함과 통속함을 같이 느낄 수 있었으며 자치를 제창하는 것을 그 취지로 삼았다. 그해 9월 장춘으로 옮겨 이름을『吉長日報』로 고치면서 "등재문서의 내용범위는 자치에 국한시켰다."[17)

이상의 신문들은 모두 입헌과 자치를 선전하는 것을 취지로 하면서, 백화문의 형식으로 광범한 독자들을 쟁취하려고 하였다. 또한 신문발간을 통해, 청정부의 예비입헌장정과 지방자치규칙 그리고 지방자치가 전개된 상황을 보도하기도 하였다.

(2) 향과 농촌에 있는 부속 지방자치단체를 연락하고 조직하였다.

길림지역의 상황을 보면 다음과 같다. 길림자치회가 설립되기 전, 발행한 '길림지방자치연구회잠해조례'[18)를 보면, "본회는 성립 후, 각 府·厅·州현에 점차적으로 세포조직을 형성한다." 예컨대, 1909년

---

15) 길림성당안관, 전종 45, 제5~2464권.

16) 孫乃民 主編,『吉林通史』, 길림인민출판사, 2008, 130쪽.

17)『길림성당안관』, 전종 33, 권2~325.

18) 吉林档案馆,『清代吉林档案史料选编』, 118쪽.

3월 돈화현 자치연구소와 그해 4월 훈춘현 자치연구소를 포함하여 길림성 22개 府·聽·州·縣에는 선후로 15개 자치연구소가 조직되었다.[19] 자치회의 추진하에, 적지 않은 업종에서는 자치단체를 설립하기 시작하였다. 예컨대, 교육계에서는 교육회를 설립하고 상계에서는 상회를 설립하여 자치를 선전하였다. 한편, 1909년 청국인이 꾸린 화룡현자치회에는 수많은 한인들이 가담하여 자치운동을 전개하였다. 이 회는 한국 병합 이전부터 있었으나, 제대로 활동하지 못하다가 병합 이후 한인이 참여하며 활기를 띠었는데, 회장은 和龍縣知縣 張廷桂가 맡았다. 일제는 이동춘이 회장으로 있는 교육회도 사실은 自治會로서 늘 화룡현 자치회와 연락을 하고 있다고 하며, 근래 이동춘 등의 권유에 의해 화룡현자치회에 입회하여 강렬한 배일활동을 하는 한인이 많다고 파악하였다.[20] 즉, 한인들이 독자적 자치회의 조직이 불가능하자 중국 자치회 조직을 이용하여 자치활동을 실현시키고자 하였던 것이다. 이러한 지방자치운동의 분위기 속에서 북간도 한인들의 유지인사들은 민족공동체의 운명과 그 존속을 유지하기 위한 전략으로부터 출발하여, 또한 북간도 한인사회를 자주적으로 지도할 수 있는 합법적인 사회자치단체를 결성하기 위한 목적에서 자치기관의 설립을 요구하는 움직임을 태동시켰다. 바로 이러한 역사적 배경하에 한민자치회와 같은 자치단체들이 성립하게 되었다.[21]

1909년 초부터, 동북삼성 지방당국에서는 청정부의 통일적인 배치하에 집중적으로 諮議局선거활동을 조직하였다. 1909년 10월에는 청정부에서 반포한 '城鎮鄉地方自治章程'을 구체화하기 위해, 諮議

19) 徐世昌, 『東三省政略』 卷六, 吉林省民政(李樹田 編, 『長白叢書』 第三集, 吉林文史出版社, 1989, 1053쪽).

20) 憲機 第903號(1911.5.16), 「對岸間島自治會ニ關スル狀況」, 『不逞團關係雜件: 朝鮮人の部-在滿洲の部(1)』.

21) 최봉룡, 「간민회의 조직과 활동 및 성격」, 146쪽.

局籌辦處을 地方自治籌辦處로 개정하였다. 따라서 지방자치활동은 다시 동북에서 일기 시작하였다. 전기의 자치와 마찬가지로 이 시기 자치도 기관설립부터 시작되었다. 1910년 봄부터, 동삼성 각지에서는 城·鎭·鄕에 각각 自治公所를 설립하여 자치원을 배양하고 자치연구에 몰두하는 한편, 또 근대적인 西方人口統計方法을 도입하여 인구조사도 진행하였다.[22] 하지만 이 시기 자방자치는 본래의 함의를 잃어버리고 완전히 지방관헌의 보조기구의 역할을 하였다. 즉 이 시기의 지방자치는 통치계급을 위해 복무하는 정치궤도에 들어선 것이다. 1911년 10월 청조가 멸망하고 중화민국이 성립되면서 청말의 지방자치운동도 종말을 고하였다.

청말의 지방자치운동은 끝났지만 당시 동북지역 한인사회에 중요한 영향을 일으켰다. 첫째, 지방자치는 당지 거주민의 참여와 공익사무를 위주로 하였기에 한인들의 공민의식과 단체관념이 움트기 시작하였다. 또한, 지방자치운동은 자산계급 민주사상을 광범위하게 전파하고, 동북 자산계급입헌파와 혁명파 대오를 확충시켰다.[23] 동북지역 같은 경우 지방자치는 러시아와 일제의 침략을 막고, 국가주권을 수호하는 것을 목표로 하였다. 동북에 이주한 한인들도 이러한 사조에 부응하여 한인 집거구에 독립운동기지개척의 일환으로 민족자치단체를 설립하여 인적, 물적 기반을 키워 일제와 싸우는 것은 최고목표로 삼았다. 둘째, 청말 지방자치의 영향 항에 북간도 각지에는 자치연구회와 자치회 등 조직들이 생기면서 한인들에게 자치사상을 전파하고 자치의식을 제고함으로써, 이에 힘입어 한인들도 점차 한민자치회, 간민교육회, 간민회 등과 같은 자치단체를 설립하게 되었다.

22) 曲晓璠·马岚, 앞의 논문, 82쪽.

23) 위의 논문, 83쪽.

2) 중화민국 건립과 손중산의 삼민주의

1911년 신해혁명이 성공하면서 청조의 군주전제제도는 무너지고 1912년 민주공화제인 중화민국이 창건되었다. 당시 삼민주의는 신해혁명의 이념으로써 중국 전역에 엄청난 영향을 끼쳤다. 특히, 이 영향으로 당시 동북지역으로 이주한 한인들은 중국 국적에 가입하면서 유교사상의 이념하에 중국 전통유교에 편입하려는 노력을 경주했음을 볼 수 있다. 사실, 신해혁명이 승리한 후 표방한 것은 전제주의에서 공화주의로 나가는 것이었지만, 당시 중화주의로 향한 측면이 더 강하였음을 볼 수 있다. 아울러 손중산이 민권사상의 일환으로 전개한 지방자치에 대해서도 간단히 살펴볼 필요가 있다.

손중산의 민족사상에는 중국의 전통문화인 仁을 중심으로 삼는 사상이 내포되어 있다. 즉 주변의 소수민족에 대해 무력으로 위압하지 않고 왕도로 감화하는 것이다. 손중산이 말하기를 "중국은 종전에 그렇게 많은 나라와 멀리 떨어진 민족들에게 조공을 받았는데 어떤 방법을 사용했는가? 육·해군의 覇道를 사용하여 그들에게 조공을 강요했는가? 아닙니다. 중국은 완전히 왕도로써 그들을 감화하여 그들이 중국의 덕을 못 잊어 자진하여 기꺼이 조공을 바쳤던 것입니다." 나아가 말하기를 "좋은 도덕이 있으면 국가는 장구히 안정될 수 있다. 우리들은 중국의 도덕을 숭상함으로 비록 국가가 망하더라도 민족은 존재할 수 있다. 자기민족의 존재뿐 만 아니라 나아가 외래의 민족을 동화할 수 있는 역량이 있다." 또한 내용적인 면에서 제시하여 말하기를 "근본은 忠孝이며 다음은 仁愛, 信義, 平和로 확충되어 간다."[24] 손중산은 이 같은 중국의 정통사상을 고이 이어왔음을 알 수 있다.

1894년 손중산은 흥중회를 조직하면서 주된 뜻은 "중화를 진흥시

24) 王昇, 金基洞 譯, 『三民主義學說』, 雲岩社, 1984, 46쪽.

키고 국체를 유지한다,"고 보고, 1905년에 만든 동맹회의 4대 강령에서도 "달로를 몰아내고 중화를 회복하자" 고 보았다. 이러한 사상은 삼민주의 초반이랑 같다. 즉 삼민주의는 신해혁명과 연관되어 있다는 것이다.[25] 한편, 1897년 손중산은 그의 자서전에서 말하기를, "晩世에 태어난 堯舜과 선왕의 풍도를 눈으로 볼 수 없고, 만청의 무리는 잔악무도하여 초췌한 백성들은 도탕에 빠져 仁이라고는 찾아볼 수도 없다. 영웅을 규합하여 무창의거를 일으켜 잔악한 적을 몰아내고 중화를 세워서 3대의 법을 회복함에 자연물은 풍부하고 운이 뻗치니 이는 應天順人의 움직임이라 할 수 있다." 이로부터 손중산의 민족사상은 고대 성인의 문화전통을 이어받아 다시 중화를 세우려는 의도임을 짐작할 수 있다. [26]

신해혁명 전 손중산의 민족사상은 중국이 제국주의 침략을 받는 것은 열강의 침략이기보다는 만청의 쇄국정책이 주요한 원인이라 보고 청조를 뒤엎을 계획만 실시했을 뿐, 불평등조약을 취소하고 제국주의를 반대함을 제시하지 않았다. 그의 해석에 의하면 "근래 뜻있는 자들은 모두 외국인의 중국을 토막 낸다고 두려워하나 외국인은 중국을 갈라놓을 수 없다. 다만 중국인 자신들의 분열이 두려울 따름이다." 고로 당시 중국이 열강침략하에서 해방을 얻고자 하면 반드시 만청정부를 타도해야 한다고 보았다.[27] 때문에 중화민국이 성립되자 손중산은 민족주의는 이미 성공을 거두었다고 보고 자신이 초안한 중화혁명당 黨章에서 "본 당의 목적은 민권, 민생 두 가지 주의를 실행하는 데 있다."고 언급하였다. 즉 만청타도를 중심으로 삼은 민족주의가 성공을 이루었기에 다음은 민권, 민생에 중점을 둔다는 것이었다.

하지만 중화민국이 성립되면서 주목되는 것은 손중산이 연설한

---

25) 손문, 『삼민주의』, 홍신문화사, 1995 참조.

26) 王昇, 앞의 책, 114쪽.

27) 위의 책, 115쪽.

'5족공화'설이다. 민국초기, 손중산은 "단일한 '중화민족'으로 국가를 통합하는 것이 아니라, "汉·满·蒙·回·藏" 등 5족공화의 슬로건으로 나라를 다스린다."고 연설하였다. 중화민국의 건립과 함께 임시대통총으로 취임한 손중산은 「선언서」에서 '국가의 근본은 인민에게 있다.'고 제기하였다. 아울러 중화민국은 "汉·满·蒙·回·藏 등 민족이 차지하는 지역은 한 개 국가이고, 각 민족은 한사람으로서 즉 민족통일인 것이다."[28] 당시 손중산 본인은 오색기를 반대하고 청천백일기를 견결히 주장하였으나, 민국초기 오색기는 중화민국의 국기로 사용되었고 사회상에서 광범위하게 승인되고 사용되었다.[29] 따라서 많은 사람들은 그의 민족정책이 크게 잘못되었다고 비난하였다. 하지만 당시 손중산은 참의원 결의에 따랐을 뿐으로 사실 말하면 5족 공화에 찬성을 하지 않았다. 손중산은 민국 8년부터 11년까지 5족공화를 반대한 언론에서 "무식한 경거 망동자가 혁명 성공초기에 漢·滿·蒙·回·藏 5족공화설을 찬양하였지만 관료들이 부하뇌동하여 청조의 일품 무관기가 중화민국의 국기가 되었으며 5색은 5개 민족을 대표하게 되었다. 이에 혁명당원은 세심히 관찰하지 못하여 열사 陸皓東선생이 만든 중화민국의 青天白日의 국기를 저버리고 조잡한 관료기를 채용하였다." 그는 각 족이 융합되어 이뤄진 하나의 중화민족이 되어야 한다고 역설했다. 이 같은 언론에서 손중산은 5족공화에 찬동하지 않고 나아가 하나의 중화민족을 적극적으로 주장했음을 알 수 있다.[30] 1차세계대전 후, 손중산은 미국 윌슨 대통령이 제기한 민족자결주의를 주장하였다. 하지만 민족자결은 본 당에 있어 민족주의로서 우선 5족의 명칭을 없애고 중화민족으로 고쳐 이민족 간의 동화를 주장했다. 만년에 그는 동화정책 외에 국내 약소민족의 자치문제를 제출하였다. 오로지 민족평등의 기초

---

28) 『临时大总统宣言书』, 1912年 1月 1日.

29) 孙文, 『复参议会论国旗函』, 1912年 1月 12日.

30) 王昇, 앞의 책, 116~117쪽.

위에서 진정한 자치를 실현할 수 있고 동화의 방법으로 융화되어 대중화민족을 이룰 수 있다고 보았다.

요컨대, 민국초기 5족공화설이 있었지만, 손중산은 민족문제에 있어서 늘 중화민족주의 원칙을 견지하였다. 즉 다른 근대 민족국가와는 달리 중국에서는 국가와 민족은 동일한 개념으로 취급되며 비록 비한족이 존재하고 있기는 하지만 중국은 하나의 동일한 개념으로 취급되며 비록 비한족이 존재하고 있기는 하지만 중국은 하나의 민족성을 가지고 있음을 강조하였다.[31] 제1차 세계대전 결속 후 손중산은 제국주의와 군벌의 결탁이 혁명을 저애하고 있음을 감지하고 민족주의를 적극적으로 주장하면서 대외로는 제국주의를 반대하고 중화민족의 자결을 구하고 대내로는 5족공화의 명칭을 버리고 중화민족을 내세워 평등, 동화와 국내 약소민족의 자치로서 국내 각국의 단결로 대중화 민족의 완성을 기하고자 하였다. 그래서 만년에 손중산은 민족주의에 있어 제국주의를 반대하는 것을 중심으로 삼았고 아울러 민족평등의 기초 위에 국내 각 족을 단결시켜 하나의 중화민족주의로 융화시키려고 하였다.[32]

한편, 동북지역 한인들의 입장에서 보면 중화민국이 성립되면서 표방한 미국의 공화주의는 당시 동북지역에 이주한 한인들에게는 별로 환영받지 못하는 사상이었고 오히려 중화주의 사상이 더욱 한인들한테 받아들어 졌다. 왜냐하면 일본이 조선을 침략하면서 공략한 정치적 핵심은 조선의 왕실에 대한 침략이었는데 미국식 공화주의는 결과적으로 일본이 조선에 대한 침략을 명분적으로 도운 것이 되었기 때문이었다.[33]

한편, 청말부터 시작된 지방자치는 중화민국시기에도 계속 이어졌다. 청정부에서 실시한 지방자치운동의 목적은 혁명을 완화하는

31) 방수옥, 「중국의 소수민족정책과 연변조선족사회」, 『재외한인연구』 제8호, 1998, 386쪽.

32) 王昇, 앞의 책, 117~118쪽.

33) 안천, 『신흥무관학교』, 교육과학사, 1996, 142쪽.

데 있었으면, 중화민국시기 지방자치운동의 목적은 민권을 신장하는데 초점을 두었다.

지방자치는 손중산의 민권사상에 있어서 중요한 위치를 치지하고 있다. 20세기 초부터 손중산 등 중국 근대 자산계급 혁명가들이 창도한 민주주의 혁명사상과 자산계급혁명 조류가 부패한 청조 봉건통치를 맹렬하게 충격함에 따라서 한인도 매우 큰 영향을 받았다. 특히 손중산 등 자산계급 혁명가는 1905년 자산계급 혁명단체 중국동맹회를 세웠으며 동시에 「중국동맹회선언」을 제정하였다. 이 선언에서는 혁명강령을 실현하는 과정을 세 시기로 나누었는데, 그 중 제2기는 바로 '약법의 통치'시기로서 지방자치제를 실시 즉 "군정부는 지방자치권을 그 지방의 인민들에게 돌리며 지방의회 의원 및 지방행정관은 모두 인민으로부터 선거된다. 무릇 군정부의 인민에 대한 의무 및 인민의 군정부에 대한 권리의무는 약법의 규정대로 하며 군정부와 지방의회 및 인민은 각기 법을 엄하게 준수하고 위법하는 자는 그 책임을 져야 한다."[34]고 보았다.

손중산의 뜻에 의하면 이른바 지방자치는 "지방의 사정에 있어 정부는 털끝만큼도 간섭치 않고 그 지방의 인민들 스스로 다스려 나가게 하는" 것이다.[35] 여기서 지방자치는 지방인민을 주체로 삼고 지방의 공공사무를 대상으로 삼고 있음을 알 수 있다. 그러나 지방인민에 조직이 없다면 의견이 분분한 혼란 속에서 공공사무가 좋게 처리되기 어렵다. 그러므로 자치를 실행하고자 하면 반드시 조직단체를 만들고 단체의 활동을 통해서 의지와 역량을 통일시켜 지방의 공공사무를 관리하여야 한다. 자치권 범위내의 일에 대해 정부는 다만 감독의 지위에 서서 있을 따름이다. 손중산은 지방자치는 건국의 기초라고 생각하여 "지방자치는 국가의 초석이며 디딤돌이 견고

34) 翦伯贊, 『中國通史參考資料·近代部分』 下冊, 中華書局, 1981, 281쪽.

35) 王昇, 앞의 책, 197쪽

하지 못한 즉 국가도 마찬가지이다."[36] 또 말하기를, "미국이 독립되기 이전 13개 주는 지방자치를 실시하여 매우 발달했으며 독립 후 지방자치의 발달에 바탕을 둔 정치기초는 나날이 성장해 갔다." 따라서 손중산은 지방자치를 중히 여겨 채용하였던 것이다.[37]

한편 黃興도 지방자치를 헌정을 실현하는 교량으로 보고 "공화입헌의 기초는 모두 지방자치에 있다. 지방에서 자치를 실현하지 못하면 인민의 애국심은 반드시 취약해질 것이며, 사회의 진보와 문명은 운운할 수 없고 국가의 정치도 희망이 없다." 오직 "지방자치를 실시해야만 국민의 자치능력을 양성하고 공화의 활력을 발휘할 수 있다."[38] 그리고 1912년 3월 3일 동맹회는 새로운 '中國同盟會總章'을 통과하였는데 그 중 제1조는 "행정통일을 완성하며 지방자치를 촉진한다."고 적혀 있다.[39] 동년, 8월 동맹회는 공화당을 국민당으로 연합통일 할 때, 또 국민당 당의 강령에 "지방자치발전"을 넣었다.[40] 이러한 것은 한인자산계급 민족주의자들에게 큰 계시를 주었다.

3. 1910년대 서북간도지역의 자치운동

1) 간민회 자치운동

청말에 실시된 이른바 '헌정개혁'에서 시도된 지방자치제도에 따라 20세기 초 북간도지역에는 많은 자치소, 자치회가 성립되면서 이주 한인들은 자의든 타의든 상관없이 중국인 자치소에 참가하여 자

---

36) 王莹, 「联省自治缘起探析」, 『南京工程学院学报』(第7卷 第2期), 2007, 24쪽.

37) 王昇, 앞의 책, 54쪽.

38) 黃興, 『黄兴集』, 北京: 中华书局, 1981, 382쪽.

39) 彦奇, 『中国国民党史纲』, 哈尔滨, 黑龙江人民出版社, 1991, 62쪽.

40) 蕭伯贊, 앞의 책, 347~349쪽.

치사상과 지식을 배우면서 자신들의 처한 상황에 대비해 중국에서 자신들의 권리를 보장하고 안정한 삶을 영위할 수 있는 민족자치기관의 설립을 요구하는 움직임이 태동하였다. 이에 따라 북간도에서 처음 설립된 한인 자치단체는 1909년 11월 경 조직된 한민자치회였다.[41] 그 이후, 1910년 3월 한민교육회가 조직되었고, 한민교육회는 경술국치 후 간민교육회로 개칭되었다.[42] 이러한 선생조직에 힘입어 1913년에는 간민회가 조직되었다. 본 장에서는 간민회 선행조직에 대한 연구는 간소화하고 주로 간민회가 실시한 자치운동을 살펴봄으로써, 당시 상황에 따른 그의 성격을 밝혀보고자 한다.

19세기 말 20세기 초 일본제국주의가 조선에 대한 식민지화 과정을 다그침에 따라서 더욱 많은 한인과 파산된 농민들이 망국노가 되기를 원치 않아 압록강과 두만강을 건너 중국 동북으로 이주함으로써 동북의 조선족 인구는 급속하게 증가하였다. 1907년 동북의 한인 인구는 20여 만에 달하였는데 1908년에는 323,808명에 달하였고[43] 1920년에는 459,400여 명으로 증가하였다.[44] 특히 북간도 한인 인구는 1894년의 34,000여 명에서 1907년에는 71,000여 명으로 되었고 1910년에는 109,000여 명에 달하였다.[45] 따라서 1910년 이후 북간도의 총 인구 중 한인의 비율은 늘 70% 이상[46] 이어서 동북지구에서 가장 주요한 집거구로 발전하였다.[47]

---

41) 박걸순, 「북간도 간민회의 조직과 추이」, 33쪽.

42) 公信 第176號(1910.9.29), 「局子街韓民教育會ニ關スル狀況報告ノ件」, 憲機 第299號(1911.2.6), 「間島墾民教育會臨時會ノ狀況ニ關スル件」 및 憲機 第351號(1911.2.13), 「局子街墾民教育會ニ關スル件」, 公信 第16號(1911.2.13), 「墾民教育會ニ關スル報告ノ件」, 『不逞團關係雜件: 朝鮮人の部-在滿洲の部(1)』.

43) 황룡국 등, 『조선족혁명투쟁사』, 료녕인민출판사, 1988, 14쪽.

44) 조선족간사편찬조, 『조선족간사』, 연변인민출판사, 1986, 22쪽.

45) 현규환, 『한국유이민사』, 삼화인쇄출판부, 1976, 143쪽.

46) 연변대학민족연구원, 『朝鮮族研究叢書』 3, 연변인민출판사, 1991, 37~38쪽.

47) 김철성, 「중화인민공화국 수립전 중국 조선족의 민족자치운동」, 『지역과 역사』, 연변대 석사논문, 1993, 250쪽.

이에 청조는 한인들을 효과적으로 통치하기 위해 북간도지역에서 일부 '귀화입적'하고 또 '중국어를 소통한' 한인을 鄕約, 牌頭로 등용하고 그들에게 "조세를 징수하고 한민을 관할하는 직책을 맡겼지만" 향약, 패두는 다만 행정기관의 보조였지 행정권은 행사할 수는 없었다.48)

1909년 9월의 '間島協約'의 체결로 한인의 법적 지위는 규정하였고, 관할 주체도 바뀌었다. 이 협약으로 일제는 북간도에 대한 청의 영유권을 인정하였고, 따라서 이주 한인의 토지 소유권은 더욱 엄격히 제한되었다. 또한 이주 한인의 재판 청구권은 일본에 귀속되어 한인은 청과 일본에 의해 정치·경제적으로 더욱 곤란한 입장에 처하게 되었다. 이 같은 상황에서 한인들은 당면한 제반 문제를 중국 관헌과 교섭하여 해결하고자 하였다. 그 주체 세력들은 親中反日 성향을 지니고 있었는데, 북간도 간민회는 그 대표적 단체였다.49)

1911년 신해혁명의 성공으로 청조의 전제군주제도가 뒤엎이고 1912년 민주공화제인 중화민국이 창건되었다. 그러나 중화민국의 영도권을 찬탈한 원세개는 자신의 권익을 보호하기 위하여 민국초기에 이른바 "联省自治"를 표방하자 간민교육회의 주요인물들인 이동춘·김약연·김립 등은 이 기회를 이용하여 한인자치기관을 만들고자 노력하였다.

이러한 분위기에 편승하여 1913년 2월에 이동춘·김약연·김립 등은 간민교육회를 토대로 한인자치기관인 간민회50)를 건립하기로 결의하였다.51) 2월 26일에는 설립허가를 받기 위해 동남로관찰사서

48) 「邊務報告(연길편)」, 『東三省政略』 상, 83쪽.

49) 박걸순, 「북간도 간민회의 조직과 추이」, 29쪽.

50) 간민회의 원명은 杂居区域垦民会이다. 당시 중국지방 당국이 연변지역 한인이주민들의 거주지역을 '간도협약'에서 규정한 상부지·잡거구역·비잡거구역으로 엄격히 구분하여 관할하고 있었기에 간민회는 비잡거구역인 훈춘과 왕청현 가야하 이북지역을 포함시키지 않음을 상징하여 명칭도 잡거구역간민회라고 하였다. 다시 말하여 간민회는 가급적 중국지방당국의 법률에 저촉되지 않는 범위 내에서 조선족들의 자치를 실현하려고 시도하였던 것이다(김춘선, 『중국조선족통사』 상, 연변인민출판사, 2009, 109쪽).

인 도빈에게 「請願書」과 「墾民會草章」을 제출하였다. 간민회초장에서는 잡거지역 내 간민의 친선을 도모하고 중국의 법률을 연구하여 동일한 언어와 풍속을 실현하는 것이 간민회 설립의 종지임을 밝혔다. 이를 검토한 陳昭常은 草章 등이 타당하다고 여기고 비준할 것을 도빈에게 회시하였고, 도빈은 4월 1일 김약연에게 공문으로 비준 통보를 하였다. 한편 새로 탄생된 중화민국의 허가도 받기 위해 간민회는 이동휘·이동춘·정재면·박찬익 등 4인을 대표로 선발하여 북경의 黎元洪 부총통에게 보내 혁명의 성공을 축하하고, 한중 친선과 발전도모를 위해 '간민자치회'의 조직을 제의하자, 여원홍은 '자치'라는 말을 삭제할 것을 요청하여 간민회로 결정하였다.[52]

드디어 1913년 4월 26일 김약연 등은 白玉甫를 임시의장으로 선출하고 국자가에서 간민회 성립대회를 개최하였다. 대회에서는 선거를 거쳐 간민회총회의 행정부처와 임원을 선발하였다. 간민회총회는 회장과 부회장을 두고 산하에 총무, 서기, 민적조사과, 교육과, 법률연구과, 재정과, 식산흥업과 및 평사원을 두기로 하였다.[53] 그리고 총회본부는 국자가에 설치한 후, 연길, 화룡, 왕청현에 분회를 설치하였다.

간민회는 민국시기 제일 처음으로 중국정부의 인정을 받은 합법적인 한인단체로서 비록 자치단체로서는 인정을 받지 못했지만 역시 상당한 성과라고 볼 수 있다. 간민회는 우선 간도지역 한인들의 안정된 생활과 이익을 위해 중국관청과 끈끈한 관계를 정립하고 유

51) 간민회 주요 결의 사항은 다음과 같다. 중앙총회는 길림동남로 연길부 국자가에 설치할 것, 훈춘·화룡·왕청현 시가에 지방총회를 설립하고 지회는 每 社에 하나씩 설치할 것, 총회 경비 1천원을 분납할 것, 내년 음력 2월 10일 중앙총회를 열어 지방총회와 지방지회 설립 위치와 임원 등을 정할 것, 중앙총회와 지방총회의 임원은 1년에 2회 투표로 개선하고 지방지회 임원은 1년에 1회 투표하여 지방총회를 경유하여 중앙 총회에 보고할 것 등이다(박걸순, 「북간도 간민회의 조직과 추이」, 『연변지역 조선족의 민족교육과 항일운동』(명동학교 창립 100주년 기념 국제학술회의), 2008, 46쪽).

52) 尹炳奭, 『國外韓人社會와 民族運動』, 32쪽.

53) 「간민회통지서」, 1913년 5월 1일 간민회총회, 『연길현연길부문집』(28), 연변주당안관 소장.

지하는데 주력하였다. 이를 위해 간민회는 간도지역 한인들이 토지 소유권을 취득하는 것을 전제로 중국에 입적하는 활동을 전개하면서 자치권을 얻고자 노력하였다.

당시 북간도 한인상황을 보면, 대부분이 함경도 북부지역 파산된 농민들이 이주하였고 또한 이주한지도 오래되었다. 하지만 그들의 입장에서 보면 아직도 일제의 통치에서 벗어나지 못했고 토지소유권이 없는 빈곤한 삶을 영위하였다. 따라서 그들의 인식 속에는 항일을 위한 자치운동을 전개하기보다는 생활상의 안정과 생존을 위한 담보가 우선이었을 것이라고 생각한다. 때문에 중국국적에 입적함으로써 일제의 통치에서 벗어나 중국정부의 보호하에 자신들의 집거구에서 생활상의 안정과 생존을 위한 자치단체를 설립하여 우선 한인들의 생활상의 안정과 생존을 담보함으로써, 독립운동을 위한 인적, 물적인 역량을 키우려고 하였다.

당시 중국에 입적한 한인들의 이유를 봐도 잘 드러나 있다.[54)]

(1) 법적으로 민국정부의 보호를 받아 안정된 사회, 경제생활을 유지하기 위해서이다. 통계에 의하면 이런 목적으로 입적한 한인의 수는 98%에 달했다.[55)]

(2) "한일합방"에 불만을 품거나 조선의 미래에 대해 자신감을 잃고 입적하는 자들이다. 예컨대 화룡현에 거주하는 한인들은 "한일합방 후 고국이 일본에게 능욕을 당하는 것을 목격한 후, 비분을 참을 수 없어 한꺼번에 2,289명이나 입적하였다."

(3) 일본영사관 혹은 경찰서의 관할과 간섭에 혐오 혹은 불만을 품고 귀화하는 경우다. 대체로 이런 한인들은 비교적 강한 반일의식을 갖고 있으며, 독립운동가들과 관계가 밀접하다.

(4) 간도에 이주한지 오래되어 언어나 습관 등 여러 면에서 당지

---

54) 손춘일, 「중국조선족 민족과정과 간민회」, 84쪽.

55) 大阪经济法科大学间岛史料研究会 编, 『在间岛日本总领事馆文书』 上, 大阪经济法科大学亚细亚研究所, 1999年 10月, 458쪽.

중국인들과 별반 차이가 없어 자연스럽게 입적하는 경우다.[56)]

민국초기 북간도에는 한인이주의 80% 이상이 농민이었기에 그들에게 있어서 제일 큰 관심사가 토지문제였다. 하지만 민국정부는 간도 거주 한인 대부분은 일본국적 소유자이며 일본은 또한 이런 한인들을 이용하여 불법으로 토지를 구매하면서 그 세력을 확장한다고 보았기에 그들의 토지소유권 취득을 많이 제한하였다.

1913년 말 연길현의사회에서는 한인들의 토지매매를 금지시키고 왕청현에서 간민회 왕청분회 기지구입도 거부되었다.[57)] 1913년 9월, 왕청현지사 장조주는 도빈에게 편지를 보내 "관내 조선개간민들이 재산을 비축하는 것을 엄중히 제한하고 있다. 다만 간민회가 성립되고 각 지역에 지회까지 두고 있는 상황에서 한민들이 간민회의 명의로 토지를 구입할 가능성 충분히 있다. 중국인들이 이들에게 토지를 팔 수 있게 허용해야 하는지?"라고 질의하였다.[58)] 이에 도빈은 아직 중국국적에 가입하고 있는 자에 한하여서는 토지를 팔아서는 안 된다고 답복을 주었다.

이러한 상황하에 1913년 11월 20일 김약연은 동남로관찰사서에 연길현의사회의 부당한 결정을 강력히 반대하는 "건백안"을 보내 북간도 거주 한인들에게 토지소유권을 줄 것을 요구하였다. 김약연은 "건백안"에서 다음과 같이 지적하였다.

"대체로 백성은 먹을 것을 하늘로 간주하고 있습니다. 먹을 것은 땅에서 나오므로 먹을 것과 땅은 일치한데 땅이 없으면 생명도 끝나는 것이므로 세상에 이보다 더 귀중한 것은 없습니다. 현재 간민들은 전문 농사에 종사하는 사람들인데 지방의사회에서 토지매매를 금지한 그때로부터 민심이 크게 동요되고 어쩔 바를 몰라 합니다. 이로 인하여 민심이 상반되는 쪽으로 쏠

56) 「间岛关系(开放和调查) 2」, 高丽书林, 『韩国侵略史料集』, 523쪽.

57) 김춘선, 앞의 책, 111쪽.

58) 東南路觀察使署文件, 『吉林東南路觀察使署指令』 第87號, 중화민국 2년 9월 16일.

리고 동종으로 보살피는 그 정분에 비감케 될 가 우려됩니다. 그리고 변방의 방책에도 큰 문제가 될 것이니 시세를 모르지 않는 사람은 방관하지 않을 겁니다. 하물며 한족(韩族)은 이 땅을 제2고향처럼 여기면서 의리 있는 사람들은 모두 생명으로 고수하려 합니다. ……"[59]

김약연은 "건백안"에서 간도거주 한인과 중국인의 친밀성을 강조하면서 간도 거주 한인들은 이곳을 제2고향으로 간주한다고 지적하였다. 특히 한인들이 토지를 구매할 경우, 간민회는 한인들을 대표하여 의사회와 현지사에게 담보서를 제출하기로 하였으며, 또한 북간도 각 현의 지사들도 "품행이 단정하고 중화민국 법률을 준수하며 간민회 종지를 찬성하는 자"에 대해서 이들이 입적한 후, 토지를 구매할 권리를 가지도록 담보해 줄 것을 요구하였다.[60] 더 나아가 입적한 한인이민들은 모든 행위가 민국인들과 똑같을 것이라고 하였다. 아울러 김약연은 간민회를 이끌고 간도 거주 한인들을 상대로 중국에 입적하여 "공화지민"이 되는 입적활동을 전개하였다. 그는 "건백안"에서 조선이민들은 "날로 향화하고 있으며 이 땅에 사는 것을 즐거워한다."고 지적하였다.[61] 한인들이 토지매매에 직접 참여하려던 계획은 실행되지 못했지만 간민회가 주도한 간도 한인들의 입적활동은 한인사회에서 많은 호응을 얻었던 것으로 나타나고 있다.

한편, 도윤은 길림순무사에게 보고하기를 "간민회는 적극주의를 가지고 있으며 한교를 자기들의 조직 내에 가입시키려 한다. 그리고 귀화입적하여 공화와 민권을 신장시켜 한일합방이란 울타리에서 탈피하려 한다."[62]

---

59) 길림동남로관찰사서, 『간민회 총회장 김약연의 〈건백안〉』 제2호, 중화민국 2년, 연변당안관소장.

60) 吉林東南路觀察使署, 『墾民會會長金躍淵致觀察使陶彬的建白案』 제2호, 중화민국 2년 11월 20일.

61) 위의 책, "日深向化, 乐如故土."

62) 吉林東南路觀察使署档案, 『为呈覆事』, 中华民国 3年 2月 11日.

이는 통해, 간민회의 친중반일적 성격을 알 수 있으며, 나아가 중국정부의 인정을 받아 사회적 기반을 튼튼히 하려고 노력함을 엿볼 수 있다. 또한 「細則」에서도 그러한 예속적 사정이 더욱 명확하게 규정되어 있다. 제2장의 목적에서는 '본회의 목적은 길림동남로관찰부 관내에 거주하는 간민으로서 중화민국의 법률을 연구하여 중화민국의 법률에 저촉하지 않는 범위 내에서 인생의 생활상 안녕 복리를 도모 증진하고 관찰부의 통치상 일부의 보조기관으로서 간민의 공중을 대표하여 고쳐야 할 사항을 관청에 건의하여 개량하고 억울한 일을 관청에 보고하여 보호를 청구하는데 있다'고 되어 있다. 즉, 간민회는 관찰부의 통치상 일부 보조기관에 불과하다는 것이다.[63]

요컨대, 간민회는 민주공화정체인 중화민국을 표방한 근대교육과 유신사상을 주장하였다. 즉 간민회는 민국초기부터 간도 거주 한인들의 입적을 주도하면서 그 목적을 중국의 법률에 복종하면서 동화가 아닌 "민족자치"에 역점을 두고 있었다.[64] 이는 당시 일제의 통치에서 벗어나 중국에서 합법적 사회적 지위를 보장받으면서, 살아가려는 한인들의 적극적인 노력이었던 것이다. 간민회는 1914년 3월 중국의 명령에 의해 해산되지만 북간도 한인들의 항일독립운동사에서 뿐만 아니라 그 지역 한인들의 자치운동의 발전사에서도 중요한 역사적 의의를 갖고 있다. 오늘날 '조선족'들이 연변조선족자치주 내에서 민족자치권을 행사할 수 있게 된 그 역사적 발단은 아마도 간민회로부터 시작되었다고 해도 과언이 아닐 것이다.[65]

---

63) 박걸순, 「북간도 간민회의 조직과 추이」, 48쪽.

64) 손춘일, 「중국조선족 민족과정과 간민회」, 88쪽.

65) 최봉룡, 「간민회의 조직과 활동 및 성격」, 138쪽.

2) 경학사 자치운동

1910년 대한제국이 멸망 후, 조선국내에서 설립된 비밀결사 조직인 신민회가 곤경에 처하자 그들은 해외독립운동기지 개척의 일환으로 중국 동북지역의 여러 한인집거구를 답사하고 일제세력이 상대적으로 미약한 남만지역 즉 유하현 삼원포 추가가를 반일기지로 선정하였다. 동년 12월에는 남만지역반일기지건설의 구체적 방안으로서 첫째, 통화현 부근에 토지를 구입하여 반일기지를 창설하고 무관학교를 설립하여 기회가 오면 반일무장투쟁을 개시할 것; 둘째, 조선국내에서 이주 가능한 한인들을 모집하여 계획적으로 집단이주를 시행할 것; 셋째, 각 지역 대표들은 자기의 관할지구에서 이주민과 군자금을 모집할 것 등을 결의하였다.[66] 따라서 1910년 전후 이회영 6형제를 포함한 식구 40여 명과 이동녕·이상룡·김찬환·주진수 등을 비롯한 많은 유지인사들은 계획에 따라 속속 중국 동북의 남만지구로 집단이주하여 한국독립운동기지 건설의 기초를 닦기 시작하였다. 1911년 4월 이상룡 등 반일애국지사들은 남만지구의 반일한인군중을 중심으로 남만지구의 첫 자치단체 성격을 띤 경학사를 건립하였다.

경학사는 산하에 내무, 농무, 재무, 교무 등 4개부를 설치하였는데, 사장에 李相龙, 내무부장에 이회영, 농무부장에 张裕淳, 재무부장에 이동녕, 교무부장에 류인식이 각각 임명되었다. 그 후 경학사는 한인의 이주와 정착, 경제적 향상, 항일민족의식고취, 군사교육 실시 등을 사업목표로 규정하고 본격적인 활동을 전개하였다. 뿐만 아니라 경학사는 농업을 장려하고 자제들에게 민족교육을 실시하는 한편 조선족청년들에게 군사교육을 실시하기 위해 신흥강습소를 설립하였다.[67] 경학사는 한인 자치단체로서 그 취지서에서 산업을 발

66) 신용하, 『한국민족독립운동사연구』, 을유문화사, 1985, 111쪽.

전시켜 인민의 생활을 보장하고 교육을 발전시켜 한인들의 민족의식을 제고할 것을 제기하였다.[68] 그들은 한인의 생산과 교육 등을 관리하는 자주권을 쟁취하여 효과적인 자치를 실시하기 위하여 적극적으로 중국당국의 허가를 청구하고 또 토지경작권을 얻어 한인사회의 안정과 순조로운 발전을 보증하기에 힘썼다.

한편, 당시 많은 애국지사와 한인들이 남만지역으로 이주하게 되자 당지의 중국인들은 그들을 일제의 주구로 오해하고 배척하기 시작하였다. 따라서 각 현장들은 산하 각 기관에 명령을 내려 한국인과 중국인이 토지를 매매하는 것을 금하고 교통을 차단하는 바람에 한인들은 왕래에도 제한을 받게 되었다. 경학사를 중심으로 한 한인들은 중국인들의 이러한 한인배척운동을 극복하기 위해 안으로는 그들과 친할 수 있는 '변장운동'과 개명운동을 전개하는 한편, 밖으로는 중국관헌과 적극적인 외교활동을 전개하였다.[69]

변장운동이란"나의 동포 잃었으니 이웃 동포 내 동포요, 나의 형제 잃었으니 이웃 형제 내 형제"[70] 라는 슬로건을 내걸면서 대의를 위해 일치단결하여 의복과 모자, 신 등을 그들과 똑같이 변장하였으며 하루빨리 중국어를 장악하기 위해 어학강습소 또는 중어학교를 세우기도 하였다. 뿐만 아니라 반일지사들은 변장운동의 일환으로 본인의 이름을 중국식으로 바꾸기도 하였는데 李相熙는 李相龙으로 金肯植은 金东三으로, 金缵植은 金东满으로 개명하기도 하였다. 이와 같이 남만지역의 반일지사들은 변장운동과 개명운동을 통하여 중국인들과 우호적인 관계를 조성함과 동시에 지방당국으로부터 민적을 획득하고 황전의 개간과 자치를 허용받음으로써 보다 효과적

67) 김춘선, 앞의 책, 121쪽.

68) 이상룡, 『석주유고』, 고려대출판부, 1973, 209쪽.

69) 윤병석, 『1910년대 국외항일운동 1: 만주·러시아』, 독립기념관 한국독립운동사연구소, 2009, 80~81쪽.

70) 원의상, 『신흥무관학교』(독립운동사자료집 10), 교육과학사, 1996, 81쪽.

인 반일투쟁을 전개하고자 하였다.

한편, 외교활동은 이상룡·이시영·이동녕 등이 앞장서서 북경의 원세개대총통과 직접 교섭을 벌인 결과, 원세개의 비서 호명신이 이동녕·이회영과 함께 봉천의 장작림과 유하현 지사를 설득시켜 이주 한인에 대한 법적보호를 획득하였다.71)

1911년과 1912년 연속 일어난 농업의 대흉과 풍토병의 만연 및 경제적인 어려움으로 1912년 말에 와서는 유명무실해졌다. 그 후, 경학사정신을 이어받아, 공리회, 부민단, 한족회 등 자치단체들이 조직되면서 남만지역의 자치운동을 계승하였다.

남만지역 한인 이주민들은 1910년을 전후하여 대부분 집단이주의 형식을 취했으며, 그들의 출신을 보면, 경기도나 영남유림 출신이 대부분이었다. 그리고 황실과도 직접 혹은 간접적인 영향을 가지고 있는 사람도 있었다. 우선, 경학사 건립의 주축인 이회영 가문은 보면, 유서 깊은 경주 이씨 가문인 백사 이항복의 정통적 후손으로서 당시 영의정, 이조판서 등을 역임하던 이 나라 최고 지도층 가문에서 나온 항일 가문이기에 매우 뜻 깊은 것이다.72) 한편, 이 시기 이회영은 고종황제와 연계를 가지고 있었다는 점에서도 그의 내심에는 황실주의 사상이 슴배여 있음을 보아낼 수 있다. 때문에 이 시기 손중산의 공화주의 사상보다는 유교사상에 기초한 중화주의 사상이 더욱 마음에 와 닿았을 것이다.

그리고 경학사 설립 취지문을 쓴 이상룡만 해도 그렇다. 그는 신민회 간부들의 권유에 의해 삼원보로 망명을 떠나지만 결코 불충의 인물이 아니었다. 영남유림의 상징적 인물로서 투철한 역사철학사상을 가진 학자였다. 그는 남만지역에 온 다음 동북지역의 한·중 역사연원을 따지면서 민족주의를 고취하였다. 그의 취지문에도 잘 나

71) 이상룡, 「행장」, 『석주유고』, 335쪽.

72) 안천, 앞의 책, 140쪽.

타나 있다.

「이상룡은 동북지역의 역사와 영토에 대하여 부여구강주의와 대고구려주의에 입각한 역사 인식을 내세워 동북의 역사를 민족사에 편입시키고, 동북 사람들까지도 동포로 볼 것을 주장하고 있다. 적극적이고 근대적인 항일 투쟁방략을 구사하여 항일 민족 독립운동을 계속하여 추진해 나가면 반드시 좋은 성과가 있을 것을 강조하고 있다. 그리고 16세기의 네덜란드, 19세기의 그리스 독립을 주목하고 희망을 불어넣고 있다.」[73)]

요컨대, 경학사는 1년 밖에 존재하지 못한 단명 단체이지만 그들 계승한 후속 단체들이 속속 건립되면서 남만지역 자치운동을 이끌어 갔다. 해외독립운동기지의 일환으로 개척된 남만지역은 사실 간도협약의 체결로 완전히 외국 땅으로 변하면서 한인들이 거주권과 토지소유권이 없었다. 이러한 상황에서 조선의 유지인사들은 경학사를 비롯한 자치단체를 설립하여 지역적과 역사적인 연원을 따지면서 동북지역의 민족의식을 고취하고 중화주의를 지향하였다.

4. 맺음말

이상에서 20세기 초 청말의 지방자치와 손중산의 삼민주의 분석을 통해, 1910년대 북간도의 간민회와 남만의 경학사 자치운동성격을 살펴보았다. 아래 두 한인자치단체의 성격을 규명하는 것으로 결론을 대체하고자 한다.

20세기 초, 청조는 국내외 위기에서 벗어나기 위해 헌정을 실시하기 시작하였다. 이러한 정책의 영향하에 각 지방에서는 지방자치를 실시하기 시작하였는데 이는 우선 먼저 동북에서 보급되기 시작

73) 위의 책, 141쪽.

하였다. 따라서 두만강과 압록강 대안에 사는 한인들도 자의든 타의든 상관없이 중국 지방당국의 정책에 따라 중국인이 꾸린 자치회나 자치연구소에 편입되거나, 혹은 스스로의 자치회를 만들기도 하였다. 이 시기 대표적인 것이 한민자치회이다. 이러한 선행조직에 힘입어 1913년 간민회가 조직되었다. 간민회는 민주공화정체인 중화민국을 표방한 근대교육과 유신사상을 주장하였다. 즉 간민회는 민국초기부터 간도 거주 한인들의 입적을 주도하면서 그 목적을 중국의 법률에 복종하면서 동화가 아닌 "민족자치"에 역점을 두고 있었다. 이는 당시 일제의 통치에서 벗어나 중국에서 합법적 사회적 지위를 보장받으면서, 살아가려는 한인들의 적극적인 노력이었던 것이다.

한편, 남만지역의 경학사는 신민부의 해외독립운동기지개척의 일환으로 성립된다. 이 단체는 식산흥업·교육구국론에 입각하여 생산과 교육에 중점 둔 자치운동을 전개하였다. 마침 신해혁명을 계기로 손중산의 삼민주의는 전국각지에 전파되기 시작하였다. 사실 손중산은 전제주의를 뒤엎고 공화주의로 제창해야 했지만, 초기 그의 사상에는 전제주의에서 중화주의로 향한 측면이 더욱 강하였다. 이러한 사상은 남만지역 이회영 등 왕족의 혈통을 가지고 있는 인사들에 의해 흡수되면서 그들은 중국의 전통유교사상에 편입하려는 노력을 경주하였다. 때문에 경학사와 그 뒤를 이은 부민단은 독립이라는 큰 틀 속에서 유교사상의 이념하에 중국 전통유교에 편입하려고 노력하였음을 알 수 있다.

제2부 언어, 문학과 번역

근대 전환기 중한 양국의 서구문학 수용양상

: 루쉰과 최남선의 경우를 중심으로

李光在

(中國海洋大學)

1. 들어가는 말

20세기 초 중한 양국의 문화와 문학적 담론에서 그 사용 빈도가 가장 높은 단어는 아마도 '계몽'을 비롯한 계몽운동이나 계몽주의, 계몽문학 등 계몽과 관련된 일련의 개념들일 것이다.

사실 계몽운동, 계몽주의나 계몽문학 등 개념들은 계몽이란 단어와 직접적인 연관을 맺고 있는 것이다. 특히 계몽운동은 광의적 의미와 특징적 의미를 가지고 있는 개념이다. 광의적 의미에서의 계몽운동이란 교육을 통하여 전 사회적으로 신생사물을 수용함으로써 진일보의 발전(진보)을 이룩함을 뜻한다. 특징적 의미로서는 17세기에서 19세기 초까지 서구 부르주아혁명시기 생겨난 자본주의의 최초 발전추세를 대표하는 종교신학을 반대하고 봉건전제를 반대하는 각종 철학, 사상운동을 가리킨다. 이것은 근대 유럽에서 일어난 한차례 철학과 사상 해방운동이었다. 주지하다시피 이 운동은 17세기 말에 시작되어 18세기에 최고조에 달하였다. 그런데 중국이나 한국은 19세기 말~20세기 초에 와서야 보편적인 관심을 불러일으켰고 따라서 일종의 사회사조로 된 것이다.

계몽이란 '계발, 깨우침'이란 뜻을 가지고 있다. 루쉰은 1933년에 「나는 어떻게 소설을 창작하였는가」에서 "'왜' 소설을 썼는가라고 한다면 나는 여전히 십 몇 년전에 가지고 있던 '계몽주의'를 고집한다. 반드시 '인생을 위하고' 또한 이 인생을 개량해야 한다고 생각한 것이다. …… 그러므로 나는 많게는 병태 사회에서의 불행한 사람들에게서 취재를 많이 했다. 그리하여 그들의 병든 고통을 폭로하여 치료하도록 주의를 불러일으키려고 한 것이다."[1]라면서 자신의 소설 창작이 계몽과 연결되어 있음을 지적하고 있다. 여기서 루쉰은 특별히 '계몽주의'라면서 그것이 일종의 문학사조로서 가지고 있는 중요한 문화적 기능을 강조한 것이다. 즉 인생을 개량하고 동시에 국민성을 개조하려는 뜻을 내비치었다.

성숙한 계몽주의사상은 자유와 법과 이성 정신을 내포하고 있다. 여기서 '자유'란 단순히 '인간을 발견'하는데 그치는 것이 아니고 더욱이는 '개인을 발견'하는 것이 인성을 해방하고 자아를 실현하는 전제임을 가리킨다. Bertrand Russell(1872~1970)은 "자유주의 태도의 일체를 압도하는 특성은 개인주의에 대한 존엄"이라고 지적하면서 이러한 개인주의적 자유 원칙은 경제영역에서는 '간섭하지 않고 방임'하는 것으로 표현되고 철학적 면에서는 "지식론에 대한 흥미를 돌출화 함으로써 후의 적지 않은 철학자들이 그것을 위해 침식을 잊게끔 한 것이다."[2]고 말한다.

만일 자유가 개인해방과 자아실현의 문제라면 법적 요구는 인간과 인간지간의 관계를 해결하기 위하여 자유를 보장하는 것일 것이다. 사실 인성과 자유는 긴밀한 관계를 가지고 있다. 사회적 규범으

1) 루쉰, 「我怎么做起小说来」, 『鲁迅全集』 第四卷, 人民文学出版社, 1981, 512쪽.

2) 罗素, 『西方的智慧』, 世界知识出版社, 1992, 282쪽.

로서의 법적 제약을 떠나서는 인간의 사회에서의 진정한 자유도 실현할 수 없는 것이다. 즉 법이 해결할 수 있는 것이란 주로 인간의 외재적 자유이지 내재적 자유는 결코 해결하고 실현할 수 없는 것이다. 칸트는 계몽이 필요한 자유는 결코 '외재적 자유'만이 아니고 더욱 주요한 것은 일종의 '내재 자유'라고 인정하였다. 즉 "관습을 벗어나고 동시에 여론에 의해 강화된 개념과 사상방식에 속박에서 벗어난 그러한 자유란 그렇게도 평범하지 않은 일종의 자유이다……."[3] 그리하여 자유를 외재 자유로만 생각한 이른바 각성자들은 고통과 절망으로 인생을 마친 것이다. 이를테면 모순의 소설『자살』중 환아가씨는 자유 추구에서 실패한 후 자유에 대하여 저주한다. 이러한 것들은 개성해방을 단순히 외재적 자유와 성공으로만 생각하고 내재 자유 및 이성적 정신이 자아에 대한 인식과 자아 반성을 중요성을 무시한데서 기인하는 것이다. "당신의 안전과 즐거움에 대한 당신의 이성을 쉽게 이야기하거나 소홀시하는 것은 해로울뿐만 아니라 잘못된 것이다. …… 자아인식을 소홀시하는 것은 비겁한 짓이고 또한 인류의 진실한 본질에 대한 일종의 배신이다."[4] 라고 릭크만은 지적한다.

일반적으로 중한 양국의 근대 계몽사조는 외래문화의 충격의 산물이라고 인정한다. 따라서 양국의 이 시기 계몽문학도 지대한 '수동'적 성분과 '타자'화된 색채를 띠고 있다는 것이다. 그러나 명나라 말기의 자본주의 맹아시기 시민계층은 급속도로 성장했고, 초보적이나마 근대의식을 소유한 신형 지식분자들이 수적으로 끊임없이 성장한 것만은 사실이다. 한국의 경우 조선 말기, 17세기 후반부터 19세기 전반에 걸쳐 성리학의 공리공론에 반대하여 새로운 방향을

3) 康德,『历史理性批判文集』, 商务印书馆, 1990, 48쪽.

4) H. P. Rickman, 姚林等译,『理性的探险』, 商务印书馆, 1996, 13쪽.

모색한 사상으로, 근대 의식이 형성되면서 정치적, 경제적 문제와 과학, 기술, 역사, 문화, 풍습과 같은 한국 문화에 대한 광범위한 연구를 통하여 당시 조선의 변화와 개혁을 주장한 실학사상은 서제동점이라는 세계사의 전환 과정에 초보적인 근대의식을 갖춘 지식인들이 주장한 개혁사상에 다름 아니다. 실학사상은 개혁과 개방이라는 시대 요청에 대한 철저한 인식에서 기인한 것이고, 고대의 유교 경전에 관한 근본적인 탐구로부터 시작한 것이다. 실학사상의 궁극적 목표는 부국강병이었다. 결국 실학은 조선후기의 새로운 시대 과제를 해결하기 위하여 서양문물을 참조함과 동시에 고대 유교 경전의 재해석을 바탕으로 개혁개방을 제시하는 과정에서 탄생한 것이다. 이러한 것들이 이 시기에 근대 계몽운동이 일어날 수 있는 물질적 기초와 전제이다.

비록 중국이나 한국의 근대성 문제는 서구의 충격으로 지식 엘리트들에 의해 명확하게 제출된 것이지만 근대성의 실현은 본토의 사회적 역량에 의해서만 실현 가능한 것이다. 이 시기에 중한 양국에서는 민간사회에 이미 미소한 것이긴 하지만 근대성 요구를 표현하고 있었다. 중국 5.4의 공적은 "바로 이러한 몽롱한 표현을 발굴해 내고, 또 그것을 해석하고 전환하고 혹은 그것을 진정한 근대성 역량이 되도록 자극한 데 있다.(이를테면 호적의 백화문학, 주작인의 평민문학, 민간문학에 관한 주장인데 호적과 주작인이 백화, 평민, 민간문학을 발굴하고 해석하는 과정에 모두 본토의 전통에 기대고 있었다.)" 그러므로 "중국현대의 민간문학학과는 서구현대학술의 전반적인 이식이 아니고 다만 서구 학술의 표층 어휘를 차용한 것으로 그 깊은 이념은 이미 본토화된 것이다. 민족적 목표의 주변적 이념을 민족적 목표의 하위 이념으로 전환한 것으로 이것은 신문화, 신문학운동의 기본 문제—본토의 전통적 세속 민간세계를 빌어 신성한 관방세계를 부정—와 내재적인 관련성을 가지고 있다."5)

이런 전제 밑에서 루쉰과 최남선의 번역행위와 그것이 그들 개인의 창작사상이나 창작방법에 준 영향을 비교 분석하고자 한다.

루쉰과 최남선의 문학창작 생애에서 번역은 자못 중요하다. 그들은 모두 번역을 중요시하였고, 번역을 창작과 동등하게 생각하였다. 즉 창작만큼 번역도 그들의 문학에 중요한 비중을 차지하고 있다.

루쉰과 최남선은 번역의 목적을 우선 민지의 개발에 두었다. 그들은 모두 중서, 고금의 교차로에 서있던 인물로 스스로 적지 않은 고민과 방황을 한 것이다. 그들의 몸에는 동서문화의 이중적 충격 밑에서 자신이 담고 있는 나라와 민족의 미래에 대해 심각한 고민을 하였고, 그 구원의 약으로 생각한 것이 바로 서구문명이었던 것이다. 그것은 사람을 계몽하는 것이 주된 급선무의 하나라고 생각한 것이다.

근대문명에 대한 그들의 이해는 번역과 함께 창작으로 이어지고 있다. 그렇다면 여기서 잠깐 문제를 제기하도록 하자. 루쉰과 최남선에게 있어서 번역이 중요하다면 그 요인은 무엇일까? 그들은 주로 어떤 문학작품을 번역하고, 어떤 번역방법을 취했는가? 그들은 주로 어떤 나라의 작품을, 어떤 경로를 통하여 번역하였는가? 그들은 번역행위를 어떻게 인식하였는가? 그것이 창작에 준 영향은 무엇일까? 이러한 제 문제들을 본고에서는 비교문학적 방법으로 분석하고자 한다.

2. 외국 문학작품 번역의 이해

루쉰의 문학생애는 번역에서 시작되고 또한 번역으로 마친다. 1903년 그리스의 정치 역사소설인 「스파르타의 넋」을 역술한 것을 시작으로 일생동안 14개 나라의 110명 작가의 244편 작품을 번역하

5) 吕薇, 「现代性论争中的民间文学」, 『文学评论』, 2000年 第2期.

였는데 총 글자 수가 500만자를 넘은 것[6]으로 이것은 거의 그의 창작과 맞먹는다. 1936년 임종하기 전에 번역한 고골리의 「죽은 넋」(제2부)을 고려할 때 루쉰의 번역 시간은 33년이 된다. 그만큼 루쉰에게 있어서 번역은 창작만큼 중요한 일이었던 것이다. 오랜 시기동안의 번역은 루쉰의 창작에 많은 계시를 주었을 것이다. 루쉰은 "번역을 중요하게 생각한 것은 그것을 거울로 삼기 위함이고 사실은 나의 창작을 추진하고 격려하였다."[7]고 지적하고 있다. 그러면서 번역행위를 문학창작과 문학비평과 대등하게 중요시하고 있다. "창작, 번역과 비평에 대하여 나는 등급을 연구한 적이 없다. 그러나 나는 모두 상당한 존중을 한다. 늘 조소를 당하는 번역과 소개에 대해서도 경시한 것이 아니고 오히려 그 힘이 예삿일이 아니라고 생각한다."[8]

루쉰은 중국의 중서와 고금의 교차로에 선 인물로 그의 일생은 모순과 곤혹으로 가득 찼다. 봉건적 중국에서 근대로 이행하는 담론환경에서 "그는 동서문화의 이중적 충격을 받아야 했다. 그의 몸에는 동서문화가 합류한 후의 심각한 중국인의 한 사람으로서 모든 위기와 복잡성이 표현되고 있다. 그는 모든 인격으로 20세기 중국이 면한 무한히 복잡한 문제를 부담하였으며, 그는 자신의 복잡성으로 중국과 세계의 당면한 곤경과 선택의 어려움을 증명하였다."[9] 루쉰은 자신이 당면한 이러한 모순과 어려움을 해결하기 위한 방책으로 번역을 선택한 것이다. 루쉰은 번역을 통해 "진부하고 낡은 나라에서 생활하는 사람들"이 자신의 고통을 의식하고 그럼으로써 이러한 고통을 치유하는 '통쾌'를 얻음으로써 "다행스럽게 존재하는 낡은 나라가 고유의 것에 기대여 진부한 문명을 고집하면서 모든 것을 경질시켜 마침내 멸망의 길을 걷게 되는 것"[10]을 미리 예방하

---

6) 李万钧, 「鲁迅与世界文学」, 『鲁迅与中外文学遗产论稿』, 海峡文艺出版社, 1985, 201쪽.

7) 鲁迅, 「关于翻译」, 『鲁迅全集』 第四卷, 人民文学出版社, 1981, 553쪽.

8) 鲁迅, 「新的世故」, 『鲁迅全集』 第八卷, 人民文学出版社, 1981, 150쪽.

9) 汪晖, 『反抗绝望: 鲁迅及其文学世界』, 三联书店, 2008, 50쪽.

려 한 것이다. 그리하여 루쉰은 자신의 번역행위를 프로메테우스가 불을 훔치는 것에 비유하고 있다.

사람들은 흔히 신화 속의 Prometheus(프로메테우스)를 혁명자에 비유한다. 불을 훔쳐 인간에게 가져다 준 것으로 상제의 학대를 받았지만 후회하지 않는 정신은 혁명자의 드넓고도 견인한 점에서 똑 같기 때문이다. 그런데 나는 타국에서 불을 훔치는 본의는 내 자신의 고기를 삶는 데 있다. 그리하여 만일의 경우 그 고기맛이 비교적 좋아 그것을 맛보는 사람들에게서 얼만큼의 좋은 점을 얻을 수 있다면 내 이 육신을 헛되이 한 것은 아니리라.[11)]

이처럼 루쉰은 번역을 통해 깊이 잠자고 있는 중국과 그 국민을 깨치자고 한 것이다. 그리하여 루쉰은 과학기술, 역사학, 의학, 문학, 미술 등 여러 영역의 외국서적들을 번역하였다. 그리고 문학작품에는 시가, 산문, 희곡, 소설, 문학이론 등 여러 장르에 걸쳐 광범위하게 번역하였다. 이처럼 루쉰은 다른 번역자들처럼 자신의 장점을 살린 것이 아니라 번역대상을 선정할 때 주로 당시의 중국에 유용여부를 고려한 것이다. 즉 자신의 이해득실이나 외국어 실력, 문학 특기, 취미 같은 것은 고려하지 않았던 것이다.

루쉰은 외국문화에 대하여 '나래주의'를 주장하였다. 그러나 이러한 주장은 선택적인 것이고 주동적인 것으로 항상 수용 주체의 식별 능력을 강조하였다.

우리는 뇌를 사용하고 눈을 크게 떠 자기 스스로 가져와야 한다. 다른 사람이 보내온 것은 경각성을 높일 필요가 있다. 먼저 영국의 아편이 있었고, 독일의 폐물처럼 된 총포가 있었으며 후에는 프랑스의 향수가 들어왔고 미국의 영화가 들어왔으며 일본의 '완전 국산'이 인쇄된 각종 작은 상품들이 들어왔다.[12)]

---

10) 鲁迅: 出了象牙之塔. 后记,『鲁迅全集』第十卷, 人民文学出版社, 1981, 243쪽.

11) 鲁迅: "硬译"与"文学的阶级性",『鲁迅全集』第四卷, 人民文学出版社, 1981, 209쪽.

이처럼 외국문화의 번역에서 주체성을 강조하고 있다. 그것은 나라와 국민에 유용한 것이어야 하고, 또한 남이 가져다줄 것을 기다리지 말고 주동이 되어 가져와야 한다고 외치고 있다.

최남선 역시 근대 계몽기 본격적으로 서구문학 작품을 한국 국내에 번역하여 소개하고 있다. 그리고 루쉰처럼 최남선 역시 일본에서 유학하면서 얻은 문학적 감수를 통해 번역 작업을 시작한 것이고, 또한 큰 업적을 남겨 놓았다. 최남선은 일본어로 번역한 러시아 문학 작품을 탐독하면서 서구문명과 근대정신을 수용한 것이다. 이 무렵 그가 주된 관심을 보인 것은 조선의 청년들에게 시대적 각성을 불러일으키는 작업이었다. 『소년』 제2년 제1권에서 최남선은 "우리는 나아갈 압길은 잇서도 물러갈 뒷길은 아니 가젓다"[13]면서 진취적인 청년으로 성장할 것을 외치고 있다. 그에게 있어서 메이지유신의 성공은 조선도 이것을 배워 앞으로 갈 길만이 성공의 길임을 역설하고 있다. 루쉰처럼 최남선도 일본 유학기간 허버트 스펜서의 사회 진화론의 영향을 받았던 것이다. 그리하여 진보하지 않는 민족에게는 약육강식의 세계적 판도에서 도태될 수밖에 없다고 생각한 것이다.

최남선에게 있어서 각성한 한민족이 하루 시급한 문제로 대두되었던 것이다. 1909년 5월 『소년』지에 실린 「세계적 지식의 필요」라는 글에서 "세계적 지식을 취득함은 세계를 지하려 함이 아니라 곳 우리 대한을 지함이오, 타인에게 박학다문을 과시코자 함이 아니라 곳 자기가 사리물정에 암매하지 아니하려 함"[14]이라고 밝히고 있다. 그리고 2년 뒤 같은 잡지에 「왕하 제창에 대하야」란 글을 실어 "모든 것이 깨어져도 아까운 줄을 모르며 모든 것이 없어져도 슬픈 줄을 모르며 동이 트고 해가 돋고 날이 다 가도 일어날 줄을 모르며

12) 鲁迅, 「拿来主义」, 『鲁迅全集』 第六卷, 人民文学出版社, 1981, 39쪽.

13) 『소년』 제2년 제1권, 1909.1.1.

14) 최남선, 「세계적 지식의 필요」, 『소년』 제2년 제5권, 1909.5, 4쪽.

남은 씨뿌리고 김매고 타작하여도 일할 줄을 모르며 해가 지고 밤이 깊어도 불 켤 줄을 모르니 이 사람이 어떠한 사람인가. 어찌할 작정일까"15) 하고 전통에서 벗어나 하루 빨리 문명개화할 것을 애타게 부르짖고 있다.

최남선에게서 문명이란 "덕지체 삼건사가 평균하게 발달"한 것이다. 그렇다면 어떻게 빨리 '슬픈 줄 모르고 일어날 줄 모르고 불 켤 줄 모르는' 국민들을 개화할 수 있을까? 최남선에게 있어서 그것은 서양의 문헌과 문학 작품을 번역하는 것이 지름길이었다.

일본의 근대화 과정에서 서양 문물의 번역이 큰 영향을 발산한 것을 최남선은 친히 맏았다. 이러한 일본은 그에게 큰 충격적인 사실로 안겨 왔다. 그리하여 최남선도 서양 문명을 빨리 수용할 수 있는 마당이 필요하였다. 그리하여 종합잡지 『소년』을 창간하고 그것을 발판으로 서구 문학작품을 번역하기 시작한 것이다.

3. 외국 번역 대상작품의 선정과 기준

루쉰의 문학번역은 주로 과학작품 번역과 아동문학번역 그리고 약소국가의 민족문학에 관한 번역일 것이다. 루쉰에 비해 최남선의 번역은 주로 외국 명작가 명작품 소개, 짧은 경구나 문장 소개와 더불어 진행한 작품 번역이다.

루쉰은 번역에서 그 실용성을 비교적 명확하게 판단하고 번역에 옮기었다.

과학작품에 관한 번역은 남경에서 구학을 하면서 진정 근대 자연과학을 접하면서부터이다. 특히 엄복이 번역한 「천연론」을 읽고 진화론사상의 영향을 크게 받게 된다. 바로 진화론사상의 영향으로 루

15) 최남선, 「왕학 제창에 대하야」, 『소년』 제4년 제2권, 1910.5, 8쪽.

쉰은 근대 중국의 운명을 사고하게 된 것이다. 이것은 양무파, 유신파와 일맥상통한 것으로 루쉰은 이성주의와 계몽주의를 민족을 구하는 사상무기로 생각한 것이다. "중국 근대 선진 철학사상의 주요한 혹은 기본적인 총 추제와 특점은 변증적 관념이 풍부해진 것이고, 과학과 이성을 존중하고 믿은 것이며, 자연과 사회에 대한 객관적 법칙을 힘써 추구하고 해설한 것이며, 성주이학을 핵심으로 하는 봉건주의 정통 관념론에 대한 저항과 투쟁이며 또한 어두운 현실을 개변하려는 진보적 정신과 낙관적 태도이다……."[13)]

특히 일본 유학을 하는 동안 메이지유신을 거쳐 신속하게 일어난 일본을 바라보고 그는 서구의 자연과학의 위대한 힘을 피부로 느끼게 되었다. 「과학사교편」에서 루쉰은 과학의 힘을 이렇게 서술하고 있다.

> 과학이란 신성한 빛으로 세계를 비추고 말류를 억제함으로써 감동을 준다. 평화스러울 때는 인성의 빛으로 빛나고 위기에 처할 때는 영감을 낳아 정리자인 가이노 같은 인물을 낳았고 강자 중의 강자인 나폴레옹 장군을 낳은 것이다.[14)]

그리하여 루쉰은 과학논문들을 작성하여 중국 국내에 과학정신을 전달하기에 애쓴다. 이를테면 「중국지질약론」, 「인간의 역사-독일 헤겔씨의 종족발생학의 하나인 원연구해석」 등 논문들은 국민에게 과학지식을 소개하고 과학의 중요성을 설파하고 있다.

동시에 루쉰은 전문성이 강한 논문으로는 대중들에게 영향력을 발산하지 못한다는 것을 잘 알고 있었다. 양계초의 "대중을 새롭게 하자면 반드시 먼저 소설을 새롭게 만드는 것으로 시작해야 한다"는

---

13) 李泽厚, 『中国近代思想史论』, 人民文学出版社, 1979, 416쪽.

14) 鲁迅, 「科学史教篇」, 『鲁迅全集』, 第一卷, 人民文学出版社, 1981, 25쪽.

'소설구국'의 책략은 그에게 많은 계시를 주었는데 그리하여 문예를 빌어 과학적 도리를 가르치리라고 생각을 바꾸게 된다. 루쉰은 「달나라 여행·변언」에서 단순한 과학논문인 것이 아니라 과학소설을 빌어 과학정신을 심어주야 한다고 피력한다. 1903년에 번역한 「달나라 여행」, 「땅밑 여행」, 그리고 과학환상소설인 「조인술」, 「북극탐험기」 등은 이런 맥락에서 그 궤를 같이 한다.

이처럼 루쉰은 과학구국의 꿈을 안고 과학작품을 번역한 것이다. 그는 중국사회의 진보는 이성 정신에 의거해야 하고 인류의 행복도 과학의 발전에 기대야 한다고 믿었다. 이 시기 루쉰이 강조한 것은 '민족, 국가지상'의 관념으로 사상적 면에서 당시의 많은 계몽자들과 같았다. 때문에 이 시기 자신의 독특한 번역 스타일은 형성하지 못했던 것이다.

루쉰과 달리 최남선은 과학작품 번역은 없고 논설이나 논설에 가까운 글을 번역하고 있다. 그러면서 어려운 용어들에 대해 주석을 가하고 있는 것이 특징적이다. 이를테면 「뿌리탠국 독학대가 스마일쓰 선생의 용기론」에서 인명, 내용을 설명하는 주석을 달고 있다. 예를 들면 '물질적 용기'에 대해서 그는 "태동의 선철이 혈기지용이라 한 것과 다르니 공명에 껄려서 분발한 용기를 이름이라"하고 해석하였고, '유물주의'대해서는 "정령이 안재하리오 물질이 곳 본체란 학설"이라고 설명을 달고 있다.

그리고 최남선은 「레미제라블」을 번역하면서 '신성권', '자연권', '민권', '인권', '인도', '민주정치', '공화정치', '문명', '진보' 등 용어들을 해석하면서 용어에 대응하는 영어를 붙이고 있는 것이 흥미롭다. 아마 이러한 용어나 개념들이 한자어임에도 불구하고 서양에서 들어온 것이라 이해의 어려움을 간파하고 대중들의 이해를 돕기 위한 작업의 일환일 것이다.

최남선도 과학정신의 보급으로 문명개화를 추진하려고 한 점에서 루쉰과 상동한다. 그러나 루쉰이 과학정신의 무장으로 민족이나 국가를 발전시키려는 목적성이 명확하였다면 최남선은 주로 젊은이들의 개화에 머물고 국가나 민족적 차원에까지는 이르지 못하고 있다. 단편적인 용어 해석으로는 시간적으로 퍽 오래 시일이 필요한 것일지도 모른다.

계속해서 동화작품의 번역을 보기로 하자.

루쉰은 동시대의 민족 지사들처럼 일종의 민족위기감을 늘 느끼었다. 문제는 중화민족의 위기가 어디에 있는가? 혹은 무엇이 이 민족의 위기를 만들었는가 하는 사항일 것이다. 루쉰은 이런 위기를 "외족의 엿보기"[15]에 있다고 간파하고 있다. 루쉰은 이러한 위기는 오랜 시기 세계 중앙에 있다고 자부하고 있었기 때문에 제 스스로 외부 세계의 변화를 느끼지 못하고 자존자대하기에 급급하므로 외족의 침입은 시간적 문제임을 지적하고 있다. "새로운 나라가 서방에서 일떠서고 있다. 그들은 특별한 술수로 우리에게로 다가오고 있다. ……인심은 스스로 위기를 느끼기 시작했다"[16] 루쉰은 민족의 위기는 근본적으로 민족문화의 위기이고 인심의 위기임을 발견하게 된다. 그리하여 망국은 우선 사람이 망하는 데서 시작한다고 보고 나라를 구하자면 반드시 사람을 먼저 구해야 함을 강조한다. 그리하여 루쉰은 그 방향을 문학으로 돌리게 된다. 「문화편지론」에서 루쉰은 새로운 구국 주장을 내세우는 데 그것은 "실업구국"이 아니고 "정치혁명"도 아니었다. 바로 인간의 해방이었다. 즉 '입인'에 있었다. "그런 고로 생존에 있어서, 열국의 사무 각축에 있어서 그 우선은 입인이다. 사람이 일어난 후에야 모든 일을 진행할 수 있다. 만일 그 도술을 말할것 같으면 반드시 개성을 존중하고 정신을 널리 신장해야 할 것이다."[17]

그리하여 루쉰은 중국의 전통적인 "숨기기와 속이기"의 문예를

---

15) 鲁迅, 「中国地质略论」, 『鲁迅全集』 第一卷, 人民文学出版社, 1981, 4쪽.

16) 鲁迅, 「坟·文化偏至论」, 『鲁迅全集』 第一卷, 人民文学出版社, 1981, 44쪽.

17) 鲁迅, 위의 글, 위의 책, 57쪽.

비판하면서 '백심', '영인심'이란 문학주장을 제출한다. '입인'하면 곧 인간의 정신을 개변하게 되고 따라서 민족정신을 고양할 수 있었다. 인간의 정신을 개변하는 데 있어서 제일 좋은 방법은 문예였다. 이른바 '백심'이란 '진심의 소리를 내고' '성실한 소리를 내는 것이다.' 그리고 '영인심'이란 곧 '인간의 영혼을 흔들어' 인간의 마음을 움직이는 것이다. 루쉰은 '진지하고 성실'한 문예로 과거의 '숨기기와 속이기'의 문예를 전복함으로써 그러한 문예의 늪에서 걸어나올 것을 외치고 있다.

> 세계는 나날이 변하고 있다. 우리의 작가들은 가면을 벗고 진심으로 심도 있게 대담히 인생을 간파해야 하고 또 그것의 피와 살을 표현할 시기가 벌써 도래했다. 언녕 참신한 문학의 장이 있어야 했고 언녕 용맹스러운 맹장이 있어야 했다.[18]

루쉰의 이러한 사상의 변화는 번역대상을 선정할 때 새로운 변화를 가져오기 마련이다. 이때부터 과거의 과학작품 번역은 일단락 끝나고 동화작품을 번역하기 시작했다.

여기서 흥미로운 것은 잘 아는 대로 루쉰의 필치는 심각하고 예리하고 날카로운 것으로 잘 알려졌다. 그러기 때문에 루쉰에게 있어서 동화작품의 번역은 그리 맞지 않을 것이다. 그럼에도 불구하고 루쉰은 왜 동화작품을 많이 번역했을까? 이것은 그의 '백심'과 '영인심'이란 문학관과 관계된다. 루쉰은 동화작가들은 모두 '뜨거운 마음'과 '순결한 마음'을 가지고 있다고 인정했다. 그는 에프먼커[19]의 동화작품을 제일 많이 번역했다. 그가 유명한 작가가 아님에도 불구하고 그의 인생 조우를 동정한 것도 있겠지만 더욱 중요한 원

18) 鲁迅, 「坟·论睁了眼看」, 『鲁迅全集』 第一卷, 人民文学出版社, 1981, 241쪽.

19) 爱罗先珂(B·R·Epomehk, 1889~1952), 俄国诗人, 世界语者, 童话作家.

인은 그의 작품세계에서 그린 동심에 감동을 받은 것이다. “그에게는 다만 유치하지만 우수하고 순결한 마음이 있을 뿐이다. 인간의 국경도 그의 꿈을 제한하지 못하였다.”[20] 그러면서 “나는 작가들이 인간세상에 외쳐야 할 것은 무한한 사랑이라고 생각한다. 그런데 사랑을 못하는 슬픔을 나는 동심으로 펼쳐보인다. 그것은 아름다운 것이고 진실한 꿈이다.”[21]

루쉰은 일본 유학시절 늘 친구들과 중국 국민들에게 가장 결핍한 것은 무엇인가하는 문제를 논의하였다. 그것은 ‘진심’과 ‘사랑’이었다. 그러므로 루쉰은 진지한 문예로 ‘숨기기와 속이기’의 문예를 부정하였고 동시에 전 국민의 ‘무애’는 그들 가슴 아프게 하였다. 중국의 군신, 부자, 부부지간에는 ‘사랑’이 없었고 다만 ‘은혜’로 그 관계를 유지할 따름이었다. ‘은혜’는 일종의 불평등한 관계를 대변하는 것으로 존비 구분이 있었다면 ‘사랑’은 일종의 평등한 관계를 대변한 것으로 존비가 없이 평등한 것이었다. 루쉰은 바로 현대적인 ‘사랑’의 윤리로 전통적인 ‘은혜’의 윤리를 폭로한 것이다. “본위는 응당 어린이에게 있어야 하는데 오히려 어른에게 주어진다. 응당 장래를 중요하게 생각해야 하는데 오히려 과거에 두고 있다. 전자는 자신의 전자의 희생품이 되고 자신은 생존할 힘이 없다. 그러면서도 후래자에게 각박하게 굴면서 자신의 희생물이 되기를 강요한다. 결국 일체의 자신을 발전할 능력을 훼멸한 것이 된다.”[22] 루쉰은 진화론의 관점에서 출발하여 “후기한 생명은 언제나 이전에 비해 더 의의가 있고 더욱 완전에 가깝다. 그러므로 더욱 가치가 있고 더욱 보귀한 것이다. 전자의 생명은 응당 후자를 위해 희생해야 한다.”[23] 루쉰은 중국의 ‘희망은 장래에 있는 것’으로 미래는 미래 사람에게

---

20) 鲁迅, 「狭的笼·译者附记」, 『鲁迅全集』 第十卷, 人民文学出版社, 1981, 199~200쪽.

21) 鲁迅, 「爱罗先珂童话集·序」, 『鲁迅全集』 第十卷, 人民文学出版社, 1981, 197쪽.

22) 鲁迅, 『我们现在怎样做父亲』 第一卷, 人民文学出版社, 1981, 132쪽.

23) 위의 글, 같은 쪽.

속하는 것이고 또 미래 인간이 건설해야 한다고 생각했다. "열 몇 살의 아이를 보면 역으로 20년 후의 중국의 경우를 예측할 수 있다."[24] 중국의 아름다운 미래를 위해서는 반드시 어린이들이 훌륭하게 성장할 수 있도록 공간을 마련해야 한다. 어린이를 위하여 '자신이 인습의 무거운 짐을 짊어지고 어두운 갑문을 떠받침으로써 그들을 밝고 광활한 곳으로 내보내야 한다. 그리하여 행복하게 나날을 보내고 합리적인 인간으로 성장하도록 해야 한다.'[25] 이렇게 '약자본위'의 현대적 관념은 루쉰으로 하여금 아동 문학작품에 특별한 관심을 가지도록 한 것이다.

사실 당시에 어린이들이 읽을 수 있는 책들은 아주 적었다. 주작인은 1920년에 "중국은 종래로 아동문학에 대하여 정당한 이해가 없었다. 또 문학에 편중하였기 때문에 문학에서 어린이가 읽을 수 있는 작품은 전무한 상황이었다."[26] 루쉰은 친구에게 보내는 편지에서 이런 상황에 애탄을 표하였다. "중국의 고서들은 페이지마다 사람을 해친다. 그런데 새로 나온 여러 책들도 많게는 망인의 소위로 취할 점이 전혀 없다. …… 소년이 읽을 수 있는 책은 중국에 극히 드물다. 기몽은 평소에 주의를 주고 있고 또 역술할 생각도 퍽 가지고 있지만 겨를이 없고 재간이 없고 돈이 없어 그 실적이 결국 아주 적을 것이라고 생각된다."[27] 이렇듯 루쉰은 1936년 생애의 마지막까지 아동문학에 깊은 관심을 기울였다.[28] 당시의 상황에서 번역은 제일 빠르고도 유효한 선택이었다. 루쉰이 자신의 첫 백화소설인 「광인일기」에서 그 주제사상이나 마지막 구 "아이들을 구원하라"에서도 이러한 관심의 표현임에 다름 아니다.

---

24) 위의 글, 같은 책, 130쪽.

25) 위의 글, 같은 책, 131쪽.

26) 周作人, 「儿童的文学」, 『艺术与生活』, 河北教育出版社, 2002, 32쪽.

27) 1919년 1월 16일 许寿裳에게 보낸 편지 중.

28) 루쉰은 선후로 『爱罗先珂童话集』, 『桃色的云』, 『小约翰』, 『小彼得』, 『表』, 『俄罗斯童话集』 등 6부의 동화작품을 번역출판하였는데 그 자수가 40여만 자나 된다.

요컨대 루쉰이 아동문학작품 번역은 그의 '입인'사상과 밀접한 관계를 가진 것이다.

루쉰과 달리 최남선은 아동문학작품 번역은 한 편도 없다. 그러나 그는『소년』지에 '소년훈'이라는 고정란을 설정하고 서양의 여러 작가들의 경구를 인용한다. 이를테면 단테의 "이불 쓰고 들어눕거나 방석 깔고 앉아서 명성을 들날린 사람은 없소"라는 말이나 "용기 없는 놈은 목숨이 끊어지기 전에 수없이 죽습니다"라는 셰익스피어의 말, 그리고 존 밀턴의 "살아서 작으려 하거든 차라리 죽어서 크시오"라는 말이나 장-자크 루소의 "살았단 것은 호흡이 붙음을 두고 이름이 아니라 사위가 있습을 두고 하는 말이오"[29]라는 경구들을 실어 청년들에게 교훈을 주고 있다. 그외에도 시인들의 경구들을 폭넓게 인용하고 있다.

그리고 최남선은 1910년부터 '소년훈'을 '소년금광'으로 고정난 이름을 고치고 원문만을 싣거나 원문과 함께 번역문을 싣기도 한다. 이를테면 김시습이나 강희맹 같은 조선시대 학자들의 글을 한문 그대로 싣다가 제3년 제6권에서는 외국 작가들의 작품에서 인용한 원문을 번역문과 함께 싣는다. 예를 들면,

> 하늘을 허물하지 마시오. 하늘은 그 직분을 다하였소. 당신은 다만 당신의 직분을 다하시오 - 밀톤
>
> Accuse not nature, she has done her part; do thou but thine.
>
> 아첨은 바보의 먹이(食物)이오 - 스위프트
>
> Flattery is the food of fools.[30]

29) 최남선, 「소년훈」, 『소년』, 제2년 제2권, 1909.2.1, 28쪽.

30) 최남선, 『소년』, 제3년 제6권, 1910.6.15, 43~44쪽.

이처럼 최남선은 서양 여러 나라의 작가 작품에서 명구를 뽑아 번역하는가 하면 한국 작가에게서도 여러 명구들을 뽑아 싣고 있다.

최남선이 동화작품을 번역하지는 않았지만 이렇듯 명작가 작품 가운데서 경구나 교훈을 줄 수 있는 명구를 번역한 것은 젊은 신세대들이 진취적이고 세계 변화에 빨리 적응할 수 있는 개화인사로 성장할 것을 염두에 둔 것이라 하겠다. 그러나 전면적이지 못한 아쉬움도 있다. 가령 그가 주장하는 덕지체가 모두 발달된 문명인으로 성장할 것을 청년들에게 기대했다면 이것은 어디까지나 안이한 번역에 불과하다. 그러나 루쉰이 생각한 것은 아동 독물로서 전면적인 인격성장을 기대한 것이라고 볼 수 있다.

끝으로 루쉰과 최남선의 문학작품 번역을 보도록 하자.

루쉰의 번역대상의 선정에서 가장 독특한 점은 구미나 일본 등 강국의 명작가나 명작을 거의 번역하지 않은 점이다. 루쉰은 30년대 전후로부터 러시아를 비롯하여 동구라파 및 발칸반도의 약소민족문학의 번역에 주력하였다. 러시아는 약소민족은 아니지만 주작인의 지적처럼 "러시아는 약소하다고 할 수 없다. 그러나 대중은 압박을 받고 있어 여기에 귀속시킨다. 말을 달리한다면 응당 압박에 저항하고 해방을 추구하는 민족이라고 해야 할 것이다. 그런데 이 호칭에 습관되어 있고, 그리하여 문학연구회시대까지도 이렇게 말하게 된 것이다."

루쉰은 동구라파와 러시아의 작품을 선호하고, 그 작품 번역도 제일 많이 하였다. 이러한 약소 민족문학작품을 번역한 목적은 중국과 비슷한 실정을 감지하고 국민들의 투쟁정신을 깨우치기 위한데 있었다. 그리하여 루쉰의 번역대상은 강국의 작가나 명작가, 명작품이라서 꼭 번역해야 한다고 생각한 것은 아니었다. 즉 루쉰의 선정 기준은 어느 나라의 국정이 중국과 비슷하고, 어느 작품의 중국의 현실적 요구에 맞다고 판단되면 바로 그 나라의 작품을 번역한 것이다.

루쉰의 일본 유학시절, 일본에서는 바로 자연주의문학이 성행했다. 당시 적지 않은 유학생들은 일본문학과 영미문학의 번역에 많은 정력을 기울였다. 그러나 루쉰은 이러한 작품들은 사회 밑바닥에서 신음하는 광범한 대중들과 너무 멀리 떨어진 작품으로 "배불리 먹고 홍청 마신 후에 퉁퉁 부어오른 몸의 가려움을 긁을 뿐이다. 그런데 우리의 일부분 청년들은 이미 압박을 느꼈고 아픔 밖에 없었다. 그들은 발악을 해야 하므로 가려움을 긁는 손길은 필요 없다. 그들에게 필요한 것이란 절실한 지시를 찾는 것이다." 그리고 루쉰은 독일어를 배운 적이 있다. 그러나 괴테, 실러 등 작가들은 그의 관심을 불러 일으키지 못하였다. 루쉰의 말처럼 "이런 사람들은 아주 유명하지만 나는 별로 관심을 하지 않았다."[29]

아편전쟁이래의 중국사회의 내우외환, 급속이 해결해야 할 사회문제, 중국을 개조하려는 강렬한 염원은 루쉰이 리얼리즘의 문학의 길을 걷도록 하였다. 그리하여 번역에 있어서 그가 생각한 것은 이 작품이 중국사회의 개조와 신문학의 건설에 유용한가 하는 여부에 있었다. 루쉰은 외국문예를 소개할 때 "결코 그 무슨 예술의 궁에서 손을 내밀어 해외의 기화이초를 뽑아 중국의 예원에 이식하려고 한 것은 아니"고 "성정을 전이하고 사회를 개조"[30]하기 위한 것이다. 이러한 공리적인 목적은 루쉰의 번역문학에 직접적인 영향을 주었다. 루쉰은 내용이 충실하고 예술적 심미감이 강하며 중국의 사회현실을 반영할 수 있는 그러한 작품을 선정하였다. 그럼으로써 중국국민의 각성을 도모하고 중국 국민의 혁명정신을 깨우치자고 한 것이다.

루쉰의 바로 이러한 공리적 문학관이 러시아를 비롯한 동유럽 문학에서 그 접점을 찾은 것이다. 러시아문학의 사실주의 정신과 폭넓은 사회내용, 사회를 폭로한 주제 등은 루쉰으로 하여금 이런 문학

---

29) 鲁迅, 「杂译」, 『鲁迅全集』 第一卷, 人民文学出版社, 1981, 43쪽.

30) 王富仁, 『鲁迅前期小说与俄罗斯文学』, 陕西人民出版社, 1983, 7쪽.

작품에 경도되게 하였다. "러시아 문학은 니콜라이 2세부터 '인생을 위'한 것이었다. 그것의 주요 뜻이 탐구에 있든, 해결에 있든 아니면 신비감에 빠져 퇴폐하든 그 주류는 하나로 바로 인생을 위하는 것이다."[31] 이처럼 동유럽작가, 특히 러시아 리얼리즘작가들이 높은 사회책임감과 광범위한 대중들에 향한 그들의 변함없는 관심은 루쉰의 인생을 위하는 문학주장과 공명이 생긴 것이다. 루쉰은 체리코프를 평하는 자리에서 "그는 예술가이면서 또한 혁명가이다. 그리고 민중의 교도자이기도 하다. 이런 점은 거의 러시아문인의 공통성이다."[32] 여기서 '민중의 교도자'와 '계몽주의자'의 역할은 같은 뜻으로 사용된 것이다.

루쉰이 이렇듯 약소국가의 문학작품에 경도된 이유에 대해 주작인은 이렇게 말하고 있다. "루쉰의 문학주장은 인생을 위하는 예술이다. 이것 역시 세계문학의 추세이지만 19세기 하반기 유럽에서 성행하는 자연주는 지나치게 인성을 강조하여 인민과 국가와는 오해려 이탈되었다. 다만 러시아의 리얼리즘문학 속에 혁명과 애국적 정신을 소유하고 있었기에 루쉰의 큰 탄복을 자아냈다. 그리하여 그는 극력 러시아의 독일문 역문을 찾아내고 또 진일보하여 다른 자유의 나라의 작품을 찾았다. 이를테면 헝가리, 핀란드, 폴란드, 체코, 세르비아, 크로아티아, 벌가리아 등 나라의 작품이다."[33] 약소민족 작가나 혹은 약소 민족의 입장에서 그것의 독립자유와 외족의 강권에 저항해 외치는 '투사식' 작가들은 "그 품성과 언행과 사유에서 종족에 따라 다르고 외부 환경이 서로 다르지만 현실의 여러 상황은 결국 하나에 귀결된다. 즉 강인하고 굴하지 않으며 성실하고 진지하다. 또 대중에 영합하여 낡은 습관에 순종하지 않고 웅장한 소리를 내어 국민의 신생을 도모함으로써 그 나라를 천하에 높이 세운다."[34]

---

31) 鲁迅, 「『竖琴』序言」, 『鲁迅全集』 第十卷, 人民文学出版社, 1981, 338쪽.

32) 鲁迅, 「『现代小说译丛』序言」, 『鲁迅全集』 第十卷, 人民文学出版社, 1981, 172쪽.

33) 周作人, 「关于鲁迅」, 『瓜豆集』, 河北教育出版社, 2002, 121쪽.

이처럼 러시아 작가의 강렬한 애국주의 감정과 그들의 조국의 운명에 관한 관심은 마침 구국의 길을 모색하는 루쉰에 강한 공명을 불러 일으킨 것이다. 중국과 동유럽의 많은 약소민족은 모두 모욕과 손해를 당하는 지위에 처해 있었다. 그들의 작품을 번역함으로써 중화민족의 저항과 각성을 더욱 잘 깨우치기 위한 것이다. 루쉰의 이러한 번역의 선정은 엘리트 지식분자로서의 민족우환의식과 계몽을 통한 각성을 부르짖는 내재적 외침과 맞닿아 있다. 그 속에는 사회해방운동과 함께 루쉰의 집요하면서도 고통스러운 정신 추구가 잘 반영되어 있다. 사실 루쉰의 명작 「아Q정전」을 비롯하여 「약」, 「축복」 등 다수의 작품들은 모두 중국 국민성과 함께 중국을 구할 길에 대한 그의 문학적 사고의 결과물이다.

최남선도 번역 후기에 와서 외국 작가들의 작품을 본격적으로 번역하고 있다. 이를테면 이솝우화 3편을 비롯하여 조너스 스위프트의 「걸리버 유람기」, 대니얼 디포의 「로빈손 무인절도 표류기」, 그리고 톨스토이의 적지 않은 작품을 번역하여 싣는다. 최남선은 톨스토이의 작품을 제일 좋아했다. 다음으로 좋아한 작가는 프랑스의 소설가인 빅토르 위고이다. 1910년 7월 『소년』 제3년 제7권에 「레미제라블」을 번역하여 「역사소설ABC契」라는 제목으로 실었다. 그러면서 최남선은 "빅토르 유고는 19세기 중 최대 문학가의 一이오. 「미써리쁠」은 유고 저작 중 최대 걸작이라"[35]고 지적하고 있다. 그러면서 독자들이 이 작품을 문학 작품보다는 교훈을 얻을 수 있는 역사적 기록으로 읽을 것을 요구한다. 이때까지도 최남선은 문학작품의 공리적이고 실용적인 기능을 강조하고 있다.

최남선은 이 외에 운문 작품을 번역하기도 한다. 그러나 초기에는 시 작품 선별력에서 유치한 면이 없지 않다. 몇 년이 지나서야 본격

34) 鲁迅, 「摩罗诗力说」, 『鲁迅全集』 第一卷, 人民文学出版社, 1981, 64쪽.

35) 빅토르 위고, 최남선 역, 「역사소설ABC契」, 『소년』, 제3년 제7권, 1910.7.15, 32쪽.

적인 시작품을 번역하기 시작했다. 이를테면 조지 고든 바이런, 앨프리드 테니슨 같은 시인의 작품이나 제프리 초서와 존 밀턴 같은 대표적 시인들의 작품을 소개한 것이다.

루쉰이 중국의 당시 사회 현실과 비슷하거나 반영한 작품을 주로 번역하였다면 최남선은 이렇게 세계적인 작가 작품을 번역 소개하는 데 주요 정력을 할애하였다. 이러한 차별은 민족의 운명을 바라보는 시점의 차이에서 비롯된 것으로 두 작가의 사상적 차이를 대변하는 것으로 볼 수 있다.

루쉰이 약소국가 민족작품의 번역을 선호하였다면 최남선은 당시 바다나 대양에 남다른 관심을 표현하였다. 이를테면 바이런의 「해적가」와 「대양」이란 작품이 그것이다. 최남선의 『소년』 창간호에 실린 「해에게서 소년에」를 생각할 때 최남선의 바다 콤플렉스를 쉽게 알아낼 수 있다. 최남선에게 있어서 바다나 대양은 서구 문명에 다름 아니었을 것이다. 여기에는 대한 소년에 대한 최남선의 기대가 표현되고 있다. 즉 바다 같은 웅대한 꿈과 이상을 품고 그 실현을 위하여 서양 문명을 지향할 것을 주장한 것이다.

4. 결론

루쉰의 번역작품 선정에서 그의 강한 현실 개혁의지를 보아낼 수 있다. 과학작품의 번역은 루쉰의 '입인'사상과 직결되어 있고, 동화작품의 번역은 그의 '유자본위'사상의 발로인 것이다. 신문화 운동의 기수로 루쉰은 강권을 반대하고 압박에 저항하였으며 사회하층에 동정을 표하고 약소민족에 동정을 보냈다. 루쉰이 번역한 대부분의 작품은 약소민족문학으로 그 주제는 하층의 불평등이나 저항을 반영하였고 혹은 현실에 대한 냉정한 판단에 따른 조소와 풍자로 현실 인생과 밀접한 관계를 가지고 있었고, 사실 중국 대중의 생존

현실과 맞닿아 있었다. 여기에는 루쉰의 강한 휴머니즘 사상도 자리하고 있다. 그러나 강한 공리성을 띠고 있었기 때문에 번역의 문학성이 떨어지는 경우도 없지 않다.

최남선도 번역에서 문명개화를 지향하여 '소년훈' 난을 통한 경구, 명구의 번역을 통해 국민, 특히 청소년들의 각성을 촉구하였다. 특히 서양의 위대한 작가 작품에 대한 번역 소개는 한국 근대문학의 밑거름이 되었던 것은 누구나 부정하는 사람이 없다. 그럼에도 불구하고 최남선은 번역 대상 작품의 선정에서 루쉰과 달리 현실적 관심보다는 당연한 입장에서 출발하고 있다. 김병철의 지적처럼 "육당이 번역에 임한 태도는 그 텍스트의 선정만 보더라도 적이 안이한 태도였고, 또 이 말은 서구작가, 시인의 선정에 대한 그의 태도에서도 말할 수 있다. 그에게는 그것에 대한 소양이 없는지라 2류 내지 3류급의 시인이 선정에 올랐던 것이다. 『소년』은 서구문학에로의 문호를 개방한 기수였다는 장점과 아울러 번역작품들의 내용에 관한 한 이러한 허다한 허구성도 내포하고 있다는 단점도 가지고 있는 것이다."[36] 이처럼 최남선이 수용하고, 문명개화의 가치관으로서 국민들이 수용할 것을 주장하는 서구의 근대적 가치관은 식민지라는 정치적 상황에 적용되기 어려웠던 것이다.

루쉰과 최남선의 최종 운명을 생각할 때 그들의 번역 활동도 그 후 그들의 생명의 흔적을 추적할 수 있을 것이다.

36) 김병철, 『한국근대번역문학사연구』, 을유문화사, 1988, 302쪽.

[참고문헌]

『소년』 제2년 제1권, 1909.1.1.

『소년』 제2년 제2권, 1909.2.1.

『소년』 제2년 제5권, 1909.5.

『소년』 제3년 제6권, 1910.6.15.

『소년』 제3년 제7권, 1910.7.15.

『소년』 제4년 제2권, 1910.5.

『鲁迅全集』 第一卷, 人民文学出版社, 1981.

『鲁迅全集』 第四卷, 人民文学出版社, 1981.

『鲁迅全集』 第六卷, 人民文学出版社, 1981.

『鲁迅全集』 第八卷, 人民文学出版社, 1981.

『鲁迅全集』 第十卷, 人民文学出版社, 1981.

김병철, 『한국근대번역문학사연구』, 을유문화사, 1988.

康德, 『历史理性批判文集』, 商务印书馆, 1990.

李万钧, 「鲁迅与世界文学」, 『鲁迅与中外文学遗产论稿』, 海峡文艺出版社, 1985.

李泽厚, 『中国近代思想史论』, 人民文学出版社, 1979.

吕薇, 「现代性论争中的民间文学」, 『文学评论』, 2000年 第2期.

罗素, 『西方的智慧』, 世界知识出版社, 1992.

王富仁, 『鲁迅前期小说与俄罗斯文学』, 陕西人民出版社, 1983.

汪晖, 『反抗绝望: 鲁迅及其文学世界』, 三联书店, 2008.

周作人, 「关于鲁迅」, 『瓜豆集』, 河北教育出版社, 2002.

周作人, 「儿童的文学」, 『艺术与生活』, 河北教育出版社, 2002.

H. P. Rickman, 姚林等 译, 『理性的探险』, 商务印书馆, 1996.

중국 근대 매체와 지식으로서의 朝鮮*

: 『申報』, 『點石齋畫報』, 『時務報』, 『淸議報』, 『新民叢報』, 『浙江潮』, 『民報』, 『東方雜誌』를 중심으로

문정진**

(성결대학교)

1. 들어가는 말

중국 근대 매체 속 조선은 다양한 형식과 내용으로 그 모습을 드러내고 있다. 그런데 중국 근대 매체에 산재해 있는 조선 관련 자료들을 살펴보던 중 몇 가지 흥미로운 점을 발견할 수 있었다. 무엇보다 특별한 의미 없이 나열되어 있는 듯해 보이는 단편적인, 그야말로 "자질구레(瑣故)"한 조선 관련 자료들이 근대 매체 속에서 부유하는 각종 개념들 사이에 긴밀히 접합되어 있었다. 또한 중국 근대 매체 속 조선 관련 단편 기사들은 변방의 번속국 조선을 근대 국가 속에 편입시키며 조선에 관한 지식[1]을 형성하는 데 중요한 역할을 하고

---

* 위 논문은 고려대학교-中國海洋大學 공동 학술대회 "근대 제국주의 침탈과 동아시아의 전환"(2011년 10월 27일~28일 고려대학교 민족문화연구원 한국학관 회의실)에서 발표된 것을 수정·보완한 것이다.

** 성결대학교 중어중문학과 조교수 moon@sungkyul.ac.kr

1) 본고에서 사용하는 '지식'이라는 용어는 근대 이후 서구의 개념어 'knowledge'가 번역되

있었다. 그리고 더 나아가 정보와 표상들로 재구축된 근대 국가 조선은 그 자체로 다시 매체 속 근대 지식의 하나가 되어 가고 있었다.

본고는 이러한 이행을 가능하게 했던 매개로서의 번역 및 기술을 먼저 살펴보려 한다. 다음으로 근대 매체 속 주요 담론 속에서 조선이라는 지식을 구성하던 정보들이 어떠한 맥락에 놓여 있는지를 주의 깊게 탐색할 것이다. 본 연구를 통해 그간 주목받지 못했던 '자질구레'한 조선 관련 단편 자료들의 의미가 재발견될 수 있기를 바란다. 또한 주요 개념들이 구성한 매체 속 지식으로서의 조선이 담아내고 있는 시선들과의 만남도 기대한다. 물론 본 연구는 개념 그 자체에 연구의 초점을 맞추지는 않는다. 오히려 조선에 관한 정보들을 엮어내고 있는 개념들을 통한 조선 상상이 결국 그 개념이 담아내고 있는 욕망 속에서 제한받고 있음을 확인하려 한다.

본고에서 지칭하는 중국 근대 매체는 阿片戰爭 이후 辛亥革命 이전까지의 기간 동안 주요 담론을 생산하는데 지대한 영향을 미치고 있던 것으로 판단되는 『申報』, 『點石齋畵報』, 『時務報』, 『淸議報』, 『新民叢報』, 『浙江潮』, 『民報』, 『東方雜誌』이다.[2] 이상의 매체 속에 산재해 있는 조선 관련 자료들이 본고의 연구 대상이다.[3]

고 유입되면서 부여된 새로운 의미로서의 '지식'을 지칭한다. 구체적인 내용은 리디아 리우, 민정기 역, 『언어횡단적 실천』, 소명출판, 2005, 486쪽을 참고할 수 있다.

2) 이상의 신문과 잡지는 각 매체의 성격과 입장 차이로 인해, 근대 중국의 인식 지도 형성 과정 중 재편되어 가는 조선 서사를 살펴보는데 더욱 효과적이다. 근대 매체 속에서 구성되고 있는 "지식으로서의 조선"에 대한 본고의 試論은 향후 각 매체별 조선 서사에 대한 세밀한 분석으로 좀 더 구체화될 수 있을 것이다. 고려대학교 민족문화연구원에서의 발표 시 토론을 맡아주신 성근제 교수님, 그리고 시론 성격의 문장에 힘을 실어주시며 高見을 제시해 주신 『中國現代文學』의 심사자 분들께 진심으로 감사의 말씀을 전한다.

3) 이 가운데 『申報』를 제외한 매체 속 조선 관련 기사는 中國文獻媒體資料中心(http://cmmc.sinology.org)의 '온라인 『點石齋畵報』'와 '온라인 中國近代雜誌 八種'의 검색을 통해 확인 가능하다.

2. 매체의 記憶과 想像

1) 飜譯과 世界

중국 근대 초기, 서양의 선교사들을 통한 번역물은 중국의 독자들에게 서구적 질서 속에 재편되어 있는 세계를 소개하며[4] 문학의 근대적 전환을 이끌어낸다.[5] 또한 경제적 측면이 내재된 대중적 장르의 번역 작품들은 독자에게 상상적 동일시의 기회를 제공하며 서구문화의 탐닉을 경험하게 했다.[6] 중국 근대 매체 속 번역이 원전에 충실한 번역보다 '意譯'과 '譯述'에 근거한 번역의 방식을 선택하고 있는 점은 주목할 만하다. 이는 서양과의 시공간적 낙차를 자각하고 있던 상황에서 번역이라는 장벽을 넘어설 수 있게 해줄 대안 중 하나였기 때문이다. 또한 창조적으로 왜곡되거나 자연스럽게 감행되는 견강부회의 과정 속에서 중국 근대 매체 속 독자들은 전통적 가치들과의 교감을 지속할 수 있었다.

번역의 시대는 대중의 지적 호기심이 고조되는 시기이다. 그리고 당시는 "지식 경쟁 사회"였다.[7] "서구와 같이 부강해지기 위해서는 서학에 밝아야" 했고, 이를 위해 당면한 과제는 "서구 학술서적을 번역"하는 것이었다.[8] 그러나 "세계의 문법과 학술"로 나가는 서양 학문의 본질을 놓치고 만 同文館은 인재 양성에도, 시대가 요구하는 학문 정립에도 효과적이지 않았다.[9] 무엇보다 번역문의 한문체는

---

4) 이에 관한 구체적인 내용은 윤영도, 『中國 近代 初期 西學 飜譯 硏究』, 연세대 박사논문(2005.6)을 참고할 수 있다.

5) 이에 관한 구체적인 내용은 오순방, 『中國 近代의 小說飜譯과 中韓小說의 雙方向 飜譯 연구』(숭실대학교출판부, 2008), 제2장 '中國소설의 近代化와 존 프라이어의 時新小說論·飜譯'을 참고할 수 있다.

6) 이에 관한 구체적인 내용은 문정진, 『淸末의 新小說 硏究』(중국소설문화중심, 2000), 제II장 '신소설의 환경'을 참고할 수 있다.

7) 新會梁啓超, 「論學校一·總論(變法通議三之一)」, 『時務報』 제5책, 1896.9.17.

8) 新會梁啓超, 「論學校七·譯書(變法通義三之七)」, 『時務報』 제27책, 1897.5.22.

독자층을 확대하는 데 적당한 수단이 아니었다. "새로 문자를 만드는 것",[10] 도표의 활용 그리고 각종 표기법의 통일 등 "번역의 제반 사항"이 "주도면밀하게" 고려되어야 했다.[11] 계몽이라는 분명한 목적의식 아래 중국어 어휘의 "통일과 갱신"의 중요성이 인식된 것이다.[12] 일본 유학생의 수적 증가로 인해 폭발적으로 늘어난[13] 직역의 번역물은 번역에 있어 수사법보다는 논리가, 그리고 심오한 문장의 의미보다는 이해하기 쉬운 정확성을 더욱 중요하게 여기는 인식상의 전환을 가져온다.

하지만 이로 인해 발생한 번역물의 질적 수준에 대한 우려는 "쉽게 이해되는 글쓰기"가 "文界의 발전을 저해할 뿐"이라는 견해를 만들어 낸다. "국민에게 문명 사상을 전파하는" 저술과 번역 작업은 "그 수준에 따라 차이가 생겨날 수밖에 없"기 때문이다. 이상과 정감을 일천한 문장 속에 담아낼 수 없는 까닭에 결국 "신문의 문체"가 "바른 글쓰기를 저해"하고 말 것이라는 주장으로도 이어진다.[14] 상하이에서 출간된 『飜譯世界』를 계기로 제기된 번역에 관한 논의는 좀 더 구체적이다.[15] "일본에 대한 숭상이 지나쳐 一言一字 모두를 그대로 본받으려고 하는 경향"[16]이 "국민의 정신에 입힐 폐해"[17] 역시 자각해야 하는 것이다. 중국 근대 매체 속 번역 담론에서 번역의 수사에 관한 구체적인 내용들이 드러내는 차이와는 달리 번역이 국

9) 新會梁啓超, 「學校餘論(變法通議三之餘)」, 『時務報』 제36책, 1897.8.18.

10) 新會梁啓超, 「論學校七·譯書(變法通義三之七)」, 『時務報』 제29책, 1897.6.10.

11) 新會梁啓超, 「論學校七·譯書(變法通議三之七)」, 『時務報』 제33책, 1897.7.20.

12) 이에 관한 구체적인 내용은 페데리코 마시니, 이정재 역, 『근대 중국의 언어와 역사』, 소명출판, 2005, 130~141쪽을 참고할 수 있다.

13) 馬祖毅, 『中國飜譯通史-古代部分』(武漢: 湖北教育出版社, 1998), 391~392쪽.

14) 嚴復, 「與新民叢報論所譯原富書」, 『新民叢報』 제7호, 1902.5.8.

15) 「翻譯世界」, 『新民叢報』 제25호, 1903.2.11.

16) 「飜譯與愛國心之關係」, 『新民叢報』 제25호, 1903.2.11.

17) 위의 책.

가의 이익과 갖는 긴밀한 관계는 공통적으로 동의한 바였다.

번역이라는 단어는 모든 轉移 과정에 적용할 수 있을 만큼 넓은 의미를 지니고 있기 때문에 비언어적인 것의 언어로의 전환 과정, 이를테면 사고의 언어화나 언어 체계 내에서의 표현상의 전이까지도 포괄한다. 번역이 가져올 수 있는 가장 의미심장한 변화는 새로운 개념 및 패러다임들의 유입을 통해 일어난다고 하겠다.[18]

> 모든 언어가 그 의미에 존재하는 세세한 나뉨을 피하기란 어렵다. 세간의 사람들은 중국을 中華라고 칭하고 외국을 外夷라고 칭하곤 한다. 그러나 소위 華夷라는 것은 中外와 같은 말로 그 사이에 輕重의 뜻은 결코 없다. 그저 일상적인 호칭일 뿐인 것이다.[19]

근대 매체 간 상이하게 존재하던 '夷'의 개념은 근대 초기 각 매체 사이에 존재하는 국제 관계에 대한 인식차를 살펴볼 수 있게 해준다. 그러나 중국 근대 매체 지식인들이 접촉한 광범위한 번역물들은 수많은 중요 개념들과의 만남을 의미하는 것이기도 했다. 그리고 이러한 과정에서 구시대적 전통들은 시간과 공간, 자아와 국가에 대한 현대적 개념들에로의 이행을 경험하게 된다. 사회 교화라는 계몽적 역할이 강조되며 "강국이 되는 최고의 방법"[20]으로 선택된 중국 근대 매체 속 번역 관련 담론은 그래서 "문화적이고 경제적이며 또한 정치적"[21]이기까지 하다. 중국의 현 상태에 대한 진단과 더불어 이를 토대로 한 정체성의 형성이 가능할 것으로 기대된 번역물의 양적 증가는 이러한 방향으로의 재창조에 도움이 되지 못하는 담론

---

18) 정선태, 『근대의 어둠을 응시하는 고양이의 시선』, 소명출판, 2006, 61~69쪽.

19) "諸語是猶未免意存介介也. 夫世人常稱中國爲中華, 稱外國爲外夷, 所謂華夷者, 亦猶之曰中外耳. 並無輕重之意於其間. 此皆世人之口頭稱號也", 「夷字辨」, 『申報』 제539호, 1873.

20) 新會梁啓超, 「論變法通義·幼學」, 『時務報』 제19책, 1897.3.3.

21) 로렌스 베누티, 임호경 역, 『번역의 윤리: 차이의 미학을 위하여』, 열린책들, 2006, 9쪽.

들을 배제하기 시작한다.

근대 지식을 구성하는데 있어 중요한 문제로 대두되고 있는 국적의 문제를 고려할 때,22) 지식으로 구성될 정보의 근원지가 어디인가라는 문제는 염두에 두어야 할 사항이다. 번역에 대한 인식상의 전환과 더불어 중국 근대 매체 속 번역의 경로, 다시 말해 향후 지식 정보의 자원이 될 원전에 대한 고려가 필요한 것이다.23) 더구나 매체의 권력에서 한 쪽으로 비켜나 있는 조선(을 비롯한 약소국가들)에게 있어, 그 국가들의 정보를 배치하고 구성하는 방식은 이를 시도하는 목적에 따라 변화될 수 있기 때문이다.

주지하듯 중국 근대 매체가 "서양 신학문 세계에 다가가기 위해" 선택했던 유력한 통로는 일본이었다. 이 지점에서 일본의 지식 체계에 대한 관심 및 적극적인 도입은 일본이 琉球와 대만을 거쳐 조선, 그리고 중국에서까지 자신들의 우세를 확인한 바로 그 시점에 일어났음을 상기할 필요가 있다. 청일전쟁 이후 절박해진 중국 근대 매체 속 지식인들은 공통적으로 일본이 동아시아에서 세력을 획득할 수 있었던 이유를 찾고자 했다. 그리고 중국의 자강을 위해 무엇보다 먼저 번역이 시급한 과제임을 깨닫는다. "서양의 강대함은 단지 막강한 군사력에서 나온 것이 아니라 바로 새로운 학문에서 나온 것"이었기 때문이다. 하지만 "400여 년 동안 이루어진" 서양의 새로운 학문과 서적을 번역하기에는 서구의 언어를 알고 있는 사람이 너무 적었으며 주어진 시간 또한 부족했다.24) 이때 "서구의 학문을 받아들인 지 이미 오래되어 수많은 저작들을 거의 모두 번역"해놓고 있던 일본어가 "유력한 수단"으로 부상한 것이다.25) 게다가 일본

22) 고미숙, 『나비와 전사』, 휴머니스트, 2006, 445~453쪽 참조.

23) 차태근, 「數: 제국(帝國)의 산술과 근대적 사유방법」, 『中國現代文學』 제56호, 2011.3, 333~342쪽.

24) 新會梁啓超, 「讀日本書目志書後」, 『時務報』 제45책, 1897.11.15.

25) 哀時客(梁啓超), 「論學日本文之益」, 『淸議報』 제10책, 1899.4.1.

의 지식인들이 원천으로 의존한 중국적 기원들은 "같은 문자(同文)"에 기반 한 "동일한 인종(同種)"이라는 유대의식과 더불어 동등한 자격을 지원하기에 충분했다. 서구 서적의 일본어 번역본을 다시 중국어로 옮긴 중역본들은 매체 속 담론의 중요 자원이 되며, 이 과정을 통해 일본적 가치들은 중국인의 서구 문화 수용에서 중개 역할을 수행한다. 간접 혹은 2차적 번역을 통한 근대 매체 속 담론은 서구 문화에 대한 일본어 번역을 지배해 온 담론 전략들에 의해 결정되고 있었던 것이다. 물론 그 필연적인 결과로 중국 근대 매체 속 지식인들은 조선을 비롯한 약소국가들에 대해서는 정치적이고도 심리적인 목적이 담긴 편향적이고도 선별적인 인식만을 허락한다.[26)]

번역의 과정을 통해 발견된 새로운 언어는 사유의 역동성과 문화의 잡종성을 추동하는 힘이 되기도 한다. 번역 행위는 식민 언어와 토착 언어 사이를 움직이면서 양 언어 간의 문화적 정치적 위계질서들을 재조정함으로써 식민적 담론에 내재된 이러한 긴장을 극단화시킬 수 있기 때문에, 식민적 정체성 형성 과정을 뒤엎는데 특별히 효과적인 수단이 될 수도 있는 것이다.[27)] 그러나 심리적으로는 일본어를 매개로 한 번역물에 내재된 시각을 "동문"과 "동종"이라는 연대 의식하에 고스란히 견지한 채 진행된 근대 매체의 번역물에서 저항의 가능성을 발견하기란 쉽지 않다.[28)]

2) 技術과 感覺

(1) 시선과 감각의 轉置

---

26) 더글라스 로빈슨, 이혜욱 역, 『번역과 제국』, 동문선, 2002, 19~23쪽.

27) 로렌스 베누티, 앞의 책, 291~318쪽.

28) 언어적 상호작용의 복잡성에 대한 언어 횡단적 실천에 관한 구체적인 내용은 리디아리우, 민정기 역, 『언어횡단적 실천』, 소명출판, 2005, 48~58쪽을 참고할 수 있다.

『신보(申報)』와 『점석재화보(點石齋畵報)』 속 조선 관련 정보는 여러 면에서 동질적이지 않다. 두 매체 속 조선은 중화주의라는 기존의 관념하에 때로는 예의와 충심을 지닌 번속국으로, 때로는 변화라고는 모르는 야만적인 풍속이 잔재한 희화화의 대상으로 그려진다. 또한 『신보』와 『점석재화보』 속 조선 관련 정보를 수집하는 주된 기법은 사신, 방문객, 조공단과 같은 인적·경험적 교류라는, 비교적 전통적인 기법들에 의존해 있었다. 이로 인해 두 매체 속 조선 관련 담론은 비교적 다양한 시선 속에 담겨지고, 매체의 제한에도 불구하고 상상의 개입 여지가 남겨져 있었다. 하지만 조공과 같은 전통적 한중관계 인식 사이로 길러진 근대적 세계 질서에 기반 한 국가 관념의 상대주의적 가치가 뒤섞이게 되면서, 조선에 대한 인식은 더 이상 단일한 기준 위에만 놓여있지 못하게 된다. 또한 당시 서양인에 의해 주도된 기타 매체들에 비해 『신보』와 『점석재화보』는 중국의 지식인들의 자율성이 허용됨으로써 스스로 독자성을 실현한 듯해 보인다. 그러나 사실 두 매체의 기사 게재 혹은 출판 활동은 당시의 또 다른 주요 매체들과 경쟁하던 신보사의 출판 전략에 일치한다는 조건에 한해서였다.

중국 근대 매체로는 처음으로 상업적 광고를 게재하기 시작한 『신보』와 『점석재화보』의 글과 그림들은 기본적으로 인간의 사유와 경험들도 분명하게 시각화시킬 수 있다는 인식에 기초해 있다.[29] 이는 전통이라고 불리던 사유 방식들과의 단절 가능성을 의미하는 것이기도 하다. 더군다나 상하이 조계라는 근대적 도시의 시선에서 볼 때 매체 속 조선은 분명 다른 시간대에 속해 있었다.

29) 문정진, 「중국 근대 매체와 조선: 淸末의 『申報』와 『點石齋畵報』를 중심으로」, '省察을 위한 超國的 對話: 中國語文學 硏究의 方法과 方向', 한국중어중문학회 2009년도 연합학술대회 발표문, 2009.11.21.

그림 1 「言語不通」, 『點石齋畵報』(1886.8.14.)

『점석재화보』의 화면을 채우고 있는 닫힌 조선의 풍경들은 사라지는 전통 관계의 본성을 대변하며, 조선이 (위협받는) 중국의 천하관적 마지막 보루라는 『신보』의 서술 관점은 조선이 갖는 개척지나 변경의 뜻을 복잡하게 전치시킨다. 또한 이것은 상하이 조계 일상에 침투해 있던 서구 근대 문물들이 변화시킨 감각들의 전복과도 무관하지 않다. 이제 조선은 서구 제국들이 제시하는 근대적 개념들과 함께 질서정연하게 정리되어질 필요가 있었다.

(2) 객관적 정보의 知識化

권력의 행사는 끊임없이 지식을 창출하며, 또한 지식이 권력을 만들어내기도 한다.[30] 회가 거듭할수록 축적되어가는 매체 속 정보들은 끊임없이 그리고 다양한 형식으로 엄격한 동료들의 평가 및 상호

30) 피터 버크, 박광식 역, 『지식, 그 탄생과 유통에 대한 모든 지식』, 현실문화연구, 2006, 198쪽.

작용을 통해 질서를 만들어 갔다.31) 게다가 적극적으로 독려된 독자 투고 및 반응은 서신·문답·비평 등을 통해 그 매체를 편견 없고 개방적인 공간으로 생각하는 데 일조했다. 여기에 "인재 확충"을 위해 성립된 "학회"32)는 가치 여부에 대한 평가를 거치며 "정치 혁신으로 혁명을 이끌" 근대 지식 개발의 주요 원동력으로서의 역할을 해냈다.33) 중국 근대 매체는 매체를 통해 독자에게 주고 싶은 정보와 독자가 그 정보를 인식할 방법, 그렇게 해서 얻게 될 경험을 소유하고 통제할 기반을 마련한 것이다. 또한 중국 근대 매체 속 정보는 점차 확장되어 가던 鐵路, 그리고 이와 함께 부설된 전신주의 개설과 함께 과학적 수집 체계를 확립했다. 電文의 기호들이 실어 온 단편적인 정보들은 서구(혹은 일본) 정보원들이 직접 보고 들은 것에 기초한 것이라는 이유로 만으로도 객관성을 확보하고 있었다.34)

조선의 전선 및 철도의 완성35)과 함께 조선 관련 정보는 근대 조선을 구성하는 새로운 지식으로 축적되어 갔다. 이는 전보라는 기술을 통해 쌓인 '자질구레'한 조선 관련 정보들이 뒤죽박죽 한 상태로만 놓여 있지 않았기에 가능했다. 지식의 분류에 대한 욕망은 중국 근대 매체 속에서도 예외가 아니었기 때문이다. 물론 넘쳐나는 정보와 지식을 어떻게 분류할 지에 대한 고민은 중국 근대 매체를 엮어내던 당시의 지식인들 역시 당면한 문제였다. 이에 대한 고민의 흔적은 우선 중국 근대 매체들이 선택한 신문과 잡지 그 사이에 존재하던 전체적인 체재에서 살펴볼 수 있다. 중국 근대 매체는 전체적으로 제작 시간이 촉박하여 내용에 신경을 많이 쓰기 어려운 일간

31) 근대 매체 속 지식의 유통과 소통에 관한 구체적인 내용은 천진, 「新聞, 風聞을 넘나드는 동아시아 근대지」, 『中國現代文學』 제56호, 2011.3, 201~236쪽을 참고할 수 있다.

32) 新會梁啓超, 「論學校十三·學會(變法通議三之十三)」, 『時務報』 제10책, 1896.11.5.

33) 「論學會有大益於黃人亟宜保護」, 『時務報』 제19책, 1897.3.3.

34) 문정진, 「중국 근대 상하이의 매체와 커뮤니케이션: 19세기 말 『申報』, 『點石齋畫報』, 『時務報』를 중심으로」, 『中國現代文學』 제56호, 2011.3, 182~194쪽.

35) 「朝鮮海防之設計」, 『淸議報』 제78책, 1901.5.9.

신문과 발행 간격이 길어서 내용의 시의성(時宜性)이 떨어지는 잡지의 혼합된 형태로 발간되기 시작했다.36) 조선 관련 기사를 포함하여 상당수의 단편 기사와 자료들을 포괄하고 있는 '잡(雜)'이라는 항목 역시 같은 맥락에서 이해가 가능하다. "최대의 발명"이라 해도 좋을 만큼, 새로운 '지'의 전망을 열게 한다는 '잡'이라는 분류 항목의 설정은37) 사람들이 한때 분명하다고 생각한 선을 희미하게 만들기 시작했다. 전신이라는 기술적 발전에 힘입어 과거와 비교할 수 없을 정도의 속도를 얻게 된 『시무보(時務報)』 속 조선 관련 정보 역시 조선에 대한 기존의 인식들을 비우고 새로운 조선의 상이 출현할 기회를 제공하게 된다.

그러나 근대적 기반 설비를 둘러싼 사건, 갖가지 소비재의 시장 동향, 전염병과 기타 위생상의 문제, 개항장을 둘러 싼 제국주의적 경쟁, 조선의 민란 등은 조선의 모습을 규정하는 요인들 중 일부일 뿐이다. 그런데 매체들 속 조선 관련 정보들은 기타 조선 내부의 차이들을 점차 사라지게 만든다. 이로 인해 조선의 의사와는 무관하게38) 조선에 대한 정보는 통제되어 갔고, 더불어 조선에 관한 조선인들의 생각과 정서를 파악할 통로도 점차 제한되었다.39)

로이터통신에서 선별된 조선 관련 자질구레한 정보들이 담아낸 현실은 객관성을 담지하며 매체 속 조선을 더 이상 상상이 아닌 실재로 만든다. 그리고 매체 속 조선관련 단편 기사들은 근대 매체들을 수놓은 화려한 근대적 개념들과 함께 조선을 새로운 방식으로 분류하며 배치하기 시작한다.

36) 차배근, 『중국근대언론발달사 1815~1945』, 서울대학교출판부, 2008, 169쪽 참조.

37) 구가 가쓰토시, 김성민 역, 『지식의 분류사』, 한국출판마케팅연구소, 2007, 142쪽.

38) 주한 일본 공사가 조선에 무선전신 특허권과 각지의 전선 지선 가설권, 연안 각지의 해저 전선 가설권을 요구했으나, 조선 정부는 주권행위 등의 문제를 들어 이를 거절한다. 「일본의 요구를 거절하다」, 『清議報』 제78책, 1901.5.9.

39) "동방보(東方報)에서의 일본인의 논의는 조선의 정세를 조선의 입장에서는 전혀 다루고 있지 않다. 일본은 조선을 자주국가라고 하면서 조선의 자주권을 침해하고 있다." 歸安孫超·龍溪王史, 「日人論俄日高情形」, 『時務報』 제38책(『高麗西字月報』 轉載, 1897.9.7).

3. 근대적 槪念과 朝鮮

1) 科學과 變革

자연과학의 의미로 인식되었던 영어의 'Science'가 처음에는 격물치지의 전통 이념 아래 '格致學'이라는 명칭으로 번역되다가 '과학'이라는 어휘로 정착한 것은 신구학문이 명확하게 차별화된 시기와 맞물린다.[40] 그리고 이즈음 과학과 철학의 균형적인 입장을 지지하던 관점[41]은 "모든 사물에 영혼이라는 것은 존재하지 않으며 사물에서 나오는 일체 현상이 일종의 운동에 불과한 것"이라는 견해의 "편견이나 폐단에도 불구하고", 그 "공을 인정하지 않을 수 없는"[42] 시대적 조류에 직면하게 된다. 과학과 철학, 이 두 영역 가운데 발생한 '확실한 지식' 대 '가상적 지식'이라는 지식 구조의 분화 그리고 그 가운데 내재된 진화론적 관점은 조선이라는 지식을 구성하는데 있어서도 서열 관계를 결정짓는 주요 원리였다. 비과학적으로 규정된 미신, 더불어 그러한 습성들을 나타내는 대상들은 과학을 기준으로 한 위계적 질서에서 뒤에 위치할 수밖에 없었기 때문이다.

유교 세계의 도덕적 가치가 사라져버린 세계에서 생존 원리는 "역사와 자연 등에서 끊임없이 새롭게 변화하는 것" 뿐이었다. 물론 "개혁"의 핵심은 진화와 진보의 의미를 함축한 근대적 지식체계였다. 서양 열강들의 부유하고 풍요로운 삶의 저변에는 물질문명의 발달과 실용적인 학문 정신이 밑받침되어 있으니 그것을 배우고 익혀

40) 1895년 이전 서양의 science를 지칭하는데 거의 예외 없이 사용되던 '격치'는 1905년을 기점으로 하여 '과학'으로 대체된다. 중국의 근대 매체 속에서 '과학'이라는 단어가 지니는 지식 체계와 문화의 관계에 대한 사상사적 연구는 진관타오·류칭펑, 양일모 외 역, 『관념사란 무엇인가』, 푸른역사, 2010, 제7장 「'격물치지'에서 '과학'·생산력으로」를 참고할 수 있다.

41) 井上哲次郎, 「心理新說序」, 『淸議報』 제18책, 1899.6.18.

42) 「政治學案第三·霍布士(Hobbes)學案」, 『淸議報』 제96책, 1901.11.1.

그들과 같은 발전을 이끌어내야 했던 것이다. "작금의 낙후한" 원인을 "오랫동안 쇄신하지 못한 탓"이라고 보고, 나아가 "여러 방면에서의 개혁"이 필요함[43]을 역설하던 매체의 서술 방향은 '수구'와 '불변'의 이미지로 구성되던 조선 지식의 또 다른 주요 원리였다.

일본의 근대 도시와 서구 열강의 물질문명을 접했던 신지식인들에게 동서양의 대립을 전제로 진수를 해치지 않으면서도 서양의 신지식을 수용한 일본의 학계는 중국 개혁의 모범이었다. 그래서 국민 지식의 발달은 "중·일 양국이 서로 협력하여 공동의 부강을 도모"한다는 부국강병이라는 이해와 긴밀하게 결합하고 있다.[44] "외국의 힘을 빌지 않는다면 아무 것도 이룰 수가 없을" 현 상황에서 "함께 변혁을 추구하여 동방을 흥성시킨다면, 중국과 일본 양국에 모두 이익이 되는 일이기"[45] 때문이다. 하지만 이것은 조선의 입장에서 볼 때, "한 대륙에서 동시대"를 살아가며 충렬의 마음에 "간극이 없던" 조선인들이 조선에 허락된 "자주권"조차 글자 그대로 받아들일 수 없는 상황임을 의미하는 것이기도 했다.[46] 정치학적인 관점에서 국가 간 외교는 근대 국가 질서 속에서 편성되고 있었다.[47]

중국이 추구해야 할 '개혁'과 '변화'의 상징으로서 일본은 『신민총보(新民叢報)』와 『절강조(浙江潮)』 등의 중국 근대 매체가 보여준 분과 학제의 정립과 전문화 과정을 통해 그 정치적 색채를 탈각하며 학문적으로 더욱 공고하게 구축되어 간다. 새로운 국제 관계의 형성에 있어서 변화된 학문 구조는 전통적 가치를 부정할 확실한 근거였던 셈이다. 전통적 질서로서의 종속관계는 근대적 정치학과 결합한 세계 질서 속에서 설 자리를 잃고,[48] 고려는 "중국과 일본의 관계에서

43) 新會梁啓超, 「論經世文新編序」, 『時務報』 제55책, 1898.3.22.

44) 「東亞同文會主意書」, 『淸議報』 제1책, 1898.12.23.

45) 「論中國急宜改革」, 『淸議報』 제9책, 1899.3.22.

46) (朝鮮)李莘田雨堂, 「讀淸議報」, 『淸議報』 제15책, 1899.5.20.

47) 添田壽一, 「淸國與世界之安危」, 『淸議報』 제35책, 1900.2.10.

분리하여 생각하기 어렵게" 된다.[49] 근대적 국제관계에서 '조선'은 객관화되어야 했고, 일반화된 국가에 대한 학(學)적 탐구는 생존의 문제와 직결된[50] 공간적 영역과 긴밀히 관계되어 있었다.

2) 地理와 境界

서구 근대 과학이 주는 충격 그리고 지리적 인식 영역의 확대는 국가존망과 인종생멸의 최대 관계가 되는 학문적 과제로서 지리와 역사의 관계를 살피게 한다. "지리를 잘 살피면 그 역사상의 변화를 알 수 있"기 때문이다.[51] "중국이 대대로 다른 민족에 정복을 당하더라도 정신과 풍속이 조금도 상실하지 않았으며 나아가 타 민족을 동화시키기까지" 한 것 모두가 "지리적 특성에 그 원인이" 있었다.[52]

당시 『신민총보(新民叢報)』와 『절강조(浙江潮)』는 과학의 이념 아래 신학문의 전반을 조직적으로 체계화해 소개하는 일에 주력하고 있었다.[53] 그리고 이 두 매체는 거의 동시기에 "정신적 발달과 물질적 실익"을 제공하며 "다른 학문과의 연계 또한 절대적"인 지리학에 집중적인 관심을 표명한다.[54] 지리와 인간의 관계를 탐색하던 『절강조』와 지리와 역사의 관계를 분석하던 『신민총보』에서 주목할 것은, "모든 학문의 기초"인 지리학이 현세적인 것이 아닌 "역사적인 것"을 연구하는 것이며 천연의 것이 아닌 "인위적인 것"을 연구하는

48) 重堪, 「自治篇」, 『浙江潮』 제6기, 1903.8.12.

49) 別士, 「論中日分合之關係」, 『東方雜誌』 제1기, 1904.3.11.

50) 觀雲(蔣智由), 「國家與道德論」, 『新民叢報』 제64호 3년 16호, 1905.3.6.

51) 任公(梁啓超), 「中國史敍論」, 『淸議報』 제90책, 1901.9.3.

52) (日)停春樓主人, 「中國文明與其地理關系」, 『淸議報』 제100책, 1901.12.21.

53) 중국 근대 매체 속 지리학이 갖는 지식 및 학술과의 관계는 백광준, 「20세기 초 중국의 근대지리학 수용: 『新民叢報』를 중심으로」, 『中國現代文學』 제56호, 중국현대문학학회, 2011.3, 241~269쪽을 참고할 수 있다.

54) 定一, 「論地理學之效用」, 『新民叢報』 제59호 3년 11호, 1904.12.21.

것임을 강조하는 부분이다. “지리 지식을 통해서 민족의 특색과 정신까지도 알 수 있다”는 전제하에 탄생한 ‘지인학(地人學)’은 민족과 역사의 밀접한 관계를 탐색하고, “역사의 정신은 민족에 있”음을 강조한다.[55]

물론 지리와 인간 혹은 지리와 역사를 연결시키는 궁극적인 목표가 결국은 어느 한 지역에게 민족과 국가의 운명을 책임질 선구적 지역으로서의 위상을 부여하는 데 있음은 의심할 여지가 없다. “서로 다른 개별인자들로 이루어진 집단이 통일된 분위기를 갖게 만들어”주는 “氣風”은, 지리를 통한 경계 구축의 이론적 기반인 셈이다.[56] ‘내부적 경계’의 형성은 각 지역 간의 비동시성을 불가피하게 환기시키기 마련이다. 이는 지역의 유대를 강화하고 하나의 단일한 공동체로 구성하는 데 공헌하는 역사적 기억의 창출 내지는 공유의 과정이라고도 할 수 있다.

그러나 한편 ‘경계’의 지리학은 국가 간 경계로 확대되면서 매체 간의 차이를 희석시키는 주요 원리로 작동하기도 한다. 중국 근대 매체 속 조선의 문제, 특히 조선 멸망의 원인을 찾아가는 과정 중 만들어진 담론들은 내부 경계를 소멸시키며 국민국가라는 보다 상위의 범주로 통합되는 결과를 만들어낸다. 근대의 국가체계는 모든 지구적 자원들이 국가든, 제국이든, 영토적으로 주권적인 정치 체들에 의해 통제받아야 한다는 대명제 위에 서 있었기 때문이다. 그리고 이 논리는 역사적 제국들의 흐릿하던 변방들을 근대적 지리 영역의 군사적 경계로 변형시켰다. 신흥 국가들 역시 예외는 아니었다.[57]

함경북도 백성들과 조선 외무부(外部) 및 元帥府가 청국, 러시아, 조선 세

55) 壯夫(劉成禺)의 「地人學」은 『浙江潮』 제4기(1903.5.16)와 제5기(1903.6.15), 제7기(1903.09.11), 제10기(1903.12.8)에 연재된다.

56) 匪石(汪叔明), 「浙風篇」, 『浙江潮』 제4기, 1903.5.16.

57) 프래신짓트 두아라, 한석정 역, 『주권과 순수성』, 나남, 2008, 321~325쪽 참조.

나라의 경계인 間島로 인해 작년 중국의 비적이 침입, 약탈하고 러시아가 폭행을 저지르는 것 등을 견딜 수가 없으니 군대를 배치하여 더 이상의 혼란으로 확대되지 않도록 해야 한다고 조정에 청하였다. 하지만 국고가 텅 비어서 군비를 조달할 수 없자, 현지 백성들이 모금을 통해 군비를 충당하려 하고 있다 한다.58)

지리적 영역 확대를 위한 국가 간 경쟁은 군사적 정복과 식민지화뿐만 아니라, 영토의 병합이나 지배를 수반했다. 근대 국가들은 가능한 한 인접하는 외부 영토와 사람들을 흡수하는 경향이 있었으며, 이로써 이 지역들에서 제국주의와 민족주의 간의 실제적 구분을 희석시킨다.

조선의 동북쪽에 두만강이 있는데, 그 강으로부터 300여리 지역에 도적이 자주 출몰하여 조선의 전대 왕이 병력을 동원하여 평정하고 그 지역을 차지하고, 토문강까지 진출하였다. 이리하여 조선인은 줄곧 토문강을 중국, 조선의 경계로 여겼다. 중국 강희제 때에, 중국, 조선 정부에서 인원을 파견하여 피도산 아래의 들판에 경계비를 세우고 토문강을 중국, 조선의 경계로 함을 명백히 하였다. 최근 소식에 의하면, 중국 정부는 조선에게 응당 두만강을 경계로 해야 한다고 하며, 기존 사실을 부정하였다. 하지만 이 지역은 러시아와 긴밀히 관련된 곳이므로, 두 국가만의 일로 진행되지는 않을 것이다.59)

"영토의 취득과 상실은 이 영지에 행사하는 주권의 변경 여부"를 의미한다. "주권은 본래 국가 권력의 최고이자 독립적인 성질을 가리킨다. 최고란 대내적으로 국가 영토 내에 존재하는 개인단체는 모두 국가 권력에 복종하는 것이며, 독립이란 대외적으로 국가 이외의

58) 「韓北兵備」, 『淸議報』 제72책, 1901.3.11.

59) 「中高爭界」, 『淸議報』 제9책, 1899.3.22.

권력에 의존하지 않고 제한받지 않음을 의미하는 것이다."[60]

중국이 조선을 잃은 것은 한 편으로 국력 때문이지만, 한 편으로는 외교적 실패로 인한 것이다. 종속 문제가 핵심 관건이었으나, 청 정부는 조선이 속국이어서 국제법상 다른 나라와 대등하게 조약을 체결할 권한이 없어서, 그 권한을 자기가 쥐고 있음을 몰라서, 메이지 9년에 일본과 조약을 맺으면서 첫 번째 조항으로 조선이 자주국임을 인정하는 내용을 넣고 말았다. 평등권은 이와 같은 권리뿐만 아니라, 상대국을 대등한 상태로 예우해야 한다는 의무도 포함하고 있다. 그 예우 규정에는, 우선 해당 국가가 영예롭게 여기는 휘호, 기치, 문장 등을 존중해야 하며, 둘째로 외교관을 예우하지 않으면 안 된다는 것이다. 예전에 우리는 무작정 외국인을 천시하며 으스대었지만, 이는 의화단과 같은 화를 초래할 뿐이었다. 이제 스스로 외교적 격식과 관례를 지킴으로써, 외국에 구실을 주지 않고, 내실을 다져 국권을 회복해 나가야 할 것이다.[61]

매체는 국제법에 적용되는 "법률적 평등의 범위"를 "독립 주권국으로 제한"하며, "한 나라가 종주국이나 보호국에 예속된 상태일 경우, 그 권한 소재는 종주국이나 보호국이 갖게"되는 것임을 분명히 한다.

3) 文明과 帝國

정치적 이념 혹은 정세 판단에 따라 중국 근대의 각 매체들이 선택한 방법은 달랐을지언정, 그 경계 설정의 기준에 공통으로 자리 잡고 있는 것은 '문명'이었다. 진화론적 담론 속에서는 문명사회만

60) 漢民, 「排外與國際法」, 『民報』 제6호, 1906.7.25.

61) 漢民, 「排外與國際法」, 『民報』 제7호, 1906.9.5.

이 국민국가의 자격을 지닐 수 있었다. 문명화된 집단은 그렇지 못한 자들을 지배하거나 식민화할 권리도 가진다. 문명적이지 않은 나머지 것들은 사라지거나 동화될 수밖에 없었던 것이다. “백인들이 다른 종족의 땅에 들어갈 때” 언제나 “열등한 종족에게 전파하고 촉진하는 것”을 핑계로 내세우던[62] 문명은 제국주의의 훌륭한 수단이자 보호막이었던 셈이다.

중국 근대 매체 속에서 제국주의는 “정치·경제뿐만이 아니라 인종·인구·윤리·교육 등의 각종 문제를 포괄한 것”으로서, “특정인에게 한정된 주제가 아닌 국민 전체가 연구하여야 할 문제로 파악”된다. 동시에 민족주의 원리들은 제국주의적 목적이나 결과로 전개되었다.[63] 이로 인해 제국주의와 불가분의 관계를 지니고 있는 식민이 제국주의와는 다른 것으로 인식되기도 한다.[64] 식민주의를 일종의 방법, 즉 식민지들을 보편적 계몽 사업으로 통합하는 방법이라고 여기는 견해는 문명화의 사업이 개입할 권리를 더욱 강화했다. 그리고 권리의 논리는 보편적 정치형태로서의 국민국가에 대한 이상과 더불어 제국주의를 인간 사회(人群)의 자연적 조건으로서 규정하게 된다. 제국주의에 대한 긍정적인 함의는 결국 문제의 원인이 된 제국주의에 대한 욕망으로 이어지며 제국에 가려진 자본주의에 대한 문제적 인식을 결여한다. 그래서 실질적으로는 경제적 이권의 문제였던 조선의 문제가 매체 속에서 정치 사회적 문제로 전환되기도 한다.

청말 매체 속 조선을 둘러 싼 제국주의와 민족주의의 관계를 엿보게 하는 주요 단서는 ‘전쟁’에 대한 이해 방식이다. 민족주의가 성립하기 위해서는 전쟁과 같은 강력한 자극이 있어야 한다고 여기기 때문이다. 전쟁은 국민을 통일시키는 최선의 방책이었다.[65]

---

62) 「文明促進論」, 『淸議報』 제59책, 1900.9.4.

63) 「帝國主義」, 『淸議報』 제97책, 1901.11.11.

64) 「帝國主義」, 『淸議報』 제98책, 1901.11.21.

65) 餘一, 「民族主義論」, 『浙江潮』 제5기, 1903.6.15.

일본이 전쟁을 일으킨 것은 왜인가? 일본은 중국의 주권을 존중하고 조선의 독립을 보호하기 위해서라고 말한다. 내 생각에는 부득이해서 전쟁을 일으킨 것이라 판단한다. 만약 불행히도 패전을 한다면 중국은 사라질 것이고, 중국이 사라진다면 일본도 망할 것은 분명하다. 러시아의 입장에서는 져도 그만일 수 있지만, 지금 일본의 입장에서는 온 나라의 존망을 건 한 판의 도박인 셈이다. 따라서 이 전쟁은 아시아 평화 유지를 위한 공적 싸움이자, 일본 독립 수호의 싸움인 것이다. 일본은 러프동맹으로 만주 주인의 자격을 상실한 바 있고, 다시 조선에서도 남북으로 대치하게 된다면 조선에서의 주인의 자격 또한 상실하게 될 것이다. 일본이 식민지를 구하는 것은 부득이한 상황으로 인한 것으로, 증가하는 인구수를 해결해야 하는 것이다. 또한 각 지역에서 제기되는 먼로주의를 감안한다면, 새로운 식민지로 적당한 곳은 조선과 만주일 수밖에 없다. 또한 현재 민족주의가 팽배하여, 중일 양국 인민간의 단결심이 더욱 굳건해졌다. 점차 일본에 유학하는 사람도 늘어나므로, 장차 사상이 연합하여 발전을 거듭하고, 나아가 유럽으로 뻗어 나간다면, 그 효시는 바로 러일전쟁일 것이다.[66]

러일전쟁에 대한 매체 속 논의들은 민족주의 이념이 민족주의적 권리뿐 아니라 타자, 조선을 배제시킬 상징적 힘을 생성시키는 독자적인 힘을 지니게 되었음을 보여준다. "식민 정책의 요지" 역시 "자신의 권리를 확장하기" 위한 "타인의 권리를 제한하는 것"으로 받아들여지며, "식민의 여부"가 "세계 인종의 우승열패를 결정하는 제일의 관건"으로 인식된다.[67] "민족이란 혈통·언어문자·거주 지역·습관·종교·정신적 기질을 함께 하는 역사적으로 형성된 집단"을 의미하는 "인종학적 개념"이기 때문이다. 이에 반해 "국민이란 국가를 구성하는 개별 단위로서 국법에 의거하여 독립과 자유, 권리와 의무를

66) 主父, 「日俄戰爭之將來」, 『新民叢報』 제44·45호 합본, 1904.1.1.

67) 時造, 「論植民政策」, 『東方雜誌』 제2년 제9기, 1905.10.23.

지니는 구성원을 일컫는 법적 개념"이며, "정치적 개념"이었다. 따라서 "민족과 국민이란 두 개념은 서로 구분되어야 하는 별개의 개념"인 것이다.[68] 인종과 민족의 경계가 희석되며 민족은 생물학적·문화적 인자들로 만들어지는 독특하고 동질적인 산물로 인식된다.

4) 人種과 民族

인종론은 중국과 일본의 경쟁을 추구하는 과정에서 반식민지화 된 중국을 자극시키면서 자립을 돕게 하거나 혹은 돕는 주요 근거였다. "황인종의 독립을 지켜내기 위해서"라도 일본과의 연대는 선택의 여지가 없는 것[69]처럼 보였기 때문이다. 재일본 중국인들에 대한 혜택이 동일 인종·동일 언어를 사용하는 것에 대한 우의로 인한 것임을 강조하는 대목에서 알 수 있듯 인종론은 제국주의의 본 모습들을 잠시 감추게 하기도 한다.[70] 경제성의 추구에 있어 일반화된 제국주의적 논리,[71] 그리고 그 사이에 개입한 인종론이 황인종으로 구성된 동아시아의 일본과 중국의 연대 가능성으로 이어진 것이다.[72] "인종은 국민을 만드는 동력이 되고, 제국주의는 강력한 이민족 동화 능력으로 국민을 형성해 가면서, 경제적으로 팽창해 가는 경제주의를 기반으로 국가를 확장 시킨다"는 믿음에 기인했다.[73]

하지만 일본 인류학의 기본적 모티브는 "새롭게 편입된 영토내의 인간을 어떻게 표상 지을 것인가" 하는 문제였다. 원래 인종학이라는 것은 식민주의 시대 '서양'의 자기동일성을 보증하는 학문이었지

68) 精衛, 「民族的國民」, 『民報』 제1호, 1905.11.26.

69) 哀時客(梁啓超), 「論學日本文之益」, 『清議報』 제10책, 1899.4.1.

70) 「記中國人請求内地雜居事」, 『清議報』 제20책, 1899.7.8.

71) 「在留清國人之招待會」, 『清議報』 제37책, 1900.3.1.

72) 日本火嶺生, 「西洋人與人道」, 『清議報』 제67책, 1900.12.22.

73) 「帝國主義」, 『清議報』 제97책, 1901.11.11.

만, 일본의 인종론은 이의 '동양적' 대칭이었다. 여기에서 문제가 되는 것은 사람을 '분류하고 측정하는 기법' 자체가 '일본인'이라는 자기동일성을 보증하고 나아가 실천을 촉구한다는 점에 있다.74) 과학적인 객관성에 근거한 사회진화론의 인종적 아이디어들은 일본만이 아닌 중국과 조선에 이르기까지 이에 대한 변형과 추구를 더욱 쉽게 만들었다. 과학적 객관성을 근거로 담보된 정치적 도구로서의 조선 인종에 대한 '學'적 탐색이 필요해진 시점이기도 했다.

그런데 인종론은 중국 근대 매체 속 지식인들이 인종과 진화를 축으로 역사를 말하던 일본 지식계에 대한 회의가 시작된 결정적인 계기가 되기도 한다. "인류학관을 세워서 몇 명의 중국인을 그 속에 두고 몇 개인가의 부패한 중국의 옛 풍속을 보임으로써, 중국 국민 전체를 야만인과 병렬시킨"75) 일본 오사카 박람회가 바로 그것이다. 물론 박람회를 언급하고 있는 당시 매체에서 공통적으로 발견 가능한 '차별주의 시선'에 대한 반발이 식민주의적 '차별주의 시선' 자체에 대한 부정이었던 것은 아니다. 오히려 매체는 이러한 차별주의적 시선을 인류 보편적인 공리로 받아들이는 듯해 보인다. 일본 박람회 사건은 "미국에서 비슷한 일을 겪은 미국 내 거주 일본인과 유학생"이 보인 대처 방식에 더 초점이 맞추어져 있었기 때문이다.76) 박람회에 대한 반발은 아무리 "중국인이 열등하다고 할"지라도 "이미 망한 나라로서 영국과 일본의 노예"가 된 인도와 琉球, "러시아와 일본의 보호국으로 일찍이 중국의 번속국"이기도 했던 조선, "세계에서 가장 하등한 인종"이라고 할 수 있을 자바와 하이 그리고 대만의 선주민(生蕃), 이렇게 여섯 인종과 중국인이 함께 세워진다는 것77) 그 자체가 분개할만한 일이었다. 그리고 이는 현 정

74) 서홍관·신좌섭, 「일본 인종론과 조선인」, 『醫史學』 제8권 제1호, 1999.11, 59~68쪽.

75) 「博覽會人類學館事件」, 『新民叢報』 제27호, 1903.3.12.

76) 「日人侮我太甚(敬告東京留學生)」, 『新民叢報』 제25호, 1903.2.11.

77) 「留學界記事」, 『浙江潮』 제2기, 1903.3.18.

부에서 해결책을 기대할 수 없는 상황에서 일본에서 거주하는 유학생들이 발휘해야 할 애국심의 문제로 전환될 사안이었다.

인종의 사고가 제국주의를 내포하는 현실에서, 중국 근대 매체 속 지식인들이 "국가 건설의 원칙"으로서의 민족주의에 대한 보다 정교한 개념 정의를 시도한 것도 바로 이 즈음이었음에 주목할 필요가 있다. 다른 나라를 망하게 할 수 있는 방식에는 "전투력"과 더불어 "민족의 특성을 잘 살려 타 문명에 대한 동화능력을 키울 수 있는 동화력이 있"으며, 이 역시 민족주의의 특성이었던 것이다.78) 분명한 것은 정복, 동화, 식민화가 중국 근대 국민국가의 특권으로 존재하고 있었다는 점이다. 흥미롭게도 이 과정에서 민족주의는 민족적 존재를 타고난 권리나 귀속적 지위가 아닌 것으로 규정되고, 동화 혹은 동포애의 이상들 역시 제국주의를 정당화하는 것으로 결론지어진다.79) 누가 우리와 다른가, 그리고 그들을 어떻게 정의하고 대우할 것인가는 민족주의 이념을 구성하는 기본 문제였다. 누구를 동일한 범주에 넣을지는 중국 근대 매체를 관통하는 문제였던 셈이다.

5) 學術과 文化

세계 각국의 멸망 과정을 다룬 매체 속 서사들의 공통적인 목적은 "이들 역사를 살펴 멸망의 원인을 연구함으로써 복거지계로 삼고자" 함이다.80) 그러나 약소국의 멸망사에 대한 지속적인 매체의 관심은 "이와 같은 각 민족의 흥망을 고찰하여 성정을 고쳐나감으로써 신국민(新民)으로 거듭"81)나기 위한 반면교사 그 이상의 의미를 지니고

---

78) 餘一, 「民族主義論」, 『浙江潮』 제1기, 1903.2.17.

79) 홉스봄의 견해에 근거한 프래신짓트 두아라, 앞의 책, 38쪽 참고.

80) 葉公, 「印度滅亡之原因」, 『浙江潮』 제1기, 1903.2.17.

81) 中國之新民(梁啓超), 「新民說/就優勝劣敗以證新民之結果而論及取法之所宜」, 『新民叢報』 제2호, 1902.2.22.

있다. 사라지거나 멸망당한 국가의 부정적인 측면이 부각됨으로써, 서사 속에서 간과하거나 소홀하게 다루어지는 제국주의적 침탈이라는 관점은 감추어진 제국에 대한 욕망을 드러내기 때문이다.

매체 속 인종에 대한 공공연한 언급이 줄어들기 시작한 시점은 "러일전쟁 이후 인도는 망하고 중국과는 싸워 이겼으며 조선은 싸우지 않고도 복속시켜 교만해진" 일본에 대한 경계론이 확산되던 시기와 맞물려 있다. 아무리 "동방의 우수한 종족으로 자신들을 꼽는다" 할지라도 결국 "인도와 중국 두 나라가 없었더라면 영원히 미개한데 머물러 있을" 일본은 그저 "유럽을 모방"한 것에 불과했다. "문화의 高下는 국가의 흥망성쇠로 가늠할 수 있는 것이 아니"기 때문이다.[82] "새로운 학문을 신봉"하며 "다른 이의 거죽만을 취하려 했던" 학술적 조류에 대한 반성과 함께 "한 나라의 학술이 무너진다면" 결국 "그 나라는 망하는 것"이라는 인식의 필요성이 제기되기도 한다.[83] "뒤쳐진 중국의 회복을 위해서는 서구의 모방뿐만 아니라 중국 옛 문물의 실제 역시 취해야 하"[84]는 것이다. 또한 "유럽에서 제창되었다는 점"으로 인해 "감히 부정하지 못 하는 국가주의"가 아닌 "민족주의"에 부응하는 국민을 만들기 위해,[85] 동화의 전제는 문명에서 문화로 바뀐다. 이와 동시에 조선이라는 변경에 공유된 역사와 문화라는 통합적 관념도 함께 전개되었다. 특히 조선의 멸망과 관련된 서사들 가운데 설정된 문화적 연계성은 중국의 민족주의 개념과 불가분의 관계를 갖는다.[86]

조선 관련 서사들은 근대 매체들 간의 차이와는 무관하게 조선과 중국의 공통된 종교 혹은 문화적 상징들을 강조한다. 근대 매체 속

---

82) 太炎(章炳麟), 「印度獨立方法」, 『民報』 제20호, 1908.4.25.

83) 「近三百年學術變遷之大勢論」, 『東方雜誌』 제3년 제12기(『申報』 轉載), 1907.1.9.

84) 「論文明之名義」, 『東方雜誌』 제4년 제12기, 1908.1.23.

85) 懸解(朱執信), 「心理的國家主義」, 『民報』 제21호, 1908.6.10.

86) 中國之新民(梁啓超)의 「朝鮮亡國史略」(『新民叢報』 제53호, 1904.9.24와 『新民叢報』 제54호, 1904.10.9), 「韓國滅亡史」, 『東方雜誌』 제3년 제3기(『中華報』 轉載, 1906.4.18) 등.

에서 반복되는 조선과의 문화적 동질성 혹은 역사적 내함 등은 향후 조선과의 반제국주의적 연대의 주요 연결 고리로 작용하기도 한다. 하지만 담론을 비롯한 관련 사진[87]에서 이루어지는 국민적 공간으로서 조선에 대한 상징적 통합은 자연적 변방의 표상 유지와 재생산의 시도로서도 파악 가능하다. 지배적 권력의 비전과 이익이 조선이라는 경계를 통합시킬 특정한 이미지와 제도들을 형성하기 시작한 것이다. 또한 여전히 염두에 두어야 할 것은 중국 근대 매체가 아직은 근본적인 동의에 이르지 못하고 있는 듯해 보이는 조선의 독립 주권과 관련된 문제이다. 과거 문화유산에 대한 우월성 안으로 동화되어 버리는 조선의 중국 망명 지식인 혹은 이주민들에 대한 매체 속 이해 방식은 이를 확연히 드러내준다. 문화가 인종을 대신하면서 조선과의 통합에 있어서의 정당성을 확보한 것이다. 이는 종종 공통의 문화에 기반 한 반제국주의적 연대가 또 다른 "내부적 식민주의"로 비춰질 수밖에 없는 결과로 이어지며, 그 안에 내재된 민족적 문제들을 더욱 복잡하고 어렵게 만들기도 한다.

> 국가의 自性은 거짓으로 존재하는 허상일 뿐 실제로 존재하는 것이 아니다. 인민 개개인은 실제로 존재(實有)할 수 있지만 국가는 실제로 존재하지 못하는 (無實有) 것(物)이기 때문이다. 개체는 眞이고 단체는 幻인 것이다. 국가의 작용 역시 그 세(勢)가 부득이하여 만들어지는 것일 뿐 이치가 마땅히 그러해서 만들어진 것은 아니다. 따라서 국가의 사업은 가장 비천한 것이며 가장 신성하지 않은 것이다. 그러나 타인의 압박으로 자신이 유린되고 있는 중국, 인도, 월남, 조선 등과 같은 나라의 경우는 고유의 것을 되찾아야 한다는 측면에서 愛國을 논하는 것 자체를 반대할 수는 없다.[88]

87) 「朝鮮平壤箕子墓」, 『新民叢報』 제82호(제4년 제10호), 1906.7.

88) 太炎(章炳麟), 「國家論」, 『民報』 제17호, 1907.10.25.

중화민국의 조선에 대한 도덕적 권위는 조선을 비롯한 소수민족의 주권을 인정하고 자치의 가능성을 열어준 데에서 비롯한다. "정복자들에 의한 외래 통치" 대 "자치"로 표현되는, 불연속적이고 대립적인 세력인 제국주의와 민족주의 간의 구별에 토대를 두고 있는 것이다. 또한 문화적 유대의 공동체라는 가정은 이 공동체들을 형성한 궁극적 문화 영역이 민족적 지리체와 동일한 공간에 걸친다는 인식에 기초해 있다. "중국이라는 명칭은 나라의 중앙을 나타내는 보통명사"였다. 하지만 "중국에서 중국은 한 대의 군현을 설치했던 경계내의 것"을 가리키며 "그 경계 내에서 살던 사람들을 화민(華民)"이라고 불렀다. 중화민국이라는 측면에서 볼 때, "서장이나 몽고보다"는 "오히려 조선이나 월남이 더 중국에 가까워"89)지게 되는 것이다.

마지막으로 매체 속 조선관련 지식들에서 발견되는 주목할 만한 사항은 조선(인)과의 직접적인 교류와 더불어 일본 혹은 서양이라는 렌즈를 투과하지 않은 조선 자체에 대한 관심의 필요성이 제기되었다는 점이다. 여전히 부족한 "동아시아 3국" 상호 간의 인식 그리고 그것에 내재된 제국주의적 동화의 원칙에도 불구하고, 조선인이 보낸 격문을 통해 "최근에 알게 된" 조선 상황에 대한 논평을 위해서는 "정확한 조사"가 요구됨을 자각한다. "사실에 근거한 책이나 기록에 대한 것"은 "스스로 판단해야 할" 문제인 것이다.90) 이 시기 근대적 지식의 근간이라고 할 만한 새로운 명사들의 개념에 관한 근본적인 재고의 필요성이 제기된 것도 우연은 아닐 것이다. "새로운 명사의 유입" 이후 "개념을 분명히 이해하지도 못한 채 선악의 준가가 된" 신명사가 "도덕체계나 형법 등의 권위 등의 실추를 가져옴"으로써 "현재처럼 민덕을 타락"시켰다는 이해는 서양의 지적 체

89) 太炎(章炳麟), 「中華民國解」, 『民報』 제15호, 1907.7.5.

90) 李麟榮, 「朝鮮人之露布」, 『民報』 제21호, 1908.6.10.

계에 대한 반성으로 이어진다.[91] "중국 학술의 서양 진출이 점점 활발해지는" 상황에서 중국 학술의 가치에 대한 중국 문학계 자체의 재조명 역시 필요한 시점이었다.[92]

4. 나오는 말

중국 근대 매체들을 통해 쏟아져 나온 근대적 지식 개념들은 중국 근대 문화를 살펴 볼 수 있는 중요한 기표들이다. 근대 역사의 원동력을 학술의 혁신에서 찾은 중국 근대 매체 속 문장의 상당부분은 번역된 수많은 개념들을 인지하고 적용하는데 할애되고 있기 때문이다. 본고는 그러한 개념들 속에서 조선 관련 정보들이 어떻게 조선을 근대적 국가로 재구축하고 있는지, 그리고 그것이 중국 근대 매체 속 개념들과 어떠한 관계 속에서 지식화 되고 있는지에 대한 탐색을 시도했다.

우선 조선 관련 정보들은 번속국으로서의 조선이 근대국가로 재구축되는데 결정적인 역할을 하고 있었다. 물론 근대 매체 속 조선 관련 정보들이 만들어낸 근대 국가 조선이 새로운 조선의 발견을 의미하지는 않는다. 제국의 시선을 매개로 한 번역이 중국 근대 매체 속 조선 관련 정보들의 주요 원천이었기 때문이다. 이중으로 번역된 개념어들은 마찰에 의한 차이의 발생을 근본적으로 차단하며 조선을 개념들의 재인에 머무르게 했다. 이 과정에서 조선에 대한 상상은 제약되며, 이는 조선에 대한 사유의 발생을 가로막는다.

또한 조선 관련 정보들은 중국 근대 매체 속 다양한 개념들과의 결합을 통해 이들의 운용 및 확장에도 상당한 역할을 하고 있었다.

---

91) 「論新名詞輸入與民德墮落之關系」, 『東方雜誌』 제3년 제12기(『申報』 轉載, 1907.1.9).

92) 姚振華, 「東學西漸」, 『東方雜誌』, 제6년 제6기, 1909.7.12.

세계와 통하지 않는 불변의 조선 이미지들은 개혁의 필요성을 논하기에 적합했고, 주권과 독립에 대한 열망은 근대국가라는 미명하에 조선의 식민지 전략을 도왔으며, 역사적 맥락에서 찾아진 동질성은 문화적 제국주의의 기반이 되었다. 동아시아를 횡단하고 있던 지식들은 결국 내재된 제국주의적 관점들을 더욱 단단하게 감추고 있었던 것이다. 그리고 흥미롭게도 지금 다시 그러한 개념들에 대한 연구가 필요할 정도로 개념 그 자체는 자기 파생적인 위력을 발휘하며 자신만의 '사(史)'적 계보, 혹은 횡단적 면모를 과시하며 또 다른 개념들을 파생시키고 있다.

[참고문헌]

1. 저서

고미숙, 『나비와 전사』, 휴머니스트, 2006.

구가 가쓰토시, 김성민 옮김, 『지식의 분류사』, 조선출판마케팅연구소, 2007.

더글라스 로빈슨, 이혜욱 역, 『번역과 제국』, 동문선, 2002.

로렌스 베누티, 임호경 역, 『번역의 윤리: 차이의 미학을 위하여』, 열린책들, 2006.

리디아 리우, 민정기 역, 『언어횡단적 실천』, 소명출판, 2005.

마쓰오카 세이고, 박광순 옮김, 『知의 편집공학』, 지식의숲, 2006.

박영욱, 『매체, 매체예술 그리고 철학』, 향연, 2008.

시카모토 히로코, 양일모·조경란 옮김, 『인종·신체·젠더로 본 중국의 근대』, 지식의 풍경, 2004.

엘리너 오스트롬·샬럿헤스 편저, 김민주·송희령 역, 『지식의 공유』, 타임북스, 2009.

이매뉴얼 월러스틴, 유희석 옮김, 『지식의 불확실성』, 창비, 2004.

정선태, 『근대의 어둠을 응시하는 고양이의 시선』, 소명출판, 2006.

진관타오·류칭펑, 양일모 외 옮김, 『관념사란 무엇인가』, 푸른역사, 2010.

차배근, 『중국근대언론발달사 1815~1945』, 서울대학교 출판부, 2008.

천진, 「新聞, 風聞을 넘나드는 동아시아 근대지」, 『中國現代文學』 제56호, 2011.3.

최재천·주일우 엮음, 『지식의 통섭』, 이음, 2007.

프래신짓트 두아라, 한석정 옮김, 『주권과 순수성』, 나남, 2008.

피터 버크, 박광식 옮김, 『지식, 그 탄생과 유통에 대한 모든 지식』, 현실문화연구, 2006.

2. 논문

강동국, 「조선을 둘러싼 러·일 각축과 조선인의 국제정치인식」, 『日本研究論叢』

제20권, 2004년 겨울호.

김경일, 「문명론과 인종주의, 아시아 연대론: 유길준과 윤치호와의 비교를 중심으로」, 『사회와 역사』 통권 제78집, 2008년 여름호.

문정진, 「중국 근대 매체 속 조선이라는 지식: 『時務報』의 조선 관련 번역과 서사를 중심으로」, 한국중국현대문학학회 2010년 춘계학술대회 발표문(인하대학교 문과대학 5남 500호, 2010.5.29).

______, 「중국 근대 매체와 조선: 淸末의 『申報』와 『點石齋畵報』를 중심으로」, '省察을 위한 超國的 對話: 中國語文學 硏究의 方法과 方向' 조선중어중문학회 2009년도 연합학술대회 발표문(성신여자대학교 수정관 402호, 2009.11.21).

______, 「중국 근대 상하이의 매체와 커뮤니케이션: 19세기 말 『申報』, 『點石齋畵報』, 『時務報』를 중심으로」, 『中國現代文學』 제56호, 2011.3.

백광준, 「20세기 초 중국의 근대지리학 수용: 『新民叢報』를 중심으로」, 『中國現代文學』 제56호, 2011.3.

서홍관·신좌섭, 「일본 인종론과 조선인」, 『醫史學』 제8권 제1호, 1999.11.

신문수, 「근대성·인종주의」, 『영어영문학』 제52권 2호, 2006년 여름호.

윤영도, 「中國 近代 初期 西學 飜譯 硏究」, 연세대 박사논문, 2005.6.

차태근, 「數: 제국(帝國)의 산술과 근대적 사유방법」, 『中國現代文學』 제56호, 2011.3.

中國文獻媒體資料中心(http://cmmc.sinology.org)의 '온라인 點石齋畵報', '온라인 中國近代雜誌 八種'.

李裕元의 乙亥燕行과 江華島條約*

鄭墡謨
(中國海洋大學)

1. 들어가며

동아시아에서 종주국 역할을 자임했던 중국은 아편전쟁에서 패배하면서 1842년 南京條約을 체결하고 구미열강에 문호를 개방하게 되었다. 일본 또한 미국의 페리(Mathew C. Perry)제독의 위협에 굴복하고 1854년 불평등조약을 시작으로 구미 각국에 문호를 개방하면서 19세기 중엽부터 동아시아 지역은 서구자본주의 시장의 각축장이 되었다.

중국을 비롯한 동아시아 지역 국가들이 서구자본주의와 대립하는 가운데, 동아시아의 지역질서가 결정적인 변화를 맞이하게 된 것은 1871년에 체결되고 1873년에 비준된 중국과 일본의 淸日修好條規였다. 전통적인 조공·교린 관계를 유지해 오던 동아시아 각국 사이에 근대 국민국가들의 국제법 질서인 조약관계가 동아시아 국가 사

---

* 이 글은 『東方漢文學』 제52輯(東方漢文學會, 2012.9)에 게재된 논문을 재수록한 것임.

이에 최초로 맺어진 것이다. 이어서 1876년 일본의 무력시위와 청조의 권유로 조선과 일본이 맺은 朝日修好條規 곧 江華島條約, 그리고 1882년의 조선이 청조와 맺은 朝清商民水陸貿易章程, 1883년 일본과 맺은 朝日通商章程 등 조·청·일 각국 사이에 근대적 관계를 맺게 되었다. 이처럼 1870년대 들어서 동아시아 국가 사이에 새로운 근대적 조약관계가 성립되지만, 사실 조선은 대륙으로의 팽창하고자 하는 일본과 이를 저지하면서 전통적인 종주권을 유지하고자 하는 중국과의 각축장으로 변했는데, 강화도조약은 그 시발점이다.

강화도조약은 일본이 1875년 8월 21일(양력 9월 20일)에 강화도에 군함을 파견함으로써 야기된 雲揚號사건에서 비롯된다. 메이지유신을 통해 왕정복고한 일본의 신정부는 '書契'문제로 난항을 겪고 있던 당시 조선과의 국교 재개문제를 무력으로 타개하고자 하였다. 이에 조선 해안을 탐측 연구하기 위해 왔다는 핑계로 계획적으로 운양호 등의 군함을 파견하여 강화도 앞바다에 불법으로 침투하다가 해안경비를 서던 조선 수군의 방어적 공격을 받았다. 일본은 이에 대한 보복으로 함포공격을 가하고 永宗鎮에 상륙하여 조선 수군을 공격하고 퇴각했다. 그리고 일본은 이 사건의 책임을 조선에 물으며 수교통상을 강요했고, 그 결과 1876년 2월 2일(양력 2월 26일) 조일수호조규가 체결되었다. 일본정부는 미국의 페리가 일본을 개국시키기 위해 사용한 '艦砲外交'의 방식을 조선에 그대로 적용시킨 것이다.

조선에 군함을 동원한 일본의 함포외교는 이제까지 조선에 종주권을 주장해오던 청 정부와 심각한 갈등을 야기했다. 바로 한 해 전에는 일본이 청일수호조규를 무시하고 타이완에서의 류큐(琉球)인의 조난사건을 빌미로 타이완 침공을 감행함으로써 청과 일본은 전쟁 직전에까지 치달았다. 이 때문에 청 조정은 일본 신정부의 팽창주의 정책을 경계하게 되었는데, 다시 조선에 군함을 파견하여 운양호사건을 일으키게 되자 일본에 대한 불신감이 한층 고조되었다. 따라서 동아시아 지역질서의 변화라는 측면에서 보면, 운양호사건 및 이로 인해 맺어진 강화도조약은 한반도를 발판으로 대륙(만주지역)으로 진출하려는 일본과 이를 저지하고 조선에서의 종주권을 유지하려는 청과의 세력다툼이기도 하였다. 그러므로 강화도조약의 체결 과정에 대한 연구는 조선과 일본의 외교관계 뿐만 아니라, 그 이면에서 진행된 조·청 및 청·일의 외교관계 또한 중요하다. 그 중에서도 당시 直隷總督으로 재직하면서 청 정부의 대외정책을 전담하면서 조선 문제에도 시종일관 깊이 관여했던 李鴻章(1823~1901)의 역할이 주목된다.

그런데 강화도조약이 채결되기 직전인 高宗 12년(乙亥, 1875) 가을에 당시 조선의 정권 담당자였던 李裕元(1814~1888)이 燕行 도중 일본과의 외교문제를 해결하고자 이홍장과의 서신왕래를 시도했다는 사실에 더욱 주목할 필요가 있다.[1] 이유원의 乙亥燕行은 구미열강의 통상압력에 의한 청과 일본의 문호 개방 및 청과 일본의 淸日修好條規로 시작된 동아시아 지역질서의 변화 속에서 이홍장과의 서신왕래라는 비밀 외교 통로를 구축했다는 점에서 중요한 의미를 갖는다.

본고는 이유원의 乙亥燕行이 갖는 역사적 의의에 대해서 검토하고자 한다. 먼저 강화도조약이 체결되기 직전의 朝日정세에 대해서 살펴본 다음, 이유원의 연행록 『薊槎日錄』에 대해서 자세히 고찰하고자 한다. 특히 이유원의 을해연행을 통한 이홍장과의 서신왕래 성립 과정 및 두 사람의 서신 왕래가 강화도조약에 미친 영향에 대해서 밝혀보고자 한다.

---

1) 이를 계기로 李鴻章은 李裕元과의 서신왕래라는 비밀 외교 통로를 통해 조선의 대외정책에 깊이 관여하게 되었다. 이홍장과 이유원과의 서신왕래에 대해서는 田保橋潔, 『近代日鮮關係의 硏究』, 朝鮮總督府中樞院, 1940; 宋炳基, 『近代韓中關係史의 硏究: 19世紀末의 聯美論과 朝淸交涉』, 檀國大出版部, 1985; 權錫奉, 『淸末對朝鮮政策史硏究』, 일조각, 1986; 권혁수, 「이홍장의 조선 인식과 정책 연구 1870~1895」, 정신문화연구원 박사논문, 1998; 그리고 권혁수, 「한중관계의 근대적 전환과정에서 나타난 비밀 외교채널: 李鴻章·李裕元의 往復書信을 중심으로」, 『韓國學論叢』 제37집, 한양대학교, 2003 등의 선행연구가 있다. 다만 이들 선행연구에서는 李裕元의 乙亥燕行과 강화도조약과의 관계에 대해서 깊이 있게 다루어지지 못했다.

2. 강화도조약 이전의 朝日정세

1) 메이지 신정부의 조선인식

1854년 미국 페리제독의 '함포외교'에 의해서 일본은 미국과 불평등조약을 체결하고, 이어 1858년에 미·영 등 구미 5개국과 통상조약을 체결하여 문호를 본격적으로 개방하면서 구미열강의 반식민지 체제에 들어갔다. 이처럼 막부말기에 구미열강의 통상압력에 의하여 문호가 개방되면서 일본의 조선 및 중국에 대한 인식에도 커다란 변화가 나타났다. 이와 같이 격변하는 시대 상황 속에서 일본 무사계급들의 위기의식이 팽배했는데, 일부 무사들은 이러한 위기로부터 탈출하고자 조선을 정벌하자는 '征韓論'을 주장하기 시작했다.

1868년 메이지 신정부는 일본의 왕정복고 사실을 조선에 전달하는 문서를 보내면서 문서 중에 '皇上'이나 '奉勅'과 같은 문자를 사용하였다. 천황이 친정하게 된 일본과 조선 사이에는 대등한 국교가 이루어질 수 없다는 것이 메이지 신정부의 기본 입장이었다. 이를 받은 동래부사 鄭顯德 등은 書契의 수납을 거절하고 즉시 일본 사신을 돌려보내는 조치를 취하였다. 일본은 재차 교섭사절을 보냈으나 역시 쫓겨나자, 1869년 12월(양력) 사다 하쿠보(佐田白茅)를 조선에 파견하여 조선의 실상을 조사하도록 하였다. 이에 사다 하쿠보는 "조선이 皇國을 멸시하고 우리의 文字에 불손함이 있다고 하면서 황국에게 치욕을 주었습니다. 실로 하늘을 같이 할 수 없는 도적이므로, 정벌하지 않는다면 천황의 위엄이 서지 않을 것입니다."[2]라고 보고하였는데, 이로 인해 '정한론'이 다시 일기 시작했다.

당시 외무대신이었던 사와노부 요시(澤宜嘉)는 "한국은 상고에 천황이 친히 정벌한 나라로서 그 국맥의 존재 여하는 우리나라의 안

---

2) 『日本外交文書』 巻3, 「朝鮮ヨリ歸朝セシ外務省出仕佐田白茅等ノ建白書提出ノ件」.

위에 관계되는 바이다. 하물며 근래 러시아의 세력이 뻗침에 있어서 우리 제국이 이를 匡救하지 않는다면 그 존망을 헤아릴 수 없는 것이다."라고 하였고, 당시 조선에 파견된 모리야마 시게루(森山茂)는 "50만 士族을 擧하여 조선에 진격함이 옳다. 이제 維新의 대업은 이루어졌으나 사방에 뜻을 이루지 못한 자들이 변이 일어날 것을 원하고 있다. 이 기회를 이용하여 불평사족들을 한반도에 이식함은 내환을 밖으로 전하는 길이요, 국익을 해외에서 개척하는 기초이니, 이것이야말로 一擧兩得의 계책이 아니겠는가?"라고 했다. 또한 당시 격렬한 정한론자였던 사다 소이치로(佐田素一郎)의 건의서(建白書)에서는 "조선은 황국을 멸시하고 문자에 불손함이 있다고 하여 이로써 치욕을 황국에 끼쳤다. (…) 반드시 이를 쳐버려야 한다."고 하였고, 별도의 건의서에서는 "조선은 應神天皇의 三韓정벌 이후 우리의 부속국이다. 모름지기 우리나라는 상고의 역사에 비추어 유신중흥의 세력을 이용하여 조선의 무례함을 쳐서 이로써 우리의 版圖를 회복해야 한다."라고 주장했던 것이다.[3)]

한편, 메이지 신정부는 1871년 7월(양력)에 행정개혁을 단행하게 되는데, 이전까지 지방통치를 담당했던 藩을 폐지하고 이를 중앙정부가 통제하는 府와 縣으로 일원화했다. 이러한 '폐번치현(廢藩置縣)'으로 일본 외무성은 이제까지 조선과 국교에 관한 사무를 중개하고 전담해오던 쓰시마藩으로부터 외교 사무를 접수하고, 교섭 창구로 부산의 草梁에 설치했던 倭館을 철폐하고 이를 '日本公館'이라고 개칭했다. 이로써 수세기 동안 쓰시마 島主가 담당해오던 조선과 일본의 외교 사무가 외무성 소관으로 이전되었지만, 조선은 1869년의 '書契' 문제를 이유로 이를 인정하지 않았다.

일본공관은 법적인 존재근거가 없었지만, 메이지정부 외무성에서 파견된 관리들과 그 하급관리인 이전의 쓰시마 섬의 관리들이 계속

3) 旗田巍, 李基東 譯, 『日本人의 韓國觀』, 일조각, 16~17쪽.

거주하였다. 그리고 일본 각지로부터 상인들이 마음대로 내왕하면서 현지의 조선 하급관리 및 상인들과 결탁하여 불법적인 무역에 종사하였다. 이에 동래부사는 이러한 밀무역을 단속할 목적으로 1873년 초에 전령서를 내렸다. 그런데 일본 측에서는 그 전령서 가운데 일본인들을 모욕하는 언사가 들어있다고 하면서 이를 구실로 조선을 정벌하자는 '정한론'이 다시 불붙었다. 이러한 정한론의 선두에 선 자는 당시 메이지 신정부의 최고 실력자였던 사이고 다카모리(西鄕隆盛)였으며 다수의 內閣參議들이 이에 동조하였다. 그리고 1873년 8월(양력)의 각료회의에서는 대조선 강경론이 구체적인 정책으로 결정되었다.

이처럼 메이지 신정부의 '정한론' 주장은 조선과의 국교를 재개하기 위해서 보낸 '서계'문제가 주된 원인이었지만, 실은 이 서계문제를 빌미로 당시 무사제도의 폐지로 봉록을 받지 못하게 된 50만 실업무사들의 불평 등 내부적인 갈등을 해결하기 위한 방편이었다. 따라서 메이지 정부의 지도자들은 '정한론'을 주장하고, 또한 이를 구체적인 정책으로까지 입안하게 되었다.

2) 타이완 출병과 정한론

그러나 '정한론'을 주장하던 핵심 각료였던 사이고 다카모리(西鄕隆盛)가 사퇴하자, 메이지 정부는 먼저 현안문제인 타이완 출병을 결정하게 되면서 조선에 대한 문제는 잠시나마 다소 잠잠해졌다. 타이완사건은 1871년 10월 타이완에서 발생한 류큐(琉球)의 미야코지마(宮古島)의 표류민이 타이완에 표착하여 그중 54명이 타이완의 원주민(生蕃)에게 살해된 사건이다. 그런데 1872년 10월(양력)에 메이지 정부는 류큐왕국을 류큐번으로, 국왕 尙泰를 유구번왕으로 임명하고 곧바로 유구의 외교권을 외무성에 이관하게 된다. 이렇게 유구의 위치귀정이 바뀌게 되자 타이완에서 류큐민의 살해 사건이 일본의 외교권 문제로 확대되었던 것이다. 이에 메이지 정부는 1874년 2월 각료회의에서 타이완 출병을 결정하고, 이어 이를 수행하기 위해서 4월에는 臺灣番地事務都督을 설치하였다.

그런데 타이완 출병은 일본의 외무대신이었던 소에지마 다네오미(副島種臣)의 외교노선 및 궁내부 고문 미국인 르젠드르(C. W. Legendre)의 강력한 뒷받침에 따른 것으로, 여기에는 처음부터 장대한 대륙팽창의 구상이 포함되어 있었다. 소에지마의 뜻에 따라 르젠드르가 기초했다고 생각되는 '第四覺書'에는 노골적인 동아시아 구상이 다음과 같이 제시되어 있다.

> 각국이 '威權'을 '東方'으로 뻗칠 경우, 북쪽으로는 조선, 남쪽으로는 호코지마(澎湖島)와 타이완을 점거하게 된다. 따라서 일본은 만일 청 정부가 류큐인 살해사건에 대해 만족스러운 조치를 취하지 않는다면, 신속히 타이완과 호코지마를 점거해야 한다. 청이 각국과 황제 알현문제를 논의하고 있는 지금이야말로 절호의 기회이다. (…중략…) 일본이 한반도를 영유할 수 있다면, 황해까지 세력을 떨칠 수 있게 되어 동해를 우리 것으로 만들고 러시아 등의 나라가 한반도를 점령하는 것을 저지할 수 있다. 조선은 무역만이 아니라 군사적 측면으로도 '필수적인 요충지'이고, '아시아 북방 제1의 요지'이다. 조선을 영유한다면 '사방으로 위세를 떨치는 것'이 자유로워져서 조선·호코지마·타이완을 합병하고 '노쇠하여 망해가는 중국'을 '끌어안은 자세'를 만들게 된다. 일본의 토지와 조선·류큐·타이완의 모든 섬이 '고리 모양'을 이루고, 이것이 '동방문명의 先陣'이 되어 중국제국을 포위하고, 중국인이 개화된 일본의 영향을 받는다면 중국 전체는 '문명지역'이 된다. 이리하여 중국이 변혁된다면 두 帝國을 합병하여 '황제 한 명'의 통치로 귀속되는 것도 상상할 수 있으며, 도쿄는 '신제국'의 수도가 될 것이다.[4]

4) 早稲田大学図書館所藏「大隈文書」A4424; 오비나타 스미오, 「근대 일본 '대륙정책'의 구조: 타이완 출병 문제를 중심으로」, 『동북아논총』 32호, 2011, 152쪽에서 재인용.

이와 같이 메이지 정부의 타이완 출병은 당초부터 대륙 진출을 위한 교두보 확보를 목적으로 한 것으로, 전략적으로는 정한론과 연동되어 있었던 것이다. 결국 메이지 정부의 목표는 대륙 진출이었으며, 그러기 위해서는 무엇보다도 한반도를 점령해야만 했던 것이었다.

메이지 정부가 조선 정벌을 뒤로하고 타이완 출병을 결정하게 되자, 전국 각지에서 이에 대한 비판 여론이 만만치 않았다. 예를 들면, 1874년 4월 7일(양력) 아오모리현(青森縣) 사족 나가오 요시쓰라(長尾義連)의 건의서에서는 다음과 같이 타이완 출병을 비판하고 있다.

> 어리석은 신이 時弊에 관한 사사로운 의견을 제시하고자 합니다. 타이완 問罪의 거사를 듣고 경악을 금치 못하여 이에 대해 논하고자 합니다. (…) 둘째, 조선의 죄와 타이완의 죄 중 어느 쪽이 크겠습니까? 우리 國使를 능멸하고 교만하기 그지없음은 류큐인을 暴殺한 것과 동일하게 논할 수 없습니다. 크고 심각함을 뒤로 하고 내외의 구별을 바로하지 않으면 緩急과 本末의 적당함을 얻지 못하여 義를 명확히 할 수 없습니다. (…중략…) 단연코 이번 거사를 중지하고 오로지 근래의 우려를 다스려서, 民과 上이 바라는 국가의 인민일치적인 협의에 기틀을 세우고, 완급과 본말을 제대로 하여 우선 총력적인 의무를 조선에 집중하고, 남은 위력을 타이완 징벌에 쓰는 것이 바람직합니다.5)

이는 타이완 출병 자체를 반대하는 것이 아니라, 황국을 능멸한 '조선의 죄'가 더 크다는 명분론에 입각하여 일본정부의 타이완 출병을 졸렬하다고 비판하고, 오히려 타이완이 아니라 조선으로 출병해야 한다는 '정한론'의 변형인 것이다. 이는 또한 삼한정벌이라는 신화를 근거로 조선을 조공국으로 보고, 일본 신정부의 국서 수리를 거부하는 무례한 조선을 응징해야 한다는 '日本型華夷意識'에 기초

5) 青森縣士族(東京府寄留)長尾義連, 「建白(廟堂ノ弊害ヲ矯正シ臺灣ヲ伐ヘカラサル等之議)」, 色川大吉·我部政男 監修, 牧原憲夫 編, 『明治建白書集成』 第三卷, 筑摩書房, 1986, 271쪽.

한 '존왕론'이었다.[6]

한편, 메이지 정부의 타이완 출병 소식이 조선에 전해진 것은 같은 해인 1874년 6월 청으로부터의 속달로 보내온 咨文이었다. 청 정부는 6월 3일자 자문을 통해 일본이 타이완의 원주민을 공격했다는 소식과 함께, 타이완 문제를 담당하던 沈葆楨이 푸저우(福州) 船政局監督 지켈(Prosper Marie Giquel)로부터 듣고 총리아문에 보낸 내용을 전달했다. 그 내용은 대략 다음과 같다.

> 일본이 아직도 5,000명의 군대를 나가사키(長崎)에 주둔한 데다 타이완 退兵 후에 조선에 진출하려 하며, 佛·米 양국 또한 조선과 화해성립이 안되었으니 반드시 병선으로 일본을 도울 것이다. 그러면 조선은 3개국에 대적키 어려울 것이다. 중국이 만약 조선으로 하여금 불·미 양국과 조약을 맺어 통상케 하면, 일본은 고립된 세력이 되기 때문에 군사동원을 못할 것이며, 조선도 보전이 가능할 것이다. 총리아문은 예부에 명하여 은밀하게 조선국왕에게 사실대로 알려서 미리 예비토록 하는 것이 좋겠다.[7]

이 자문이 조선에 도착한 것은 6월 22일 이었다.[8] 그리고 25일 고종은 영의정 李裕元, 우의정 朴珪壽를 비롯하여 모든 대신들을 불러 놓고 중국으로부터 날아온 자문에 대해서 의논하였다.[9] 북경의

---

6) 박삼헌, 「근대전환기 일본 '국민'의 동아시아 인식: 1870년대 건백서를 중심으로」, 『동북아논총』 32호, 2011, 201쪽.

7) 同治十三年(1874) 六月初三日條, "禮部爲密行飛咨事主客司案, 呈准軍機處片交總理, 各國事務衙門片奏傳聞, 日本有兵五千在長崎, 臺灣退兵後將從事高麗, 法美與高麗前隙未解, 必以兵船助之等語, 請由禮部密咨, 朝鮮豫籌辦理,一片奉硃批依議, 欽此相應抄錄, 該衙門片奏飛咨, 朝鮮國王豫籌辦理可也云云."(『同文彙考補續』, 「使臣別單·甲戌禮部知會聞洋將所言法美兩國欲助日本兵船咨」).

8) 同治十三年六月二十二日條(『同文彙考補續』「使臣別單·謝禮部先事咨通兼請曉諭各國咨」); 일본의 타이완 출병 사실에 대한 보다 구체적인 정보는 다음 해 光緖 원년(1875) 4월 3일 다음과 같은 동지사의 보고에 의해서 구체적으로 전해진다. "去年(1874)五月, 日本兵船入臺灣, 與生蕃接杖. 生蕃據守山谷, 日本不得輕進, 中國亦調兵造船, 豫備交戰, 蓋日本搆釁之端, 以琉球國人, 曾於癸酉秋, 遭風漂到臺灣, 爲生蕃所害. 日本自以琉球爲屬國, 故爲之報仇云矣."(『同文彙考補續』, 「使臣別單·乙亥冬至兼謝恩行書狀官李建昌聞見事件」).

자문에 대해서 이유원은 먼저 청조가 위와 같은 사실을 미리 조선에 통보해준 사실에 대해 고마움을 표시하고, 그 대책을 논하면서도 청이 서구열강과의 통상을 권유한 점에 대해서는 다음과 같이 불만을 토로했다.

> 섬 오랑캐가 서양의 오랑캐들과 더불어 비록 교통을 한다고는 하나 그 자세한 내막에 대해서는 우리나라가 아직 확실하게 알지 못하고 있습니다. 만일 예기치 못한 일이 생길 경우, 요즘 무기가 잘 단련되고 포를 설치한 곳도 많으며 저축해 둔 군량도 몇 년은 지탱할 수 있습니다. (…) 그뿐만 아니라 연전에 또 양요(洋擾)를 겪어 서양놈들의 장점과 단점을 남김없이 잘 알고 있으니, 오늘날의 군병을 임진년 왜란 당시에 비교하면 도리어 나은 데도 있다고 봅니다. (…) 총리아문이 우리나라에 알리고픈 일이 있으면, 단지 그 일만 말하는 것으로 그쳐야 합니다. 무엇 때문에 통상 등의 얘기를 하여 마치 공갈을 치고 유혹하듯이 한단 말입니까.[10]

이처럼 조선정부는 타이완에서 퇴병하는 일본군이 조선으로 향할 것이라는 정보에 대하여 반신반의하면서, 오히려 서양인들이 여기에 가탁하여 통상조약을 체결하려는 의도라고 보았다. 그리고 조선은 6월 27일에 보내 회답 자문에서 중국에 있는 일본 관리를 통해 군대를 함부로 움직이지 말도록 할 것과, 또한 불·미 양국 사신에게도 쓸데 없는 일로써 교섭해오지 말도록 할 것을 요청했던 것이다.[11]

하지만 위와 같은 청 정부의 권고를 계기로 그때까지 서계문제로 일본과 교섭을 거절해 오던 조선은 태도를 바꾸게 되었으며, 곧이어 부산에 파견된 모리야마 시게루(森山茂)와의 교섭에 적극적으로 응했다.[12] 그러나 모리야마의 교섭도 큰 진전 없이 곧 암초에 부딪치

9) 『승정원일기』, 고종 11년 6월 25일조.

10) 『승정원일기』, 고종 11년 6월 25일조.

11) 同治十三年六月二十七日條(『同文彙考補續』, 「使臣別單·謝禮部先事咨通兼請曉諭各國咨」).

게 되자, 애를 태우던 일본 측은 군함을 이용한 무력시위로 사태를 타개하려 하였는데,[13] 이것이 곧 다음 해 가을에 발생한 운양호사건이다.

3) 운양호사건

조선과의 국교 재개에 진전이 없자, 메이지 정부 내에서는 다시 무력을 동원하자는 논의가 본격적으로 논의되기 시작했다. 당시 개국 교섭을 담당하던 副官 히로쓰 코신(廣津弘信)은 1875년 4월 23일(양력, 이하 동일)자의 건의서에서 다음과 같이 주장했다.

> 洋夷 鎖國의 무리가 아직 세력을 이루지 못한 틈을 타서 가벼운 힘으로 성사를 쉽게 하려면, 지금 곧 우리 군함 1~2척을 파견하여 쓰시마와 조선 사이를 왕래 출몰하면서 海路를 측량하여 저들에게 우리의 의사의 소재를 시위하면 (…중략…) 교섭 체결에서도 우세한 권리를 얻을 것임은 필연입이다. 하물며 저들의 해역을 미리 측정함은 후일의 有事 無事에 불구하고 우리에게 필요한 일이 아니겠습니까.[14]

이와 같이 메이지 신정부의 대 조선 개국교섭은 처음부터 무력을 동원하여 한반도를 그들의 국방권 안에 예속시키고자 했던 것이다. 그래서 메이지 정부는 외무대신 데라지마 무네노리(寺島宗則), 태정대신 산조 사네토미(三條實美), 우대신 이와쿠라 도모미(岩倉具視), 해군대보 가와무라 스미요시(川村純義) 중장 등이 협의하여, 운양호·춘일호(春日號)·제2정묘함(丁卯艦) 등 3척에 의한 무력시위를 계획하였다. 이중 운양호는 아마구치번(山口藩)이 헌납한 목제함인데, 철갑함

12) 田保橋潔, 『近代日鮮關係의 硏究』 上冊, 朝鮮總督府中樞院, 1940, 333~342쪽 참조.

13) 그간의 경과에 대해서는 田保橋潔, 위의 책, 356~390쪽 참조.

14) 日本外務省調査部, 「大日本外交文書」 8, 71~72쪽, 文書番號 29.

이 2척 뿐이던 당시의 일본 해군에서는 유수한 정예함이었다. 함장은 이노우에 료우케이(井上良馨) 해군 소좌로 규슈(九州) 가고시마(鹿兒島) 출신이다.

운양호는 1875년 4월 하순경부터 대한해협과 부산 앞바다를 출몰하기 시작했다. 해상측량이 구실이었으나, 속셈은 모리야마 등의 국교재개 교섭을 무력으로 뒷받침할 목적이었다. 때문에 5월 25일 운양호는 예고도 없이 부산 항내에 진입하였다. 부산 訓導 玄昔運이 항의하자 모리야마 외교사절의 호위하기 위해 입항한 것은 당연하다고 억지를 부렸다. 다음 날 26일 제2정묘함 등이 입항하자, 이들은 연습을 빙자한 불시의 포격으로 관람차 승선한 조선 관인들을 위협했다. 그리고 뒤따라 나타난 孟春號·高雄號와 함께 3면 연안을 교대로 운항하면서 함경도 永興灣까지 북상했다가, 나가사키(長崎)로 귀항했다.

같은 해 9월, 운양호 함장 이노우에 료우케이(井上良馨)는 해군성으로부터 조선 서해안에서 중국 牛莊에 이르는 해로 조사를 구실로 제2의 시위를 하라는 지시를 받았다. 이에 9월 20일(음력 8월 21일) 영종도 부근 鷹島 동남방에 정박한 운양호는 함장 이하 수명이 탑승한 보트로써 연안을 멋대로 탐색하면서 草芝鎭으로 접근하였다. 초지진 포대가 포격을 가하자 이튿날 21일 운양호는 함포사격으로 초지진을 파괴한 후 영종도로 향했다. 22일, 영종도를 포격한 운양호는 육전대를 상륙시켜 민가에 방화하면서 약탈 분탕질 끝에, 조선측에 수비병 사망 35명 피납 16명의 손해를 입혔다. 하지만 일본 측은 사망자 1명 부상자 1명의 피해를 입었을 뿐이었다. 이튿날 영종도를 떠난 운양호는 9월 28일 나가사키에 귀항한 즉시로 상황을 해군대보 가와무라 스미요시(川村純義) 중장에게 전보문으로 보고했다.

異樣船이 內洋에 들어왔다는 소식이 처음 조선 조정에 전해진 것은 9월 22일(음력 8월 23일)의 일이다. "낯선 배가 內洋에 들어왔는데 그들의 뜻이 어디에 있는지를 모르겠습니다. 어느 나라 사람이 무슨 일로 와서 정박하고 있는지 자세히 실정을 물어보지 않을 수 없다"[15]라고 하는 것으로 보아 당시 조선은 어느 나라 함선이 무슨 목적으로 내항했는지 확인하지 못했음을 알 수 있다. 또한 이튿날 삼군부의 보고에서도 "경기 연안에 정박하고 있는 이양선은 아직 어느 나라 어느 지역의 사람인지는 모르겠으며 언제 내양에 침범해 들어올지도 이미 예측하기 어려운데 불을 지르고 포까지 쏘아 대니 더욱 가증스럽습니다. 이 배는 연전에 약탈하던 외국 배와 같은 종류입니다."[16]라고 하고, 9월 25일에 이양선이 外洋으로 나갔다는 보고가 있었지만, 여전히 신원을 파악하지 못했다.[17] 이후 10월 16일(음력 9월 18일)의 강화 유수 趙秉式의 상소문에서도, "그런데 뜻밖에 적의 무리가 도래하여 한 모퉁이에 있는 永宗鎭이 침략을 받아 관청 건물은 焚蕩되고 사졸들은 살해되었습니다."[18]라고 하는 것으로 보아 조선 측에서는 강화도사건이 일본의 단독 소행이라는 사실조차도 명확하게 파악하지 못한 상태였던 것으로 보인다.

한편, 운양호의 보고에 따라 메이지 정부는 9월 29일 일황 임석의 대책회의를 열고, 10월 3일 다음과 같은 太政官 布達을 공포하였다.

> 이번에 우리 雲揚艦이 조선국 동남해안을 廻艦한 후 서해안에서 청나라 牛莊 쪽으로 항해하던 중 9월 20일 조선국 강화도 근처를 통행하다가 조선으로부터 생각지도 못한 砲發을 당했다. 이에 상륙하여 그 이유를 물어보려는데 조선국의 포발이 점점 늘어나 어쩔 수 없이 운양함도 발포하였다. 다음 날에는 상륙하여 포대를 점령하고 병기를 빼앗았다. 이 과정에서 우리 수군 2명이 부상을 당했으며, 나가사키(長崎)로 회항한다는 전보가 있었으므로 이를 포달하는 바이다.[19]

15) 『승정원일기』, 고종 12년 8월 23일조.
16) 『승정원일기』, 고종 12년 8월 24일조.
17) 『승정원일기』, 고종 12년 8월 26일조.
18) 『승정원일기』, 고종 12년 9월 18일조.

이 포달문은 10월 5일 '官令'으로 신문에도 게재되었다.[20] 이를 계기로 각 신문들은 다시 정한론과 비전론으로 나뉘어 서로 논쟁을 시작하였다. 『유빈호치시문(郵便報知新聞)』·『도쿄니치니치신문(東京日日新聞)』·『초야신문(朝野新聞)』이 비전론을 주장한 데 비해, 『도쿄아케보노신문(東京曙新聞)』·『요코하마마이니치신문(横浜毎日新聞)』은 정한론을 주장하였다.[21] 비전론은 민권론과 내치우선의 입장에서 반정한론을 주장하였고, 정한론은 불평사족 대책과 자국의 명예회복을 위한 정한을 실시해야 한다고 주장하였다.[22] 그리고 각지로부터 "小邦인 조선이 우리 上國을 輕侮하는 '무례'를 범하고 있다."[23], "우리나라로 하여금 자주와 자립의 권리를 잃어버리게 만들고, 천황폐하의 머리 위로 한 없는 汚辱을 떨어뜨리는 것이다."[24], "조선은 원래 우리의 속국이다. 그런데 근래에는 조공을 끊고 우리 國使를 여러 차례 능멸하더니 이번에 暴擧를 일으켰다. (…) 바라건데 묘당은 공의를 존중하여 신속히 使節을 파견하고, 이로써 조선의 暴慢과 不正을 규탄하고 乾坤의 공도를 실천하여 부디 속국의 명분을 잃지 않도록 해야 한다."[25] 등의 조선 멸시관과 함께 정한론이 다시 대두되었다.

이러한 국내 여론을 의식한 메이지 정부는, 11월 3일 부산에서 귀국한 모리야마의 보고를 받고 대책을 강구하여 '출병준지'를 확정했

---

19) 『太政官布達 番外』, 内閣官報局 編, 1890; 1975년 復刻, 『法令全書』 第八ノ 一巻, 原書房, 864쪽.

20) 『讀賣新聞』, 朝刊, 1875년 10월 5일, 1쪽.

21) 芝原拓自 등 編, 『日本近代思想大系』 12, 『對外觀』「江華島事件を論ず(郵便報知新聞)解題」, 岩波書店, 1988, 321쪽 참조.

22) 芝原拓自 등 編, 앞의 책, 510~511쪽 참조.

23) 1875년 10월 9일, 石川縣士族·島田幸一 외 4명의 「請征韓ノ建議」; 色川大吉·我部政男 監修, 牧原憲夫·茂木陽一 編, 『明治建白書集成』第四巻, 筑摩書房, 1988, 931쪽.

24) 1875년 10월 10일, 白川縣士族·有馬源内 외 3명의 「征韓先鋒ヲ乞ウ議」; 色川大吉·我部政男 監修, 牧原憲夫·茂木陽一 編, 앞의 책, 936쪽.

25) 1875년 10월 28일, 岡山縣士族·森澤德夫의 「征韓ノ議」; 色川大吉·我部政男 監修, 牧原憲夫·茂木陽一 編, 앞의 책, 949~950쪽.

다. 12월 9일 일본정부의 특명전권변리공사(特命全權辨理公使) 육군중장 구로다 기요다카(黑田淸隆), 부전권에 이노우에 카오루(井上馨)가 임명되면서, 출동함대가 쓰시마로 집결하기 시작했다. 통상 거부 및 운양호를 포격한 이유를 따져서 조선정부의 손해배상과 수호조약을 얻어내려는 출병이었다.

1876년 1월 6일 구로다 일행은 도쿄를 출발하여 조선으로 향했다. 전권 이하 수행원과 병력 800여명이 탑승한 군함 孟春·日進號, 수송선 玄武·矯龍·高雄·函館의 6척 함대로 편성되었다. 이들은 부산에서 각각 거포 10여발로 해전 연습까지 한 후, 1월 30일 강화도 앞바다에 도착했다. 이들은 조선측 접견부관 尹滋承과 상륙교섭을 하면서, 초지진에 와 있는 일본측 인원이 3천명이요, 그 중 의장병이 천오백명이라는 거짓말로써 조선측을 위협했다.[26] 이러한 일본의 군사적 압력 속에서 조선이 일본의 일방적인 통상 요구를 받아들이면서, 1876년 2월 26일(음력 2월 2일) 전문 12조로 된 한일수호조규, 즉 강화도조약이 체결되었다.

그런데 강화도조약이 체결되는 과정에서 청 정부의 중재가 있었다는 사실에 주목할 필요가 있다. 그 중에서도 특히 直隷總督으로 재직하면서 청 정부의 대외정책을 전담하고 조선 문제에도 시종일관 깊이 관여했던 李鴻章(1823~1901)의 역할이 적지 않았다. 그런데 더욱 주목되는 점은 강화도조약이 체결되기 직전에 조선의 권신 李裕元이 북경을 다녀왔으며, 또한 북경에서 돌아오는 길에 일본과의 외교문제를 해결하기 위한 방편으로 이홍장과의 교섭을 시도했다는 사실이다.

26) 임종국, 『日本軍의 朝鮮侵略史』 I, 일월서각, 1988, 28~30쪽 참조.

3. 이유원의 을해연행과 강화도조약

1) 이유원의 을해연행과 『薊槎日錄』

'서계'문제 등으로 일본과의 국교재개 문제가 난항을 거듭하고 있는 가운데, 일본이 타이완에 출병하고 또한 타이완에서 퇴군하는 병력이 조선으로 향할 가능성이 대두되는 등 조선의 대외 관계는 긴장이 한층 고조되었다. 이처럼 긴장이 고조된 1875년 가을, 당시 조선의 정권 담당자였던 이유원은 王世子의 冊封을 위한 奏請使의 정사가 되어 북경을 다녀왔다.

고종 11년(1874) 2월(음력, 이하 동일), 명성황후는 고종의 장남 坧을 낳았는데, 이가 곧 뒤에 조선의 마지막 국왕이 되고 또 대한제국 황제가 된 純宗이다. 다음 해 고종12년, 坧을 世子(皇太子)로 책봉할 것을 주청하기 위해 당시 領中樞府事였던 이유원을 연행사로 파견한 것이다.[27] 통상의 동지사라면 정사는 종실 관계자가 아니고서는 판서급의 사람이 담당하였다. 그런데 당시 이유원은 영의정과 영중추부사를 겸하고 있었다. 이처럼 조선 정계의 최고 지도자가 스스로 사행에 나선 것은 세자의 책봉을 청하는 중요 안건뿐만 아니라, 당시 구미열강 및 일본과의 외교 마찰 문제 등을 해결하기 위해서 중국 정세를 자세하게 탐문할 필요가 있었기 때문이었던 것으로 판단된다.[28]

---

27) 『純宗實錄』에 의하면 대원군이 庶子 출신의 完和宮을 長子라는 이유로 세자로 책봉시킬 기미를 보이자 다급해진 명성황후가 즉각 이유원을 청나라로 보내 자신이 출산한 원자 坧의 세자책봉을 奏請하도록 하였다고 한다.(李覺鍾, 『純宗實錄』, 92쪽)

28) 권혁수는 「한중관계의 근대적 전환과정에서 나타난 비밀 외교채널: 李鴻章·李裕元의 往復書信을 중심으로」(앞의 책)에서 이유원의 사행에 대해 "이유원의 使淸은 무엇보다도 세자책봉이라는 중대한 정치적 사명을 완성하기 위해서였고, 구체적으로는 세자책봉을 통해 친정체제의 강화 및 척족세력의 영향력 확보를 위한 고종과 명성황후의 정치적 의지와 개인의 정치적 재기를 위한 이유원의 의욕이 함께 이루어낸 결과라고 볼 수 있다."고 평가하였다.

이유원 일행의 세자책봉주청사가 서울을 출발한 것은 7월 30일, 출발에 앞서 고종은 정사 이유원, 부사 金始淵, 서장관 朴周陽 등 三使와 대면했다. 이 자리에서 고종은 이유원에게 연경에 들어가면 그곳의 사정을 알 수 있을 것이니, "보고할 만한 일에 대해서는 상세히 탐문하여 오라.(可聞之事, 詳探以來也)"고 명하면서, "중국에 들어간 뒤에는 비록 그곳 사람을 고용하는 한이 있더라도 종종 통신하는 것이 좋겠다."라고 중요한 사항에 대해서는 중국인을 고용해서라도 빨리 전달하라고 주의를 주었다. 또한 서장관에게는 '覘國' 즉 국정 탐색이 그 책무라고 특별히 주의를 주고 있다.[29)]

주지하는 바와 같이, 병인양요와 신미양요 등 구미열강의 무력적인 통상 압력을 막아내기는 했지만, 끊임 없는 서양세력의 진출 압력과 이에 대한 청 정부의 애매한 태도에 조선 정부의 위기의식은 점차로 고조되었다. 또한 일본과의 외교에 있어서도 서계문제로 경색국면 상태에서 전년에 있었던 일본의 타이완 출병 소식은 조선을 더욱 긴장하게 만들었다. 더욱이 이유원이, "타이완에 있는 왜인들로 강남과 통상을 청하는 자들이 아직 군대를 퇴각시키지 않고 있다고 하였는데, 북경에서 보낸 咨文의 설에 대해서는 아직 명확하게 듣지 못하였습니다."라고 하자 고종이 "대국의 자문도 전해들은 것이라면 오히려 일일이 다 믿을 수는 없다."[30)]라고 하는 등, 일본의 타이완 출병 소식에 관해서 북경으로부터 보내온 자문에 대해서도 반신반의했다. 당시 조선은 타이완에 출병한 일본 군대에 대한 동향 및 청으로부터 전해온 일본의 조선 정벌 움직임 등에 대한 혼미한 정보로 인해 어떻게 대처해야 할지 고심하고 있었던 것이다. 이에 고종은 이유원을 직접 파견하여 북경에서 청 정부의 입장을 거듭 확인하고, 또한 일본 및 서양 세력의 움직임을 정확하게 정탐해 오

29) 『승정원일기』, 고종 12년 7월 30일조.

30) 『승정원일기』, 고종 11년 9월 20일조.

도록 했던 것이다.

그런데 이유원이 서울을 출발한지 20여일 만에 강화도에서 운양호사건이 발생했다. 즉 해안 측량을 구실로 강화도 앞바다에 나타난 일본 군함에 대한 조선 측의 포격 및 일본 측의 응전은, 8월 21일(양력 9월 20일) 이유원이 서울을 출발하여 국경 도시인 의주에 체재하던 중에 발생하였다. 하지만 이유원 일행은 일본의 군부에 의해 의도적으로 자행된 운양호사건에 대한 자세한 소식을 듣지 못한 채 북경에 도착한 것으로 보인다.[31)]

이유원 일행은 10월 1일 북경에 도착한 이후 청나라 예부에 세자 책봉을 요청하는 奏文 및 청나라 황제와 황태후에게 전달하는 선물을 바치고 한 달 정도 체재한다. 북경에서 체재하는 동안 광서황제의 壽皇殿 行禮를 참관하고 慈禧太后의 萬壽節 축하행사 등의 공식 일정에 참가하고 있다. 사절단 일행이 분주하게 노력한 결과, 10월 24일 청 정부로부터 세자책봉에 관한 허락을 얻어냄으로써 이유원은 첫 번째 사명을 무사히 완수할 수 있었다. 그리고 11월 2일 북경 출발하여 귀국길에 올라 12월 16일 서울에 도착했다.

이유원은 북경에 체재하는 약 1개월 동안 세자책봉에 관한 사무에 진력하는 한편, 吳鴻恩[32)], 周壽昌[33)], 周棠[34)] 등 자신을 찾아오는

---

31) 후마 스스무(夫馬進)는 "이에 관한 자세한 소식은 그가 중국 심양에서 북경을 향해 출발하려고 하던 9월 7일 아침에 받은 것이 아닌가 생각된다. 이날의 일기에 의주에서 전송된 京札, 즉 서울 궁정으로부터 8월 22일, 23일, 24일, 25일자로 발송된 편지를 집중적으로 받고 있기 때문이다."(후마 스스무, 정태섭 외 옮김, 『연행사와 통신사』, 신서원, 2008, 404쪽)라고 추정했다. 그러나 앞에서 살펴본 바와 같이, 당시 조선 조정에서는 이양선이 일본의 단독 범행이라는 사실조차도 파악하고 있지 못했다.

32) 吳鴻恩은 당시 御史였고, 號는 春海, 四川省 銅梁縣 사람이며, 동치원년 進士가 되었다. 10월 15일 吳鴻恩 쪽에서 玉河館에 체제 중인 이유원을 방문하여 李의 자택에 내방해 줄 것을 요청하고 있으며, 이후 두 사람 사이에는 몇 차례의 시문 교류가 있었다. 또한 그 동생인 吳鴻懋가 형의 연줄로 면회하러 오기도 했다. 고종 10년(동치 12년)의 연행사 일행의 한 사람이었던 姜瑋 『北游日記』에는 吳鴻恩이라는 이름이 자주 보일 뿐 아니라 조선 지식인과 자주 교유했다.

33) 周壽昌은 당시 戶部侍郎로, 湖南省 長沙縣 사람이며, 도광 25년 進士가 되었다. 『淸史稿』 권 486, 文苑傳, 『淸史列傳』 권 73에 傳이 있고, 『續碑傳集』 권 80에 行狀이 있다. 저서로 『後漢書注補正』, 『三國志注證遺』 외에 문집으로서 『思益堂詩鈔』가 있다. 10월 16일 周

중국 문인들과 시문 교류를 하면서 소일하기도 했다.[35] 이유원의 乙亥燕行 일정 및 중국 문인들과의 교유에 대해서는 이때 기록한 그의 연행일기 『薊槎日錄』을 통해 좀 더 자세히 살펴볼 수 있다.[36]

『계사일록』은 이유원이 7월 30일 서울을 출발하기 직전 가졌던 고종과의 대면에서부터 시작하여 12월 16일 귀국 보고까지를 기록하고 있는데, 주로 매일 매일의 간단한 행동 기록과 당일에 지은 시가 교대로 기록되어 있다. 이 중 시 부분은 『嘉梧藁略』(『한국역대문집총서』 수록본)과 겹치는 것이 많지만, 문집에 없는 것도 많고 또 양자간에 문자가 다른 것도 있다. 이 연행록에서 귀중한 것은 이유원이 중국 지식인들과 시문을 매개로 교류하고 있는 점이다. 여기에 등장하는 중국인으로는 游智開, 吳鴻恩, 周壽昌, 周棠 및 崇実, 銘安, 李湘石, 李嵩申, 徐郙 등인데, 대개 이들이 먼저 이유원에게 접근하여 시의 증답을 요구하고 있는 점이 주목된다.

그런데 이들 중국 지식인과의 교제 가운데 외교사적으로 가장 중요한 것은 直隷省(河北省)永平府 知府였던 游智開[37]와의 만남이다.

壽昌 쪽에서 玉河館에 체제하던 이유원에게 名帖을 보내 와 면회를 요구했다. 그 후 두 사람에게는 시의 증답이 이어졌다. 周壽昌도 조선 지식인과 자주 교제한 인물이다.

34) 周棠(1806~1876)은 字가 少伯, 號는 蘭西, 浙江省 山陰縣 사람이다. 『清畵家詩史』, 『國朝書畵家筆錄』에 傳이 있는 예술가이다. 北京圖書館에 『周少伯書詩稿』가 있고, 『少伯公遺稿』 不分卷, 광서 27년 鉛印本이 있다(『清人別集總目』, 1442쪽). 이유원과 周棠의 관계는 이유원이 도광 25년(1845)에 서장관으로서 入燕한 이래 계속되었다. 도광 25년 당시에 이유원은 32세, 周棠은 40세이고, 이번 입연 때에는 이유원이 62세, 周棠은 70세였다. 周棠은 이번에 이유원이 입연하는 것을 몰랐기 때문에 만날 수 없었다. 그래서 이유원은 10월 17일 시 3수를 지어 주당에게 부치면서 늙어서 그를 다시 만날 수 없음을 한탄했다.

35) 권혁수는 「한중관계의 근대적 전환과정에서 나타난 비밀 외교채널: 李鴻章·李裕元의 往復書信을 중심으로」(『韓國學論叢』 제37집, 한양대학교, 2003)에서 이유원의 「題四十三扇帖」(『嘉梧先生文集』, 408~409쪽)의 시구를 예로 들면서 이유원이 북경 체재 기간 중에 청나라 문인들과 교유할 겨를도 없었다고 평가 하고 있다. 하지만 이유원의 을유연행일기 『薊槎日錄』을 통해 중국 문인들과의 교유 사실을 확인할 수 있다.

36) 李裕元撰, 天理圖書館藏(今西文庫) 『薊槎日録』 一巻. 『薊槎日録』의 서지 정보에 대해서는 후마 스스무, 앞의 책, 400~412쪽 참조.

37) 字는 子代, 號는 天愚, 藏園. 湖南省 新化縣 사람이고, 당시에는 直隷省 永平府 知府였다. 『清史稿』 권 451 및 『清史列傳』 권 63에 傳이 있고, 또 李來泰, 『蓮龕集』 권 15에 墓誌銘이 있다. 원래 曾國藩의 인맥에 속했고, 함풍원년 擧人이 되었다.

이유원은 이번 연행에서 유지개를 통해 直隷總督 李鴻章과 서간을 주고받기 시작하면서 조선의 대외 관계에도 큰 전환기를 맞이하게 된다. 이유원과 유지개와의 교류 및 유지개를 통한 이홍장과의 서신 교류 과정에 대해서 『薊槎日錄』을 통해 좀 더 자세히 살펴보기로 하자.38)

2) 乙亥燕行을 통한 이홍장과의 교류

『계사일록』에 이유원과 유지개의 관계가 처음 나타나는 것은 북경으로 가는 길에 일행이 直隷省(河北省) 永平府에 도착한 음력 9월 18일의 일이다. 이날 일기에는 일행이 영평부의 明遠樓에 올랐을 때의 일을 기록하고 있다. 일기에 의하면 지부인 유지개 쪽에서 먼저 이유원에게 접근하려고 하였고, 또 그 쪽에서 일부러 여관으로 면회하러 찾아왔다고 한다.39) 이 때 이유원은 유지개에게 시를 보내면서 귀국할 때 재회할 것을 약속했으며, 다음 날 19일에도 유지개에게 시를 보내고 있다. 유지개는 이에 대한 답서에서 이유원의 시를 극찬하고 귀국길에 다시 만난 것을 재확인 하고 있다.

다음으로 북경에 입성하기 3일전인 9월 27일, 이유원 일행은 遵化州의 玉田縣에 체재하고 있었다. 21일에 이미 옥전현에 도착했으면서도 계속 머물 수밖에 없었던 것은 이때에 마침 光緖帝와 황태후가 東陵을 참배하고 있어 황제 일행의 행동이 우선되었기 때문이다. 이 상황을 알았기 때문인지 유지개가 이유원에게 橘樹를 보냈다. 귤을 보낸 것은 이유원의 號가 橘山이라는 것과 관련되는 것이기도 하지

---

38) 후마 스스무는 앞의 책에서 이유원과 유지개의 교제가 어떻게 시작되었는지에 대한 종래의 의문점을 이유원의 『계사일록』 해제를 통해 상세히 밝혔다. 본고에서는 이 해제 내용을 바탕으로 하여 논의를 전개하고자 한다.

39) "知府四品, 姓游, 名智開, 号天愚, 湖南人. 家居洞庭南五十三灘上, 爲人豪放慷慨. 聞余登楼, 送茶果, 鋪陳屛床. 與副使書狀玩賞, 有逢見之意. 余以官府無公幹不得入, 書狀往見致謝, 回至店舍. 知府躬來, 見之, 筆談而去."(『薊槎日錄』)

만, 유지개의 고향인 洞庭湖가 귤로 유명하기 때문이기도 하다. 이에 대해 이유원은 유지개에게 시를 보내 감사를 표시했다.[40] 이어 북경에 체제하고 있던 10월 13일, 이유원의 편지에 대한 유지개의 답장이 도착하여 이유원이 이에 대해 답서를 쓰고 있다.[41]

북경에서의 사행 일정을 마치고 돌아오던 길에 이유원 일행은 11월 7일 다시 永平府城에 숙박을 잡았다. 이때 유지개가 시 3수와 함께 그의 저서 4책을 이유원에게 보냈다. 이유원은 유지개의 시에 次韻한 시를 보냈다. 그런데 이유원의 일기에 의하면, 이때 유지개가 낮에는 수행하는 종들로 번잡하므로 달밤에 만나자고 했기 때문에, 이날 저녁 이유원은 부사 및 서장관을 동반하고 觀音院에서 유지개를 만나 名酒를 마시게 되었다고 한다.[42] 그리고 이 자리에서 이유원은 유지개에게 이홍장과의 교신을 부탁하게 된다.

> 틈을 타서 이홍장과 교신하기를 원한다고 전하면서, 이렇게 유태수에게 부탁하는 것은 유태수가 이홍장과 가장 친한 사이기 때문이라고 했다. 태수가 그 사정을 묻기에, 나는 일본에 관한 일에 대해서 다 말해주고, 혹 조정의 일로 의논할 만한 것에 있어서는 이홍장이 아니면 해결할 수 없다는 사실을 누차 말해주었다. 태수는 수긍하면서 대답하길, 머지않아 保定에 가게 되는데, 편지를 써서 보내주면 이를 직접 이홍장에게 전해주겠다고 했다. 이튿날 金寅浩를 시켜서 그 편지를 유태수에게 전한다는 약속을 했다.[43]

다음 날 이유원은 부하인 金寅浩를 永平府廳에 보내 그가 의도하

---

40) 『薊槎日錄』, 9월 27일조, 「游天愚贈余橘樹作歌寄之」.

41) 『薊槎日錄』, 10월 13일조, 「永平太守答書」.

42) "太守欲出來, 徒御已滿云, 故約以踏月相會, 是夜與副使書狀, 會于觀音院. 供帳甚豊, 劇談劇飮, 酒名一品紅, 聞是家釀."(『薊槎日錄』, 11월 7일조)

43) "乘隙托願交李中堂鴻章, 太守最親於中堂故也. 太守問其故, 余滿道日本相關事, 如或有國事之可議, 非此中堂, 莫可爲之. 屢屢言之. 太守首肯曰, 非久, 有保定之行矣. 作書送之, 我當袖傳云. 翌日使金寅浩袖送此札之意約束."(『薊槎日錄』, 11월 7일조)

는 바의 편지를 유지개에게 전한 것으로 판단된다. 후에 유지개가 김인호에게 보낸 편지에 의하면 이유원은 두 차례에 걸쳐 편지를 유지개에게 전달했던 것으로 보인다.44)

그런데 위에서 유지개가 이유원에게 이홍장과 교신하고자 하는 이유를 묻자 이유원은 “일본에 관한 일에 대해서 다 말해주고, 혹 조정의 일로 의논할 만한 것에 있어서는 이홍장이 아니면 해결할 수 없다는 사실을 누차 말해주었다.”고 한다. 즉 이홍장과의 서신 교류는 조선과 일본과의 외교문제 해결을 위해서였던 것이다. 주지하다시피 이유원의 을해연행은 청정부로부터 세자책봉에 관한 허락을 얻어내는 것이 첫 번째 사명이었다. 하지만 고종이 “보고할 만한 일에 대해서는 상세히 탐문하여 오라.”고 한 것처럼 중국 정세에 대해서 자세히 탐문해 오라는 또 하나의 사명을 띠고 이었다. 이러한 제2의 사명을 띠고 있었기 때문에 이유원은 일본과의 외교 문제를 논의하고자 유지개를 통해 이홍장과의 서신 교류를 시도했던 것으로 판단된다. 당시 이홍장은 直隷總督으로 河北省 保定에 머물고 있었다. 이유원이 이홍장 앞으로 보낸 서간은 유지개가 12월에 保定에 갔을 때에 이홍장에게 직접 건네졌던 것이다.45)

이상의 고찰을 통해 우리는 이유원이 이홍장에게 서신 왕래를 할 수 있었던 것은 곧 영평부 태수 유지개의 중재에 의한 것이었음을 확인할 수 있었다. 그런데 앞에서 살펴본 바와 같이, 이유원은 북경으로 향하던 길목에서부터 유지개와 대면했으며, 또한 이미 여러 차례 시문을 주고받는 등 비교적 긴밀하게 교류해오고 있었다. 하지만

---

44) “石霞仁兄大人閣下. 乙亥至月初七日, 貴國丞相李公奉使東歸, 道出永平, 相會於蕭寺, 始識兄面, 旋承兩次來署, 具述貴丞相雅意. (…) 貴丞相致我李中堂書, 已於臘月在保定府面達, 竝取有復書.”(『薊槎日錄』附「金石霞叔啓·愚弟游智開拜手」). 여기서 金石霞는 곧 金寅浩이다.

45) “貴從事金寅浩來署, 具述雅意欲納交於我中堂伯爺. 旋於翌晨, 送到一箧. 弟臘月有保定之役, 當卽面呈, 我中堂隨具復書, 囑弟轉寄. 我中堂勳業夙著, 偉畧遠猷不分畛域, 常擧擧然以東國爲念. (…) 玆謹蔣我中堂復書托李君秉文寄上. 伏乞鑒收.”(『薊槎日錄』附「丙子(光緒二年)三月初二日進香使回便出來札, 李大人橘山叔啓·永平府游寄」)

이때까지의 두 사람의 교류는 단지 사적인 시문 교류에 머물렀다. 두 사람이 주고받은 시문에서는 일본과의 외교 문제 및 이홍장에 관한 내용은 전혀 찾아볼 수 없었다. 그렇다면 이유원은 왜 사행을 마치고 돌아오는 길에 유지개를 통해 이홍장과의 서신 교류를 시도하고자 했던 것일까?

이 문제는 이유원이 북경에서 1개월간 체재하면서 중국 정세에 대해 탐문하고 채집한 정보와 관련지어 생각해볼 수 있을 것이다. 곧 북경에서 새롭게 얻은 정보를 통해 이유원은 이홍장의 존재에 대해 재인식하고 '일본에 관한 일' 및 '조정의 일로 의논할 만한 것'에 있어서는 이홍장이 아니면 해결할 수 없다고 생각했던 것으로 추정된다. 하지만 이에 관한 구체적인 기록은 보이지 않는다.

그런데 이 문제와 관련하여 이유원 일행보다 약 보름 정도 앞서 11월 29일에 북경으로부터 돌아온 賀正使 일행의 귀국보고에 주목할 필요가 있다. 이 사행원은 정사 李昇應, 부사 李淳翼, 서장관 沈東獻으로 구성되었는데, 고종이 이들의 귀국보고 자리에서 중국 정세에 관해 "요즈음에도 서양인과 왜인들이 많던가?"라고 묻고 있다. 이에 대한 부사 이순익의 다음과 같은 보고는 주목된다.

> 서양인은 몇 명에 불과하였고 왜인은 서양인에 비하여 더 적었습니다. 9월에 서양인이 1만 명에 가까운 수가 天津에 정박하여 벼슬과 通婚을 요구하는가 하면 通州와 천진의 收稅權 등 따르기 어려운 것을 요구하였는데, 直隷摠督 李鴻章이 지략이 있어 천진에서 진을 치고 거절하면서 서양인의 침범이 있으면 곧바로 섬멸하겠다는 뜻으로 조정에 고하였다고 하였습니다. 이는 문서로 본 것이 아니고 전해들은 것이 대개 이러합니다.[46]

이순익은 중국 정세에 대해 북경에서 전해들은 내용을 보고하면

46) 『승정원일기』, 고종 12년 11월 29일.

서, 청조 대외 정책에 있어서의 직예총독 이홍장의 존재감에 대해서 언급하고 있다. 그런데 이들 연행사 일행의 북경 체재 기간은 이들보다 약 보름 뒤에 귀국하는 이유원 일행과도 상당 기간 겹치고 있다. 실제로 10월 1일 이유원 일행이 북경에 도착하여 숙소 玉河館에 들어섰을 때, 정사 이승응, 부사 이순익, 서장관 심동헌 등이 이유원을 방문하였다.[47] 그리고 10월 15일 이승응 일행이 북경을 떠나 귀국 길에 오르기 전까지 이유원은 이들과 수시로 접촉하고 있다. 그렇다면 이승응 일행이 이미 북경에서 수집한 직예총독 이홍장에 관한 정보 또한 자연스럽게 이유원 일행에게도 전해진 것으로 보인다. 이처럼 이유원은 이미 북경에 체재하고 있던 앞선 사행원들의 정보를 통해 이홍장의 존재에 대해서 재인식하게 되었을 것이다. 그리고 이유원은 직예성(하북성)의 총독이라는 지위로 청조의 대외문제를 전담하면서 일본 및 서양 세력의 무력에도 굴하지 않는 이홍장의 존재야 말로 조선의 당면 문제를 해결할 수 있다고 보았을 것이다. 따라서 이미 친교를 맺은 직예성 예하의 영평부 태수 유지개의 중재로 이홍장과의 교류를 시도했던 것으로 판단된다.

유지개로부터 직접 이유원의 서신을 전달받은 이홍장은 곧바로 이에 회답한 것으로 보인다. 편지를 작성한 날짜는 12월 14일로 기록되어 있다.[48] 그런데 일본과의 외교 문제 등으로 이홍장과 교신하고자 하여 유지개를 통해 이홍장에게 전달된 이유원의 편지 내용을 보면, 의외로 격식을 갖춘 인사말로 일관하고 있을 뿐, 일본과의 외교 문제 등에 대해서는 전혀 언급하지 않고 있다. 하지만 이홍장이 이유원에게 보낸 회답에서는 "조선은 중국의 울타리가 되는데 최근 자주 변고가 있어서 더욱 많은 노력이 필요할 때"라고 강조하

---

47) "五刻, 入玉河館, 與逢賀正使李昇應, 副使李淳翼, 書狀官沈東獻相見."(『薊槎日錄』, 10월 1일조.)

48) 『李文忠公全書·譯署函稿』 卷四 「覆朝鮮使臣李裕元」(光緖元年十二月十四日 附); 『薊槎日錄』에는 「李大人(官印)裕元台啓(朝鮮使臣), (…) 合肥李鴻章再拜. 乙亥十二月十四日文華殿大學士肅毅伯」라고 기록하고 있다.

고, 이어서 다음과 같이 일본과의 관계에 대해서 언급하고 있어 주목된다.

> 일본과 조선은 국경을 인접하고 있는데 최근 양국의 관계가 어떠한지 모르겠습니다. 우리 중국은 강역이 너무 넓고 삼면이 바다로 둘려 쌓여 있습니다. 그 형세를 살펴보게 되면 이미 쇄국할 수 없는 형편이어서, 어찌할 수 없이 더 많은 방비를 해야 할 때입니다.[49]

여기서 이홍장은 최근 조일 관계에 대해서 언급한 다음, 중국의 정세 또한 어려운 형편이라고 변명하고 있다. 이는 곧 만약 조선에서 일본과의 군사적 충돌이 있을 경우, 본토의 방비에도 여념이 없는 중국이 조선에까지 군사적 원조를 할 겨를이 없다는 점을 완곡하게 전하고 있는 것이다. 이처럼 이홍장은 조선의 정권 담당자 이유원에게 보내는 회답에서 조선과 일본과의 외교적 마찰이 평화적으로 해결되기를 바란다는 뜻을 전했던 것이다.

이홍장의 회답은 다시 유지개를 통해 다음의 進香使가 귀국할 즈음에 맡겨진 것으로, 유지개가 이유원에게 보내는 편지와 함께 이듬해 3월 2일 이유원의 손에 전해진 것으로 기록되어 있다.[50] 그렇다면 이유원이 이홍장의 답장을 받은 것은 조일수호조규, 즉 강화도조약이 체결된 지 이미 한 달이 지나서였다. 따라서 이유원과 이홍장의 서신왕래는 조선 측의 강화도조약 체결에 아무런 영향을 미치지 않은 것처럼 보일 수도 있다.

그런데 이홍장은 이유원에게 답장을 보내기 하루 전인 12월 13일, 총리아문 앞으로 公牘에 첨부하여 「論日本派使入朝鮮」이라는 글을

---

49) "東方爲中華屛蔽, 方今海濱多故, 尙冀努力加飯, 益据忠謨宏濟時艱, 實所厚望. 日本與貴國彊宇相望, 邇來交際如何. 中土幅員過廣, 三面環海, 揆厥形勢, 旣未能閉關自治, 不得不時加防備."(『李文忠公全書·譯署函稿』 卷四 「覆朝鮮使臣李裕元」(光緖元年十二月十四日附.)

50) 『薊槎日錄』附「丙子(光緖二年)三月初二日進香使回便出來札, 李大人裕元台啓(朝鮮使臣)」

보내고 있다. 여기서 이홍장은 조선과 일본과의 외교 문제에 대해서 다음과 같이 논하고 있다.

> 각처의 신문을 읽어보면 일본에서 파견한 모리 아리노리(森有禮)의 외교 전략과도 대부분 같은 것으로, 이는 일본이 조선에 군함과 함께 사신을 파견하여 죄를 묻는 다는 것입니다. 그러나 조선이 다시 공격을 받아 포대가 무너지는 한이 있더라도 절대로 평화롭게 접대하지 않을 것은 불을 보듯 뻔합니다. 양국이 서로 원망하고 노여워하면 전쟁이 일어나기 쉬운 법입니다. 조선의 상황을 보면 빈약해서 그 세력이 일본을 대적할 수 없으니, 장차 조선이 혹 이전 명나라 때처럼 중국에 구원을 요청하게 되면 우리는 장차 어떻게 응해야 하겠습니까? (…중략…) 더욱 걱정되는 것은 조선이 일본에 침략을 받게 되면 東三省의 요지까지도 점령당하게 될 수 있다는 것입니다. 이는 우리의 울타리를 잃게 되어 脣亡齒寒의 근심이 생기는 것으로 그 후환을 이루 말할 수 없습니다. 이 모든 것은 그리 어렵지 않게 예측할 수 있는 사실입니다.[51]

이홍장은 각종 신문 기사 및 일본에서 급파한 모리 아리노리(森有禮)의 소식을 통해 이미 운양호사건 이후 조선에서 군사적 긴장 관계가 고조되는 상황에 대해서 자세히 파악하고, 또한 이에 대해서 깊이 우려하고 있다. 그리고 조선이 군사적으로 일본에 대적할 수 없는 현실을 직시하고, 만약 조선이 명나라 때처럼 청조에 구원을 요청하게 되면 중국측의 입장이 더욱 난감해진다고 주장하고 있다. 특히 이홍장은 만약 일본이 조선을 침략하게 되면 곧바로 중국의 東三省, 즉 만주족의 발원지까지도 잃게 될 수 있다는 점을 들어 사

51) "第閱各處新聞紙, 與森使節略大致相同, 是日本派使臣帶兵船, 前往問罪. 而朝鮮新受攻毁炮臺之辱, 不肯平和接待, 均在意料之中. 兩相怨怒, 則兵端易開, 度朝鮮貧弱, 其勢不足以敵日本, 將來該國或援前明故事, 求救大邦, 我將何以應之. (…) 更恐朝鮮爲日本陵逼, 或加以侵占東三省根本重地, 遂失藩蔽, 有脣亡齒寒之憂, 後患尤不勝言, 此皆不可不預爲籌及者也."(『李文忠公全書·譯署函稿』 卷四 「論日本派使入朝鮮(光緒元年十二月十三日)」)

태의 긴박성을 강조하고 있다. 따라서 이홍장은 총리아문에 조선과 일본의 평화적 해결 방법을 모색하도록 다음과 같이 주문한다.

마땅히 예부에서 신속하게 대책을 강구하여 은밀하게 정부에 咨文을 보내 조선이 작은 분노를 참고 예로서 접대하도록 권유하고, 또한 일본에 사신을 파견하여 답례하며 일본 선박을 포격한 것에 대해 변명하여 의심과 원한을 푸는 것이 사태를 진정시키고 평화롭게 해결하는 계책임을 알려야 할 것 같습니다.[52]

이처럼 이홍장은 조선과 일본의 외교적 긴장관계에 대해 문제의 심각성을 제대로 인식하고 총리아문에 구체적인 대처 방안을 제시하면서 중국 측의 적극적 대처를 요구하고 있다. 실제로 청 조정은 이홍장의 중재안을 받아들여 1876년 1월 1일 북경의 예부로부터 조선에 咨文을 급송하게 되는데, 이 자문이 1월 13일 이전에 조선에 전해진 것으로 보인다.[53] 예부로부터 조선에 전달된 이홍장의 중재안은 그때까지 일본과의 국교재개에 대한 조선 조정내의 강렬한 반대의견을 무마할 수 있었다는 점에서 크나큰 효력이 있었다고 판단된다.

그런데 이홍장은 「論日本派使入朝鮮」 마지막 부분에서 이유원의 편지에 대해서 다음과 같이 논하고 있어 주목된다.

일전에 영평부의 태수 유지개가 조선의 사신 이유원의 편지를 전해 줘서 곧바로 회답을 했습니다. 유태수에 의하면 이유원은 조선의 정권 담당자라

52) "似宜由鈞署迅速說法, 密致朝鮮政府一書, 勸其忍耐小忿以禮接待, 或更遣使赴日本報聘, 辨明開炮擊船, 原委以釋疑怨, 爲息事寧人之計."(『李文忠公全書·譯署函稿』 卷四 「論日本派使入朝鮮(光緒元年十二月十三日)」)

53) 『同文彙考原續』, 「倭情」 여섯 번째, 장이하, 『승정원일기』, 고종 13년 1월 13일조에도 "承文院啓曰, 卽見禮部咨文出來者, 則以日本使臣到京, 稱欲與我國修好事, 奉旨飛咨知照云矣."라는 기록이 보인다.

> 고 합니다. 그래서 저는 회답하는 편지에 대략 외교의 뜻을 언급했습니다. 그쪽에서 보내온 편지는 예의를 잘 갖추고 있었으며, 또한 조선 대신이 아직도 예의를 알고 있음을 보니 심하게 거절할 수 없었습니다.[54]

이와 같이 이홍장은 총리아문으로 보내는 편지에서 이유원과의 서신 왕래에 대해서도 언급하고 있다. 그리고 이유원이 조선의 정권 담당자라는 사실을 감안하여 일본과의 외교 문제에 대해서도 대략 언급했다고 보고하고 있다.

앞에서 살펴본 바와 같이, 이홍장은 이유원에게 보낸 편지에서 일본과의 외교 문제를 평화적으로 해결하도록 완곡하게 주문했다. 하지만 총리아문에 보내는 글에서는 조선과 일본과의 외교 문제의 평화적인 해결을 위한 청 조정의 적극적인 대처를 주문했던 것이다. 이와 같이 이홍장은 이유원과의 서신왕래를 전후로 조선과 일본과의 외교 분쟁에 적극적으로 관여하게 되었으며, 그 결과 강화도조약이 체결되었던 것이다. 이렇게 보면, 이유원이 시도한 이홍장과의 서신교류는 강화도조약 체결 과정에 적지 않은 작용을 한 것으로 평가할 수 있겠다.

3) 강화도조약과 이홍장의 조선 정책

운양호사건으로 야기된 조선과 일본과의 긴장 관계를 완화하고 평화적 해결을 모색했던 이홍장의 의도는 결국 강화도조약의 체결로 일단락되었다. 이로써 중국은 잠시나마 일본의 한반도 침략으로 인해 야기될 중국의 東三省, 즉 만주지역에 대한 일본의 군사적 위

54) "惟謹者, 日前永平府游守智開, 轉寄朝鮮使臣李裕元來函, 當卽答復. 據游守詢, 李裕元卽係該國執政之列, 鴻章故於復書中, 略及外交之意. 玆將來往信稿抄呈鈞鑑, 亦以見彼國陪臣尙知禮義, 幷非拒人太甚也."(『李文忠公全書·譯署函稿』 卷四 「論日本派使入朝鮮(光緖元年十二月十三日)」)

협에서 벗어날 수 있었을 뿐만 아니라, '所屬邦土' 조선에 대해서는 이전과 같은 조공관계를 유지하며 계속 종주권을 행사할 수 있었던 것이다. 그렇다면 이홍장은 언제부터 이처럼 일본의 만주지역 진출을 경계하기 시작했던 것일까?

이홍장은 1862년 태평천국의 공격에 빠진 上海를 구원하는 과정에서 曾國藩의 천거로 곧바로 江蘇巡撫에 기용되고, 江蘇東部지역의 회부에 성공하면서부터 정계에 두각을 나타낸다. 그리고 1865년에는 兩江總督署理, 1866年에는 증국번을 대신하여 欽差大臣署理로서 토벌에 전념하여 1868년 반란군의 진압에 성공한다. 1870년에 증국번의 뒤를 이어 直隸總督이 되었으며, 다시 北洋大臣도 겸하게 되면서 지위를 굳히고, 이후 약 25년간 중국의 외교정책을 전담하게 된다.

그런데 이홍장은 아주 이른 시기부터 일본의 변화를 주시하면서, 특히 일본에서 군비의 서양식 근대화에 주목했다. 이홍장은 1863년 스승인 曾國藩에게 보낸 편지에서,

> 러시아와 일본은 과거 炮法을 알지 못해 나라가 날로 약해졌으나, 그 군신이 몸을 낮추어 영국과 프랑스의 비결을 구하여 총포와 함선을 점차 만들어 쓰게 되니 곧 영국과 프랑스와 자웅을 겨루게 되었습니다. 中土도 이렇게 하면 백 년 후 오래도록 자립 가능하니, 이에 師門에서 주장하여 이끌기 바랍니다.[55]

라고 하면서 일본의 군사력 강화에 주목했다. 또한 일본의 지정학적 위치를 거론하며, "일본이 지리적으로 서양과는 멀고 중국과는 가깝기에 중국과 서양의 양극 경쟁 구도 속에서 중국의 자립과 자강 여부에 따라, 앞으로 일본이 '나의 편이 될지' 아니면 '열강을 본받

55) 「上曾中堂(同治二年三月十七日未刻)」, 顧廷龍·戴逸, 『李鴻章全集』 第29冊, 安徽教育出版社, 2008, 218쪽.

을지' 가운데 향배를 직접적으로 결정지을 것이다."라고 예리하게 지적했다.[56] 또한 일본과의 통상 문제에 대해서도 일찍부터, "일본은 중국과 통상을 하고자 한다. 중국이 이미 문을 열고 손님을 받고 있으니, 그 遠近과 强弱을 막론하고 똑같이 대해야 한다. 거절해서 좋을 것이 없으니, (거절하게 되면)서양에 적을 더할 뿐이다."[57]라고 일본과의 통상조약 필요성을 주장했다.

그런데 1867년, 홍콩 제재 중인 하치노헤이 쥰슈쿠(八戶順叔)라는 일본인이, 조선 국왕은 5년마다 에도의 '대군', 즉 도쿠가와(德川) 장군에게 조공을 바치고 있었지만, 현재 이를 오랫동안 하지 않고 있어서 장군이 죄를 묻기 위해 조선에 파병하려 한다는 내용을 신문에 기고한 이른바 하치노헤이 사건(八戶事件)이 발생했다.[58] 이 소식과 관련하여 당시 총리아문의 상소에서는, '통상'을 목적으로 하는 영국과 '포교'를 목적으로 하는 프랑스보다도 조선을 점령하여 영토화할지도 모르는 일본이 가장 위협적이라고 보았다. 따라서 1867 2월 15일 총리아문에서 조선에 보낸 咨文에서 다음과 같이 경계하였다.

> 前代 明朝 때 倭寇였던 일본은 江蘇 浙江의 연안지방을 넓게 유린했을 뿐만 아니라 조선으로도 손을 뻗쳐 매사 우쭐대며 오랫동안 중국에게 조공을 바치지 않았다. 최근 일본은 영국과 프랑스에 패전하고 화해했다. 그러자 곧장 분발하여 군함 제조를 배우고 각국과 교제하고 있는 것은 뭔가를 생각하고 있음이 틀림없다. (…) 만일 영국과 프랑스 등이 조선에 출병한다면 그 목적은 크리스트교 포교와 통상에 불과하다. 이들 국가는 서로를 견제하고 있기 때문에 조선을 점령하여 토지를 빼앗을 리가 없다. 그러나 일본은 견제를 받고 있지 않기 때문에 그 토지를 탐낼 수도 있다. 만일 조선이 일본에 점령된다면 일본은 중국과 인접하게 되어 커다란 걱정거리가 될 것이다. 일

56) 「致總理衙門(同治三年)」, 위의 책, 313쪽.

57) 「致應觀察(同治四年八月二十二日)」, 앞의 책, 423~424쪽.

58) 田保橋潔, 『近代日鮮關係의 硏究』 上冊, 朝鮮總督府中樞院, 1940, 121~128쪽 참조.

본에게 있어서 포교와 통상은 안중에도 없다. (…) 이처럼 조선이 일본군에게 공격을 받으면 프랑스와는 비교가 되지 않을 정도로 커다란 외환이 될 것이다.59)

영·미·불 3국에 의한 조선의 공동침략 및 일본의 조선침략 가능성에 관한 외국신문 기사 내용에 대한 총리아문의 우려로, 특히 일본이 조선을 침략할 경우는 청나라 국경을 직접 위협하게 된다는 점을 걱정하고 있다. 이러한 우려는 곧 이홍장의 일본인식과도 일치하고 있다.

한편, 이홍장은 서구열강에 대적하기 위해서는 일본과의 연대가 필요하다는 점을 강조하게 된다. 1870년 일본 사신 야나기와라 사키미쓰(柳原前光)가 청 조정에 통상조약 체결을 요구했지만 總理衙門의 대신으로부터 상규에 따라 통상할 수 있으니 조약을 맺을 필요가 없다고 거절을 당했다. 이에 야나기와라는 天津에서 이홍장을 만난다. 이홍장은 총리아문에 "일본은 蘇浙에서 겨우 3일 거리에 있고 중화문자에 정통하며, 그 병갑이 東島 각국에 비해 강해 지금 연합하면 외부의 도움이 될 만하니, 西人에 기대는 外府가 되게 하지 말라. (…) 그 조약은 특히 타당하게 논의하여 따로 맺고, 大局에 비해 손색이 있으니 영국, 프랑스, 러시아의 예에 따라 처리해서는 안 된다."60)고 조언하였다. 그리고 일본이 팔꿈치와 겨드랑이처럼 가까이 있어 늘 중국의 우환이 된다고 보고, "그를 가까이 하여 우리가 써야지, 거절하면 오히려 우리의 적이 된다."61)라고 주장했다. 하지만 이홍장과 청 정부는 일본에 대한 경계의 눈을 떼지 않았다. 한편 1871년 3월

59) 「總理衙門附片, 同治六年二月十五日」, 中央硏究院近代史硏究所 編, 『淸季中日韓關係史料』 第2卷, 1972, 54쪽.

60) 「致總署·論天津敎案(同治九年九月初九日)」, 顧廷龍·戴逸, 『李鴻章全集』 第30冊, 安徽敎育出版社, 2008, 99쪽.

61) 「遵議日本通商事宜片(同治九年十二月初一日)」, 顧廷龍·戴逸, 『李鴻章全集』 第4冊, 安徽敎育出版社, 2008, 216~217쪽.

총리아문에서도 兩江總督 겸 南洋通商大臣 曾國藩과 직예총독 겸 북양통상대신 李鴻章에게 미국의 조선행을 통보하면서, 특히 일본의 조선침략협조 가능성을 예의주시 하도록 요구하고 있다.[62]

원래 중국을 침략하는 발판으로 조선을 겨냥하고 있었던 일본의 음모를 일찍이 통찰한 이홍장은 중일수호조규 제1조에 의식적으로 "양국의 '所屬邦土'는 침략하지 않는다."라고 규정했던 것이다. 중일수호조규 제1조가 만들어지게 된 계기에 대해서 이홍장은 다음과 같이 설명하고 있다.

> 일본은 조선과 근접하고 양국의 강약은 『明史紀事本末』을 읽어보면 분명하다. 최근에 들어서 일본은 다시 조선을 노리고 있다고 들었다. 그 야심을 키워서 조선을 병합하게 되면, 우리 奉天·吉林·黑龍江은 그 방벽을 잃어버리게 되기 때문에 새로운 대책을 세워두어야만 한다. 지금 통교를 청해왔으니 이에 편승하여 조약을 체결해 두면 영구적인 안전에는 무리라도 견제의 역할에는 도움이 될 것이다. 그렇다고 하진만 조선이라고 지칭하는 것은 보기 안 좋으므로 개괄적으로 '所屬邦土'라고 부르기로 했다.[63]

이 조문은 일본이 조선에 침공하지 않도록 하기 위한 것으로, 조선이라고 지칭하거나 또는 별도의 조항을 만들어서 조선을 직접 언급하는 것이 지나치게 노골적이기 때문에 이러한 문장이 되었다는 것이다. 교섭 책임자인 이홍장도 이 조문이 "은근히 조선 등과 같은 나라를 위해 언급해 놓은 것은 조규의 내용 중에서도 가장 심사숙고한 문장"[64]이라고 보고한 것에서도 이를 알 수 있다. 즉 제1조는

62) 「總署發奏南北洋大臣曾國藩李鴻章函」, 『淸季中日韓關係史料』 第2卷, 中央硏究院近代史硏究所, 1970, 165쪽.

63) 同治九年十二月十八日, 李鴻章의 總理衙門에의 咨文, 署理津海關道陳欽 「備稿」, 佚名輯, 『晩淸洋務運動事類彙鈔』 上冊, 中華全國圖書館文獻縮微複製中心, 1999, 475쪽.

64) 「日本約章繕呈底稿摺(同治十年七月十五日)」, 『李文忠公全集』 奏稿卷18, 49쪽.

일본의 조선 진출을 경계하기 위해서 '所屬邦土'에 대한 불가침을 설정하였던 것이다. 그리고 그 목적은 일본의 침략으로부터 중국의 東三省, 즉 만주지역(奉天·吉林·黑龍江省)을 지키기 위함이었음을 명백하게 밝히고 있다.

1874년 일본의 대만출병 문제에 직면해서도 이홍장은 "일본이 조선을 노린 지 이미 여러 해이며, 조선은 우리 東土의 울타리이다. (…) 왜구가 江浙에서 沿海의 골칫거리이며, 왜의 조선 침략은 멀리 베이징이 근심하는 근본이다. 전에 조규를 맺을 때 '소속방토'는 침략할 수 없다는 말은 이를 미리 근절하고자 함이다."[65] 라고 하여 타이완 문제보다도 중국의 안위를 위해서 조선의 안전을 염려했던 것이다. 그렇기 때문에 심지어 일본의 대만출병에 대한 소식을 접하고서도 이홍장은 "일본의 내란이 막 가라앉아 그 힘이 아직 멀리 도모하기에 부족한데, 무력을 쓰고자 한다면 조선보다 먼저가 아니다. 에토 신페이(江藤新平)가 조선 정벌을 청하였지만 윤허하지 않자 난을 일으켰는데, 어찌 원한이 쌓인 약소한 조선을 버리고 횡포하고 교화되지 않은 생번을 먼저 도모한단 말인가?"[66]라고 반신반의 했던 것이다.

일본의 타이완 출병 문제는 1874년 10월 중국과 일본의 '北京條約' 체결로 일단락되지만, 이 문제를 통해 이홍장의 일본 정부에 대한 불신과 우려는 더욱 깊어졌다. 그리고 이러한 우려가 현실로 나타난 것이 운양호사건과 이를 구실로 한 일본 군함의 조선 출병이었다.

앞에서 살펴본 바와 같이, 이홍장은 운양호사건으로 야기된 일본과 조선의 외교적 긴장 관계를 평화적으로 해결하기 위해 총리아문에 중재안을 보내는 등 적극적으로 대처했다. 그런데 이홍장은 총리

65) 「致總署·論日本與臺灣朝鮮秘魯交涉(同治十二年六月十五日)」, 顧廷龍·戴逸, 『李鴻章全集』 第30冊, 安徽教育出版社, 2008, 542쪽.

66) 위의 책, 23쪽.

아문에 편지를 보낸 며칠 뒤인 12월 28일, 조선 문제와 관련하여 일본에서 청조에 급파한 駐淸公使 모리 아리노리(森有禮)와 담판을 벌였다는 사실에도 주목할 필요가 있다. 당시의 주된 회담 기록을 보면 다음과 같다.

모　리: "조선은 인도와 똑같이 아시아에 있는 나라이고, 중국의 속국이라고 볼 수 없다."

이홍장: "조선은 청의 正朔을 따르고 있는데 어째서 속국이 아닌가?"

모　리: "각국은 모두, 조선은 조공을 하고 책봉을 받고 있을 뿐, 중국이 세금을 징수하지도 정치를 관할하지도 않기 때문에 속국이라고 생각할 수 없다고 말한다."

이홍장: "조선이 수천 년 동안 중국에 속해 있다는 것을 모르는 사람은 없다. 청일수호조규의 '所屬邦土'라는 문구 중 '土'라는 글자는 중국의 각 성을 가리킨다. 이는 內地와 內屬을 말하며 세금을 징수하고 정치를 관할한다. '邦'이라는 글자는 조선과 같은 나라들을 가리킨다. 이들은 外蕃과 外屬이며 세금과 정치는 그 나라에 맡겨 왔다. 이는 청부터 시작된 것이 아니라 대대로 이렇게 해 왔던 것이다. 그런데 어째서 속국이라고 할 수 없다는 것인가?"

(…)

모리: "일본이 고려를 얻으면 무슨 이익이 있는가?"

이홍장: "헛되이 우호관계를 해치니 아무 이익이 없다. 만약 일본이 조선을 치려고 한다면 러시아가 병사를 보낼 뿐 아니라, 중국도 파병하지 않는다고 보장하기 어려우니, 그렇게 되면 전쟁이 일어나 진실로 무익하다.[67]

앞에서 살펴본 바와 같이 이홍장은 청일수호조규 1조, 곧 "양국의

67) 「附日本使臣森有禮署使鄭永寧來直隷督署內晤談節略(光緖元年十二月二十八日)」, 顧廷龍·戴逸, 『李鴻章全集』 第31冊, 安徽教育出版社, 2008, 341~342쪽.

所屬邦土는 서로 예의를 가지고 존중하고 침략하지 않으며 영원히 안전을 보장한다."라는 조규를 가지고 모리 아리노리의 설을 반박하고 있다. 그리고 만약 일본이 조선을 침략한다면 러시아와 중국이 같이 파병하게 될 것이라고 모리 아리노리를 압박하고 있다. 결국 모리 아리노리는 이홍장의 압박에 굴복하고 평화적 해결을 장담하며, 또한 청 정부 측에 조선을 설득하여 조약에 협정하도록 요청한다. 그리고 이홍장과 모리 아리노리의 타협점이 곧 강화도조약으로 귀결되었던 것이다.

강화도조약 이후 이홍장의 대조선 정책의 핵심은, 한반도와 만주로 진출하고자 하는 러시아와 일본의 세력을 서로 견제하는 것이었다. 따라서 이홍장은 미국을 비롯한 서구열강과의 통상조약을 체결하도록 조선 정부에 설득하게 되는데, 강화도조약을 전후하여 이유원과 맺어진 서신왕래라는 통로를 적극 활용하게 된다.

4. 나오며

중국을 비롯한 동아시아 지역 국가들이 서구 열강들과 대립하는 가운데, 동아시아의 지역질서가 결정적인 변화를 맞이하게 된 것은 1871년에 체결되고 1873년에 비준된 중국과 일본의 淸日修好條規이다. 전통적인 조공·교린 관계를 유지해 오던 동아시아 각국 사이에 근대 국민국가의 국제법 질서인 조약관계가 동아시아 국가 사이에 최초로 맺어진 것이다.

1875년에는 일본에 의해서 의도적으로 자행된 운양호사건과 일본의 무력시위, 청조의 권유로 조선과 일본 사이에 朝日修好條規 곧 江華島條約이 체결되었다. 그리고 1882년 조선과 청조 사이에 朝淸商民水陸貿易章程이 체결되고, 1883년에는 조선과 일본과 朝日通商章程 등이 맺어지는 등 조·청·일 각국 사이에 근대적 조약관계가 체결되었다.

운양호사건과 이로 인해 맺어진 강화도조약은 조선과 일본 메이지 신정부의 국교 재개 과정에서 비롯된 것이지만, 동아시아 지역질서의 변화라는 측면에서 보면 한반도를 발판으로 대륙(만주지역)으로 진출하려는 일본과 이를 저지하고 조선에서의 종주권을 유지하려는 청과의 세력다툼이었다. 이후 조선은 대륙으로 팽창하려는 일본과 동북3성 및 조선반도지역으로 남하하고자 하는 러시아, 그리고 이들 세력을 저지하면서 전통적인 종주권을 유지하고자 하는 중국의 각축장으로 변해간다.

강화도조약이 체결되기 직전인 고종 12년(1875) 가을에 당시 조선의 정권 담당자였던 이유원은 연행 도중 일본과의 외교문제를 해결하고자 이홍장과의 서신왕래를 시도했다. 그리고 이홍장은 이유원과의 서신왕래를 전후로 조선과 일본과의 외교 분쟁에 적극적으로 관여하게 되었으며, 그 결과 강화도조약이 체결되었던 것이다. 이러한 점에서 이유원이 시도한 이홍장과의 서신교류는 강화도조약 체결 과정에 적지 않은 작용을 한 것으로 평가할 수 있겠다. 이처럼 조선 외교 정책의 방향을 전환시킨 이유원과 이홍장의 교류 이면에는 일본의 팽창을 견제하려는 청 정부의 입장과 청의 군사력을 빌어 일본의 침략을 막아보려는 조선 정부의 입장이 서로 조응한 측면이 있었다. 하지만 이홍장과 이유원의 대일 인식에서는 적지 않은 거리가 존재했던 것이 사실이다.

강화도조약 이후 이홍장의 대조선 정책의 핵심은, 한반도와 만주로 진출하고자 하는 러시아와 일본의 세력을 서로 견제하는 것이었다. 따라서 이홍장은 미국을 비롯한 서구열강과의 통상조약을 체결하도록 조선 정부에 설득하게 되는데, 강화도조약을 전후하여 이유원과 맺어진 서신왕래라는 통로를 적극 활용하게 된다.

[참고문헌]

1. 기초자료

『同文彙考補續』

『승정원일기』

『嘉梧藁略』(『한국역대문집총서』 수록본)

『嘉梧先生文集』

『薊槎日録』(天理圖書館藏, 今西文庫)

『李文忠公全書·譯署函稿』

『清季中日韓關係史料』, 中央研究院 近代史研究所, 1970.

『晚清洋務運動事類彙鈔』上冊, 中華全國圖書館文獻縮微複製中心, 1999.

李鴻章, 顧廷龍·戴逸『李鴻章全集』, 安徽教育出版社, 2008.

2.저서

權錫奉, 『清末對朝鮮政策史研究』, 一潮閣, 1986.

旗田巍, 李基東 譯, 『日本人의 韓國觀』, 一潮閣.

色川大吉·我部政男 監修, 牧原憲夫 編, 『明治建白書集成』 第三卷, 筑摩書房, 1986.

色川大吉·我部政男 監修, 牧原憲夫·茂木陽一 編, 『明治建白書集成』 第四卷, 筑摩書房, 1988.

宋炳基, 『近代韓中關係史의 研究: 19世紀末의 聯美論과 朝淸交涉』, 檀國大出版部, 1985.

임종국, 『日本軍의 朝鮮侵略史』 1, 일월서각, 1988.

田保橋潔, 『近代日鮮關係의 研究』, 朝鮮總督府中樞院, 1940.

芝原拓自等編, 『日本近代思想大系』 12, 『對外觀』, 岩波書店, 1988.

후마 스스무, 정태섭 외 옮김, 『연행사와 통신사』, 신서원, 2008.

3. 논문

권혁수, 「이홍장의 조선 인식과 정책 연구 1870~1895」, 박사학위논문, 정신문화연구원, 1998.

______, 「한중관계의 근대적 전환과정에서 나타난 비밀 외교채널: 李鴻章·李裕元의 往復書信을 중심으로」, 『韓國學論叢』 제37집, 한양대학교, 2003.

박삼헌, 「근대전환기 일본 '국민'의 동아시아 인식: 1870년대 건백서를 중심으로」, 『동북아논총』 32호, 2011.

오비나타 스미오, 「근대 일본 '대륙정책'의 구조: 타이완 출병 문제를 중심으로」, 『동북아논총』 32호, 2011.

만주국의 국가 성격과 안수길의 북향정신*

: 안수길의 재만 시기 작품을 중심으로**

李海英·張丛丛

(中國海洋大學)

1. 들어가기

만주국 내지 僞만주국은 일본 제국주의가 만주사변 이후, 중국 동북지역에 세운 괴뢰국가[1])이지만, 그것이 오늘날 우리에게 큰 의미를 갖는 이유는 만주국 건립 이전에 이미 63만[2])에 달하는 조선인이 거기에 이주해 살고 있었고, 만주사변과 만주국 건립 이후에는 일본 본국 정부와 조선총독부, 관동군의 조선 농민 만주 이주 정책에 의

---

* 이 논문은 2009년 정부(교육과학기술부)의 재원으로 한국학중앙연구원 지원을 받아 수행된 연구임(AKS-2009-MB-2002).

** 본고에서는 "연변대학교 조선문학연구소 편, 『안수길』, 보고사, 2006"에 실린 안수길의 재만시기 소설들을 대상 텍스트로 하였다. 이 책은 안수길의 재만 시기의 소설들을 원문을 기준으로 옮긴 것이다.

1) 만주국이 비록 일본 관동군이 세운 괴뢰국가이지만 그것이 외견상 독립국의 형식을 취했기 때문에 일본의 공식 식민지인 조선이나 타이완과는 다른 성격을 띠고 있었다는 데 대해서는 한석정의 연구를 참조할 수 있다. 한석정, 『만주국 건국의 재해석』, 동아대학교 출판부, 2007.

2) 김기훈, 「만주의 코리안 디아스포라: 제국내 이민intra-colonial migration 정책의 유산」, 한석정·노기식 편, 『만주, 동아시아 융합의 공간』, 소명출판, 2008, 206쪽.

해 더 많은 수의 조선인 농민들이 만주로 이주함으로써 광복 직전에 이르면 도합 216만 명[3]에 이르는 조선인이 만주 즉 동북지역에 이주하여 만주국의 국민과 선계 일본인이라는 이중적 신분[4]으로 살고 있었기 때문이다. 특히 광복 이후, 근 80만 명에 달하는 재만 조선인이 한반도로 귀환하였고 귀환하지 않고 그 지역에 정착한 근 140만[5]에 달하는 재만 조선인들은 중국 공산당의 이념과 정책에 동조하여 중국 공산당의 해방전쟁에 참여하였으며 중국 국적을 취득하고 중국공산당의 토지개혁정책을 통해 토지를 분여 받고 중국 내의 소수민족인 중국 조선족으로 됨으로써 재만 조선인의 문제는 역사성과 함께 현재성도 띠게 되었다.

재만 조선인의 고난에 찬 삶과 정착의 역사는 그 당시부터 조선 문단의 관심의 대상이 되었으며 특히 1938년 10월 무한 삼진의 함락 이후 널리 유포된 '동아신질서'를 계기로 하여 만주와 '만주국'에 대한 문학적 관심이 높아지기 시작하였다.[6] 만주와 '만주국'에 대한 문학적 재현의 열기 속에서 이태준, 이기영, 한설야, 유치진 등이 장편소설, 장막극 등을 한국어 내지 일본어로 발표하였다. 이와 비슷한 시기에 안수길 역시 ≪만선일보≫를 통해 활발한 작품 활동을 진행하는데, 그는 특히 위의 작가들과는 달리 소년시절 만주에 이주

3) 장석홍, 「해방 후 중국지역 한인의 귀환과 성격」, 『귀환과 전쟁을 통해 본 동아시아 이산의 제 양상: 1945~1953년을 중심으로』, 중국해양대학교 해외한국학중핵대학 사업단 제2차 국제학술회의 논문집, 2010년 12월, 4쪽. 만주사변과 만주국 건국, 중일전쟁을 분기점으로 하여 조선인의 만주 이주에 대해 일본 본국과 조선총독부, 관동군의 정책과 연관시켜 그 숫자의 변동 및 원인 등에 대해 자세히 분석한 연구로는 김기훈, 앞의 글, 한석정·노기식 편, 앞의 책, 197~214쪽을 참조할 수 있음.

4) 만주국 내 조선인의 이중적 신분에 대해서는 조선인의 이중 국적문제를 포함하여 재만 조선인에 대한 통제 정책을 두고(즉 내선일체정책의 연장하에서 재만 조선인을 일본인으로 할 것인가 아니면 오족협화에 의한 만주국 국민으로 할 것인가) 식민지 조선총독부와 만주의 일본 관동군 사이에 있었던 첨예한 신경전 등을 자세히 다룬 연구로는 한석정, 임성모, 다나카 류이치, 윤휘탁, 김재용 등의 연구를 들 수 있다.

5) 장석홍, 앞의 글, 앞의 책, 4쪽.

6) 김재용, 「일제말 한국인의 만주 인식: 만주 및 '만주국'을 재현한 한국 문학을 중심으로」, 민족문학연구소 편, 『일제말기 문인들의 만주체험』, 역락, 2007, 13쪽.

하였다가 조선과 일본에서 학창기를 보내고 청년기에 다시 만주로 돌아와 만주에서 교원, 신문사 기자 등 직업에 종사하면서 작품 활동을 한 작가이다. 안수길은 재만 조선인 농민들의 삶에 주목하였고 작품에서 유독 재만 조선인의 정착 의지 내지 제2의 고향 건설을 적극 내세움으로써 만주시기 그의 작품은 '북향정신' 내지 '북향 이데올로기'로 대변된다. 이는 그의 재만 시기의 작품 창작과 발표의 궤적이 그대로 재만 조선인의 삶의 역사적 궤적을 따르고 있는 데서도 잘 나타난다.[7] 그러나 그렇게 열정적으로 북향정신을 부르짖던 안수길은 정작 1945년 6월 해방을 앞두고 병으로 고향에 귀환하였다가 다시 월남하며[8], 광복과 함께 이주민의 근 40%에 해당하는 80만에 이르는 재만 조선인들이 북향정신을 접고, 만주의 제2의 고향을 뒤로하고 귀환한다. 그렇다면 이들에게 만주란 무엇이며 안수길이 그토록 주장해왔던 북향정신은 실은 그 자신마저도 스스로 포기해버린 허약하고 공허한 관념적인 것에 불과한 것인가? 그렇다면 광복이후, 귀환을 포기하고 거주지에 잔류하여 중국 조선족이 된 근 140만에 달하는 미귀환 재만 조선인들에게 북향정신은 과연 실현가능한 것이었는가? 오늘날 그들이 도달한 중국 조선족 사회는 온전히 북향정신의 실현인가? 이 글은 바로 이러한 지점에서 시작된다.

안수길의 북향정신에 대해서는 많이는 '친일/민족주의'라는 이분

---

7) 그 스스로 만주 시기 개인 창작집 『北原』의 后記에서 "이 集中 主要한 大部分의 作品은 在滿朝鮮人의 生活을 建國以前에 逆及하여서부터 起하여 오늘에 이르기까지 斷片的으로 發掘記錄한 것으로 그것은 한篇한篇이 그대로 獨立한 存在이기는 하지만 順序를 쪼처읽을때 거기에自然히 時代的連結도 지어질수있는것이다. 함으로 그러한必要를 느끼는 讀者는 此種一聯의作品은 「새벽」, 「새마을」, 「벼」, 「圓覺村」, 「土城」, 「牧畜記」의 順序로 읽어주시기바라는것이다"(안수길, 「『北原』后記」, 587쪽).

8) 안수길 뿐이 아니라 북향건설과 함께 만주에 망명문단의 건설을 부르짖었던 대부분의 재만 조선인 작가들이 광복과 함께 대거 귀환하고 기존의 재만 조선인 문단의 작가로는 김창걸과 이욱이 남아 연변으로 진출한 조선의용군계열의 작가들과 함께 광복이후 조선족 문단을 형성한다. 이광일, 「해방직후 조선족문학에서 보여진 거주지와 고향의식의 관계」, 『귀환과 전쟁을 통해 본 동아시아 이산의 제 양상: 1945~1953년을 중심으로』, 중국해양대학교 해외한국학중핵대학 사업단 제2차 국제학술회의 논문집, 2010년 12월, 68~69쪽 참조.

법적 구도 위에서 연구되어왔으며 일부 연구는 그의 작품 중의 부분적인 대목을 예로 들어 '친일' 내지 '저항'을 판단하였는데, 작품 전체의 맥락을 떠난 이러한 분석은 자칫 자의적인 분석에 떨어지기 쉬운 허점을 갖고 있다. 이런 양극화를 극복하기 위한 시도로 그의 문학 자체를 이주민의 삶을 반영한 '이주문학'으로 바라보고, 북향정신을 재만 조선인 농민들의 절박한 생존 조건에 기반한 것으로 바라봄으로써 절체절명의 생존 위기 앞에서 삶의 논리가 모든 것의 우위에 놓인다는 생존 제1일의 논리로 이념 자체를 무화시키는 연구가 압도적으로 많이 이루어지기도 했는데, 이 역시 자세히 보면 안수길과 그의 문학을 친일의 혐의에서 빼내기 위한 것에 불과한 것으로, 근원적으로는 '친일/민족주의'의 이분법적 구도에서 벗어나지 못하고 있다. 이를 두고 "기존의 관점들은 만주 체험의 전체를 관통하고 있는 '이산의 경험'을 대체로 한 두 가지의 원인으로 소급시켜 해석하는 '환원주의'의 오류에 빠져있다"[9]는 지적은 의미하는 바가 크다. 이러한 연구는 안수길의 북향정신의 의미와 실질을 파악하기 어려우며 재만 조선인과 북향정신의 관계 역시 그 전모를 파악하기 어렵다.

이러한 문제점에서 출발하여 본고는 안수길의 북향정신의 의미 내지 실질을 그가 본격적으로 작품 활동을 하기 시작했던 청년기부터 귀국 전까지 보냈던 만주국과의 관계 속에서 즉 그 자신이 만주국 국민이자 '선계 일본인'으로 살았던 만주국이라는 국가의 성격과의 연관 속에서 검토해보고자 한다. 그만큼 만주국은 재만 조선인의 삶에서 중대한 지표로 되는데, 특히 만주국의 건국은 재만 조선인에 대한 수많은 정책 제정의 중대한 분기점 내지 기준으로 작용했다. 만주국 건국이전과 건국이후의 이주민에 대해 명확하게 선을 그었던 광복직후의 재중 조선인에 대한 국민당의 재산처리정책, 강제 귀

9) 한수영, 「만주(滿洲)의 문학사적 표상과 안수길의 『북간도』에 나타난 '이산(移散)'의 문제」, 『상허학보』 11, 2003, 114쪽.

환 정책[10] 등이 그 일례라고 할 수 있다. 안수길 역시 재만 시기 소설들에서 만주국의 건국이전과 건국이후를 유난히 강조하였는데 이는 그의 북향정신이 만주국의 국가 성격과 결코 분리해서 이야기할 수 없는 것임을 보여준다.

2. 만주국의 건국정신과 북향정신

안수길의 거의 모든 재만 시기 소설에는 하나같이 비적 내지 육군에 의한 조선인 이주민들의 삶에 대한 폐해가 등장하며 이들 비적이나 육군의 부락 침입과 약탈은 조선인 이주민들이 만주에 정착하여 살아가기 위해 제거되지 않으면 안되는, 반드시 해소되어야 하는 불안과 장애 요소로 되고 있다.「새벽」,「새마을」,「벼」,「원각촌」,「토성」,「목축기」,「북향보」등 재만 시기 소설 중, 비적이나 육군에 의한 침입이나 행패가 나타나지 않은 것은 용정을 중심으로 하여 조선인 이주민의 도시 공동체가 새롭게 형성되는 것을 주제로 한「새마을」뿐이다. 나머지 작품들에서는 모두 비적이나 육군의 침입과 약탈이 같지 않은 비중으로 나타나는데, 때로는 이것은 작품 전체의 흐름 중 중대한 사건으로 등장하여 만주국 건국이전의 혼란과 암흑 및 재만 조선인들의 간난하고 비참한 삶을 보여주거나(「새벽」, 「벼」), 만주국 건국 이후, 만주국의 밝은 정치하에서 새로운 삶의 터전을 건설하려는 조선인 농민들의 행복한 삶에 대한 위협으로(「토성」), 또는 건국이전의 이러한 암흑에 대한 회고와 함께 건국 이후의 밝은 세상을 대조적으로 나타내기 위한 기억(「북향보」)으로 등장하거나 때로는 작품의 내용과 별 연관성 없는 서술(「목축기」)로 얼핏 지나가기

10) 김춘선,「광복후 중국 동북지역 한인들의 귀환과 정착」,『해방 후 중국 지역 한인의 귀환 문제 연구』, 국민대학교 한국학연구소 제2회 귀환문제연구 국제학술심포지엄 논문집, 2003.11, 21쪽 참조.

도 한다.

「새벽」에서 조선인 부락인 호가네 지팡을 덮친 육군과 순경은 조선인들에게 마적보다도 더 무서운 존재로 묘사되고 있다.

> 우리동리에는 육군이 십여명이 들어왔다.
>
> 우리동리에서는 마적과함께 육군과 순경을 무서워하였다. 아니 마적보다도 육군과 순경을 더무서워하였다.
>
> 마적은 실상 무섭다는 소문만듣고 한번도 그들의침입을 받은일이 없었으나 육군 또는 순경의 침입은 일년에도 몇차례였다.
>
> 당시 장작림군벌의 사용병(私傭兵)인 육군의 생활이란 말못되는것이였다. 복장도 식량도 잘 내어주지 않었다. 용돈은 물론이였다.
>
> 그들은 농촌에다니면서 약탈하지않으면 그들의생활을 유지할 방도가 따로 없었다. 법이 허락한 약탈! 그렇다. 그들의 횡포에 대하여서는 호소할 곳이 없었다. (「새벽」, 51쪽.)

마적보다 더 무서운 육군과 순경의 횡포와 약탈을 묘사하면서 안수길은 그들이 장작림 군벌의 휘하임을 유독 강조하고 있으며 그들이 횡포와 야만과 약탈을 일삼지 않으면 안되는 것은 장작림 군벌로부터 군비와 생활비를 지급받지 못하기 때문인 것으로 근본적인 원인은 장작림 군벌 통치의 부패와 부정에 있음을 은근히 꼬집고 있다.

「벼」에서도 장작림 군벌 휘하의 육군 편의대는 매봉둔 조선인 농민들과 원주민들 사이를 이간시키기 위해 매복습격으로 길가는 매봉둔 조선인 주민들을 불의에 습격하는가하면 또 매봉둔 조선인 농민들이 정성껏 건축한 학교 건물에 방화를 하는 등 정부의 군대로서는 해서는 안 될 학정과 횡포를 부리고 있다.

이처럼 안수길은 마적보다 더 무서운 혹은 음흉한 육군의 만행을 들어 장작림 통치 하의 구 군별 시대 즉 건국이전의 군벌에 의한 암혹한 통치를 날카롭게 비판하고 있다. 실제로 안수길이 보여주고 있는 육군이나 비적에 의한 재만 조선인들의 폐해는 사실 그 자체이며 이 점에서 안수길은 그의 말대로 재만 조선인의 삶의 현장을 사실적으로 생생하게 기록한 만주의 농민작가임에 틀림없다. 안수길이 그의 소설에서 재만 조선인 부락을 위협하는 육군과 마적과 비적을 따로이 구분하지 않고 한 덩어리로 취급했던 것처럼 만주국 건국 이전, 즉 구 군벌시대 만주에서 비적과 정부군의 경계는 매우 희박했고 만주국 측은 과거 군벌체제와 잔존하던 저항세력을 통털어 비적이라고 불렀다.[11] 또한 비적에 의한 조선인의 폐해 역시 사실 그대로였는데 "조선인들은 만주국에 저항하는 비적들의 사냥감이었다." "비적만이 약탈자가 아니었다. 준경찰조직인 지역 자위단 중에서 파면당한 자들이 조선인 부락을 화풀이로 습격한 적도 있었다."[12] 조선인들이 가장 많이 사는 동만지역에 집중적으로 건설된 집단부락의 건설 배경에는 만주사변 직후, 동북군과 비적의 조선인 습격, 이 사건에 대해 비등한 조선의 여론, 치안통제의 목적 등 세 가지가 있다.[13]

그럼에도 불구하고 비적의 횡포와 약탈에 대한 안수길의 이 사실적인 묘사는 은연중 "군벌의 학정과 새 나라의 건설"을 주요 내용으로 하는 만주국의 건국정신과 궤를 같이하고 있다. 건국정신은 만주국정부가 인민들에게 줄기차게 사용한 사실상 가장 중요한 국가 이데올로기였다. 만주국의 지배자들은 중국으로부터 만주의 분리를 새 국가 건설이라는 이름으로, 군벌체제의 막바지의 혼란을 겪은 주민들에게 호소했고 이런 맥락에서 이미 소멸한 군벌체제는 살아 있는 교육 자료로서, 세상의 모든 악을 짊어진 희생양으로서, 사람들 앞에 다시 나타나게 되었다. 만주국의 지배자들은 군벌체제와 새 국

11) 한석정, 『만주국 건국의 재해석』, 동아대학교출판부, 2007, 80쪽.

12) 위의 책, 184쪽.

13) 손춘일, 『"滿洲國"의 在滿韓人에 대한 土地政策 硏究』, 백산자료원, 1999, 149~160쪽 참조.

가의 차등적 이미지를 심고자 했다. "새 만주국"은 군벌체제의 학정(虐政)의 대안으로 제시되었다.[14] 안수길은 소설에서 육군과 비적의 행패를 구 군벌의 통치와 학정에 의한 것으로 구 군벌통치를 비판함과 동시에 그와 대조되는 새 사회로 만주국을 들고 있다.

> 주민들은 누구나 할것없이 평화롭고 안온한 속에서 즐겁게 농사를 지을 수 있는 세상을 갈망하였다. 그러나 누구하나 십여년후에 이땅에 그들이 갈망하는 세상이 웅장한 보조로 찾어오리라고는 생각지도 못했다. (「새벽」)

「새벽」에서 안수길은 부락에 침입한 육군의 행패를 한껏 묘사한 다음 그러한 학정이 소멸된 새로운 세상으로 만주국의 건국을 서술하고 있다. 그와 함께 육군은 어린 주인공에게마저 없애 버려야할 부정적인 존재로 묘사되었다. "내가 이담 커서 유명한 장수가 될테니까 그때에 그놈 육군아-들으 단번에 처없애지 뭐"라는 어린 주인공의 공상은 의미하는 바가 크다.

「토성」에서도 만주국의 건국은 "만주에는 새나라가 탄생하였고 간도에는 새로운 정치가 베프러졌다. 대동원년(大同元年=昭和七年)삼월구일, 건국(建國)으로 하여 새로 탄생된 길림성 특파주연행정판사처에서는 비습으로 황페한농촌의 갱생을 위하여 가지자지 특전과 편의를 베풀었다"고 긍정적으로 묘사함과 동시에 '비습'의 폐해를 강조하는 것을 잊지 않고 있다. 안수길은 한걸음 더 나아가 비적이야말로 만주국의 건국으로 인해 자작농창정의 정책의 부축을 받아 만주에서 새로운 삶의 터전을 건설해가는 조선인농민들의 행복을 위협하는 소멸해야하는 존재라고 말한다. 집단부락과 자위단과 부락민이 총동원된 토성 수축은 모두 비적의 습격으로부터 부락을 지키기 위해 부락민들이 일심협력한 것이다. 그리고 자위단과 토벌대

---

14) 한석정, 앞의 책, 82~142쪽 참조.

는 연합으로 비적을 숙청한다. 주로 저항하는 게릴라 혹은 비적들에게 일체의 자원을 차단하기 위해 조선인들이 가장 많이 사는 동만 지역에 집중적으로 건설된 집단부락(集團部落)은 촌락의 가옥들을 파괴하고 안전지역에 새로 지은 사실상의 집단 수용소였다[15]는 한 사회학자의 주장과 안수길의 소설의 차이는 과연 무엇인가?

조선인 농민들이 만주에 새로운 삶의 터전을 건설하는 것과 만주국의 건국정신은 일치한 것으로 안수길은 본 것 같다. 적어도 비적의 횡포와 만행을 제거하고 새로운 사회를 건설한다는 데서는 양자의 이해관계가 맞았던 것 같다. 안수길이 보건대 만주의 조선인농민들에게도 새로 건국한 만주국에도 비적과 그 온상인 구 군벌체제는 제거해야할 위협적인 존재였던 것이다. 안수길에게 비적이 항일부대인지 아닌지는 그다지 중요했던 것 같지 않다.[16] 그에게 중요했던 것은 만주 조선인 농민들의 안정된 삶이었고, 그런 측면에서 비적도 위협적인 존재였지만 독립군이나 민족주의자의 부대도 군자금 마련 등 만주의 조선인 농민들에게는 부담스러운 존재였기 때문이다.

3. 만주국 건국에의 기여와 '선계 농민'의 국민적 권리 주장

만주국의 건국은 재만 조선인들을 일본 제국의 식민지인으로부터 "왕도낙토"와 "오족협화"를 건국이념으로 내세운 만주국의 한 민족

---

15) 한석정, 앞의 책, 184쪽.

16) 김재용은 관동군은 만주국에 저항하는 모든 이들을 '비적'이라고 폄하하였지만 거기에는 다양한 성향의 사람들이 존재하였는데, 주로 토비, 공비, 반만항일비 등으로 구분할 수 있으며 이들에 대한 태도 여하에 따라 재만 조선인 문학가들의 식민주의 협력 여부를 판단할 수 있다고 보았다. 안수길의「토성」에서의 비적은 공비도, 사상비도 아닌 도적과 큰 차이가 없는 반만항일패들에 불과하며 안수길은 결코 공비나 사상비를 반대한 것이 아니기 때문에 넓은 의미에서 비협력의 범주에 들어간다고 보았다(김재용,「중일전쟁 이후 재일본 및 재만주 조선인 문학의 분화와 식민주의 협력」,『재일본 및 재만주 친일문학의 논리』, 역락, 2004, 33~47쪽 참조).

으로 국민으로 태어나게 하는 등 재만 조선인의 삶에서 중대한 분기점으로 된다. 이는 광복 직후, 재만 조선인에 대한 재산 몰수, 강제 귀환 여부 등 중국 국민당의 일련의 정책 수립과정에서도 잘 나타난다. 1945년 8월 국민당정부는 동북수복에 관한「東北復員設計綱要草案」을 작성하였는데, 한인들에 관한 조항은 제9조와 제16조이다. 제9조「농업」에는 "日僞政府에서 설립한 農·林·木·漁 및 기타 기관을 접수하고 日韓移民의 농장을 접수, 관리한다"고 규정하였으며 제16조「日韓移民」에서는 "日本籍 이민은 일률로 경외로 축출하며 일본이 동북 점령 시 이주한 한인들에 대해서는 귀환을 명하고 재산은 조례에 따라 처리한다"고 규정하였다.[17] 이 규정들은 국민당 정부가 동북지역 한인들의 산업을 일제의 폭력에 의해 강점한 것이라고 인정한 데서 비롯된 것으로 파악된다.[18] 또한 해방 직후 동북지역 한인의 초기 귀환은 중국 공산당의 정책에 의한 것이라기보다, 대부분 자의적으로 이루어졌던 것으로 보인다. 함경도 등지의 북쪽 출신은 대부분이 현지에 정착했던 반면에 전라도 등지의 남쪽 출신 사람들은 대부분이 해방 직후 국내로 귀환했으며 이들은 대체로 중농 이상의 부농이었던 것으로 알려지고 있다. 또한 남쪽 출신이라도 1930년대 말이나 1940년대 초에 이주한 사람들의 귀환율이 높았음도 확인된다.[19]

안수길 역시 작품에서 만주국 건국 이전과 건국 이후에 대해 분명한 선 긋기를 한다. 안수길은 작품에서 만주국 건국으로 인한 조선인 농민들의 삶의 안정성 확보, 삶의 터전 건설의 가능성 등에 대해 적극 주장하지만 그러나 만주국 건국과 함께 만주로 이주해온

17) 南京第二歷史檔案資料, 全宗171, 卷91,「東北復員設計綱要草案」(김춘선,「광복 후 중국 동북지역 한인들의 귀환과 정착」,『해방 후 중국지역 한인의 귀환문제 연구』, 국민대학교 한국학연구소 제2회 귀환문제연구 국제학술심포지엄 논문집, 2003.11, 21쪽에서 재인용).

18)「東北韓僑産業處理計劃」, 연변대학 민족연구원 소장(김춘선, 위의 글에서 재인용).

19) 장석홍,「해방 후 중국지역 한인의 귀환과 성격」, 앞의 책, 4~5쪽 참조.

조선인들에 대해서는 극히 부정적이다.

조선 농민은 만주에 덕(德)의 씨를 심은 사람들일세. 조선 농민의 이주사를 줄잡아 70년이라고 한다면 70년전이나 오늘이나 농민이 이곳에 이주한 까닭은 한결가치 여기와서 처자 권속을 거느리고 먹고 살자는것박게 업섯네. 그 살자는 것도 고스란히 누워서 이곳에 마련되어잇은것을 냠냠 집어먹자는 비로한 생각이 아니엇섯네. 그들은 볍씨와 호미를 가지고 왓네. 넓고 거칠어 쓸모업는 땅에 옥답(玉畓)을 만들고 거기에 볍씨를 심어 요즈음말로 하면 농지 조선농산물증산에 땀을 흘린 갑으로 이곳에서 먹고 살자는것이엿네. 얼마나 깨끗한 생각이요, 의젓한 행동인가. 하늘을 우러러 부끄러울것이 없고 땅을 내려보아도 역시 부끄러울데업는 바일세.

(…)

……그러나 양복선인(洋服鮮人)이라고 누가 말한 것을 들은일이 잇지만 그 명사야 무어든 건국후에야 경의선 함경선 직통열차를 타고 들어온 돈벌이꾼들일세. 그들은 건국전에야 이땅에 동포가 살고잇는지 팽이새끼가 잇는지 관심가져줄 까닭이 잇섯겟는가만 건국이 된후 너도 나도 무력천지의 이 바닥에서 돈벌러 떠나는것과 꼭가튼 생각으로 우 몰려들어온것이니 그들이 예서 하는 행동이란 조선사람의 체면을 염려하는 지각잇은것이엇을수가 잇겟나. 한다는 노릇이 몰의리요, 거짓말이요, 사기횡령이요, 부정업이요, 또 닿지안은 자존심에다가 쓸데없는 권리주장이요, 심한데 이르러는 만인을 경멸하는 언동이요, 햇스니 조선사람이 신용이 일계나 만계에서 두터울 리가 잇겟나 ……

(「북향보」, 525~527쪽. 고딕강조는 인용자.)

다소 긴 이 인용문에서 안수길은 만주국 건국이전 조선농민의 만주 개척과 수전 개척을 높이 평가하면서 이들은 "……현지 조선농산물증산에 땀을 흘린 값으로 이곳에 먹고 살자는 것"인 바 그것은 당연한 것이며 "하늘을 우러러 부끄러울 것이 없다"는 것이다. 즉 안수길은 조선 농민의 만주에서의 수전 개척의 공로와 기여를 높이 평가하면서 그들은 이곳 즉 만주국에서 먹고 살 권리가 있다고 역설한다. 안수길은 만주국 건국에 대한 조선농민의 기여와 그를 통한 만주국 국민으로서의 권리를 주장하는 것이다. 반면 건국 후에야 들어온 사람들은 건국 전에야 만주에 관심도 없다가 "건국후에야 경의선 함경선 직통열차를 타고 들어온 돈벌이꾼"들로서 이들 때문에 선계나 만계에서 전체 재만 조선인 농민들의 신용이 문제가 된다는 것이다. 이처럼 안수길은 생존권에 기반한 막연하고 감상적인 만주 정착의지가 아닌 만주국 건국에 대한 기여를 통한 조선인 농민들의 국민적 권리를 당당히 주장하고 있다. 일제와 일제가 세운 괴뢰국가인 만주국이 패망한 뒤, 중국 동북 땅에 그대로 잔류하여 중국 공산당의 정책에 동조하여 해방전쟁에 참전하고 토지를 분여 받아 중화인민공화국의 공민이 된 중국 조선족들이 건국에 대한 그들의 기여와 공헌을 확인하면서 중국 공민으로서의 권리를 주장하는 것과 안수길의 이러한 만주국 국민으로서의 권리 주장은 각각 어떤 지점에 놓여있는 것인가?

안수길은 만주국에서 조선인 농민들의 국민 되기는 바로 그들의 건국에의 기여와 함께 농민도와 만주국이 장려하는 유축농업을 적극 발전시키는 것에 있다고 한다. 즉 안수길은 조선인 농민들이 만주국에서 국민적 권리와 발언권을 갖기 위해서는 농민도로 자신들을 특수화할 것이 필요하다고 보았다. 이는 농민이 절대대부분을 차지하는 재만 조선인 사회의 구성을 염두에 둔 때문인 것으로 볼 수 있다. 이는 적극적으로 친일을 하면서 친일에 대한 부역의 대가로 일본 지배세력을 향해 권리를 주장했던 일부 만주 재현 소설의 내용과는 구별된다. 안수길과 같은 맥락에서 염상섭은 재만 조선인 문학이 만주국 문학의 한 지분을 차지할 수 있기를 희망했다.

4. 북향건설의 끝: 조선인의 자치 내지 이상적인 조선인 공동체

안수길의 북향정신이 도달한 곳 내지 북향건설의 끝은 만주에 조선인의 자치를 실현하는 것 즉 이상적인 조선인 공동체를 건설하는 것이다. 이는「벼」에서 만주에 삶의 터전을 건설하려는 소박한 정착 의지로부터 시작하여「원각촌」의 불교적 이상향,「목축기」의 와우산 목장 경영에 대한 실험과 모색을 통해「북향보」의 북향목장과 농민도의 사상에 이른다.

> ……건국전(建國前)을 선구시대(先驅時代)라한다면 그때에는 이곳에 살림터를 마련하려고 부조(父祖)들이 피와 땀을 흘린시대라고 할수잇을것이고 오늘날은 그피로어든 터전에다가 우리의뼈를 묻고 그리고 우리의아들과 손자와 그리고 증손자(曾孫), 고손자(高孫子)들을 위하여 영원히 아늑하고 아름다운 고향을 이룩하지안흐면 안될 시대라고 생각하시어 그 아늑하고 아름다운 고향을 만드시자는것이 선생의 뜻인줄압니다.
>
> (「북향보」, 333쪽.)

"만주에다가 아름다운 고향을 건설하자는 것"이 안수길이 내세우는 북향정신의 취지이다. 이러한 북향정신의 모색과 초기 실험단계의 형태로서 안수길은 조선인에 의해 지도되고 꾸려지는 이상적인 조선인 공동체를 꿈꾼다. 북향정신의 설계자인 정학도가 살아있을 때 북향목장에서 진행하던 고성희는 바로 이러한 이상적인 조선인 공동체의 모습이다. 이는 또한 안수길이 만주국의 테두리 내에서 고민하고 모색했던 조선인의 최대한의 자치의 한 모델이기도 했다. 만주국이 장려하는 유축농업 정책을 적극 수용하여 북향목장을 건설하고 그 기초 위에서 만주의 조선인 농촌을 이끌고 갈 선각자를 교육할 농민도장을 건설하고 북향목장과 농민도장의 지도자와 주인,

일군 모두가 조선인의 자치에 의해 이루어진다는 이상적인 조선인 공동체는 말 그대로 주주회의에 의해 운영되는 시민사회의 성격과 정학도 내지 이기철이라는 사심 없고 탁월한 지도자에 의해 지도되는 자족적인 공동체의 실험장으로서의 이중적 성격을 띠고 있다.[20] 정학도가 사망한 다음 그의 제자들의 모금운동에 의해, 그리고 만주 농촌에 꼬물만큼의 애정도 없으나 아버지의 뜻을 이어가야 한다는 생각으로 스스로를 헌신한 그의 딸 애라의 헌신적인 희생으로 북향목장이 회생한다는 것은 재만 조선인 자체의 자치 능력과 경영능력에 대한 보여주기이며, 북향목장을 경영하고 농민도장을 세워 만주의 조선인 농민 선각자를 교육하여 만주의 조선인 농촌을 건설한다는 것은 북향목장과 같은 자치모델을 전반 만주 조선인 사회에서 실행하겠다는 안수길의 실험정신이자 이상이었다. 이를 두고 한수영은 "큰 틀에서 보자면 민족의 독립이나 민족국가 건설 없이 어떻게 남의 땅에서 '이상촌' 건설이 가능할 것인가 의심스럽지만[21] 해방전에 만주에 일었던 '만주 특수(特需)와 만주국 건국 이후에 일본이 내세웠던 '자작농창정' 및 '집단부락 건설'은 안수길에게는 충분히 현실적인 이상촌 건설의 대안적 정책으로 받아들여졌던 것이"[22] 이라고 하였다.

---

20) 여기에 대해 한수영은 "해방 전 안수길의 소설에 나타나는 공동체에 대한 이상에는 분명히 '반자본주의적인 요소'가 들어있으며, 이것은 자본주의가 보장하는 이윤추구의 무제한적 자유에 대한 거부감이 중요한 이유가 되고 있다. 그러므로 「북향보」 같은 작품에서는 공동출자로서의 '주식회사' 형태가 지니는 최초의 '선의(善意)'는 긍정적으로 묘사하면서도, 경영 악화로 인한 투자자들의 투자 지분의 회수나 지분에 비례한 경영권 장악 시도에 대해서는 대단히 부정적으로 묘사한다. 그가 소설 속에서 구상하는 공동체는 공간적으로나 구성원의 규모로서나 소규모의 자족적인 생활공동체로 나타난다"고 보았다. (한수영, 「만주(滿洲)의 문학사적 표상과 안수길의 『북간도』에 타나난 '이산(移散)'의 문제」, 『상허학보』 11, 2003, 126쪽.

21) 여기에 대해 김종호는 '정착'에 대한 안수길의 지향과 집착이 문제가 아니라, 그 '정착'이 폐쇄적이고 역사적 안목 없는 소박한 낙관주의에 근거해 있기 때문에 문제라고 비판한다.(김종호, 「1940년대 초기 만주 유민소설에 나타난 '정착'의 의미: 「대지의 아들」과 「북향보」을 중심으로」, 『국어교육연구』 25권, 국어교육학회, 1993, 221~225쪽 참조.

22) 한수영, 앞의 글, 120쪽.

실제로 만주국 내에서 오족협화 중의 한 민족이었던 몽고족은 상당한 특수와 함께 중앙에 몽정부를 단독으로 두었고 몽정부는 일정한 한도 내에서 자율성을 행사했다. 몽고인들의 특별행정구역인 씽안성의 모든 분성장은 몽고인이었고 몽고인은 단독으로 군대를 두었으며 행정 문서나 훈령을 중국어와 몽고어로 작성하게 하였다. 또한 몽고문화를 제창하고 문화 창달에 애썼다. 몽고인들은 유목적 군사조직의 색채를 간직하고 있는 기(旗)라는 그들 고유의 공동체조직을 보유했다.[23] 만주국의 실질적인 지배자인 일본 관동군의 목적과 의도가 무엇이었든 어쨌거나 초기 만주국 내에서 몽고족은 표면적으로는 그럴듯한 자치권을 행사했던 것이다. 이들을 보면서 당시 재만 조선인 사회에서도 자치에 대한 희망이나 꿈에 부풀어있었을 것이다.

이런 재만 조선인 사회의 자치에 대한 희망이나 꿈은 당시 '민족협화'를 실천하는 전위조직인 협회회 회원 조열이 재만 조선인이 '만주국'의 구성원 중 의 한민족으로서 '정치적 자유'를 영위하는 것을 기대하면서「재만 조선인의 당면 요구」에서 '만주국'의 '하나의 국민', 곧 조선 민족으로서 그 지위를 확보하기 위해 기타 요구와 함께 '자치권의 부여'를 요구한 것에서도 볼 수 있다.[24] 또한 제1차 치외법권 철폐가 조인되자, 전만조선인민회연합회 이사인 박병준이 1936년 6월21일 오후 9시40분부터 약 20분간에 걸쳐 신경방송국에서「치외법권 철폐와 재만 조선인」이라는 타이틀로 조선어로 전 만주와 조선에 한 방송 강연의 내용 중에서도 확인할 수 있다. 그는 이 강연에서 '민족협화'와 관련하여 "다섯 민족은 서로 다른 문화를 가지고 있고 민족성도 다르므로 오족협화의 진의는 이 오족을 대충 혼연일체로 동화시키는 것이 아니고, 각 민족을 각기 단일 민족으로 인정하고 어느 정도의 자치를 인정하여 각 민족에 적응시키는 정치

---

23) 한석정, 앞의 책, 171~179쪽 참조.

24) 신규섭,「在滿朝鮮人의 '滿洲國'觀 및 '日本帝國'像」,『한국민족운동사연구』 36, 2003, 283~287쪽 참조.

를 하는 것이다"라고 하고, 치외법권 철폐 후의 재만 조선인이 나가야 할 방향으로서, 하나의 민족으로서의 '자치'를 주장했다.[25]

5. 틈새의 이용과 친일의 부담에서 벗어나기

만주국의 건국은 재만 조선인에게 표면적으로 안정과 함께 많은 틈새와 공간을 제공하였으며 경우에 따라서 이것은 재만 조선인들에게 모종의 가능성과 환상을 품게도 하였다. 일반적으로「만주국」의 수립과 더불어 치안 질서가 자리잡게 되면서 재만 조선인은 적어도 표면적으로는 중국 관민의 박해와 탄압에서 벗어날 수 있게 되었다. 왜냐하면 우선 그들을 박해할 중국 관헌, 다시 말해 중국 동북 정권이 관내로 철수했기 때문이다. 그리고「만주국」이 건국 이상의 하나로 '민족협화'를 내걸면서 적어도 국적상으로는 일본 제국 신민의 일원이었던 재만 조선인에게도 치외법권이 부여되었기 때문이다. 그로 인해 재만 조선인은 일본인과 더불어「만주국」에서 예외적인 존재로 취급받았던 것이다. 비록 재만 조선인 가운데 일부는 일본의 조선 강점과 만주 침략에 맞서 항일 무장투쟁을 벌이고 있었지만, 나머지는 적어도 표면상 일본의 보호막에 둘러싸이게 되었던 것이다.[26]

재만 조선인 가운데 일부는 비록 일제에 의해 조국을 강탈당했지만, 만주국의 수립과 더불어 '민족협화'가 주창될 때, 만주국의 국적을 취득해서 만주국 국민이 되기를 바랬다고 한다. 이때 만주국 국적의 취득은 제국 일본의 법률적 영역으로부터의 이탈을 의미하는 것인 동시에, 제국 일본의 지배로부터의 해방을 의미하는 것이기도

25) 위의 책, 299~300쪽 참조.

26) 윤휘탁,「「滿洲國」의 '民族協和' 運動과 朝鮮人」,『한국민족운동사연구』, 2000, 147~148쪽.

했다.27) 이처럼 '만주국'의 건국 이념인 '민족협화'는, 나라를 빼앗긴 민족으로서 또한 이주처의 민족적 차별을 받고 있던 재만 조선인에게 있어서 자신의 문제를 해결할 수 있는 선택 방안의 하나가 되었다. 조열에 따르면 재만 조선인이 가장 중시한 요구 조건이자 관심은 국적 문제이며, "완전한 만주 국민이 되려고 하는 것이 일반 조선인의 희망"이라는 것이다. 그는 '만주국'에는 국적법이 제정되어있지 않은 상황이었지만, 국적을 취득해서 '만주국'의 법제 영역 아래 법적으로도 인정받는 조선 민족으로서 '만주국'의 국민이 되기를 강하게 원하고 있었다고 인식하고 있었다. 또한 그에 의하면 '만주국'의 국적 취득은 제국 일본의 법제 영역으로부터 벗어나는 것을 의미하며, 제국 일본의 지배로부터의 탈피를 의미하였다. 이러한 조열의 인식은, 제국 일본과 거리를 두면서 재만 조선인의 권리를 확보하려고 하는 의도였지만, 중국인에 있어서는 어디까지나 제국 일본이 만든 '만주국'에 편을 드는 주장처럼 들렸으며, 중국인의 생존을 위협하는 것으로 인식되었다.28)

만주국의 '민족협화'에 대한 재만 조선인의 인식에 대해 김재용 역시 "'오족협화'와 '내선일체' 모두 일본 제국주의의 지배 이데올로기였지만 이 둘 사이에는 일정한 긴장이 존재하였다"고 보았다. 일본의 식민지에 대해서 거리를 두려고 하는 사람들은 '만주국'의 국민을 원하였고 '만주국'의 국민이 되는 것은 최소한 이것으로부터 벗어나는 것이었기 때문이라고 보았다. 염상섭 같은 이들이 '만주국'하에서 일본 제국의 신민으로보다는 '만주국'의 국민으로서 '오족협화'를 강조한 것은 바로 이러한 원인 때문으로 보았다.29)

실제로 만주국의 건국이 재만 조선인들에게 만들어주었던 틈새와 공간은 단지 민족협화 뿐만이 아니다. 만주국 자체가 괴뢰국가이기

27) 위의 책, 148쪽.

28) 신규섭, 앞의 글, 앞의 책, 288쪽.

29) 김재용, 「일제 말 한국인의 만주 인식」, 『만보산사건과 한국근대문학』, 역락, 2010, 20쪽.

는 하지만 조선이나 대만과는 다른 독립국의 형식을 취하고 있었기 때문에 만주국을 세운 관동군과 만주국 사이에는 독립국이 갖추어야 하는 국가형식을 놓고 묘한 긴장과 틈새가 존재했다. 또한 만주국은 관동군의 변방 세력권 건설로 만들어진 것으로 관동군과 일본 본국 정부 사이에는 만주국의 지배를 놓고 갈등과 긴장이 존재했다. 그리고 만주국 내 조선인의 통제 문제를 가지고 관동군과 조선총독부, 그리고 일본 본국 정부 사이에서는 '내선일체'와 '오족협화'라는 두 개의 제국주의 이데올로기 사이에 끊임없는 긴장과 갈등이 지속되고 있었다.

안수길 역시 이런 맥락에서 만주국의 국책과 민족협화를 강조했던 것 같다. 만주국 건국이전을 배경으로 했던「벼」에서 드러났던 일본 영사관의 힘을 빌어 중국 관헌의 압박에서 벗어나고자 했던, 혹은 친일의식이라고 비판받았던 의식이 그 이후의 작품에서 더는 보이지 않고 대신 만주국의 국책 내지 건국정신, 민족협화를 주장하는 것은 이 때문으로 볼 수 있을 것이다. 안수길은 만주국 건국으로 인한 일본 제국 내 각 지배세력들 간의 갈등과 긴장으로 생긴 틈새를 최대한 이용하여 재만 조선인의 권리와 지위를 향상시키려 했던 것이며 이것은 또한 친일의 부담에서 벗어나는 것이라고 생각했던 것이다. 안수길의 이러한 민족협화에의 경도와 틈새 이용하기가 동시대 다른 사람들의 주장에 비해 보다 현실성을 확보하고 있는 것은, 안수길은 재만 조선인의 만주국 건국에의 기여와 함께 그 국민적 권리를 주장했고, 만주국의 유축농업정책을 적극 수용하여 재만 조선인 농민들이 농민도를 적극 실현하여 만주국에서 농업을 책임지는 민족으로서 재만 조선인의 특수성을 확보하려고 생각하였기 때문이다. 안수길은 이것이야말로 농민이 절대대부분을 차지하는 재만 조선인이 만주국에서 국민적 권리를 향유하며 살아갈 수 있는 길이라고, 생각했고 벼와 함께 만주에서 대를 이어 보존해가야 하는 북향정신이라고 생각했던 것이다.

6. 결론

이상에서 우리는 만주국의 국가 성격과 안수길의 북향정신에 대해 살펴보았다. 만주국의 건국은 재만 조선인들의 삶에 중대한 변화를 가져다주었다. 우선 만주국의 건국정신은 "군벌의 학정과 새 나라의 건설"을 주요 내용으로 하고 있었는데 이는 오랫동안 군벌체제의 혼란 속에서 신음하던 만주 즉 동북의 여러 민족 인민들에게 안정된 삶에 대한 환상을 가져다주었다. 특히 청나라 말기부터 살길을 찾아 중국 동북 땅에 이주한 후, 근대적인 국적법의 미비로 법의 사각지대에 놓여있던 조선인에게 구 군벌의 통치와 학정은 생존 그 자체에 대한 심각한 위협이었는바, 그러한 것이 소멸된 "새 만주국"은 재만 조선인에게 충분히 매력적이었다. 또한 만주국은 "왕도낙토"와 "오족협화"를 건국이념으로 내세웠는바, 이는 재만 조선인들에게 자치에 대한 환상을 가져다주었다. 재만 조선인들은 만주국의 국민이 됨으로써 만주국 내의 한 민족으로 자치권을 향유할 수 있을 것을 기대하였으며, 만주국의 국민이 됨으로써 일제의 "내선일체" 정책과 거리를 두려고 하였고 친일의 혐의에서 자유롭고자 하였다.

안수길의 북향정신 역시 만주국의 건국과 깊은 연관을 갖고 있다. 안수길은 만주에서 살았던 동시대의 많은 조선인들처럼 일제에 협력하지 않고 온전히 조선인의 삶의 터전을 건설하고 공동체적 삶을 살아갈 수 있기를 희망했고 그 대안으로 만주국의 민족협화를 선택했던 것 같다. 만주국은 일제가 세운 괴뢰국가였지만 필경 외적으로는 독립국의 형식을 갖추었고 그 속에서 조선인은 표면상 만주국의 한 국민으로, 민족으로 대접받을 수 있었기 때문이다. 안수길의 이러한 민족협화에의 경도와 틈새 이용하기가 동시대 다른 사람들의 주장에 비해 보다 현실성을 확보하고, 그래서 친일보다는 생존권 확보라고 평가되는 것은, 안수길은 재만 조선인의 만주국 건국에의 기여와 함께 그 국민적 권리를 주장했고, 만주국의 유축농업정책을 적극 수용하여 재만 조선인 농민들의 농민도를 적극 실현하여 만주국에서 농업을 책임진 민족으로서 재만 조선인의 특수성을 확보하려고 생각했기 때문이다. 그래서 안수길은 농민도를 실현함으로써 만주국 내에서 재만 조선인의 공헌과 기여를 통한 지위를 확보하려고 그리도 조선인 농민들에게 농민도를 실현할 것을 주장했고 그 길이야말로 조선인 농민이 만주국에서 온전히 국민으로 살아갈 수 있는 길이라고 생각했다. 여기에 안수길의 북향정신의 실질이 놓여있다.

[참고문헌]

1. 저서

김기훈, 「만주의 코리안 디아스포라: 제국내 이민intra-colonial migration 정책의 유산」, 한석정·노기식 편, 『만주, 동아시아 융합의 공간』, 소명출판, 2008, 197~214쪽.

김재용, 「중일전쟁 이후 재일본 및 재만주 조선인 문학의 분화와 식민주의 협력」, 『재일본 및 재만주 친일문학의 논리』, 역락, 2004, 13~56쪽.

______, 「일제말 한국인의 만주 인식: 만주 및 '만주국'을 재현한 한국 문학을 중심으로」, 민족문학연구소 편, 『일제말기 문인들의 만주체험』, 역락, 2007, 13~42쪽.

______, 「일제말 한국인의 만주인식」, 『만보산사건과 한국근대문학』, 역락, 2010, 1~39쪽.

손춘일, 『"滿洲國"의 在滿韓人에 대한 土地政策 硏究』, 백산자료원, 1999.

연변대학교 조선문학연구소 편, 『안수길』, 보고사, 2006.

윤휘탁, 「「滿洲國」의 '民族協和' 運動과 朝鮮人」, 『한국민족운동사연구』, 2000, 143~171쪽.

한석정, 『만주국 건국의 재해석』, 동아대학교 출판부, 2009.

2. 논문

김종호, 「1940년대초기 만주 유민소설에 나타난 '정착'의 의미: 「대지의 아들」과 「북향보」을 중심으로」, 『국어교육연구』 25권, 국어교육학회, 1993.

김춘선, 「광복후 중국 동북지역 한인들의 귀환과 정착」, 『해방 후 중국 지역 한인의 귀환문제 연구』, 국민대학교 한국학연구소 제2회 귀환문제연구 국제학술심포지엄 논문집, 2003.11, 35~52쪽.

신규섭, 「在滿朝鮮人의 '滿洲國'觀 및 '日本帝國'像」, 『한국민족운동사연구』 36,

2003, 279~320쪽.

이광일, 「해방직후 조선족문학에서 보여진 거주지와 고향의식의 관계」, 『귀환과 전쟁을 통해 본 동아시아 이산의 제 양상: 1945~1953년을 중심으로』, 중국해양대학교 해외한국학중핵대학 사업단 제2차 국제학술회의 논문집, 2010년 12월, 67~77쪽.

장석홍, 「해방 후 중국지역 한인의 귀환과 성격」, 『귀환과 전쟁을 통해 본 동아시아 이산의 제 양상: 1945~1953년을 중심으로』, 중국해양대학교 해외한국학중핵대학 사업단 제2차 국제학술회의 논문집, 2010년 12월, 1~14쪽.

한수영, 「만주(滿洲)의 문학사적 표상과 안수길의 『북간도』에 타나난 이산(移散)의 문제」, 『상허학보』 11, 2003, 105~130쪽.

동아시아적 맥락에서 본 '만주국' 조선인 문학

김재용
(원광대학교)

1. 신제국주의와 만주국

만주국을 만든 일본 제국이 가장 공을 들인 것 중의 하나는 만주국이 독립국이라는 것을 만방에 알리는 일이었다. 만주국이 일본 제국의 새로운 식민지 중의 하나가 아니라 엄연한 독립국임을 보여주기 위하여 노력한 일 중 가장 돋보인 것은 1937년에 있었던 치외법권의 철폐였다. 만주국에 살고 있는 일본인들이 그 동안 일본인으로서 누렸던 온갖 특권을 포기할 수도 있음을 의미하는 이 치외법권의 철폐는 당시로서는 꽤나 충격적인 일이었던 것으로 보인다. 이어서 국적법을 만드는 일이었다. 만주국을 독립국가인 것처럼 하기 위해서는 만주국의 국적을 확립하는 일이었다. 실제로 만주국은 국적법을 만들려고 하였지만 1945년 패전까지 완성하지 못하였다. 재만 일본인에게 일본 국적과 만주국 국적을 동시에 부여하는 이중국적을 제정하려고 하였지만 재만 조선인의 복잡한 사정과 전쟁동원이란 시급한 과제로 인하여 끝내 만주국의 국적법은 완성되지 못하였다.

만주국을 만든 이후 일본 제국이 만주국을 독립국으로 보여주기 위하여 행했던 노력—치외법권의 철폐와 국적법 제정 시도—은 1910년 일본 제국의 조선을 식민지할 때와는 너무나 판이하다. 조선이 식민지된 후 모든 조선인들은 일본 제국의 신민이 되어 법적으로 일본인이었다. 일본제국은 조선을 제국의 일부분으로 만든 후 이를 매우 타당한 일이라고 간주하였고 조선을 독립국으로 보여주기 위한 그 어떤 위장의 노력도 하지 않았다. 1919년 3월 조선인들이 대대적으로 일어나 조선의 독립을 외칠 때에도 일본 제국은 그동안 행했던 통치가 무단통치였기 때문에 비롯된 일이라고 보았을 뿐이었다.

조선을 식민지로 만드는데 큰 부담을 갖지 않았던 일본 제국이 왜 만주국을 만들면서는 독립국을 표방하려고 했던 것인가? 이를 위해서는 제국주의의 진화를 고려해야 한다. 과거 영국과 프랑스 등의 유럽 제국주의 국가들이 비서구의 지역을 식민지할 때는 문명국가가 야만국가를 문명국가로 만들기 위하여 노력하는 것이 식민지화이며 이는 문명국가의 거룩한 사명이라고 생각하였다. 실제로 일본이 타이완과 조선을 식민지화 할 때는 이러한 구제국주의의 관행의 연속선상에 놓여 있었다. 하지만 일차대전 이후 패전국들의 식민지들이 독립을 하는 것이 당연한 것이라는 인식이 퍼지기 시작하면서부터는 제국주의 국가들도 이전처럼 행동할 수는 없게 되었다. 식민지 나라들의 저항과 이들의 행동에 부분적으로 공감하는 제국주의 국가들의 등장에 따라 제국주의 국가들은 이전과는 다른 방식을 모색하지 않으면 안 되었다. 군대를 주둔시키고 총독을 두는 방식이 아니라 자체적으로 정치를 행하는 것처럼 하면서 간접적으로 영향력을 행사하는 새로운 제국주의의 방식이 그 대안으로 나온 것이다. 바로 이러한 흐름을 주도하기 시작한 나라가 미국이었다. 일본제국도 이 새로운 흐름을 좇아 신제국주의의 양상을 보여주기 시작하였고 만주국이 성립할 무렵에는 이러한 인식이 부분적으로 자리잡기 시작하였다. 제국주의의 새로운 진화라는 세계사적 상황에 맞물려 진행된 만주국의 성립은 동아시아 내부에 적지 않은 영향을 미쳤고 조선인 특히 재만 조선인에게는 큰 영향을 미쳤다고 할 수 있다. 1940년을 전후한 시기 조선인 문학가들의 만주 이주와 재만 조선인 문학의 활기와 모색은 결코 우연이 아닌 것으로 이러한 역사적 문맥 속에서 이해되어야 할 것이다.

2. '내선일체'와 '오족협화' 사이의 단층과 만주국 문학장에의 진입

조선 내에서 1936년부터 제기된 '내선일체'가 1939년에 이르러 노골적으로 강요되었던 것과 달리 만주국에서는 '오족협화'가 이전에 비해 한층 강화되는 조짐을 보이기 시작하였다. 특히 앞서 말한 것처럼 '치외법권'의 철폐와 '국적법'의 제정 등의 제도적 장치에 대한 모색은 이데올로기적으로 '오족협화'를 강화시키는 쪽으로 이어졌다. '내선일체'와 '오족협화' 모두 일본 제국주의의 지배 전략이라는 점에서 크게 다른 것이 없다고 할 수 있다. 하지만 일본의 식민지 지배를 직접적으로 겪는 조선인의 입장에서 볼 때 그 둘 사이에는 미묘한 차이가 존재한다. '내선일체'의 경우 조선인으로서 자기 말을 사용하고 자기의 정체성을 말하는 것 자체가 위배되는 것이기에 위험한 일이지만 '오족협화'의 경우 조선인으로서 자기 말을 사용하고 자기의 정체성을 이야기하는 것이 정면으로 위배되는 것이 아니다. 1936년에 염상섭이 만주국으로 들어가고 1939년에 백석이 만주국으로 가는 것은 '내선일체'의 권역을 피해 '오족협화'의 권역으로 들어감으로써 자기를 지키려고 하는 행위라고 할 수 있을 것이다.

이러한 흐름은 1940년을 전후한 만주국 내의 조선인 문단에서도 확인할 수 있다. 1940년 초에 들어 만선일보는 전에 없던 획기적인 기획연재를 시작한다. 기획 전체의 제목은 '만주 조선문학 건설 신제의'였다. 만주의 조선문학을 건설하자는 취지의 이 특집 기획은 당시 만주 지역에 살고 있던 조선인 문화 관계자들의 기고로 엮어졌다. 일제 말에 만주에서 작품을 발표하곤 하다가 해방 후 북한에서 본격적으로 문학활동을 하게 되는 소설가 황건이 젊은 신진 문학자로서 야심찬 발언을 하는 것을 시작으로 하여 이미 만주 조선문단 내에서 확고한 지위를 차지하고 있던 안수길에 이르기까지 여러 명의 문학인들이 발언을 한다. 작품활동을 막 시작한 황건은 한반도 내지의 조선문학의 전통을 이어받으면서도 만주에 살고 있는 조선인의 독자적인 문학을 해야 한다는 것이었다.[1] 중견 작가로서 북향의식에 기반을 두고 작품활동을 해왔던 안수길의 입장에서 보면 황건과 같은 신진 작가들은 자신들이 그 동안 힘들여 닦아온 문학적 노력과 성과를 제대로 보지 못하고 있는 것이 안타까울 따름이다. 자신들은 국내의 문학과 다른 만주의 독자적인 조선인 문학을 타개하기 위하여 노력해왔기 때문이다. '북향'이란 동인지에서 잘 드러나고 있는 것처럼 이미 북향의식을 기반으로 독자적인 문학활동을 펼치고 있던 셈이다. 재만 조선인들의 문학작품에 대해서 깊은 인식을 가지고 있지 못하였던 신진 작가들에 대해 일말의 불만을 가지고 있던 안수길이 '만주 조선인문학의 건설'이란 구호 대신에 '만주 조선인문학의 재건'이라고 한 것은 바로 이러한 맥락 때문이다.[2]

'건설'과 '재건'의 차이에도 불구하고 신진 소설가 황건과 중진 소설가 안수길이 합치되는 것은 만선일보를 무대로 하여 만주 조선인 문학의 독자성을 확보해야 한다는 것이다. 만선일보를 주된 무대로 하여 서로 연계해야 한다는 것이다. 물론 지역마다 동인지들이 나와야 하지만 이들의 상호 연락을 할 수 있는 무대로는 만선일보와 같

---

1) ≪만선일보≫, 1940년 1월 13일.

2) ≪만선일보≫, 1940년 2월 3일.

은 신문의 학예면이라는 것이다. 만주 조선인문학은 한반도 내지의 조선인 문학과 연관되어 있지만 별도의 것이라는 점이다. 만주 조선인 문학은 분명 북향의식에 기초하여 이루어져야지 조선의 변방 혹은 지방성으로 간주되어서는 안 되다는 확고한 의식이다. 당시 조선의 작가들이 한 둘씩 내지를 떠나 만주로 오고 있는 것을 볼 때 이들은 한층 자신감을 얻었을 것으로 짐작된다.

재만 조선인문학의 독자성에 대한 자기 주장은 만주국 문학장 내에서 조선인 문학이 어떤 위치를 차지해야 하는가에 대한 물음으로 이어진다. 만주국 내에 존재하는 다른 종족의 문학과 동등하게 조선인 문학이 서야 한다는 것이다. 만주국 내의 다른 종족의 문학 즉 일계의 문학과 만계의 문학과 협조하면서 자신들의 고유한 색채를 드러내겠다는 것이다. 이러한 점은 안수길의 다음과 같은 발언에서 잘 드러내 주고 있다.

> 민생부(民生部) 대신(大臣)의 문학상(文學賞)이 있으나 이것은 일만인(日滿人) 작품에 한정되어 있는 듯이 기억되는데 조선문 작품에도 이 상을 수여할만한 작품에 대하여 수상하도록 모집 범위에 넣기를 요망하여 마지않는다.[3)]

당시 만주국 정부에 대하여 민생부에서 주는 상에 일계와 만계뿐만 아니라 선계의 작품에도 상을 줄 정도로 열려 있어야 한다고 주장한 것은 앞에서 말한 것처럼 만주의 조선인문학이 이제 한반도 내지와 분리하여 독자적으로 활동하는 것에 그치지 않고 만주국 내의 다른 종족의 문학과 공존하기를 원하고 있음을 보여주고 있다. 만주국 민생부에서는 1938년부터 문학상을 제정하여 안수길이 이 글을 쓰기 직전까지 2해에 걸쳐 중국인 작가에게 상을 준 바 있다.

---

3) 위의 글.

안수길은 당시 만주국이 '오족협화'를 내세우면서도 일계와 만계 사이의 연대에만 관심이 있지 선계와 같은 타 종족에 대해서는 관심이 없는 것이라고 보고 있기 때문에 이러한 발언을 했던 것이다. 과거 「북향」 동인지를 낼 무렵에도 부분적으로 북향의식이 존재했지만 그것은 어디까지나 조선 내지와의 밀접한 연관 위에서 이루어진 것이고 또한 만주국 내 다른 종족의 문학과의 연계를 고려해둔 것은 더더구나 아니었던 것이다. '오족협화'를 활용하여 조선인의 정체성을 유지하고 하는 이들은 이를 강화하기 위해서라도 다른 종족과 동등함을 강조하기 시작한 것이다.

3. '오족협화' 활용론과 조선인 문학의 정체성

1940년을 전후하여 '오족협화'를 활용하려고 하였던 이들은 일계 만계 등의 다른 종족들의 문학과 자신들의 문학을 대등하게 놓으려고 하였으며 자신의 시민권을 주장하기 시작하였다. 이를 통하여 조선인문학의 독자성을 유지하려고 하였던 것이다. 백석 등을 위시하여 내지 조선의 몇 몇 문학인들이 만주로 건너온 것이 이런 변화에 한 몫을 하였을 것이다. 물론 이 시기에 들어 일본인 문학과 중국인 문학인들의 상호 접촉도 이전에 비해 현저하게 차이가 날 만큼 달라진 것도 놓쳐서는 안 될 것이다.

만주국의 문학장에 조선인들이 새롭게 진입하려고 하는 노력이 눈에 확 뜨이게 드러나는 것은 역시 1940년 4월 만선일보에 실린 좌담회였다. 이 좌담회는 만선일보가 주도가 되어 조선인 작가는 물론이고 일계 작가와 만계 작가를 초청하여 이루어졌다는 점에서 전에 없는 획기적인 사건이었다. 앞에서 말했듯이 당시 만선일보와 재만 조선인 작가들은 만주국의 문학장에서 조선인들의 영역을 확보하려고 하였고 이를 위해서 일계 작가와 만계 작가와 자신들의 대등함을 제기하였는데 이 좌담회가 바로 이러한 수평적 대화를 위한 자리였던 것이다.

우선 당시 이 좌담회에 참석한 인물들을 보자. 우선 조선인 작가로는 협화회 홍보과 소속으로 출석한 시인 박팔양, 국무원 경제부 소속으로 출석한 시인 백석, 방송국 소속으로 출석한 극작가 김영팔, 일본인들의 단체였던 만주문화회 소속으로 출석한 이마무라 에이지, 그리고 만선일보 소속으로 출석한 이갑기이다. 일본인으로는 만일문화협회상무주사로 출석한 彬村勇造, 신경일일신문사 소속으로 출석한 大内隆雄, 만주문화회 소속의 吉野治夫, 그리고 협화회 소속의 仲賢禮이다. 만주계 작가로는 민생부 소속의 爵青, 만일문화협회 소속의 陳松齡이다.

조선인 작가로 가장 눈에 뜨이는 인물은 백석이다. 백석은 1939년 말에 서울에서 만주로 이주하여 국무원에 취직하였다. 백석이 왜 만주에 왔는가 하는 점에 대해서는 여러 가지 의견이 있지만 필자가 보기에 그것은 1938년 10월 무한삼진의 함락 이후 강화되는 '내선일체'의 분위기에서 벗어나고자 한 것이 아닌가 한다. 만주로 건너 가기 전에 발표한 여러 시들에서 이러한 지향을 어렵지 않게 읽을 수 있다. 갑자기 그의 시에서 고대 시대의 고구려나 신라가 등장하는 것은 결코 우연이라고 하기 어렵다. 잃어버린 현재와 대비하여 온전했던 고대를 상상하는 과정에서 만주는 자연스럽게 나올 수밖에 없었다. '내선일체'에 비하면 '오족협화'가 그래도 나은 것이기 때문이다.

일본인 작가로 눈에 뜨이는 인물은 大内隆雄이다. 이 인물은 주로 중국어 작품을 일본어로 번역한 일을 많이 했기 때문에 매우 중요한데 이 인물에 대해서는 일본의 중국문학 연구자 오카다 히데끼 교수가 심도 있게 연구한 바 있다. 1907년 후쿠오카 현에서 태어나 1921년 그의 숙부가 있는 장춘으로 건너가서 만주 생활을 시작하였다. 1925년 상해로 가서 동아동문서원을 다녔고 1929년에 졸업하여 대련에 있던 만철 홍보과에 근무하였다. 이 무렵 그는 좌익활동에 깊이 연루되었으며 이로 인해 1932년에 검거되어 이듬해 만철을 퇴사한다. 이후 일본과 봉천을 거쳐 1935년 경에는 만주국의 수도인 신경으로 다시 와서 본격적으로 중국어 작품을 일본어로 번역하는 일을 하였다. 그 와중에 신경일일신문사에 취직하였던 것으로 보인다. 그가 이 좌담회에 참석할 때 신분이 바로 신경일일신문사 기자 신분이다. 1941년 신경일일신문사가 만주신문사에 통합되자 만주영화협회로 옮겼고 이 무렵부터 정력적으로 번역 일을 한다. 이 시기에 중국어에서 일본어로 번역된 작품이 줄잡아 142편 정도 되는데 그 중에서 110편에 달하는 것이 바로 이 인물에 의한 것이라고 할 정도이니 당시 번역에 얼마나 큰 힘을 쏟았는가를 짐작할 수 있다.[4)]

이 좌담회가 어떤 연유로 어떤 목적으로 만들어졌는지에 대해서는 만선일보사 사회부장인 신언룡이 한 다음의 인사말에서 잘 드러난다.

> 오늘 이 자리에 모이신 분들은 모두 만주문화를 하여 제일선에서 활발한 활동을 하고 계시는 쟁쟁한 분들로서 실로 내·만·선의 최고 문화인이 한 자리에 모인 것은 오늘이 처음이며 장래 영원히 기념할 의의있는 회합인줄 믿습니다. 종래 선계측으로서도 내 만계 문화단체 혹은 문화인과의 접촉인 없었던 것을 매우 유감으로 여겨오던 차에 만일문화협회의 주선으로 오늘의 기회를 얻은 것을 거듭 감사하는 바입니다. 오늘의 이 모임이 계기가 되어 금후 일·만·선 각계의 긴밀한 문화적 교섭이 깊어져서 만주문화건설에 큰 공헌이 있기를 바랍니다.[5)]

인사말을 통하여 알 수 있는 것은 조선인 작가들이 일계 작가나

---

4) 오카다 히데끼, 최정옥 역, 『문학에서 본 만주국의 위상』, 역락, 2008, 260~268쪽.

5) ≪만선일보≫, 1940년 4월 7일.

만계 작가를 처음으로 만났다는 사실이다. 일계 작가들과 만계 작가들은 이미 만일문화협회를 만들어서 서로 소통할 정도로 긴밀하게 움직였던 것에 반해 조선인 작가들이 함께 만나는 것은 처음이라는 사실이다. 앞에서 말했듯이 1940년 초 이전에는 조선인 작가들이 조선 내지의 문학과의 연관성만 고려하였기 때문에 만주국 문학장의 중요 구성분자인 일본인 작가와 중국인 작가들과 만나야 할 필요성을 느끼지 못하였던 것이다. 앞서 1940년 1월달의 ≪만선일보≫ 기획에서 드러나는 것처럼 이 무렵부터 조선인 작가들이 다른 종족의 작가들과 만날 노력을 한 것이고 이 좌담회는 바로 이러한 의지의 결과이다.

이 좌담회의 가장 중요한 대목이 바로 조선작가들이 작품을 일계나 만계 작가들이 어떻게 접할 수 있고 이를 통하여 서로 소통할 수 있는가의 문제이다. 이 점은 이 좌담회 전반에 걸쳐 드러나는데 특히 다음 대목은 서로들 간의 미묘한 입장을 보여주고 있어 길게 인용할 만한 가치가 있다.

吉野治夫: 어쨌든 우리들의 생각으로는 조선인 작가들이 너무 일본문 창작에도 등한하며 번역만 하더라도 힘써 하지 않는 것 같습니다. 우선 만주만 하더라도 조선인 작가 자신들이 먼저 나와야 자기들의 문학을 번역하여 소개할 노력을 가지지 않으면 언제까지든지 만주문화계에서 조선문학에 대한 기회가 적지 않겠소.

박팔양: 이 점은 아까도 말했지만 결국 상호연락의 부족으로 그렇겠지요. 조선인 작가도 이런 것을 바라지 않는 바가 아니니까요.

爵靑: 우리들로서도 조선문학을 대하고 싶어요. 그렇지만 우리 만인이 조선말을 모르고 따라서 일본인도 그러니 이점 조선인 작가 손수 자기 작품을 일문으로 소개한다면 만인작가들도 일문만 잘 해석하니 만문으로도 번역할 수 있지 않습니까.

김영팔: 그건 그렇습니다. 그러면 만주문화계 말하자면 만일문화협회나 만

주문화회에서 그런 번역을 알선할 호의가 있습니까.

彬村勇造: 호의가 무엇입니까. 만일문화협회는 만주국의 각 민족이 민적별을 초월한 국가기관이니 그 점은 걱정할 필요가 없지요.

仲賢禮: 그 전에 신경에 소성이란 선계문화인이 있었는데 그 분도 아직 여러 가지 유의한 활동을 하였으나 조선의 문단이나 문화에 대하여 일언반구의 소개가 없으니 그것은 어쩐 일인가.

이갑기: 조선문단에 대한 지식이 없었던 것이겠죠.

박팔양: 그런 사람이 많지요. 원체 문단이란 것이 특수 세계인 만큼 그 조류안에서 살지 않는 사람으로서 남에게 소개할 만큼 깊은 지식을 갖는 것이 어렵겠죠.

彬村勇造: 요컨대 만주에서 조선작가들의 활동이 적은 것은 역시 선계 작가의 태만이나 오해에 있다고 봅니다. 지금 이 이마무라 군도 아주 훌륭한 선계라도 지금 '만주낭만' 등에 우수한 작가로 활동하고 있지 않습니까. 나 개인의 희망으로도 조선 작품을 읽고 싶어요.

이갑기: 그야 작가란 자기의 작품을 한 사람이라도 많이 보아주게되면 그만큼 문학을 통한 자기확장이 되니 싫다고 할 이유는 없지요. 이것은 일개인이나 일 집단을 통해서도 다름 없겠지요.

彬村勇造: 그러니 많이 활동할 필요가 있지요.

김영팔: 그러면 이 다음부터 이것을 기회로 많이 교섭하도록 노력하겠습니다.[6]

조선인 작가, 일본인 작가 그리고 중국인 작가가 나눈 위의 대화에서 미묘한 시각의 차이가 드러난다. 조선인 작가의 작품을 조선어를 모르는 일본어 작가와 중국인 작가에게 전할 수 있는가에 대해 의견을 나누는 이 지점에서 일본인 작가와 중국인 작가의 견해는 뚜렷하게 다르다.

6) ≪만선일보≫, 1940년 4월 8일.

일본인 작가가 표명하는 원칙적인 견해는 조선인들이 나서서 조선어 작품을 일본어로 번역하면 이를 자신들의 잡지나 단행본에 게재하겠다는 것이다. 그 동안 조선인 작품을 접할 수 없었던 것은 일본인 작가들의 성의가 없었던 것에 있는 것이 아니라, 조선인 작가들이 태만하거나 오해를 하기 때문이라는 것이다. 태만이라는 것은 조선인들이 일본어로 번역하는 것이 옳은 일이고 필요한 것을 알고 있지만 이를 실천하지 않는다는 뜻이다. 오해라는 것은 조선인 작가들이 일본어로 글을 쓰는 것을 정치적으로 올바르지 않다고 보기 때문에 이를 적극적으로 수행하지 않는다는 뜻일 것이다. 그 동안의 조선인의 작품이 이렇게 소홀하게 대접받았던 것은 전적으로 조선인들의 탓이라는 것이다. 속마음은 일본국민인 조선인들이 마땅히 일본어로 창작하여 내놓아야 한다는 것이다. 이마무라 에이지를 예를 든 것은 바로 그 속마음을 드러낸 것이다. 이마무라 에이지는 일본 식민주의에 완전하게 동화하기 위하여 성과 이름을 바꾸어 이미 일본어로 친일 소설을 발표하였던 인물이다. 조선 내지의 김사량과는 그 지향하는 바가 전혀 달랐던 인물이다. 김사량이 일본어로 창작하는 것과 이마무라 에이지가 일본어로 창작하는 것과는 전혀 차원이 달랐다. 김사량에게 일본어는 세계어였다면, 이마무라 에이지에게 일본어는 내선일체어였던 것이다. 일본인들의 속마음은 만주국에 살고 있는 조선인 작가들이 이마무라 에이지를 본받아 일본어로 작품을 창작하여 일본어 잡지에 게재하라는 것이다.

중국인 작가는 일본인 작가와 입장을 달리하였다. 중국인 작가들 역시 조선인 작가들의 작품을 읽고 교류하고 싶어 한다. 하지만 이들은 자신들이 중국어로 창작을 하는 것처럼 조선인들도 조선어로 창작을 하기를 원한다. 모어로 창작을 하는 것이 가장 자연스럽기 때문이다. 그렇기 때문에 이들은 조선인 작가들에게 일본어로 창작하라고 하지 않고 조선어 작품을 일본어로 번역하면 자신들이 손수 일본어에서 중국어로 중역하는 노력을 아끼지 않겠다고 하는 것이다. 또한 조선어 작품을 중국어로 직접 옮기겠다는 것이다. 중국인 작가들 내부에 일정한 차이가 있겠지만(중국인 작가 내부의 차이에 대해서는 오카다 히데끼 교수의 책을 참고할 수 있다) 이 좌담회의 발언을 미루어 볼 때 분명히 조선인 작가들의 고민을 읽어내고 연대하고자 하는 충정을 확인할 수 있다.

일본인들은 중국인 작가들에 대해서는 중국어로 창작하는 것에 대해 불만을 느끼지 않고 이를 기꺼이 번역하려고 하지만 조선인 작가들에 대해서는 조선인 작가들이 일본어로 창작할 것을 기대하였다. 중국인 문학에 대해서는 상호문화주의의 차원은 아니지만 다문화주의적 차원의 태도를 가지려고 노력하고 있는 반면, 조선인 문학에 대해서는 그나마 다문화주의적 태도도 갖지 않으려고 했음을 알 수 있다.

4. 일본 문인과 중국 문인들의 조선인 문학 수용 태도를 통해서 본 조선인 문학의 위상

일본 문학인들은 만주국 내의 여러 민족들의 작품을 일본어로 번역하였다. 가장 많은 것은 중국인 작가의 작품이다. 大内隆雄이 열심히 번역하여 소개하였다. 우선 이 사람이 번역한 것을 보면 다음과 같다.

1) 『原野』, 1939년 9월 15일, 동경, 삼화서방(고정과 소송을 비롯한 중국인 작가들의 단편을 번역하여 출판한 것이다. 大内隆雄이 처음으로 번역하여 출판한 것이다. 주로 고정이 중심이 되었던 '예문지파'에 속하는 중국 작가들의 작품을 실었다. '예문지파'는 만일문화협회 산하의 기관으로 되어있었다)

2) 『蒲公英』, 1940년 7월 30일, 동경, 삼화서방(두 번째의 번역작품집으로 고정과 소송을 비롯한 중국인 작가의 작품을 실었다)

3) 『平沙』, 1940년 8월 1일, 동경, 중앙공론사(이 작품은 고정의 장편소설 『平沙』를 일본어로 번역한 것이다. 원래 이 작품은 잡지 『예문지' 2집(1939.12)부터 연재된 것을 동시적으로 번역한 것이다. 이 작품의 중국어 단행본은 1940년 11월 5일에 나왔다)

4) 『綠なす谷』, 1943년 7월 5일, 봉천, 吐風書房(중국인 작가 山丁의 장편소설 『綠色的谷』을 일본어로 번역한 것이다. 중국어 단행본은 1943년 3월 15일 신경의 문화출판사에서 나왔다)

5) 『沃土』, 1944년 3월 15일,신경, 만주잡지사(중국인 작가 石軍의 장편소설 『沃土』를 일본어로 번역한 것임. 중국어 단행본은 1941년 10월 25일 신경의 만일문화협회에서 출판되었음)

6) 『現代滿洲女流作家短篇選集』, 1944년 3월 30일, 대련, 여성만주사(이 번역집은 중국인 여성 작가 오영과 매랑 등의 단편소설을 번역하여 대련에서 출판한 것)

이상의 출판사항을 볼 때 大內隆雄가 얼마나 중국 작품을 열심히 일본어로 번역 소개하였는가를 알 수 있다.

중국인 작품 이외에도 러시아인 작품도 번역되었다. 1943년에 北尾一水 역으로 나온 『白系露人作家短篇集』은 백계 러시아 출신의 작가 8명의 단편을 모은 것이다. 당시 일본인 작가들의 입장에서 볼 때 중국인 작가들에 대한 관심이 가장 컸고 다음으로는 백계 러시아인임을 알 수 있다.

당시 조선인 작가들은 일본인들이 중국인 작가와 백계러시아 작가들의 작품을 열심히 일본어로 번역하는 것에 심한 불만을 느꼈을 것이다. 앞서 좌담에서 일본인 작가들이 겉으로는 조선인 작가의 작품을 일본어로 번역하는 것을 주선하겠다고 하면서도 정작 속으로는 조선인 작가들이 일본어로 창작할 것을 기대한 것이 사실 그대로 드러난 것이다. 이러한 것에 대한 불만은 가와바타 야스나리를 비롯한 일본인 문학자들이 만주 내 각 종족의 작품을 묶은 선집을 내면서 최정점에 달했다.

1942년 6월 30일 일본 동경 창원사에서 한 문제적인 번역작품집이 나왔다. 『滿洲國各民族創作選集』이란 단행본이다. 일본측에서는 川端康成, 岸田國士, 島木健作 만주측으로는 古丁,山田淸三郞, 北村謙次郞이 편집위원으로 참여하여 나온 이 책에는 일본계 작가 14인, 중국계 작가 4인 그리고 백계러시아인계 2명 총 20명의 만주 작가들이 수록되었다. 여기에 조선인 작가는 한 명도 들어 있지 않았다. 조선인 작가들은 일본인들이 자신들의 존재를 전혀 인정하지 않는다는 것을 확인하였을 것이다. 좌담회에서의 속마음이 그대로 드러나 있는 것이다. 겉으로는 교류를 이야기하지만 속으로는 철저하게 조선인을 독자적인 구성체로 인정하지 않고 있는 것이다.

이러한 불만을 두드러지게 드러낸 이는 당시 만주의 조선인 작가 중 좌장에 해당하는 염상섭이다.

> 진실로 협화정신을 실천하고 모든 기회에 우리도 만주국의 문화건설에 참여하고 공헌코저 할대 일만계의 그것에 연계와 협조를 일층 긴밀히 하고 선진의 계발과 편달을 힘입을 하등의 방도가 있어야할진대 만주국에 예문단체가 탄생한 지 이미 3, 4성상을 통과하였을터이로되 조선인 작가의 작품이 그 권외에 유리되어 있는 현상은 그 이유와 원인이 나변에 있든지 간진실로 협화정신을 실천하고 모든 기회에 우리도 만주국의 문화건설에 참여하고 공헌코저할에 기형적 사태가 아니라 할 수 없다. 지방적이요 민족적임이 근본적으로 틀린 것은 없으나 언제까지 그 경역에서 준수하고 있어서는

아니될 것이라는 말이다. 나는 오랫동안 작가생활에서 떠나 있었음으로 만주국의 예문운동의 현상에 어둡고 또 중앙문단과 같은 형태가 어떠한 내용을 가졌는지 그역 말상(末祥)하거니와 나는 서상(叙上)과 같은 의미에서 이 『북원』 일권을 저자의 동의가 있고 없고 간에 어데보다도 먼저 만주국예문단에 보내고자 하는 바이다. 다만 만주국 국민으로서 만주생활을 묘파한 문예작품인 다음에는 조선어문으로 씌어진 것일지라도 훌륭한 만주문학이오 만주문학이면야 만주의 문단에 먼저 보내야 할 것은 당연한 일이며 또 만주예문계로서도 먼저 받아들여야 할 것이 아닌가 한다. 조선문으로 쓴 것이라 하여 재만조선인이 끼고돌 것도 아니요, 만주문단을 제쳐놓고 먼저 조선문단으로 달아나서는 의리가 서지 못할 것이기 때문이다. 만일 만주의 예문계가 조선문 작품이라하여 무관심하다면 비위(非違)는 예문단에 있다할 것이니 만주예문단도 반드시 호의로써 맞아줄 것을 믿는다. 연전에 만선일보 간으로 출판된 재만조선인 작품집 『싹트는 대지』로 말할지라도 필시 예문운동선에 날아다 그 중 수삼편쯤은 일만문으로 번역소개될 줄로 기대하였던 바인데 우금 그러한 소식을 듣지 못함은 유감이거니와 조선문작품이라고 예문운동에 참여할 방도가 없는 것이은 아님은 번설할 것도 없는 것이다.[7)]

1941년 11월 15일 만선일보사에서 발간한 『싹트는 대지』에 서문을 썼던 염상섭은 이 작품집 발간을 계기로 만주국의 일본계 문단과 중국계 문단이 관심을 가지고 볼 것이고 향후 이 작품집에 실린 작품 중 몇 편은 일본어와 중국어로 번역될 것이라고 믿었다는 것을 알 수 있다. 그동안에는 조선인 작품집이 나온 것이 없기 때문에 설령 일본계와 중국계가 관심을 가지고 있다 하더라도 번역을 주선하기 어려웠을 것이기 때문에 이제야 제대로 소개될 수 있을 것이라고 기대하였던 것이다. 그런데 앞서 보았던 것처럼 1942년 6월 30일 일본 동경 창원사에서 『滿洲國各民族創作選集』이란 이름을 내건

7) 염상섭, 「서」, 『안수길 창작집 북원』, 1943, 예문당.

책이 나왔음에도 불구하고 거기에는 조선인 작가의 작품이 한 편도 들어있지 않은 것이다. 만약 편집자들인 端康成, 岸田國士, 島木健作, 古丁,山田清三郞, 北村謙次郞이 조선인 문학에 관심이 있었다면 『싹트는 대지〉에 실린 작품의 일본어 역을 시도했을 것이다. 일본계 작가 14인, 중국계 작가 4인 그리고 백계러시아인계 2명 총 20명의 만주 작가들이 수록됨에도 불구하고 또한 조선인 작가의 작품선집이 나왔음에도 불구하고 이런 현상이 빚어진 것에 염상섭은 분노를 금치 못하였을 것이다. 염상섭을 비롯한 조선인 작가들은 자신들의 작품이 각 종족의 작품을 선한 책에 실릴 때 비로소 조선인이라는 정체성을 가질 수 있었던 것이다. 조선 내지에서는 '내선일체' 때문에 제대로 자신의 목소리를 낼 수 없는 마당에 만주에서 '오족협화'의 이름을 빌려 조선인임을 주장하고 싶었을 것이다. 하지만 일본인들에게 조선인을 오족 중의 하나로 인식하려는 그 어떤 노력도 없음이 드러난 것이다. 염상섭은 안수길의 작품집 서문에 이 작품들이 필히 만주국 문단에 들어가야 한다고 강하게 주장하는 것은 바로 이런 배경 속에서 나온 것이다.

1943년 4월 안수길의 창작집 『북원』이 나온 후에 염상섭은 만주국의 문단이 어떻게 나오는가를 주시했을 것이다. 자신이 서문에서 강하게 촉구하였기 때문에 만주국의 일본인 작가들이 이를 어느정도 수용할 것이라고 기대하였을 것이다. 하지만 염상섭을 비롯한 조선인 작가들의 기대는 물거품이 되었다. 1944년 3월 30일 출판된 『滿洲國各民族創作選集(2)』가 출판되었는데 이 번역 작품집에는 역시 조선인 작가의 작품이 한 편도 수록되지 않았다. 일본인계 8명, 중국인계 6명 백계러시아인계 2명 심지어 몽골계 1명의 작품이 수록되었음에도 불구하고 조선인 작가의 작품은 철저하게 외면당하였다. 염상섭을 비롯한 조선인 작가들의 좌절은 매우 컸을 것이다. 이전에는 없었던 몽고계 작가도 들어가는데 조선인 작가가 한 명도 없다는 것이 조선인 작가들에게는 이해하기 어려운 일임에 틀림없다.

조선인문학에 대한 일본인들의 태도와는 달리 중국인들은 조선인 문학에 대해서 좌담회 이후에 일정하게 관심을 가졌던 것으로 보인다. 중국계 시인인 오랑(吳郞)은 자신이 1939년에 창간한 잡지 『신만주』에 안수길의 작품 「부억녀」를 싣는다. 오랑은 1941년 11월호 '신만주'에 '재만일만선아 각계 작가전' 특집을 기획하였다. 만주에 활동하고 있는 일본인 작가 중국인 작가 조선인 작가 그리고 러시아 작가의 단편 한편씩을 싣고 있다. 일본인들이 '일만러'라고 하여 일본계 중국만주계 그리고 백계러시아계만을 다루고 있는 반면, 중국인 작가들은 조선인계를 일본인계와 구분하여 조선인 작가의 작품을 수록한 것이다. [8] 실제로 오랑이 『싹트는 대지』의 출간 소식을 듣고 이 기획을 했을 가능성은 그리 높지 않다. 『싹트는 대지』가 발간된 것이 이 잡지가 발간한 같은 달이기 때문이다. 당시의 출판 사정을 고려하면 단행본을 보고 잡지를 기획했을 가능성은 거의 없는 것이다. 만선일보 좌담 이후 조선인 문학가들의 노력에 어느 정도 공감을 표하는 중국인 작가들이 늘어나면서 빚어진 현상이라고 보는 것이 옳을 듯 하다. 실제 안수길의 단편소설「부억녀」는 만선일보가 조선인 문학의 건설을 외치면서 문학면에 작품을 싣기 시작하던 1940년 2월 13일부터 15일까지 연재된 것이다.

5. 신제국주의의 곤경과 조선인 문학의 위기

만주국의 문학장은 태평양전쟁이 시작된 후 이전과는 다른 양상으로 나아갔다. 이전에는 조선인 문학에 대해서는 자종족중심주의적 접근을 , 중국인문학에 대해서는 다문화주의를 견지하였다. 하지만 전쟁이 개시된 이후 전쟁동원에 대한 초조감이 강화되면서 기존의

8) 이 특집에 대해서는 김장선 교수의 논문 「부억녀」의 중국어 번역문 소고'(『만주문학연구』, 역락, 2009)를 참고. 김교수는 이 글에서 이 작품의 번역 연도를 바로 잡았다.

태도마저도 부분적으로 수정하게 되었다. 특히 그 동안 다문화주의적 태도로 일관하였던 중국인 문학에 대해서까지 자종족중심주의적 접근법을 취하였다. 중국인 문학을 일본어로 번역하면서 이해하려고 하던 노력은 점점 자취를 감추고 일본어를 일방으로 강요하려고 하였다. 당시 만주국의 문학장이 갖고 있던 이러한 변화된 모습을 부분적으로 보여주고 있는 것이 조선인 작가 주요한의 견문기이다.

주요한은 1940년 말 이후 일제의 식민주의에 협력하였던 아주 유명한 친일 문인이다. 그가 속해 있던 조선문인보국회의 대표로 만주국에서 열린 '결전예문전국대회'에 참가하여 쓴 것이 견문기 「결전하 만주의 예문 태세」이다. 만주예문연맹은 1943년 12월 4일과 5일 양일에 걸쳐 '전국예문가회의'를 개최하였다. 당시 조선에서는 주요한 유치진 그리고 寺本喜一 세 사람이 참가하였다. 이 대회에서 경성으로 돌아와 『신시대』 잡지에 기고한 예의 글에서 이 회의의 특색을 다음과 같이 요약하고 있는데 이는 당시 만주국 문학장의 실태를 잘 보여주고 있다.

1.참례자가 전 만주 각지 및 각 민족계에서 나와 명실 공히 회의의 총력을 집중한 점

2.정부로부터 가장 중요한 자문 사항이 제출되어 이에 대해 진지한 답신이 수행된 점

3.회의를 통해 일본어로 일관했으며 만계 예문가가 거의 빠짐없이 일본어를 양해한 점. 발언은 불가능해도 적어도 들을 수는 있었다는 점. 고정이나 작청등의 유창한 일본어는 물론이거니와 오영씨의 발언만이 만어로 된 유일한 것이었다.

4.조선 관동주에서 참례했을 뿐 아니라 동경 북경 남경 등지로부터 축전 축문을 송장해와 대동아적인 관심이 집중되어 있었다는 점

5.만주 예문계에 대한 군부의 강력한 기대가 보도부장의 강연을 통해 나타났던 점[9]

대회 자체가 태평양전쟁의 결전 촉구의 일환으로 전개되었다는 사실에서 잘 드러나는 것처럼 점점 일본이 중심으로 되어가고 있고 특히 일본 군부가 그 중심에 놓여 있다는 사실이다. 그렇기 때문에 주요한 스스로도 만주 예문계에 대한 군부의 지도가 한층 강화되어 가고 있음을 표나게 내세우고 있는 것이다. 당시 관동군 하세가와(長谷川) 보도부장이 행한 강연 「전쟁과 예문」에서 결전하의 예문은 단지 위안이나 오락이어서는 안 되고 결전의식의 선양이 유일한 목적이어야 한다고 했던 것은 당시 만주국의 문학장이 일본 군부의 영향력하에서 점점 좁아져 가고 있음을 단적으로 보여주는 것이라 하겠다. 이런 상황에서 문학장의 자율성이라든가 하는 것은 찾기 어려운 것이다. 또 하나는 일본어의 일반화이다. 회의를 할 때 일본어가 공식어 성격을 지니면서 중국어마저도 거의 사용되지 않고 있다는 점이다. 주요한은 중국인들이 양해를 했다고 표현하고 있지만 기실 일본인의 위압에 눌려 다른 종족들이 거의 기를 펴지 못하고 있다는 것을 말해주고 있는 것이다. 고정이나 작청 같은 인물은 스스로 일본어로 발언을 할 정도이니 그 양상을 짐작할 수 있다.

이런 점들을 종합적으로 볼 때 당시 만주국의 문학장이 전쟁 이전과는 판이하게 달라지고 있다는 점이다. 일본 군부의 주도하에 일본주의가 한층 강화되고 있음을 알 수 있다. 이것은 그 동안 만주국의 문학장에서 견지되었던 중국인 문학에 대한 다문화주의적 태도도 대단히 약화되어가고 있고 나아가 자민족중심주의적 태도로 경사되고 있음을 말해주는 것이라 할 수 있다.

주요한의 이 견문기가 보여주고 있는 또 다른 흥미로운 점은 이 만주국 문학인들의 회합에 조선인들이 거의 참여하지 않고 있다는 점이다. 당시 이 회의에 조선인 작가들이 참여하였다면 분명 주요한이 이들에 대해 언급하지 않고 넘어갈 리가 없었던 것이다. 염상섭,

---

9) 주요한, 「결전하 만주의 예문 태세」, 이경훈 편역, 『한국근대 일본어 평론 좌담회 선집』, 역락, 2009.

백석, 안수길, 박팔양 등이 만주에서 활동하고 있었던 것을 고려하면 이들은 이 회의에 참석하지 않았던 것으로 보인다. 그 대신에 주요한이 언급하고 있는 조선인들은 조선에서 만주로 막 이주한 이석훈이나 기존의 만주국 문학장에서 조선인 작가로서보다는 일본인 작가로 행세한 이마무라 에이지 뿐이다.

> 조선문인보국회의 소설 희곡부 간사장인 마키 히로시(이석훈의 창씨명-인용자) 군이 때마침 신경에 내임해 이번 회의에 출석할 수 있었던 것은 다행이었으며 앞으로 마키 히로시 군이 만주문예가협회에 가입해 조선인 작가로서 크게 활약해 줄 수 있도록 야마다 위원장의 쾌락을 받은 일도 하나의 수확이다. 듣자니 현재 문예가협회 사무국의 이마무라 에이지군도 조선인 작가라는 것인데 동 사무국을 군의 양 어깨가 확실히 짊어지고 있다는 점은 마음 든든하다.[10)]

기존의 조선인 작가 즉 조선인 문학의 독자성을 견지하면서 만주국의 문학장에 참여하였던 이들은 일본주의로 점점 협애화되고 있던 문학장에서 빠져나가고 내선일체에 입각한 조선인 작가들만이 활개를 펴는 그러한 상황이 되고 있음을 이 견문기는 아주 잘 보여주고 있다. 이것은 당시 만주국의 문학장에서 조선인 문학의 독자성을 거의 사라져 없어져 가고 있음을 말해주는 것이다.

만주국은 '협화정신'에 입각한 복합문화를 표방하였다. 오족협화를 구성하는 종족 중 일본인 만주인 그리고 조선인은 각각 만주국 일계문화, 만주국 만계문화 그리고 만주국 선계문화를 형성하였다. '협화정신'에 기초한 복합문화가 실제로 얼마나 긴밀하게 그리고 평등하게 이루어졌는가 하는 점을 살피기 위해서는 각 종족별 상호번역의 실태를 관찰하는 것이 중요하다. 거기에는 상호문화주의, 다

---

10) 주요한, 위의 글, 위의 책.

문화주의 그리고 자종족중심주의로 나눌 수 있다. 상호문화주의는 어느 한 종족이 우월성을 갖고 타종족을 대하는 것이 아니고 어디까지나 상호공존의 태도로 대하는 것이다. 여기에는 위계가 작용하지 않는다. 이에 반해 다문화주의는 한 종족이 다른 종족들에 대해 우월성을 갖고 있으면서 그 틀 내에서 다른 종족의 정체성을 일정하게 보호해주는 것이다. 여기에는 위계가 철저하게 작용한다. 자종족중심주의는 급진적으로 동화를 실현하고자 하는 것이다. 만주국의 일본인 문학가들이 중국인 문학을 비롯한 타종족의 문학을 어떻게 번역하고 있었는가 하는 점을 관찰하면 당시 일본인 문학인들이 상호문화주의에 입각하였는가 아니면 다문화주의에 입각했는가를 알 수 있다. 마찬가지로 만주국의 중국 문학가들이 일계 문학과 선계 문학을 중국어로 번역하여 소개한 양태를 살피면 중국인 작가들이 조선인 작가에 대해 어떤 태도를 가졌는가를 짐작할 수 있다. 일제말 만주국 문학장에서의 번역실태를 미루어 볼 때 태평양 전쟁 이전에는 일본인 작가들은 중국인 문학에 대해서는 다문화주의적 차원의 태도는 가지려고 노력하고 있는 반면, 조선인 문학에 대해서는 그나마 다문화주의적 태도마저 갖지 않았음을 알 수 있다. 이에 반하여 중국인 작가들은 조선인 작가들에 대하여 상호문화주의에 가까운 다문화주의적 태도를 보여주고 있음을 알 수 있다. 하지만 태평양 전쟁 이후에는 일본인 문학인들은 중국인 문학인들에게까지 더 이상 다문화주의적 차원에서 대하지 않았음을 알 수 있다. 중국인 작가들은 그 내부적 차이에도 불구하고 태평양전쟁 이후에도 다문화주의적 차원에서 조선인 문학자들을 대했음을 알 수 있다. 일본제국은 만주국을 통해 신제국주의적 지배를 시도하였지만 결국 실패하고 말았다. 구제국주의의 관성이 강하게 남아있는 상황에서 신제국주의를 행하는 것 자체가 쉽지 않았던 것이다.

낭만: 한국 근대문학사의 은폐된 주체

박헌호

(고려대학교)

1. 문학사의 낯익은 풍경들

이 이야기는 한국 근대문학사의 낯익은 풍경들을 재확인하는 것으로 시작된다. 그 첫머리에 - 자주 인용되는 만큼 중요한 글, 이광수의 〈文學이란 何오〉가 등장하는 것은 자연스럽다.

문학은 실로 學이 아니니, 대개 學이라 하면 某事, 혹은 某物을 대상으로 하여 其 사물의 구조, 성질, 기원, 발전을 연구하는 것이로되, 문학은 某 사물을 연구함이 아니라 感覺함이니, 고로 문학자라 하면 人에게 某 사물에 관한 지식을 구하는 자가 아니요, 인으로 하여금 美感과 快感을 發케 할 만한 서적을 作하는 인이니, 과학이 人의 知를 만족케 하는 학문이라 하면 문학은 人의 情을 만족케 하는 서적이니라. (…) 古昔에서는 何國에서나 情을 천히 여기고, 理知만 重히 여겼나니, 此는 아직 人類에게 個性의 인식이 명료치 아니하였음이다.

近世에 至하여 人의 心은 知·情·意 三者로 작용되는 줄을 知하고 此 삼자에 何優·何劣이 無히 평등하게 吾人의 정신을 구성함을 覺하며, 吾의 地位가 俄히 昇하였나니, 일찍 知와 意의 노예에 불과하던 자가 知와 동등한 권력을 得하여, 知가 제반 과학으로 만족을 구하려 함에 情도 문학·음악·미술 등으로 자기의 만족을 구하려 하도다.[1]

우리는 이 선언이 근대적인 문학 개념에 대한 최초의 이론적 구명이라는 사실을 이미 잘 알고 있다.[2] 두 가지를 추려낼 수 있겠는데, 하나는 근대문학을 서양어 'literature'의 번역어로서 설정하여 중세문학과의 시대적 단절을 선명히 드러냈다는 것이고, 둘은 감정(근대문학)이 이성(지식)과 평등하게 인간정신의 구성원으로 동등한 권력을 지녔다는 표명이다. 새삼스럽지만, 이 선언이 理性을 일극체제로 하는 계몽적 근대에 대하여 감정을 포함하여 이성으로 포획될 수 없는 인간 정신의 광활함을 대립시켰던 낭만주의에 기원을 대고 있다는 사실을 지적해두자.[3] 문학의 자율성 혹은 독자성에 대한 논의들이 이 글에 젖줄을 대고 있는 것도 이 때문이리라.

하지만 또한 우리는 이광수가 자신의 선언을 배반했다는 사실도 잘 알고 있다. '情의 만족'이라는 지극히 낭만주의적 목표를 문학에 부여했던 그가 당시 동인지 세대의 문학관에 대해 얼마나 비판적이었는지를 또 말하지는 않겠다.[4] "우리 문사들은 마땅히 師表인 自

1) 이광수, 「文學이란 何오」, ≪매일신보≫, 1916.11.10~23(『이광수전집』 1권, 삼중당, 1972, 548쪽).

2) 황종연, 「문학이라는 譯語」, 『동악어문론집』 32집, 동악어문학회, 1997.12 참조.

3) 이 글이 직접 다룰 대상은 아니지만, 이광수의 '문학'을 '계몽주의'라 칭하는 오랜 관습도 재고돼야 한다. 다들 아는 것처럼 계몽주의는 '문예사조'가 아니다. 이광수 문학의 계몽적 성격을 말하는 것과, 그것에 사조적 명칭을 부여하는 것은 다른 차원의 문제다. 우리 모두 상식의 차원에서 잘 알고 있지 않은가? 그럼에도 이광수의 '문학'이 문예사조적 명명법을 가지고 있지 못한 이유는 무엇인가? 이 글이 후술하는 것처럼, '리얼리즘과 모더니즘'에 대해서는 그토록 분명한 태도를 견지하면서 다른 사조에 대해서는 방관하거나 관습을 따르고 마는 태도가 어떤 정신적/이론적 근거에 기반하는지 물어야 할 때이다.

4) 오문석, 「1920년대 초반 '동인지'에 나타난 예술이론연구」, 『상허학보』 2집, 상허학회, 2000.8; 이경훈, 「한국 근대문학의 형성과 김동인: 『창조』를 중심으로」, 『동방학지』 135, 연세대 국학연구원, 2006.9 참조.

覺, 민중의 引導者인 聖徒인 自覺을 가져야 할지니, 그의 一言과 一動은 오직 경건하고 오직 진지하여야"[5] 한다는 주장에서 드러나듯, 이광수는 결국 "고전적 이상주의와 절충적인 인도주의 그리고 계몽적 민족문학 등의 이념형들을 끝내 포기하지 못함으로써 자신이 내디딘 미학적 전선으로부터도 스스로 퇴각한다."[6]

김동인이 이러한 이광수를 비판하는 것으로 자신의 문학적 출발점을 삼았다는 것도 상식에 속한다. 말하자면 그는 이광수가 선언하고는 이내 배반했던 가치들의 체계에서 문학의 존립근거를 마련했던 것이다.

> 춘원에게는 내재적 미 동경과 의식적 선 욕구가 있었다. 그런고로 의식적 욕구(선)만 포기하면은 그는 미의 예술가가 될 만한 소질이 있었다. 그는(반대로) 선의식을 보존하고 미관념을 버리려 하였다. (…중략…) 나는 선과 미, 이 상반된 양자의 사이의 합치점을 발견하려 하였다. 나는 온갖 것을 '미'의 아래에 잡아넣으려 하였다. 나의 욕구는 모두 다 미다. 미는 미다. 미의 반대의 것도 미다. 사랑도 미이다. 미움도 또한 미다. 선도 미인 동시에 악도 또한 미다. 가령 이런 광범한 의미의 미의 법칙에까지 위반되는 자가 있다 하면 그것은 무가치적 존재다. 이러한 악마적 사상이 움돋기 시작하였다.[7]

우리가 일반적으로, 이광수를 근대문학의 시조로 인정하면서도 '본격적인' 근대문학은 김동인에 이르러 출발한다고 인정하는 것도 이와 같은 그의 문학관과 관련된 것이다. '情의 만족'을 문학의 목표로 내세웠던 이광수가 "感情의 尊卑"[8]라는 가치개념을 내세워 감정의 위계화를 도모했다면, 김동인은 거꾸로 '미의 절대성' 속에 다른

---

5) 이광수, 「문사와 수양」, 『창조』 8호, 1921.1(앞의 전집 10권, 358쪽).

6) 이광호, 「문학의 자율성과 한국문학사」, 『미적 근대성과 한국문학사』, 민음사, 2001, 33쪽.

7) 김동인, 「조선근대소설고」, 『김동인전집』 16권, 조선일보사, 1988, 32~33쪽.

8) 이광수, 「문학에 대한 소견」, 『이광수 전집』 10권, 삼중당, 1972, 457쪽.

가치들을 포섭하고자 했다. 이러한 태도와 사유방식이 낭만주의로부터 비롯됐다는 것은 잘 알려져 있다. 낭만주의는 '진·선·미'라는 고전적 세 이상들 가운데 미를 최고로 간주했으며 그 결과 근대예술의 특권적 위치를 수립하는데 결정적으로 기여했다.[9] 낭만주의 덕분에 예술(가)은 '자유'를 얻었다.[10] 소위 '예술지상주의'나 '예술을 위한 예술'이라는 명명들은 낭만주의 운동의 영향권 속에서 전면화 되었으며 사회적 시민권을 획득했다. 이를 보자면 한국 근대문학의 출발은 낭만적 선언과 배신, 그리고 그에 대한 낭만적 재복귀로 시작된 셈이다.

지금까지 설명한 것은 한국 근대문학 전공자라면 개론적 차원에서 알고 있는 것들이다. 그러나 그럼에도 불구하고 김동인을 '낭만주의'의 자장 안에서 분석하는 연구들은 뜻밖에도 그리 많지 않다.[11] 김동인에게는 전통적으로 '자연주의'라는 좌석이 부여돼 있다. 이를 정식화하여 제시한 사람은 임화였다.

> 춘원이나 그의 이상주의가 東仁이나 그뒤의 자연주의에 비하여 일보 長한 점이 적지 아니하나, 그러나 아직도 조선 현대소설의 선구인 신소설로부터 완전히 자기를 구별하고 있지는 못했었다. 잡지 『창조』와 김동인의 소설에서 비롯하는 자연주의 소설이 비로소 조선 현대소설을 신소설의 영향에서 완전히 분리시켰다. 이것은 자연주의가 조선소설사상에 기여한 거대한 재산이다. 그러한 의미에서 조선 현대소설은 진정하게는 김동인에서 시작한다고 할 수 있다.[12]

---

9) 프레데릭 바이저, 김주휘 역, 『낭만주의의 명령, 세계를 낭만화하라』, 그린비, 2011. 86쪽.

10) 이사야 벌린, 강유원·나현영 역, 『낭만주의의 뿌리』, 이제이북스, 2005. 234쪽.

11) 최근에는 이러한 통념으로부터 벗어난 다양한 연구들이 활성화되고 있다. 가령, 조영복, 「동인지 시대의 담론과 '내면—예술'의 계단」, 『한국문학과 계몽담론』, 새미, 1999; 황종연, 「낭만적 주체성의 소설: 한국근대소설에서 김동인의 위치」, 『김동인 문학의 재조명』, 문학사와 비평학회, 새미, 2001; 이철호, 「악마를 위한 변론: 1920년대 예술가 소설과 낭만적 주체성」, 『사이』 3호, 국제한국문학문화학회, 2007 참조.

12) 임화, 「소설문학의 20년」, ≪동아일보≫, 1940.4.12(여기서는 임규찬·한진일 편, 『임화

이러한 위치부여 방식은 한국 근대 문학사를 '계몽주의(이광수)→자연주의(김동인/염상섭)→낭만주의('백조'파)→리얼리즘(프로문학)'의 전개과정으로 이해하는 임화 특유의 문학사관의 소산이다. 이것이 '계급' 개념과 같은 마르크스주의 문예학의 주요개념들을 분석의 도구로 삼고 있으며, 프로문학과 그 맹아인 '신경향파' 문학의 탄생(1923)을 정점으로 하는 구도라는 사실은 - 단지 환기하는 선에서 그치자. 그 자신 "춘원으로부터 낭만파에 이르기까지 각 시대의 제경향이 前代의 단순한 대립표로서 일면적으로 이것을 계승하였다면 신경향파 문학은 그 모든 것의 전면적 종합적 계승표"[13]였다고 명시한 바 있다.

여기서 임화의 '신문학사'를 전체적으로 분석하고 평가할 필요는 없겠다.[14] 초기 야심작인 「마음이 옅은 자여」를 비롯하여 「배따라기」, 「광화사」, 「광염소나타」에 이르는 김동인의 여정이 '자연주의'로 규정될 수 있는지를 따지는 것도, 유보해두자.[15] 다만 임화의 구도가 프로문학의 주류성을 드러내기 위해 사적 유물론과 서구 근대 문학사의 사조적 구도를 무비판적으로 적용함으로써 '思潮' 자체에 대한 협애한 인식이 무한 증식될 가능성을 열어두었다는 사실은 지적돼야 한다.[16]

더 큰 문제는 리얼리즘을 정점으로 다른 사조들은 거기에 도달하기 위한 '과정적 미달태'로 규정된다는 점에 있다. 달리 말하면 여타 사조들은 리얼리즘에 '대'하여 무언가의 결여로서 자신의 좌표를 부

신문학사』, 한길사, 1993. 389쪽).

13) 임화, 「조선 신문학사론 서설」, 앞의 책, 353쪽.

14) 임화의 '신문학사'에 관한 연구는 '연구에 대한 연구사'가 따로 필요할 정도이다. 여기서는 김영민, 「임화의 신문학사 연구의 성과와 의미」(문학과 사상연구회, 『임화문학의 재인식』, 소명출판, 2004)를 중심으로 그 책의 1부에 실린 글들을 참조하는 것에서 그친다.

15) 김동인 문학의 낭만적 성격에 대해서는 앞에서 인용한 황종연, 이철호의 논문을 참조할 것.

16) 해방 이후 상당 기간 남한의 문학연구와 문학교육에 악영향을 끼친 백철의 『신문학사조사』는 비록 임화의 문제의식을 가장 나쁜 방식으로 속류화한 것이기는 하지만, 이러한 가능성의 현실태였다고 말할 수 있다.

여받는다. 이들은 리얼리즘에 도달하기 위한 시행착오의 기록으로 의미화 되며 근대성의 부분적 담지자로서만 호명되었다. 임화가 '신경향파 문학은 그 모든 것의 전면적 종합적 계승표'였다고 진술한 의미가 이러한 것이다. 그 결과 리얼리즘의 등장 이후에는 이들 사조들은 존재하지 않거나 시대착오로서만 잔존할 수 있다. 리얼리즘을 '이념적 완성형'으로 하는 문학사의 구도에서 여타 사조의 존재방식과 의미는 이 같은 자장 안에서만 논의되었던 것이다.

이 같은 구도에서 가장 혹독한 자리를 부여받은 것이 낭만주의다.

> 자연주의가 好 不好間 사실과 직접 관계하였다면 이 조류(낭만주의-인용자)는 암담한 현실 가운데서 발생하는 절망의 '감정'과 '정서'를 취급하였다. 바야흐로 조선문학은 이 조류(이상화, 회월, 홍노작, 박월탄, 임노월, 나도향 등등 『백조』를 중심으로 한 시인, 소설가)에 이르러 사실상 '현실의 부정'으로부터도 '폭로의 정열'을 경주할 '현실의 단편지엽'에까지 격리하여 오로지 감상하고, 탄식하고, 절망하고, 고민하면서 '허무'라든가 환상적 혼미라든가의 세계로 승화하여 버린 것이다.[17]

낭만주의는 자연주의가 지녔던 최소한의 긍정성 - 소시민적 한계 속에서의 현실부정 -조차 가지지 못한, 절망의 탄식과 感傷의 노출로 의미화 된다. 이러한 인식과 평가방식은 임화의 문학사를 넘어 백철과 조연현의 문학사에서도 반복된다.[18] 나는 『백조』에 대한 이러한 평가에 동의하지 않지만, 이 글에서 보다 주목하고 싶은 것은 이처럼 반복적으로 나타나는 서술구도에 의해 '『白潮』'와 '낭만주의'가 일체화된다는 사실이다. 한국 근대문학사에서 낭만주의는 '백조'

17) 임화, 앞의 글, 앞의 책, 347쪽.

18) '꿈', '죽음', '퇴폐', '감상주의' 등등의 개념이 『백조』의 낭만주의를 평가하는데 지속적으로 등장한다. 백철, 『신문학사조사』, 수선사, 1948(여기서는 신구문화사, 2003, 204~208쪽 참조); 조연현, 『한국현대문학사』, 성문각, 1992, 240~270쪽 참조.

로 대변되는 만큼, '백조'의 한계가 곧 낭만주의의 한계로 인식된다. '백조'에 대한 언어들이 자연스럽게 '낭만주의'의 표상으로 전유되는 것이다. 리얼리즘은 신경향파의 즉자적이고 관념적인 단계 - 임화가 '최서해적 경향'과 '박영희적 경향'으로 구분한 - 로부터 카프문학을 거치며 '成人'이 되지만, 낭만주의에는 성장의 드라마도 후일담도 없다.

낭만주의가 근대문학사에서 그나마 논의되는 시기는 『백조』를 포함하여 이른바 3대 동인지가 발간되던 20년대 초반의 극히 짧은 시기에 한정된다. 따라서 이러한 부정적 일체화 현상은 수정될 기회를 갖지 못한 채 낭만주의에 대한 연구자들의 그리고 대중들의 인식을 형성하는데 주요한 역할을 수행했다. 그것은 '성찰의 결여'와 '감정의 과잉성'을 특징으로 하는 '感傷主義'와[19] '비현실성'으로 압축되며, 미성숙의 이미지로 수렴된다. 이념이나 방법론의 측면에서 임화와 확연하게 달랐던 조연현도 낭만주의를 '稚氣'의 관점 곧 미성숙의 이미지로 동일하게 파악했다. 임화가 리얼리즘과 그것의 담지자로서 프로문학을 이념적 완성형으로 설정한 구도 속에서 미성숙의 과정으로서 낭만주의를 배치한 것처럼, 조연현은 이른바 '순수문학'을 이념적 완성형으로 설정한 구도 속에서 동인지 문학을 '습작문단'[20] 곧 미성숙의 시기로 규정했다. 그리하여 낭만주의는 사라졌다. 20년대 초반의 극히 짧은 시기에, 감상성과 비현실성과 미성숙의 증거로만 잠시 얼굴을 내밀었다가, 한국 근대문학이 '成人'이 되면서 낭만은 앨범 속의 추억으로 추방당했다.

19) 콜린 캠벨, 박형신·정현주 역, 『낭만주의 윤리와 근대 소비주의 정신』, 나남, 2010, 249쪽.

20) 조연현, 앞의 책, 466쪽.

2. 풍경의 속내, 문학사의 욕망

오늘날의 시점에서 낭만주의를 포함하여 '~주의'를 운운하는 논법은 즉각 세 가지 불편함을 환기한다. 하나는 사조론적 접근이 문학연구와 교육에 끼쳤던 폐단과 관련된 역사적 경험이며, 둘은 서구에 기반을 둔 개념들을 한국적 현실 속에서 정의하고 적용하기 어려운 이론적 간극의 문제이다. 마지막은 '근대/문학'의 의미와 위치가 다른 방식으로 재구성돼가는 'Post-'적 현실에서 뜬금없이 '낭만'을 거론하는 일의 낡음.

백철의 『신문학사조사』는 사조론적 접근의 폐단을 집약적으로 보여준 책이다. 1947,8년에 간행된 이 책은 해방 이후 변변한 대학교재가 없는 현실에서 문학교육의 지표가 되었고 오랫동안 위력을 발휘했다. 문학이론은 사조에 대한 이론으로 대체됐고, 문학사는 사조의 변천사와 동일시됐다. '신비평'과 '구조주의'의 수입으로 영향력이 감소돼 갔으나, 지금의 40대 이상의 한국인들은 '김동인은 예술지상주의, 자연주의, 유미주의'라는 식의 요점암기로 문학공부를 대체한 경험을 지니고 있다. 이런 식의 접근은 문학을 죽은 지식의 안치소로, 개별요소들의 단순집합체로 만들어 실제로는 '사상의 물결, 정신의 흐름'으로서의 '思潮' 자체를 죽이는데 공헌했다.[21]

두 번째 문제는 보다 본질적이다. 문예사조는 물론이고 서구에 기원을 둔 제반 개념들을 우리에게 적용할 때 발생하는 문제들은 이미 오랫동안 다양한 방식으로 비판돼 왔다. 역사적 환경과 인식론적 기반이 다른 상황에서 생성된 사유와 운동들을 후발 근대화 국가 내지는 식민지에 그대로 적용하는 문제는 필연적으로 서구를 보편화하여 자신의 후진성을 고백하게 만드는 기제가 되거나 학문에서의 유럽 중심주의의 확산에 기여할 뿐이었다.[22] 조연현이 낭만주의

21) 이러한 접근법의 문제점은 김치수, 「문예사조의 의미와 한계」, 김용직 외, 『문예사조』, 문학과 지성사, 1984. 참조.

를 평가하면서 "반항할만한 어떠한 고전주의적인 전통의 지반도 없이 막연한 낭만의식에서 動機되었다"[23]고 비판하는 대목을 보라. 고전주의가 없으면 낭만주의가 생성되기 어렵고, 생성된다한들 허상 혹은 왜곡으로서만 존재하게 된다는 인식이 확연하지 않은가. 이를 보면 우리는 사조적 평가방식이 왜 그토록 오래 지속되었으며, 한편으로 왜 그토록 급속히 몰락했는지를 가늠할 수 있다. 서구와 다른 것은 그 자체로 결여였던 것이다.

이론적 정합성의 문제는 현실과의 간극으로도 드러났다. 특정한 사조를 대표하는 작가를 내세우기 쉽지 않고, 설정한다한들 그 작가 내부에서도 이질적인 요소들을 숱하게 발견할 수 있기 때문이다. 우리에게는 하나의 사조로 특정작가를 설명하려는 욕구란 거의 매번 오류의 수류탄을 스스로 터트리는 행위이기 십상이었다. 우리가 오랫동안 '사상의 물결과 정신의 흐름'을 포착하기보다는 텍스트 내부에서 '특정한 요소들을 줍고 다녔던' 것도 이와 무관치 않다. '특정 사조의 요소'들은 널리 퍼져 있으나 '정신의 흐름'은 존재하지 않는 기이한 문학사에 우리는 오랫동안 익숙해져 있다.

짧은 시간에 서구의 사상들이 폭주하던 당시의 상황에서 이런 현상은 일견 지극히 당연한 것으로 이해된다. 근대화의 '後發性' 내지는 식민성의 발현으로 파악 가능한 것이다. 사조론적 분석방식에 가장 비판적이었던 논자 중 하나인 김현은 이에 관해 한국의 사조들을 서구의 "從屬派流로 이해하지 않고, 당대의 역사적 문맥을 이루는 하나의 기호로 파악"[24]하자고 제안한 바 있다. 가령 염상섭이 스스로 "사실주의에서 한걸음도 물러나지는 않았고 문예사상에 있어 자연주의에서 한걸음 앞선 것은 벌써 오랜 일이었다"[25]고 선언했을

---

22) 제임스 M. 블로트, 박광식 역, 『유럽 중심주의를 비판한다』, 푸른숲, 2008 참조.

23) 조연현, 앞의 책, 213쪽.

24) 김윤식·김현, 『한국문학사』, 민음사, 1973. 155쪽.

25) 염상섭, 「나의 자연주의」, 『염상섭 전집』 12권, 민음사, 1987, 220쪽.

때 이를 이론적 정합성의 차원에서 따지기보다는 역사적 맥락 속에서 파악하자는 것이다. 오류의 가능성을 줄일 수 있는 적절한 지적이다. 다만 그것이 식민지적 특수성에 갇힐 위험이 여전하고 당대적 인식을 절대화할 수도 있다는 점은 기억해두어야 한다. 역사가란 당대의 문맥을 객관적으로 제시해야 할 뿐만 아니라 현재적 관점에서 재구성해야 할 의무도 있지 않은가.

문학사에 대한 반성적 검토가 가르쳐주는 것 중 하나는, 특정한 문학사란 특정한 욕망의 산물이라는 사실일 것이다. 임화가 그렇듯이 다른 史家들도 자신의 관점에 의거해 문학사를 서술했다. 그런데 임화로부터 90년대에 이르기까지 이념적 경향을 달리하는 문학사가들이 유독 '낭만주의'에 대해서는 유사한 맥락에서 이해하고 좌표를 부여했다는 사실은 흥미롭다.[26] 이념의 문제를 떠나 우리 근대사, 근대문학사가 유사한 욕망에 시달려왔다는 사실을 보여주는 예증일 것이다.

그 첫머리가 근대적 '발전사관'에 입각해 우리 근대 문학사를 구성하려는 욕망이었다. 우선 불과 4~5년 사이에 일어났던 일들을 몇 백 년에 걸친 서구 문학사의 구도로 해석하려는 의지가 그렇거니와[27] 리얼리즘이 서구 문학사의 당대적 종착지이기에 우리 문학도 리얼리즘에 도달하는 것으로, 즉 서구와 유사한 '발전경로'를 밟아온 것으로 상정하려는 욕망이 이를 반영한다. 그 결과 사상의 생성과 전개가 스스로 설정한 '이념적 완성형'으로만 수렴되는, 수렴의 편방향성이라는 문제를 드러냈다. 낭만주의가 신경향파 문학의 탄생에 밑거름이 되는 자신의 역사적 임무(?)를 다한 후에는 문학사에서 증발해버리는 이유가 이 때문이다.

---

26) '80년대적 현실인식'을 바탕으로 깔고 출간됐던 김재용 외, 『한국근대민족문학사』(한길사, 1993)에서는 '낭만주의'를 위한 자리가 거의 없다.

27) 이 시기의 문학과 동인지 세대의 작가적 의식에 대해서는 박헌호, 「식민지 조선에서 작가가 된다는 것」, 박헌호 외, 『작가의 탄생과 근대문학의 재생산 제도』, 소명출판, 2008 참조.

지적했듯, 그 이후에는 리얼리즘의 변화와 발전, 갱신(신경향파→카프문학→사회주의 리얼리즘)의 여로만이 남게 되었다.28) 근대라는 기차에 함께 탑승했던 다른 승객들이 모두 갑자기 쫓겨난 것이다. 리얼리즘 이후 문학사에서 주목받는 거의 유일한 사조가 '모더니즘'이다. 이 역시 서구문학사의 당대적 종착지 중 하나를 형성하는 것으로서, 李箱이나 김기림, 정지용과 같은 작가들의 출현이 이를 증명하기에, 한국 근대문학의 '발전'을 예증하는 주요한 참조점으로 인정받을 수 있었다. 이들이 함께 속했던 〈구인회〉라는 문학단체를, 이론적 정합성을 부여하기 곤란함에도 불구하고, 모더니즘으로 분류하고자 하는 욕망이 그토록 끈질겼던 것도 이와 관련된다고 판단한다.29)

여타의 사조들과 달리 '리얼리즘과 모더니즘'은 근대문학사의 추동력으로 인정받고 현재까지 논의의 맥락들을 이어오고 있다.30) 사조론적 관점이 성했을 때나 쇠퇴했을 때나 리얼리즘과 모더니즘은 근대문학사의 중요한 양식적 거점이자 역사철학적 원형으로 기능했다. 이들과 관련된 논의에서 '특정한 요소들을 줍고 다니는' 행태가 반복되지 않은 것은 아니지만, 그럼에도 리얼리즘과 모더니즘은 다른 사조와는 비교할 수 없을 정도로 확고한 역사적/이론적 지반이 있는 것으로 인정되어 왔다. 수많은 서양이론들이 밀물과 썰물을 반복하고 난 뒤에도 이들은 우리들의 '살아있는 현재'로 끊임없이 호명됐다.

지난 80년대 말의 민족문학 논쟁이 현실운동의 일시적 고양에 힘을 얻어 민족문학 이념의 재정립에 주력한 것이었다면, 리얼리즘에 관한 최근의 논

---

28) 조연현 문학사에서 '순수문학'이 임화의 '리얼리즘' 혹은 '프로문학'과 같은 이념적 도달태였다는 사실은 이미 서술한 바 있다.

29) 〈구인회〉를 모더니즘에 입각한 문학단체로 보려는 경향에 대한 비판으로 박헌호, 「구인회를 어떻게 볼 것인가」, 『식민지 근대성과 소설의 양식』, 소명출판, 2004 참조.

30) 김윤식·정호웅, 『한국문학의 리얼리즘과 모더니즘』, 민음사, 1989. 1장 참조.

의는 현실의 격변(사회주의권의 붕괴-인용자)에 직면한 문학의 응전력을 근본부터 다시 천착해나가는 의미가 크다. 그런 만큼 윤지관의 말대로, "국내외적 변화의 물결은 문학으로 하여금 다시 한 번 우리 현실에 대한 객관적인 이해와 현실극복의 전망을 세워야 할 리얼리즘 고유의 과제 앞에 서게 한다"는 상황인식에 이견이 있을 수 없다.[31]

임화가 "'고전적인 것'과 '낭만적인 것'의 역사적 종합, 통일"[32]로 설정했던 리얼리즘은 시대적 격변에 상관없이, 아니 시대가 격변할 때마다 '현실극복의 전망'을 세워야 할 임무를 부여받고 늘 새롭게 제기되었다. 모더니즘 또한 '근대성'의 문학적 현현으로 리얼리즘과의 상호관계성 속에서 논의돼왔다.[33] 60년대 이후에도 소위 '창비그룹'이 리얼리즘의 선창자 내지는 옹호자의 역할을 자임해왔고, '문지그룹'은 내부의 다양한 차이에도 불구하고 모더니즘에 대해 보다 너그러웠다는 사실을 굳이 환기할 필요는 없겠다.

리얼리즘과 모더니즘은 한국 근대문학과 문학사 연구를 풍성하게 만들었다. 그 의미와 공적에 대해서는 적극적으로 인정해야 하며, 길고 긴 책을 따로이 써서 헌정해야 할 것이다. 이에 대해 포폄하는 것은 이 글의 관심사를 넘어선다. 내가 주목하는 것은 다양한 사조의 범람을 거쳐 한국 근대문학사가 닻을 내린 곳이 바로 이 두 사조라는 사실이며, 이에 대해서는 그 동안 사조론적 폄하의 언어보다는 역사철학적 깊이를 지닌 陣營論的 옹호와 자기쇄신을 촉구하는 논의들이 주를 이뤄왔다는 사실, 그 자체이다. 이러한 논의에 따르면 우리는 '근대주의(Modernism)'의 시대에 살며 리얼리즘적 과제를 수행해온 셈이다.

---

31) 실천문학 편집위원회 편, 「머리글」, 『다시 문제는 리얼리즘이다』, 실천문학사, 1992. 3쪽.

32) 임화, 앞의 책, 354쪽.

33) 가령 김윤식·정호웅, 『한국문학의 리얼리즘과 모더니즘』에 실린 서준섭의 「한국문학에서의 모더니즘」 참조.

그것이 역사적 사실의 반영이라고 말하는 것은 동어반복에 지나지 않는다. '역사'란 주체와 사회, 시대의 관점이 투영된 것이며 그 욕망의 소산이라는, 이제는 평범해진 잠언을 되풀이 할 필요는 없을 것이다. '사실'의 측면에서도 우리는 리얼리즘과 모더니즘의 그물로는 포획되지 않는 뜻밖의 '주류'들을, 실상은 많이 알고 있다. 예컨대 김소월이 있고 서정주가 있으며, 이태준이 있고 김동리가 있다. 아무리 하여도 우리는 이들을 문학사의 잔여물로 좌표화하기는 어렵다.

이들의 작품에—저마다 색깔과 무게와 지향을 달리하며—떠다니는 감정의 편린들은 어디에 귀착하는가? 이들에게서 공통적으로 보이는 바, '미적 근대성'이라는 보편적 가치에 헌신하면서도, '자기에의 침잠'과 '삶의 不可知'를 놓지 않고 끈질기게 추구하는 이 같은 전통은 어떻게 생성된 것일까? 때로는 '민족주의'라는 이념의 얼개로, 때로는 '민요시'라는[34] 형태론으로, 때로는 '상고주의'와 '신라정신'으로 이름을 얻었던 사유와 감각은 무엇으로 일반화될 수 있는가? 명명법의 층위가 제각각인 것은 그들 문학의 다양성 덕분인가, 우리의 무지/무시 탓인가?

'反近代(主義)'라는 개념이 있다. 90년대 중반 이후 이른바 '근대성 담론'의 폭풍 이후 우리로 하여금 '시대'와의 거리감을 깨닫게 해준 중요한 개념이다. 위에서 예를 든 작가들 중 상당수를 설명하는데 적용됐다.[35] 다만 '부정적 규정'의 방식 덕분에 이 개념은 근대에 비판적인 혹은 반대하는 여러 태도와 정신들을 포괄할 수 있다. 그런 만큼 자기규정의 적극성(positive)을 개념 내부로부터 길어 올리기에 난망한 측면을 안고 있다. 그것은 '理性으로서의 근대'에 대한 '反'인가, '자본주의적 근대'에 대한 '反'인가, 근대의 속물성과 기계

---

34) '민요시'는 낭만주의 시 연구의 대표적 개념이었다. 오세영, 『한국낭만주의시연구』, 일지사, 1980 참조.

35) 황종연의 「한국문학의 근대와 반근대」(동국대 박사논문, 1992)가 그 앞머리에 설 만하다.

성에 대한 '反'인가? 우리는 리얼리즘과 모더니즘이 각기 성격은 다를지언정 근대에 대해 매우 비판적이라는 사실을 알고 있다. 그렇다면 '반근대주의'적 작가들의 근대 비판/부정은 리얼리즘이나 모더니즘과 어떻게 같고 어떻게 다른가? 왜 거기에는 '사상의 흐름'으로서의 적극적 명명이 부재하는가?

우리에게 '반근대주의'가 근대적 '발전사관'을 뛰어넘어 전통과 복고로의 지향을 전면화해본 적은, 실제에 있어 희귀하다. 골동품을 매만지며 〈문장파〉의 상고주의에 동승했던 이태준은 해방 이후 민족국가 건설에[36] 적극 나서며, '생의 구경적 형식'에 명운을 걸었던 김동리는 해방 직후 국가선택의 상황에서 자본주의를 적극 수락하고 그 대리자로서의 '미국'을 선선히 선택했다.[37] 예술의 영역에서의 '반근대적 지향'과 생활의 영역에서의 '근대 지향적'이라는 이중적 태도는, 한국 근대문학사에서 그리 희귀한 풍경이 아니다. '제도로서의 근대는 추구되어야 한다!'는 명제 앞에 등을 돌렸던 '반근대주의자'들이, 한국 근대문학사에서 과연 얼마나 될 것인가?

아울러 격변의 시기마다 낭만주의 혹은 '낭만적인 것'이 재호출돼왔다는 사실도 기억해두자.

> 나는 문학상에 있어 다음과 같은 조건하에 낭만주의적인 것에 대하여 완전히 찬의를 표하는 자이다. 문학은 단지 어떠한 상태를 긍정하는 것이 아니라 항상 의욕하는 곳에서 시작되기 때문에……. 그러므로 나는 如斯한 의미에 있어 '시는 자연의 모방이다'라는 아리스토텔레스의 명제에 반대한다.[38]

36) 이태준이 해방 직후 발표한 「해방전후」의 두 인물, 곧 '김직원과 현'의 대화를 통해 정치적 복고주의에 대해 명백한 반대를 표명한 사실은 이미 잘 알려져 있다.

37) 박헌호, 「김동리의 『해방』에 나타난 이념과 통속성의 관계」, 『식민지 근대성과 소설의 양식』, 소명출판, 2004, 393~397쪽 참조.

38) 임화, 「위대한 낭만적 정신」, 『문학의 논리』, 학예사, 1940, 22쪽. 이 책의 1부가 '낭만주의론'으로 꾸며진 것도 주목을 요한다.

카프해산(1935)과 중일전쟁(1937)에 이어 태평양전쟁의 기운이 드리워진 시국에 임화는 자신이 내동댕이쳤던 '낭만'을 복권한다. 문학이란 사태의 긍정이 아니라 '의욕'이라는 조건하에. "일찍이 이론적으로 파악되었던 세계관이 실천의 마당에서 산새와 같이 우리를 두고 떠나간 쓰라린 경험에 아직도 혈흔이 생생"[39]할 때, 과거에 그 자신이 '고전적인 것과 낭만적인 것의 종합·통일'로 설정했던 리얼리즘으로도 상황을 돌파할 가능성이 희박해질 때, 그 위에 재차 '낭만적인 것'을 수혈해야 했던 것이다. 이런 맥락에서 보자면 같은 시기에 김남천에 의해 추구됐던 '주체 재건론'도[40] '자기에로의 침잠'이라는 '낭만적인 것'의 계급적 버전이라고 할 수 있다. 해방 직후에도 '혁명적 로맨티시즘'에 대한 요구가 선창되었거니와, 이후에도 우리 근대사에서는 시대적 격변기마다 '자아, 감성, 상상력, 삶의 불가지'를 전면화한 작품(경향)들이 주기적으로 출현했다는 사실을 기억하자.[41] 비록 그들에게 '낭만'이란 칭호가 허락되지 않았다 해도.

나는 한국 근대문학사에서 낭만주의가 집단무의식 속에 은폐돼왔던 주체였다고 판단한다. 주체였으되 '개인적인 것', '비현실적인 것', '반사회적인 것'이란 규정으로 끊임없이 타자화 됐던 근대 정신사의 그늘이었으며, 태어나는 순간 뒤집어썼던 감상주의와 미성숙이라는 오물을 끝내 말끔하게 걷어내지 못했던 '존재하는 부재'였다고 생각한다. 그리고 낭만주의가 이토록 홀대받았던 이유가 '反帝·反封建'이라는 민족사적 과제설정이 문학사에 투영된 결과가 아닌가 의심한다. 구한말 이래로 '反帝·反封建'이 민족사적 과제였다는 사실은 당대의 글에서나 연구사의 지평에서나 정언명령으로 정립돼 있다. 이러한 과제설정을 문제 삼자는 것이 아니다. 보다는 '反帝·

39) 임화, 「주체의 재건과 문학의 세계」, 앞의 책.

40) 채호석, 『한국 근대문학과 계몽의 서사』, 소명출판, 1999, 1부 참조.

41) 90년대 사회주의권의 몰락기에 주목받았던 윤대녕의 『은어낚시통신』과 그와 유사한 일련의 작품군들을 떠올릴 필요가 있다.

反封建'이라는 민족사적 과제가 '리얼리즘/모더니즘'과 짝을 이루어 문학사적 현실태로 투영됨으로써 문학사의 실상과 거기에 스며있는 한국 근대정신사의 주요한 특징들을 은폐해왔다는 사실을 문제 삼고자 한다.

리얼리즘과 모더니즘은 '反帝·反封建'을 문학적으로 실천하는 전략으로 간주됐다. 현실비판과 근대지향이라는 두 바퀴는 민족사적 과제이자 문학사적 과제였다. 리얼리즘과 모더니즘은 비록 강조점과 방법론은 달랐지만, 공히 '벗어나야 할 현실'을 숙고하고, '아직 오지 않은 미래'를 숙고했다. 그런 맥락에서 이 둘은 '범-계몽주의'의 직계들이다. 이 둘은 '계급의 계몽화' 전략과 '문명의 계몽화' 전략을 자신들의 문학관에 입각해 실천했던 것이다. 이 둘의 문학사적 주류성은 민족사적 과제의 문학적 투영이자 '현실'과의 밀접도를 예증하는 대상으로서 오랫동안 강력한 영향력을 발휘했다. 바로 그곳에서 '낭만'의 은폐가 시작되었다고, 나는 생각한다.

한국 근대문학은 근대화의 충격 속에서 비롯됐다. 근대화는 인간과 사회에 대한 전방위적 격변을 초래했다. 그것은 정치, 경제, 사회에 대한 인식의 변화와 함께 '인간' 자신에 대한 인식의 변화도 몰고 왔다. 민족사적 과제에 대한 밀접도와 별개로, '인간'은 그 자체로 탐구의 대상으로 부상하지 않았는가?[42] 내면, 감정, 사랑, 神, 죽음, 종교, 무한성과 유한성, 허무, 삶의 不可知, 자연…이성으로 포착되지 않는 무정형으로서의 인간이란 존재……. 이것들은 어디에서 자신의 문학적 영토를 획득했던 것일까? 민족사적 과제의 문학적 대응물로 문학사를 鑄型했을 때 이러한 질문들은 어디에 좌표화되는 것일까? 한국 근대문학사에서 '낭만'을 문제 삼는다는 것은 일차적으로 이러한 질문들과 대면한다는 것을 뜻한다.

---

42) 이 글의 논지와 관련하여 권보드래, 「영혼, 생명, 우주: 1910년대, 제1차 세계대전의 충격과 '죽음'의 극복」(『개념과 소통』 제7호, 한림대 한림과학원, 2011.6)을 참조할 수 있다.

3. 감성의 사회사와 낭만

역사 연구는 역사를 역사적 시각, 그러니까 당대의 지평 속에서 성찰할 것을 요청한다. '현재'의 과도한 개입은 역사 연구의 뚜렷한 걸림돌이다. 하지만 '현재'가 과거로 들어가는 통로를 구획한다는 것도 모든 진지한 성찰이 전제하고 있는 교훈이다. 이 글이 비록 거친 방식이지만, 문학사의 구성방식을 질문하고 그 구도를 탄생케 한 욕망을 살펴본 것은 '현재의 우리'를 설명해주는 통로가 기존의 문학사에서 잘 찾아지기 어렵다는 판단 때문이다. 리얼리즘이나 모더니즘은 민족사적 과제에 문학이 어떻게 부응했는가를 살피는 데에는 요긴하겠지만, 감성의 존재로서의 인간이 어떻게 자신의 감성을 주조해왔으며 그에 의해 정치적, 사회적 판단을 어떻게 표출하고 대응해왔는가를 판단할 길을 보여주기는 어렵다.

우리는 개인적으로, 밖에서는 사회가 요구하는 합리적 준칙에 순응하는 인간상을 연출하면서도 안에서는 가부장적 인식과 행동체계를 유지하는 이중성을, 많은 경우, 간직하고 있다. 한 개인의 정치적 지향과 문화적, 미학적 취향 사이에서 적대적 모순을 발견하는 일은 아주 흔하다. 계급투표는 이제야 겨우 단초가 발견될 뿐, 아직도 경상도 산골의 가난한 소작농이 '우리가 남이가!'하며 줄기차게 한나라당에 표를 던진다. 세계 10위권을 오르내리는 무역대국이라는 국가차원의 자기과시와 달리, 우리는 여전히 지역주의에 붙잡힌 정치와 상식이 통하지 않는 사회 그리고 노조 없는 세계적 기업을 자랑하고 있다. 세계에서 유례를 찾기 힘들 만큼 역동적인 역사상을 보여주는 한편, 폐쇄된 사회체계와 낡은 센치멘탈리즘의 만연 속에 흥건히 젖어 있기도 하다. 흔히 근대의 특징이라 말해지는 '비동시적인 것의 동시성'이라는 말로는 담아내기 어려울 만큼 모순적인 것들의 착종을, 사회 차원은 물론 개인 내부에서도 손쉽게 발견할 수 있다. 어디 이 뿐이랴만, 이 모든 것들이 '20세기의 한반도'에서 우리에 의해 주조되었으며, 또한 우리를 만들어왔다.

문제는 과거의 문학사적 구도와 이론 틀로서는 이러한 감성체계의 역사적 형성과정과 영향력에 접근할 통로가 마땅치 않다는데 있었다. 우리의 감성체계가 20세기의 한반도를 살아낸 역사적 경험의 산물이라면, 우리는 '이성'과 마찬가지로 '감성의 역사성'을 우리의 언어로 구성해야 할 의무가 있다. 그것은 곧 20세기에 한반도에서 살았던 인간들이 근대성을 어떻게 경험하고 어떻게 양식화했는가의 문제와 직결될 것이다. 근대가 '單數'일 수 없다는 것을 아주 소박하게 표현한다면, 특정 공동체가 근대를 겪어낸 '근대성의 경험양식'이 저마다 다를 수밖에 없다는 말로도 이해된다. 추상으로서의 근대성은 특정한 범주로 단일화 될 수 있겠지만, 그것을 경험하고 육화하여 사회와 생활의 樣式으로 전환해내는 것은 그 공동체의 고유한 역사로서 현현되는 것이다. 이것은 다만 제도와 지식의 측면에서만 그러한 것이 아니다. 오히려 사유와 인식과 감정의 세계에서 근대성의 경험양식은 자신을 확연하게 타자와 구분해낸다.

한국인과 한국문화의 특성은 그 동안 '조선인의 열등성'으로, '아시아적 정체성'의 반영으로, '식민지적 특수성'으로 이해돼왔다. 그 이론들의 빛이 희미해진 이즈음, 하나의 관점으로 수렴되는 이론적 작업들의 맹점에 대해 숙고하게 됐고, 지식이란 권력에의 의지라는 사실도 깨달았다. 전통이 만들어진[43] 것이라면, 저마다의 고유한 영역이라 여겨졌던 감성도 역사의 물세례로부터 그리 자유롭지 못했던 것이 아닌가, 하고 우리는 질문할 수 있을 것이다. 눈을 돌아보면 이제 현실은 감정을 창출하고 통어하는 자들에 의한 지배가 아닐런가. 과거에는 이데올로기란 말로 표현되던, 인식의 장치들이 이제는 감정의 영역으로 확산되어 지배와 지배의 재생산에 적극 활용되고 있음을 우리는 매일 본다. 감성은 역사에 의해 형성되며 정치

43) 에릭 홉스봄 외, 박지향·장문석 역, 『만들어진 전통』, 휴머니스트, 2004.

에 의해 구성된다.

문학은 무엇보다 순응과 반역의 변증법이 창출되는 장이다. 문학은 허구이기에 현실의 도피처가 될 수 있었고, 허구이기에 반역의 아지트가 될 수 있었다. 따라서 그곳에는 순응의 감정과 감정의 반역이 꽈리를 뒤틀며 뒤엉켜 폭발하지 못한 흔적들을 드러내고 있다. 이는 감성의 사회사를 조망하는데, 재현을 본질로 하는 문학이 가장 적절한 텍스트 중 하나라는 사실을 암시한다. 감성에 관한 근대성의 경험양식은 문학을 중심으로 한 생활의 영역에서 찾아져야 할 것이다. 아울러 생산으로서의 문학만이 아니라 소비되는 문학에 대한 감각을 확장하여, 이른바 심미적 감수성의 역사를 재구성할 수 있다면 문학의 정치성에 대한 재정립의 욕구가 그 어름 언저리에서 도화선을 찾아낼 수 있지 않을까 판단한다.

나는 감성의 사회사를 구성함에 있어 낭만주의를 가장 먼저, 가장 집요하게 탐색해야 한다고 생각한다. 그것은 리얼리즘과 모더니즘으로는 20세기 한반도에서 근대문학이 담당했던 역동성과 영향력을 실체로서 포착하는데 미흡하다고 판단하기 때문이다. 이사야 벌린의 말이[44] 맞는다면, 낭만주의는 삶과 사고를 근본적으로 바꾼 가장 광범위한 근대의 '운동'이며, 낭만주의 이후로는 이와 유사한 운동이 전혀 일어나지 않았다고 한다. 그것은 예술 사조를 넘어 운동이자 세계관으로 승격한 거의 유일한 '사상의 흐름'이다. 나는 우리가 계몽주의의 손자라면 낭만의 아들이라고 생각한다. 낭만주의는 현재형이며 근대의 현재적 형태를 그려낸 예술가였다. 낭만주의를 정의하기 어려운 것은 그 본질에서 비롯되는[45] 바, 잘 알려진 특질 이외에도 낭만은 '보편에의 거부, 자기에의 열광, 변화'를 의미하기

---

44) 이사야 벌린, 강유원·나현영 역, 『낭만주의의 뿌리』, 이제이북스, 2005.

45) 낭만주의를 定義하려던 많은 논자들이, 낭만주의 안에서 자신의 定義와 모순되는 특성들을 발견하게 되는 것은 낭만주의의 본질에 따른 것이다. 낭만주의는 보편에의 의지를 거부하며 자아의 절대성과 삶의 불가지를 전면화한 근대사상이다. 이에 대해서는 이사야 벌린의 책, 1장과 콜린 캠벨의 책, 7장과 9장을 참조할 것.

때문이다. 괴테는 낭만을 '병'이라 불렀으나 니체는 그것을 '치료'라고 불렀다. 낭만주의는 고전주의가 보기에는 히스테릭하고 계몽주의가 보기에는 어리석으며 마르크스주의가 보기에는 망상적 도피라고 불렀을 무엇이다.

낭만주의는 근대성에 대한 부정이자 계몽주의에 대한 비판이지만, 근대성 '안'의 부정이며 계몽주의에 대한 보완이기도 하다. 그것은 기독교와 계몽주의가 바탕을 마련한 내면을 지닌 고유한 존재로서의 자아라는 개념에 터전을 두고 있다.[46] 낭만주의는 무엇보다 시적 비전의 내면화로서, 신과의 일대일 소통이라는 프로테스탄트적 비전을 자아와 우주 전체로 확산시켰다. 경향과 형태를 달리하는 낭만주의 내부에서 찾아지는 최소공약수는 '자아'를 '자기의식에 이른 의지'로 고양시키려는 욕구이다. 신념과 열정의 담지체로서의 자아를 절대화한다는 점에서 낭만주의는, 계몽주의에 의해 장착된 탄환을 격발하는 방아쇠였다. 또한 그것은 계몽이성에 의해 보편적 가치라 불리던 것들이 붕괴된 근대적 현실에서, 개인이 개인 내부에 존재하는 것들을 개별성의 영역에 버려두는 것이 아니라 거기에 종교적 숭고함을 부여할 수 있는 근거를 제시함으로써 부정의 방식으로 계몽주의에 협조한다.[47]

근대란 본질적으로 참 안타까운 시대인데, 왜냐하면 우리 모두가 선험적, 보편적으로 승인할 수 있는 숭고함의 대상을 찾기가 난망하기 때문이다. 낭만주의는 '근대의 안타까움'을 승인하면서 부정하는데, 왜냐하면 그것은 자신의 삶과 의지를 숭고함의 영역으로까지 끌어올리려고 시도하기 때문이다. 보편은 없으나 숭고함은 보존하려는 의지. '낭만적 사랑'이란 말이 숭고하면서도 우스꽝스러운 것은

46) 옥타비오 파스, 김은중 역, 『흙의 자식들-낭만주의에서 전위주의까지』, 솔, 1999, 81~83쪽과 244~245쪽 참조.

47) 옥타비오 파스는 앞의 책 105쪽에서 "낭만주의는 계몽주의가 만들어낸 모순적인 산물들 중의 하나"라고 말한다. 낭만주의는 계몽주의의 모순을 통해 탄생하지만, 그러한 모순을 치유하는 인간 정신의 보완물로서 기능하였다.

이 때문이 아닐까? 숭고한 것이 우스꽝스러울 수 있다는 것은 근대 이전에는 아마 상상도 못할 일이었을 것이다. 낭만적 사랑은 그 진실성과 헌신성, 미의 경지에 다다른 감성의 극치 덕분에 숭고함을 자아내지만, 자신의 내면을 절대성의 경지에까지 끌고 가려는 욕망 때문에 감수해야할 위태로움이 너무나 많다.

그렇기 때문에 낭만주의는 역설적으로 현실에 긴박돼 있다. 저 창공의 별을 바라보던 자아는 그러한 자아를 받쳐주는 자신의 발이 구멍 난 양말에 싸여 있음을 발견하는 것이다. 낭만적 자아는 탄식하지만 곧 자신을 수락한다. 낭만주의란 무엇보다 자기에의 헌신이며 열정인 까닭이다. 하여 낭만주의는 혁명의 미학인 동시에 견딤의 미학으로 기능하기도 한다. 혁명의 시대, 천재들의 낭만주의에는 숭고함과 비장미가 가득하지만, 匹夫匹婦들에게 그것은 초라하고 허물투성이인 삶을 견디고 그 안에서도 자기 정당성을 쉬지 않고 길어내게 만드는 우물이다. 낭만주의는 그 자신의 본질로서, 모순적인 것들의 공존가능성을 승인하는 세계관적 기반을 제공한다. 낭만주의가 혁명의 미학인 동시에 견딤의 미학으로 기능할 수 있는 것은 이 때문이다. 식민지와 분단, 내전과 독재, 산업화 과정을 거치며 살았던 20세기 한반도의 인간들은 그 엄혹한 시절 동안 무엇으로 자신을 의미화하며 견뎌냈을까?

낭만주의는 무한에의 의지와 찰나의 자각 사이를 오가는 진자로서, 사라지는 것들에 대한 회한과 발언권이 없는 것들에 대한 연민의식으로 남루한 일상을 예술화하고자 한다. 숭고에의 열정과 비루함의 위안이라는 낙차 사이에 서성이는 것이 낭만주의다.[48] 그러기에 그것은 언제나 패배할 가능성에 둘러싸여 있는데, 왜냐하면 낭만주의는 자기 감정의 진정성을[49] 최고의 가치로 여기지만, 그것이

48) 여기서 상세한 작품분석을 시도하지는 않았지만, 김동리의 「황토기」계열의 작품과 이태준 소설에 자주 등장하는 '落魄한 인물'들 사이의 간극을 떠올려보는 것이 좋겠다.

49) 찰스 귀논, 강혜원 역, 『진정성에 대하여』, 동문선, 2005, 75쪽.

자기 내부에만 준거가 있는 까닭에 삶에게 양보할 가능성이 상존하기 때문이다. 낭만이 자신의 본질을 배반할 정도로 퇴화했을 때란 바로 이러한 때이다. 삶이란 대부분의 인간에게 우호적이지 않지만 그럼에도 견디는 것 이상 다른 방법이 없다는 사실을 받아들였을 때, 곧 생존의 철학으로 전락했을 때.

4. 맺음말

한국 근대문학사에서 낭만주의는 오랫동안 집단무의식 속에서 은폐돼왔던 주체였다. 낭만주의는 20년대 초반의 동인지 시기, 그 중에서도 주로 '『백조』파'와 관련해서만 논의돼왔다. 그러면서 뚜렷한 담론적 관성을 가지게 되었는데, 즉 '백조'의 한계가 곧 낭만주의의 한계로 등치되는 문학사적 관습이 그것이다. '백조'의 치기 혹은 동인지 시대 문학의 미성숙성이 낭만주의를 특징짓는 규정으로 정립되었다. 한국 근대문학이 발전하면서, 구체적으로 신경향파가 등장하고 작가들의 습작기가 매듭지어 지면서, 낭만주의는 문학사 속에서 자신의 위치를 주장할 권리를 상실했다. 낭만주의에는 성장의 드라마도 후일담도 없는 것이다.

이후의 문학사 구도는 리얼리즘과 모더니즘이라는 두 축을 중심으로 전개되었다. 여기에는 20년대 중반 이후 한국 근대문학사가 '민족의 현실'을 발견했다는 대전제가 바탕에 깔려있다. 말하자면 '反帝·反封建'으로 압축되는 민족사적 과제가 전면화 되면서 낭만주의는 논의의 지형에서 사라진다. 이 점은 리얼리즘이나 모더니즘과 낭만주의를 비교해보면 확연하게 드러난다. 리얼리즘과 모더니즘은 사조론적 연구가 유행하던 시절이나 그것의 폐단이 지적되고 극복된 시대에나 지속적인 관심의 대상이었다. 왜냐하면 리얼리즘과 모더니즘은 서구 문학사의 근대적 종착지로 인식되었으며, 민족사적 과제인 '반제·반봉건'의 문학적 투영물로 이해되었기 때문이다. 한국 근대문학이 20세기 한반도의 민족사적 과제에 결박돼 있었다는 것은, 이러한 차원에서 역설적으로 증명된다.

거듭 밝혔듯이, 이 글은 이러한 민족사적 과제 설정이 잘못됐다거나, 리얼리즘과 모더니즘의 문학적 성취를 폄하하는데 목표가 있는 것이 아니다. 문제는 문학사의 구도가 이렇게 설정됨으로써, 바로 그 민족사적 과제를 수행해갔던 개인의 비루한 삶과 존재론적 흔들림을 예술적 양식으로 승화시키고자 했던 많은 시도들이 정당한 위치를 부여받지 못하고, '부재하는 존재'로서 '은폐된 주체'로서만 떠돌아다니게 되었다는 사실에 있다. 리얼리즘과 모더니즘으로 포획되지 않는 많은 작가와 작품들이, 리얼리즘이나 모더니즘과 관련된 '코드'속에서만 인정되거나 해석되었다. '낭만'은 미성숙과 비현실성 혹은 현실도피와 주관성의 맥락에서만 어쩌다 호명되었다. 하여 우리는 낭만의 卑俗化 경향을 방치하는 한편, 정치적 현실과 개인의 삶 사이의 간극을 넓히는데, 부정의 방식으로 공모해왔는지도 모른다.

이 글은 이러한 문학사적 은폐에 문제를 제기하는데 일차 목적이 있다. 아울러 '20세기 한반도의 역사'를 '감성의 사회사'라는 측면에서 재구성하기 위한 하나의 경로로서 낭만주의가 수행했던 역할을 탐색하자는 제안을 마지막에 덧붙였다. '범-계몽주의의 직계'로서의 리얼리즘과 모더니즘이 버려두었던 자리에서도, 20세기에 한반도에 살았던 인간들의 감성과 삶의 양식화가 이루어졌다면, 낭만주의는 이를 탐구하기 위한, 아주 낡은 그러나 여전히 유효한 이론적 거점이 될 것이라 믿기 때문이다. 아직 질문의 칼날을 벼리지 못했고, 답변의 곳간도 텅 비어 있기에, 이 글은 본격적인 '질문을 위한 준비'로서 자신을 한정해야 할 것이다. 보다 구체적이고 충실한 연구를 통해 보완할 것을 약속한다.

[참고문헌]

1. 저서

김동인, 「조선근대소설고」, 『김동인전집』 16권, 조선일보사, 1988.

김윤식·김현, 『한국문학사』, 민음사, 1973.

김윤식·정호웅 편, 『한국문학의 리얼리즘과 모더니즘』, 민음사, 1989.

김재용 외 저, 『한국근대민족문학사』, 한길사, 1993.

김치수, 「문예사조의 의미와 한계」, 김용직 외 편, 『문예사조』, 문학과지성사, 1984.

문학과 사상연구회, 『임화문학의 재인식』, 소명출판, 2004.

박헌호, 『식민지 근대성과 소설의 양식』, 소명출판, 2004.

박헌호 외 저, 『작가의 탄생과 근대문학의 재생산 제도』, 소명출판, 2008.

백철, 『신문학사조사』,(수선사, 1948), 신구문화사, 2003.

실천문학 편집위원회 편, 『다시 문제는 리얼리즘이다』, 실천문학사, 1992.

에릭 홉스봄 외, 박지향·장문석 역, 『만들어진 전통』, 휴머니스트, 2004.

오세영, 『한국 낭만주의시 연구』, 일지사, 1980.

옥타비오 파스, 김은중 역, 『흙의 자식들: 낭만주의에서 전위주의까지』, 솔, 1999.

이광수, 『이광수전집』, 삼중당, 1972.

이광호, 『미적근대성과 한국 문학사』, 민음사, 2001.

이사야 벌린, 강유원·나현영 역, 『낭만주의의 뿌리』, 이제이북스, 2005.

임규찬·한진일 편, 『임화 신문학사』, 한길사, 1993.

임화, 『문학의 논리』, 학예사, 1940.

자크 랑시에르, 오윤성 역, 『감성의 분할』, 도서출판b, 2008.

제임스 M. 블로트, 박광식 역, 『유럽 중심주의를 비판한다』, 푸른숲, 2008.

조연현, 『한국현대문학사』, 성문각, 1992.

조영복, 「동인지 시대의 담론과 '내면-예술'의 계단」, 『한국문학과 계몽담론』, 새미, 1999.

찰스 귀논, 강혜원 역, 『진정성에 대하여』, 동문선, 2005.
채호석, 『한국 근대문학과 계몽의 서사』, 소명출판, 1999.
콜린 캠벨, 박형신·정현주 역, 『낭만주의 윤리와 근대 소비주의 정신』, 나남, 2010.
프레데릭 바이저, 김주휘 역, 『낭만주의의 명령, 세계를 낭만화하라』, 그린비, 2011.
황종연, 「낭만적 주체성의 소설: 한국근대소설에서 김동인의 위치」, 문학사와 비평학회, 『김동인 문학의 재조명』, 새미, 2001.

2. 논문

권보드래, 「영혼, 생명, 우주: 1910년대, 제1차 세계대전의 충격과 '죽음'의 극복」, 『개념과 소통』 제7호, 한림대 한림과학원, 2011.6.
오문석, 「1920년대 초반 '동인지'에 나타난 예술이론연구」, 『상허학보』 2집, 상허학회, 2000.8.
이경훈, 「한국 근대문학의 형성과 김동인: 『창조』를 중심으로」, 『동방학지』 135, 연세대 국학연구원, 2006.9
이철호, 「악마를 위한 변론: 1920년대 예술가 소설과 낭만적 주체성」, 『사이』 3호, 국제한국문학문화학회, 2007.
황종연, 「한국문학의 근대와 반근대」, 동국대 박사학위논문, 1992.
______, 「문학이라는 譯語」, 『동악어문론집』 32집, 동악어문학회, 1997.12.